KB271215

牝馬(빈마)

한명호 엮음

도서출판 두원출판미디어

개정판- 사주추명가 ❸여명편

牝馬(빈마)

엮은이 / 한명호
펴 낸 이 / 한원석
펴 낸 곳 / 두원출판미디어
강원도 춘천시 효자3동612-2
☎ 033) 242-5612,244-5612 FAX 033) 251-5611
Cpoyright ©2015 , by Dooweon Media Publishing Co.
이 책의 내용은 저작권법에 따라 보호받고 있습니다.

판권은 본사의 소유임을 알려드립니다.
등록 / 2010.02.24. 제333호
♣ 파본, 낙장본은 교환하여 드립니다.
홈페이지: www.dooweonmedia.co.kr
: www.internetsajoo.com
♣ E-mail : doo1616@naver.com

판권
소유의인

정가 18,000 원

초판 2007.03.05.
개정판 1쇄 2017. 01. 02 ISBN 979-11-85895-16-1

✛ 추명가 개정판을 내면서

새로운 오늘이 열리면, 어제 보다는 무엇인가가 새로운 것이 우리의 시야에
나타나 어제의 부족하고 나태함을 질책하고, 분발을 요구한다.
굳게 닫혀 있기만 한 것 같은 철옹성도 어느새 바람결에 열렸는지, 시간의 흐
름에 밀려서인지, 틈새를 보이기 시작한다.
남명 편에 이어, 여명 편 개정판을 이재 사 내놓으니 약간은 늦은 감이 든다.
진즉에 준비는 되어있었지만 볼수록 부족함에 더욱 늦어지고, 더 이상은 늦어
져서는 안 되겠다는 생각에, 어차피 부족함은 어쩔 수가 없는 것이다. 하면서
과감히 선을 보입니다.
많은 격려와, 혼돈 속에서도 하나씩 나아짐에 스스로를 위로하며,
그래도 기다리는 분이 계시고, 나아가야 한다는 명제를 안고,
밑거름이 되는데 일조를 할 수 있다는 기쁨에 영광으로 생각을 하고,

기본적인 사주 학에 대한 이해를 하셨으나 실전에 임하자니 망설여지는 많은
분들에게 실전의 방법과 추명에 대한 조언의 책으로 읽혀진다면,
그동안의 작은 노력과 정성이지만 보람으로 생각을 하렵니다.
기력이 다하는 날 까지 열심히 책을 펴내는데 혼신의 노력을 다하고,
독자 여러분들의 뇌리에 항상 기억이 되는 내용과 책이 되도록,
열과 성의를 다하여 정진을 할 것입니다.
독자 여러분들의 많은 발전과 향상을 기원하면서, 건강을 바라며,
보내는 시간이 알찬 시간이 되시기 바랍니다.

2017. 01. 02

법사. 圓潭. 한 명호 올림

추명가 여명편 모음
231-480

231		乾道成男 男命剛强	坤道成女 能動하고	各各體性 女命柔順	다르나니 受動이라
232		女命身弱 身强이면	아름다워 不美하여	能奉翁姑 不孝翁姑	하지마는 欺夫한다
233		年月財官 地殺驛馬	正印星은 놓인者는	富貴家門 親庭멀리	出生되고 떠나산다.
234		偏正財가 四柱中에	混雜하니 多印星은	重拜媤母 媤母사이	하게되고 不合한다.
235		四柱中에 財官印이	錯差殺은 合身하면	夫家零落 親庭父母	하게되고 모시리라
236		官印同臨 月과官이	合身하면 形冲戀愛	나의母親 父母兄弟	助戀하고 妨害한다.
237		比肩星이 偏正官이	沐浴暗合 作合하니	風流媤父 시누동생	속썩이고 再婚하네.
238		甲乙日生 丙丁日生	媤母님은 媤母님은	忍忍自중 性質燥急	順直하고 쟁쟁하다.
239		눈에들면 다시맡기	그만인데 힘이드니	한번 脾胃 조심하여	거슬리면 奉養하소
240		戊己日生 過度하면	媤母님은 허전하여	活發하고 긴장性이	시원하나 결함이라.
241		그러해도 白熱湯에	뒤는없어 點雪같이	理解性이 즉각즉각	많으나니 풀리도다.
242		庚辛日生 融通性이	그媤母는 없지마는	뚝뚝하기 始綜一貫	짝이없어 長點있다.
243		壬癸日生 過度하면	基媤母는 神經質氣	조금수다 朝夕으로	걱정인데 변덕이라.

244	四柱食神 김치장맛	財格者는 亦是좋아	飮食솜씨 隣近間에	과연좋고 칭찬이라.
245	傷官生財 食傷財空	財局者도 刑冲病死	飮食솜씨 飮食맛이	有名한데 그리없다.
246	四柱中에 四柱中에	刑冲波害 財食合身	食器破損 食器購入	有名하고 欲心많다.
247	官星爲主 官星有制	夫君이니 官旺運에	官星明郎 富榮家富	貴富되고 豪華롭다
248	食神生財 財旺生官	羊刃有制 만난者는	女命貴格 納粟秦名	分明하고 틀림없다.
249	印星二德 身旺官興	만난夫人 만난女人	夏凉冬暖 有等夫人	福도많고 得名이라.
250	官透祿根 棄命從殺	財根이면 되는八字	男便貴格 承順家道	行勢하고 興隆한다.
251	旺財多官 내돈주고	만난이는 빰맞으니	明暗夫集 억울하기	하게되고 짝이없다
252	兩家壁에 白頭郎君	掛裳함은 結婚함은	正偏官이 戊子日生	混雜이요 그탓이다.
253	四柱中에 身旺官弱	無官星은 태운몸은	靑春性慾 男便그려	굶주리고 눈물짓네.
254	傷官食神 多官制弱	疊疊하니 만난者는	寡婦得名 花街之女	하게되고 아니드냐.
255	巳午未月 亥子丑月	戊己丙丁 庚辛日生	獨守空房 夜寒涼衾	처량하고 눈물이라.
256	四柱中에 二女同夫	比劫多는 싸움이니	鸞鳳頻分 嗔房之婦	하게되어 아니드냐.

257		乙辛癸巳 아기낳고	丁己該日 살다가도	天干透干 情通逃走	있게되면 하기쉽다.
258		財多生殺 돈벌어서	透官殺은 대어주고	男便德이 欺情瞞錢	그리없어 울음이라.
259		壬癸日生 壬寅癸卯	태운몸은 生日女는	白頭郎君 八子順坦	모시고요 못하리라.
260		壬子癸酉 性慾不滿	壬申癸亥 걱정되어	七八三冬 日夫從事	태어나면 難하도다.
261		甲午乙未 庚子辛亥	丙午丁未 丁巳甲寅	戊申己酉 皎月深夜	庚申辛酉 孤眼이라.
262		日時辰戌 庚壬辰戌	兩相沖은 出生女는	獨守空房 男便간곳	뿐이고요 종적없다.
263		丙子丁丑 壬辰癸巳	戊寅丙午 辛酉壬戌	丁未戊申 癸亥夫君	辛卯日과 風流로다.
264		庚辰庚戌 出家하면	壬辰壬戌 남편님이	그生日에 敗財橫死	出生女는 拉致있다.
265		壬戌癸丑 十中九夫	出生女와 血光死니	壬癸日生 客死하여	官白虎는 孤魂이라.
266		水聚汪洋 紅燈街에	좋아마소 祿酒부어	女命에는 妓生몸이	大忌하니 된답니다.
267		時上傷官 官星入墓	官不均은 官臨殺地	食母마담 그郎君이	妓生이요 客死하네.
268		官星食神 辰戌丑未	俱沖破는 俱全女는	背夫棄子 一生偕老	從人하고 못하리라.
269		丁己亥日 疑妻症이	乙辛癸巳 甚한男便	柱中透干 外出말고	暗官合은 근신하소.

270		官星食神 官星微弱	落空亡은 比劫合은	子孫良人 親舊小室	壽가짧고 奪夫하네.
271		合多合貴 밤낮으로	좋아마소 迎賓送客	사랑통에 送別함이	죽어나니 如雷로다.
272		子午卯酉 寅申巳亥	全備者는 全備者는	사랑따라 淫亂하여	잘도가고 걱정이요.
273		乙辛癸巳 十中八九	丁己亥日 小室살이	丙子戊子 畫眉咬指	甲申女는 寵愛로다.
274		子遙巳와 六陰朝陽	六乙鼠貴 飛天祿馬	丑遙巳와 花隨蜂蝶	刑合之格 醜婦로다.
275		潤下格과 稼穡曲直	從革炎上 甲壬趨格	淸燈自守 鏡破釵分	可憐하고 따분하다.
276		官星傷官 日干剋支	交爭格은 하는者는	虞美人의 男便눌러	離別이요 살려하오.
277		丙申子辰 春夏丙寅	丁丑亥日 午丁巳未	十支臘月 男便因해	出生人과 病이든다.
278		官殺混雜 情死맹세	태운몸이 끼어앉고	官星暗合 自殺企圖	있게되면 있어본다.
279		戊己日生 그男便이	木弱多水 醉中歸路	甲乙日生 溺死之禍	金弱多水 있게되네.
280		壬癸日生 그男便이	土官弱格 世上뜰때	更逢柱中 水厄過飮	金水多도 原因이라.
281		丑日生人 夫婦間에	逢午未戌 悲觀있어	寅日生人 飮毒함이	逢巳或申 있어보오.
282		午日生人 戊子日生	丑或午辰 寅巳申刑	戊寅日生 亦是飮毒	多逢寅과 주의하소.

283		四柱官星 甲乙日生	囚獄殺은 申宮逢刑	男便監禁 痲藥酒類	있어보고 中毒일세.
284		驛馬官星 旅行이나	놓은者와 車中에서	地殺官合 戀愛함이	놓은者는 있게되오.
285		地殺馬官 또는國際	놓은女性 結婚하니	海外出嫁 新進이냐	하게되고 不貞이냐.
286		偏陰偏楊 夜寒凉衾	八通四柱 하는것을	陰陽不調 어찌하여	難發이라 좋다하오
287		四柱官殺 官臨地殺	傷食多는 馬刑囚獄	夫婦싸움 夫君拉致	甚하고요 橫厄이라.
288		四柱官弱 官印星이	傷食多는 同臨合身	아기나면 스승教主	別夫되고 사랑받네.
289		春節己日 夏逢乙日	逢甲化格 遇庚化는	시누형제 子孫因해	등살이요 破情되오.
290		四季辛日 秋月丁日	逢丙火는 逢壬化는	母親因해 媤母因해	別夫되고 風波로다.
291		冬月癸日 四柱化合	逢戊火는 雙方比劫	兄弟同壻 猜忌嫉妬	放害많고 많이겪네.
292		寅卯辰生 申酉戌生	日或時丑 未日或時	巳午未生 나를두고	日或時辰 님은가네.
293		冬月癸日 四柱化合	逢戊火는 雙方比劫	兄弟同壻 猜忌嫉妬	放害많고 많이겪네.
294		甲乙日生 丙丁日生	喪夫時는 寡宅될때	赤紫色옷 黃栗土色	입게되고 옷을입네.
295		戊己日生 庚辛日生	剋夫時는 혼자될때	白色옷을 黑色옷을	입게되고 입게되네.

296		壬癸日生 偶然이냐	喪夫할때 必然이냐	靑藍色옷 五行之理	입게되니 神妙하다.
297		陰日傷官 陰日食神	是子하고 是女하고	陽日傷官 陽日食神	是子로다 是女로다.
298		傷官食神 食傷逢印	混雜하니 하게되면	他生子孫 子孫疾病	扶養하고 畏不具라.
299		冲官合食 其食神이	만난者는 作合하니	男便無德 그女息이	子德있고 戀愛한다.
300		四柱時支 日時印星	絶宮이면 梟神殺은	鷺養鴨子 難得子也	하게되고 하게된다.
301		四柱中에 日主弱에	食傷太旺 多食傷官	一點血肉 胞胎常墮	泡願이요 두렵구나
302		만약落胎 解産日이	아니되면 臨迫커든	상당呻吟 産婆大機	出産이니 하여두소
303		어린아기 萬若젖이	젖없기는 有足하면	食傷冲破 乳腫病을	그탓이고 앓아보네.
304		官星食神 食傷財殺	同臨身合 身弱格은	未嫁閨女 産涅産後	孕胎하고 注意하소.
305		傷官重重 四柱中에	官不足은 多官多食	아기나면 各星받이	別夫되고 子女두네.
306		四柱中에 四柱中에	三逢亥는 三逢巳는	아들雙生 女息雙生	두배낳고 두배낳네.
307		財官二德 食神傷官	歸垣하니 透出祿은	生子登科 그子女가	하게되고 貴히된다.
308		女命에는 四柱局中	正印星이 印星結合	剋子하게 子孫宮에	되었으니 空이간다.

309		食傷官이 두生命이	印星刑沖 같이가서	親庭가서 혼자털털	初産마소 돌아온다.
310		日時寅申 陰日生人	卯酉沖은 酉巳時는	無子하기 내리내리	쉽게되고 딸을낳네.
311		食神傷官 나팔관에	刑殺이면 妊娠하니	有産하다 子宮手術	得病하고 있어본다.
312		官食同臨 뒷방문이	合身寡宅 열렸으니	守節하다 變節되어	자랑마소 胞胎하오.
313		偏正印星 正偏官이	混雜하니 混雜하니	그따님이 따님媤母	再嫁하고 두분일세.
314		印星弱에 其따님이	財旺하면 他生子孫	딸子孫이 또는二性	寡婦되고 得子하네.
315		我生陽이 陰官殺이	作合하니 暗合이면	아들놈이 며느리가	바람나고 戀愛로다.
316		偏正印星 正偏官이	混雜하니 混雜하니	그따님이 따님媤母	再嫁하고 두분일세.
317		陽印星이 陰印星이	旺盛하면 作合하면	孫子富貴 孫女戀愛	자랑하나 걱정된다.
318		印綬星이 偏印正印	暗合하니 混雜旺은	壻郞양반 代房딸을	바람나고 두게된다.
319		四柱財星 四柱財星	旺盛하면 日主合은	外孫子女 外孫子女	富貴되고 同居한다.
320		傷官食神 小兒痲痺	空亡刑沖 子女두니	四柱生時 豫防柱射	急脚殺은 놓아주라.
321		甲乙日生 子女들이	火食傷官 눈못보아	四柱中에 眼鏡쓰게	多逢水는 된답니다.

322		四柱印星 木旺日主	놓은者는 土財星은	手藝針工 紬緞布木	編物有能 富者된다.
323		四柱印星 木旺日主	놓은者는 土財星은	手藝針工 紬緞布木	編物有能 富者된다.
324		庚辛日生 丙丁日生	木旺土弱 金弱格은	紬緞布木 金銀洋銀	亦是좋고 장사좋다.
325		印綬星이 四柱驛馬	日德星은 地殺財는	編物被服 洋裁洋品	裁品좋고 돈을번다.
326		重重地殺 寅巳驛馬	驛馬財는 地殺女는	靴物양말 航空機에	有利하고 案內女라.
327		丙庚辰日 打字技術	丙庚戌日 가져보니	丁丑丁未 이것또한	又逢印星 八字로다.
328		夏月生人 木火日主	庚辛日生 傷官食神	그림그려 노래불러	名畵되고 名唱이라.
329		四柱印星 聲優俳優	傷官星은 小說家를	文藝方面 흔히흔히	有能하고 보게된다.
330		四柱財旺 丙丁日生	官財庫는 四柱財局	金融界에 金利놀이	出世하고 많이한다.
331		重重地殺 國際機關	印星財官 등명이요	또는驛馬 海外進出	印星財官 財名이라.
332		甲乙日生 丙丁日生	金弱格은 水木格은	洋銀器皿 水産海物	金屬이요 事業좋고.
333		壬申壬子 庚申子辰	壬辰日生 辛己亥日	飮食物業 물事業을	많이하고 하여본다.
334		金日主가 驛馬財나	傷官用財 地殺在는	亦是飮食 運輸事業	事業좋고 成功하네.

335		春生丙丁 敎壇올라	夏生戊己 敎鞭들고	秋生壬癸 呼名萬人	冬甲乙은 분주하다
336		戊己日에 三六九臘	寅月出生 庚辛日生	三冬月에 그도또한	庚辛日生 敎育家라.
337		亥月丁亥 手執敎鞭	卯未日生 하여보니	申月丙寅 九呼萬人	午日生人 스승이요.
338		春夏月에 酉月生人	甲乙日生 丁丑日生	三冬月에 舌端生金	壬癸日生 敎育家라.
339		申酉月에 人人指日	甲申日과 敎師라고	四柱印局 呼稱함이	놓게되면 있으리라.
340		以上五局 言論機關	태어난몸 文藝從事	敎育界로 女記者가	안나서면 아니드냐.
341		만약내가 亦是事業	아니면은 連結이라	夫子之間 仔細仔細	其業이니 參考하소.
342		卯酉戌中 亥子丑月	二字相逢 辛丑未亥	百草試常 杏林之業	醫業하고 活人한다.
343		夏月辛亥 手集藥秤	壬辰日과 하게되니	夏月辛丑 君臣左使	未卯巳日 製藥이라.
344		甲申日生 丁未日生	逢寅巳와 逢庚戌도	五陰巳日 醫藥之業	逢寅申과 分明하다.
345		戊申日生 亦是醫業	逢寅巳와 因緣이니	戊寅日生 萬人救活	申或逢巳 하리로다.
346		庚壬申日 醫藥界에	巳或見寅 入身하니	庚壬寅日 活人功德	巳或見申 하게되네.
347		寅夏戌月 戌日生人	庚寅午戌 月時戌亥	卯月生人 醫藥之業	甲子日生 從事하네.

348		甲戌日과 己丑亥日	戊戌日生 時或月乾	甲乙日生 刀圭之業	月或時乾 하게된다.
349		夏月生人 甲寅日生	北午未日 逢巳逢申	時間에다 그도또한	戊亥星과 活人家라.
350		寅卯夏月 丙申寅日	甲乙日生 逢刑殺도	醫藥界에 活人家에	많이보고 많이본다.
351		만약自身 醫藥界가	아니면은 아니면은	夫子之間 易術界에	其業이요 獻身한다.
352		甲乙日生 始終不變	태운女子 性格이라	뚝뚝하고 意志굳고	仁慈하여 삶해진다.
353		丙丁日生 急凉急熱	태운사람 性格이며	明朗하고 九辯之客	好禮하여 되리로다.
354		戊己日生 그만中和	出生女는 失道하면	信用있고 迷信崇尚	純眞한데 많이한다.
355		庚辛日生 한번틀려	出生女는 본사람은	그性格이 다시相對	冷情하다 싫어한다.
356		壬癸日生 男子같은	出生女는 性格으로	마음活潑 시원시원	터졌으니 함이로다.
357		戊子日生 辛亥卯未	그女子는 出生女는	하는일에 남을爲해	怯이없고 人情많다.
358		四柱比肩 己日生에	比劫多는 身弱格은	固執세어 귀가넓어	걱정되고 걱정이라.
359		春夏月에 四柱中에	丙丁庚辛 無官星은	神經質이 出嫁生覺	많게되고 아니한다.
360		四柱中에 四柱支干	合綠桃花 金水逢은	楊貴妃의 美麗之貌	美貌되고 자랑한다.

361		甲乙日生 甲乙日生	水木旺은 金土旺은	뚱뚱하고 뚱뚱하나	키가크고 키가작다.
362		丙丁日生 丙丁日生	金水旺은 木化旺은	그몸매가 앞이마가	세련되고 벗겨졌다.
363		戊己日生 戊己日生	火土多는 金水木旺	肥滿體軀 가는몸매	키가작고 허리길다.
364		庚辛日生 庚辛日生	土金旺은 水木火旺	작은키에 눈망울이	단단하고 여물었다.
365		壬癸日生 壬癸日生	金水旺은 木火土는	몸가늘고 키도맞고	키가크고 몸도좋다.
366		甲乙日生 丙丁日生	夏月나면 四季月은	體格좋고 뚱뚱한편	맑게나고 體格이라.
367		戊己日生 庚辛日生	秋月生은 冬月나면	날씬하게 작은몸매	태어났다. 맵시있다.
368		壬癸日生 시원하여	春月生은 보이는데	키도크고 그의살빛	體格좋고 검푸르다.
369		財多身弱 財星弱格	놓은者는 身旺者는	肩劫印運 食傷財運	富豪되고 富者된다.
370		財多身弱 比肩劫旺	更逢財運 財少者는	破家亡身 財運오면	하게되고 大禍난다.
371		春夏月에 神經質과	丙丁日生 婦人病도	神經痛에 間間起發	두렵고요 하게된다.
372		壬癸日生 濕冷甚해	春冬月은 痛症인데	經調不順 봄겨울에	風冷이요 尤甚이라.
373		庚辛日生 呻吟함이	夏冬月은 있게되니	子宮月經 몸調節에	帶下症에 注意하소.

374		寅卯夏月 甲乙日生	辛日生人 火旺格은	神經衰弱 喘息으로	두렵고요 呻吟한다.
375		食傷太旺 傷官食神	刑沖殺은 逢刑穿은	나팔官에 子宮手術	姙娠이요 있어본다.
376		四柱官食 不義胞胎	同臨合身 流産하다	更逢刑殺 得病危命	하게되면 하게되네.
377		傷食太旺 庚辛丙丁	身弱者는 失中和는	아기낳고 高血壓이	得病이요 걱정된다.
378		寅卯月에 七八九月	己亥卯日 甲乙日弱	秋冬月에 少時視力	丙丁日弱 弱해진다.
379		秋月木日 夏月木日	扁桃腺弱 태운몸도	頭痛頻煩 扁桃腺弱	있게되고 亦是있네.
380		春夏月에 壬寅午戌	庚辛日生 財殺旺도	氣管支병 氣管支에	있게되고 病이있소.
381		傷官食神 處女時節	逢刑하면 發育할때	乳腫病이 그乳房이	念慮되고 縮小하다.
382		火日主에 가끔가끔	多逢水나 上氣하여	水日主에 眩氣症이	多逢火는 일어난다.
383		甲乙日生 丙丁日生	土金太旺 木火太旺	肝臟弱해 心臟病에	걱정되고 呻吟이요.
384		戊己日生 庚辛日生	水木太旺 木火旺은	脾胃病이 肺臟血疾	있게되고 있게된다.
385		壬癸日生 庚辛日生	火土旺은 木火旺은	腎臟子宮 臟窒病도	身病있고 두렵더라.
386		丙丁日生 眼昏木暈	金水太旺 靑盲이니	壬癸日生 保眼注力	多逢火旺 하십시오.

387		春生亥子 神經痛痛	夏卯未日 腰痛있어	秋生寅戌 痛症呻吟	冬丑辰日 많이한다.
388		女命經驗 選妻擇婦	統計하여 寶法이라	神妙之法 길이길이	拔萃하니 繼傳하소.
389		四柱八字 四柱自轉	組織이요 運行空轉	大運歲運 自空轉이	運行이라 돌고돈다.
390		運이없는 運좋으나	좋은八字 나쁜八字	그어찌나 제本性은	發揮하며 못넘는다.
391		官殺弱格 身衰官旺	身旺者는 官殺運은	財官殺運 貧困殘疾	大發하고 못면한다.
392		身衰官殺 原命殺衰	印運좋고 制殺運은	財官殺運 盡法無民	大忌하고 削官되오.
393		印星旺한 印星弱格	그八字는 財運오면	官殺運이 貪財壞印	제일좋고 大敗하네.
394		木日亥子 水旺木漂	印星旺은 救出되어	土財運에 凶化爲吉	反興하니 遇王候라.
395		印星行運 船行風息	死絶鄉에 氣運끊겨	다시財運 生不如死	幷臨하면 하게되네.
396		財多身弱 財星弱格	놓은者는 身旺者는	肩劫印運 食傷財運	富豪되고 富者된다.
397		財多身弱 比肩劫旺	更逢財運 財少者는	破家亡身 財運오면	하게되고 大禍난다.
398		劫星만난 損妻喪妾	偏財星은 多辱보며	比劫運에 片瓦未留	殃禍百端 하게되네.
399		身旺食神 身旺食衰	生財하면 偏印運은	食傷運에 倒食되어	大發하고 貧困하네.

400		假傷官格 眞傷官格	놓은者는 만난사람	食傷運에 印星運에	大發하고 大發한다.
401		假傷官格 眞傷官格	印星運은 食傷運은	破了傷官 氣盡脈盡	身厄하고 更多悲라
402		傷官用印 傷官用財	財運大敗 比劫運은	傷官用劫 家資如洗	官殺大忌 하게된다
403		羊刃格을 羊刃格이	놓은者는 再臨하면	偏官運이 剋妻剋夫	第一이요 破財하네
404		形合格을 戊己巳運	만난者는 大忌하니	寅運申運 災殃非輕	싫어하고 橫厄이라
405		日貴格을 日德格을	이룬者는 놓은者는	刑冲운을 空亡刑冲	싫어하고 싫어한다
406		甲日金神 己日金神	만난者는 만난者는	火運逢之 金水運에	大發하고 富貴된다.
407		魁罡格을 時墓格과	놓은者는 雜氣財官	刑冲運을 刑冲運에	大忌하고 大發하오
408		時上偏財 時上一貴	成格者는 官衰하면	比劫運에 財官運에	傷妻損妾 發福한다
409		子丑遙巳 六陰朝陽	拱祿拱貴 이格들은	飛天祿馬 塡實絆運	六乙鼠貴 減福한다.
410		戊日庚辛 壬騎龍背	合祿格은 싫어함은	甲丙寅卯 戊子運이	其運忌고 아니더냐
411		四柱格에 壬癸運과	井欄又는 寅午戌운	東方運을 至極하니	싫어하고 기뻐한다
412		四柱歸祿 大運逢之	놓은者는 食神하면	刑冲比劫 利祿功名	忌運하고 하게된다.

413		甲趨乾格 壬趨艮格	만난者는 만난者는	寅巳運을 申亥運을	大忌하고 싫어한다.
414		句陳得位 玄武當權	財殺吉運 亦忌刑冲	刑冲空亡 財殺官運	싫어하고 좋아한다.
415		潤下格에 稼穡格에	土運不吉 東北運은	從革格에 敗家하니	金運좋고 두고보소
416		曲直格을 炎上格을	만난사람 놓은사람	東北運에 어찌木運	제法이요 마다하랴
417		棄命從財 財官殺運	棄命從殺 大喜하니	印星運은 順應하는	大忌하고 理致라오
418		丙臨神位 己日亥宮	遇陽水는 見陰木은	戊運羊刃 庚金運을	大吉하고 大喜하오
419		甲己火土 丙辛化水	木運逢之 土運逢之	乙庚火金 모두모두	火運逢之 失敗하오
420		丁壬化木 化合함에	金運不吉 放害되니	戊癸化火 有意未就	水運不吉 不吉이라
421		四柱病에 四柱病에	藥運오면 己病運은	日發如雷 辛苦萬般	神奇하고 禍多水라
422		日支地支 日主天干	相刑年은 傷官年도	紅柱之厄 官災訟事	두렵고요 恐怖로다
423		四柱財官 官財訟事	旺한格이 일어나고	財官年을 産厄危重	만나면은 많이본다.
424		日剋太歲 身旺者가	君臣不和 比劫年은	內外上下 妻厄敗財	不和하고 많게되오
425		四柱財旺 書往書來	印星弱에 災殃이니	印星年을 莫許文書	만나면은 해야하오

426		四柱財弱 적은財에	比劫旺에 爭奪붙어	財年逢之 禍不單行	하게되면 싸움많다.
427		萬若奪財 東西南北	아니되면 妻를찾아	夫婦間에 門前徘徊	이탈이니 하게된다.
428		四柱一點 妻妾愛人	微弱財에 찾아가서	財年이나 죽인다고	比劫年은 소리친다.
429		四柱透食 木火傷官	偏印年은 庚辛年은	倒食되어 傷指함을	敗家하고 많이본다
430		巳酉丑生 亥卯未生	亥驛馬는 巳驛馬는	亥卯未年 巳酉丑年	出國하고 遠行이라
431		寅午戌生 申子辰생	申驛馬는 인역마는	申子辰歲 寅午戌에	遠行하고 萬里간다.
432		巳酉丑생 亥卯未生	地殺重重 地殺重重	巳酉丑亥 巳亥卯未	遠行있고 遠行이라
433		寅午戌生 申子辰生	地殺重重 地殺重重	寅午戌申 申子辰寅	出國이요 鵬程이라
434		寅年日生 巳年日生	他道他國 遠年行은	寅午戌申 巳酉丑亥	其年이오 분명하오
435		申年日生 亥年日生	鵬程萬里 遠方出入	申子辰寅 亥卯未巳	많이하고 其해로다
436		比肩劫多 流年中에	身旺四柱 財年오면	逢財自然 因妻敗財	財弱인데 막을소냐
437		身旺官衰 印星格이	傷官年은 逢財年은	官職辭退 收賄因해	하게되고 損名이라
438		年支같은 日支同一	그해오고 其年度는	日時相冲 自然災殃	그年도와 많이겪네

439		庚辛日弱 痔涙症이	財官旺格 아니면은	財官年이 鼻血屢累	들어오면 있게된다
440		甲乙日生 新築業體	壬癸年과 成功하니	丙丁日生 不動産을	甲乙年은 장만하오
441		戊己日生 壬癸日生	丙丁年과 庚辛年은	庚辛日生 新築結社	戊己年과 하게된다.
442		甲乙日生 庚辛四庫	亥子年과 壬癸申酉	丙丁寅卯 地支印年	戊己巳午 亦是같다.
443		戊己日生 庚辛이나	金水木多 丁年오면	四柱天干 凶惡事件	孤立丁字 身厄이라
444		女命四柱 女命四柱	傷官旺에 透官旺에	傷官官年 官年오면	寡宅되고 別枹로다
445		貸借契合 比肩劫年	中間役割 傷官流年	모두모두 그탓인줄	損敗됨은 아십시요
446		四柱日支 男女間에	刑冲年과 傷身手術	偏官年이 많이많이	당도하면 보게된다.
447		四柱身弱 아기날때	傷食旺格 呻吟많고	食神傷官 人工流産	그해孕胎 母厄이라
448		印旺格에 子孫之厄	食傷弱女 있게되고	印星年을 子宮乳腫	만나면은 疾厄있네
449		庚辛日生 月經量이	財官旺相 乾操하여	丙丁年을 生理通에	만난女人 呻吟이요
450		春冬月에 月經之色	壬癸日女 變黑하고	金水木年 月經不順	만나면은 이아니냐
451		春冬月에 水足下元	甲乙日生 冷冷하여	壬癸甲乙 帶下症에	其해오면 經不調라

452		神經質이 丙丁日弱	大端함은 西北年은	庚辛日이 視力眩暈	財官害요 發作이라
453		戊己日生 神經質이	弱한女人 일어나고	財官食傷 神經衰弱	그해오면 두렵더라
454		比肩劫年 郎君뺏겨	印旺女人 二女同夫	다시流年 九曲肝腸	印比劫運 애닲으다
455		陽女生人 華蓋三合	奇數年에 닿는해에	陰女生人 月老之約	偶數年에 있게된다
456		申子辰生 巳酉丑生	寅卯辰年 亥子丑年	寅午戌生 亥卯未生	申酉戌年 巳午未年
457		이와같이 人敗財敗	만난사람 많이나니	世稱三災 服巾到門	되는해라 울음이라
458		假令定運 二二定運	一一이면 되는사람	一六歲가 二七歲가	닿는해에 닿는해에
459		職業身上 其命維新	一大變革 하게되며	週期的의 吉凶禍福	變動이니 반기운다.
460		四柱精神 吉凶禍福	日主보아 自然따라	大運歲運 興亡盛衰	대조하니 나타난다.
461		大運歲運 永永回復	運行하다 못하고서	中和失道 黃泉行車	하게되면 타게된다.
462		劫財羊刃 養命之源	歲運幷臨 財絶로서	財官俱沒 其人隱命	하게되니 가외로다
463		四柱印星 生我者가	逢財者가 無氣하니	再行財運 我亦氣絶	印死墓絶 黃泉간다.
464		巳午未月 木焚飛灰	甲乙日生 되는形象	寅午戌과 魂飛魄散	丙丁運은 藥無効라

465		假傷官에 四柱官殺	印星運은 混雜하면	十中九死 官殺財運	可畏하고 危命이라
466		己土日主 脾胃弱해	弱한몸에 呻吟하다	財官傷官 그만不祿	運을보면 하게되네
467		丙臨申位 己入亥宮	逢陽水에 遇乙木은	行運壬癸 財殺運에	必死하고 必沒한다
468		寅巳午月 再行財官	庚寅午戌 殺運오면	四柱火局 玉京列車	火運오고 타게된다.
469		寅卯夏月 財殺運에	庚辛日이 財殺年은	地支財局 十中九死	官殺局은 틀림없다.
470		甲乙日生 其木星이	亥子月에 漂流하여	土薄金多 黃泉海에	更逢水運 도달한다.
471		四柱身旺 羊刃劫에	羊刃殺에 合結하면	偏官七殺 大禍凶死	못만나고 두렵도다
472		七殺制遇 盡法無民	更制殺運 처량하다	吉化爲凶 乘彼白運	하게되어 別世界라
473		印星太旺 運命元辰	更逢印星 하게되면	壽星自沒 須當妖折	危命이요 可憐하다.
474		棄命從殺 大歲大運	棄命從財 印星結合	一點微弱 閻羅王에	印星있고 應召된다.
475		木日主가 火日主가	別世할땐 臨終時엔	肝經疾病 心臟麻痺	風疾많고 血壓이라
476		土日生人 庚辛日主	去世時엔 血壓急病	肥胃脾氣 土血之死	其病이요 많이보고
477		壬癸日生 久病으로	歸幽時는 앓다가니	腎腸炎病 이것또한	脬氣로서 運命일세

478		夏月生人 腦溢血病	甲乙日生 가게되니	喘息咳嗽 世上뜰때	其病가고 지나보소
479		春冬月에 己庚辛日	壬癸甲乙 身衰者는	中風病에 肺病喀血	많이가고 朝天이라
480		實地神殺 命理學友	經驗하여 互傳하여	推命歌를 弘益人間	造出하니 하십시오.

제 1 장　家庭(가정)

가장 기본적이고, 또한 나의 보금자리다.
돌아와 쉬는 곳이요,
나의 심신을 의탁하는 곳이다.

이곳이 흔들리면
뿌리가 흔들리고,
전체가 흔들리는 것이다.

각각의 구성원이 자기의 위치를 망각하고,
본연의 역할을 못한다면,
가정이라는 아주 작지만 샘의 근원이요,
만사의 근본, 근거지가 사라진다.

각자가
자기의 근본을 잊지 않고,
지키는 것이 도리다.

<table>
<tr><td rowspan="2">231

곤도성녀</td><td>乾道成男</td><td>坤道成女</td><td>各各體性</td><td>다르나니</td></tr>
<tr><td>男命剛强</td><td>能動하고</td><td>女命柔順</td><td>受動이라</td></tr>
<tr><td></td><td>건도성남</td><td>곤도성녀</td><td>각각체성</td><td>다르나니</td></tr>
<tr><td></td><td>남명강강</td><td>능동하고</td><td>여명유순</td><td>수동이라.</td></tr>
</table>

❖ 乾道成男 坤道成女(건도성남, 곤도성녀)------------

☞ 乾(건)은 乾命(건명)이라 남성을 의미하고, 坤(곤)은 坤命(곤명)이라 여성을 의미한다. 각각의 體性(체성)이 다르다 함은 체질과 성격이 다름을 의미하고, 남성은 강하고 능동적인 반면, 여성은 유순하고 수동적이다.

☞ 일반적으로 강하고 능동적이면 사주가 대체적으로 강한 쪽으로 본다. 일주가 강해 매사 모든 면에 적극적이고 통솔력도 갖추게 되는데, 유순하고 수동적이라면 일단 남의 지시와 통제에 따르는 형태가 되어버린다. 예전의 男性象(남성상)하면 강하면 일단 합격이요, 다음은 너그러움과 이해심, 자비심 그런 식이었다. 약간의 고집도 있어 줏대가 있어 보이는 것 같은 모습을 우선으로 하였다.

☞ 전형적인 여성의 모습하면 일단 七去之惡(칠거지악)이라는 단어가 먼저 떠오르는데 다 지나간 옛날이야기다. 현 시대에 있어서는 여성도 강(强)해야 적응한다. 기계체조에서도 파워가 요구되는 시대다.

🖎 七去之惡(칠거지악)-----아내를 내쫓는 이유의 일곱 가지 허물.
곧, 시부모에게 불순한 것, 아이를 낳지 못하는 것, 행실이 음탕한 것, 질투하는 것, 나쁜 병이 있는 것, 말이 많은 것, 도둑질하는 것. 결론은 남성도 강하고, 여성도 강해야만 적응한다.

🖎 상대적으로 남성이던, 여성이던 강하지 못한 경우를 보자. 우선 남성의 경우를 살펴보자. 남성의 경우 약함은 신약(身弱)의 경우인데, 사주가 강하지 않은 여러 경우를 보자.

⬇ 食神(식신),傷官(상관)이 많아 사주가 신약 할 경우.

☞ 우선적으로 생각되는 것이 官(관)을 剋(극)하므로 직장이 시원치 않다.

☞ 재주는 많아도 사용하지 못하는구나. **身弱**(신약)의 여러 경우를 각각 대입해보면 그에 해당하는 여러 상황으로 인해 남성이든, 여성이든 각각 사회에 적응하기 힘들어진다.

☞ 예전에는 농업이 차지하는 비중이 커서 이도저도 아닐 경우 대충대충 지냈지만 현세는 다르다. 중단 없는 전진이 필요로 행해지는 시기다. 백수로 지내며 살아가는 시대가 아니라는 것이다. 그만큼 살기가 힘들어졌다.

☞ 여기에서 비중을 두고 더 중시하는 것이 **女命**(여명) 즉, 여성의 경우 이므로 여성의 경우를 살펴보자.

❖ 겸손(謙遜)이 미덕(美德)이다.

신월(申月)의 정(丁)화 일간 사주다.

戊	丁	庚	戊
申	未	申	寅

⬆ 미(未)중, 정(丁)화에 **通根**(통근)하고 있으나 신약(身弱) 사주다.

☞ 재(財)인 금(金)의 기운이 강하다. **財多身弱**(재다신약)으로 결정된다.

☞ **寅申沖**(인신충)이 되어 초년이 불우한 환경으로 이어진다.

◉ 인간관계를 잘하여야 한다.　정(丁)화 일주인데 재관(財官)이 난리다

庚	丁	庚	壬
子	酉	戌	子

나를 도와주는 우군은 별로 보이지 않는다. 운(運)에서 도와준다 해도 길지 못할 것 같다. . 신약(身弱) 재관(財官)에 굴복 처신해야 한다.

☞ 남성이 여성의 역할을 하고 여성이 남성의 역할을 한다면 다 할 수는 있다. 가능은 하나 완벽한 역할은 어렵다. 근접하나 능가하지는 못한다. 간혹 여성을 능가하는 남성, 남성을 능가하는 여성 이라는 말은 나와도 일시적인 립 서비스일 뿐이다. 해보고 싶은 의욕, 가능성에 대한 일종의 실험이나 같은 것이다.

☞ 피치 못할 사정으로 인해 한다하더라도 그 어려움은 어떻겠는가? 중요한 것은 가능하다면 직분에 충실 한다는 것이 좋은 팔자라는 것이다.

232 불효옹고	女命身弱　아름다워　能奉翁姑　하지마는 身强이면　不美하여　不孝翁姑　欺夫한다. 여명신약　아름다워　능봉옹고　하지마는 신강이면　불미하여　불효옹고　기부한다.

❖ 약한 자여 그대 이름은 여자니라, 여자는 약하다 그러나 어머니는 강하다. 모든 것에는 음(陰),양(陽)이 공존(共存)하는 법이다,

☞ 여자의 사주가 신약하면 시부모 잘 모시고, 강하면 시부모를 잘 모시지 않는다는 말인데, 지나친 틀에 얽매인 논리다. 가진 것이 충분할 경우, 여건이 편안할 경우 누구든지 다 잘 할 것이다. 없으면 마음은 있어도 능력이 안 되니 하다못해 선물 하나도 변변히 마련 못한다, 용돈은 물론이고 그러다보니 본의 아니게 못된, 못난 며느리가 되고 사위가 되고, 자식이 된다. 선천적으로 人性(인성)에 문제가 있다면 말은 달라진다.

☞ 여기서 논하는 강약(强弱)의 기준은 심성(心性)을 위주로 보는 것이다. 반대로 생각해보자. 신약(身弱)의 경우 어떨 것인가?

❖ 신약(身弱)의 경우도 여러 종류가 있다.

◉ 식상(食傷)이 과다(過多)하여 신약(身弱)이 될 경우.
자손 키우느라 정신이 없다, 그러다보니 남편에게도 자연 눈 돌아가는 시간이 적어진다. 자손으로 인해 가정불화가 야기된다. 이런 상황인데 요즈음 세상에 다소곳이 시부모에게 지극정성을 드리겠는가?

☞ 유교적인 논리에 집착을 하다보면 그래도 그리해야 한다. 참아야한다, 참아야 한다. 그것이 진리요, 가는 길이다. 물론 맞는 말이다, 그러나 지나친 비약이라는 논리가 요즈음 추세요, 현명한 판단이다.

☞ 지금은 무조건적인 희생이 아니다, 공생이다 그야말로 공생의 시대다. 그리하는 것이 도리요, 인지상정이거늘 그것이 어디 그리 쉬운 일인가? 다 남의 말은 쉬워도 정작 본인이 당해보라 어떤가?

◉ 상관(傷官)인 금기(金氣)가 강하다.

乙	戊	辛	辛
卯	申	卯	酉

묘월(卯月)의 무토(戊土) 일간이다.
지지(地支)가 복잡하다.

⬆ 상관이 천간(天干)에 투출(投出)하고, 뿌리가 확실하다.

❖ 財(재)와 官(관))이 旺(왕) 하여 사주가 신약 할 경우는 어떠할까?

☞ 일일이 사주의 예를 들지 않아도 이미 답은 당연하다. 시부모와의 관계니 해석도 그 방향으로 해보자, 여성에게 財(재)는 시댁이요, 시어머니인데 官(관))은 남편이요, 양쪽의 기운이 왕(旺)해 힘들어 죽겠는데 어찌 잘 모시겠는가? 그러나 잘 모시는 분들도 계신다, 주변에서 하는 말 어떨까?

☞ 다 지 팔자야, 착한 며느리야, 또 어떤 이는 뭐 하러 그리 살아?➜요즈음은 시부모가 알아서 떠나보낸다. 아가야 힘들지 너희들끼리 나가 살아라. 하면서 분가(分家)가 우선인 시대다.

☞ 이제 유교적 논리는 떠난 세상이다. 그것이 정도인줄 알면서 지키기가 힘들어진 세상이다. 답답하게 사는 인생이란 소리만 나오는 것이다. 너무나도 개인적인 이기주의의 만연이다. 그래도 최대한의 적정선은 찾아야 할 것이다. 그것이 바로 중용(中庸)이다.

☞ 서로를 이해하고 상대방의 입장에서 생각하면 답은 나온다. 역지사지(易地思之)다. 너도 늙어봐? 젊어는 보았지만 늙어보지는 않았지?

◉ 재관(財官)이 왕 하여 신약(身弱)한 사주. 정화(丁火)일주 사주다.

庚	丁	庚	壬
子	酉	戌	子

정화(丁火) 불꽃을 피우기가 너무 힘들다.

⬆ 그러면 身强(신강)일 경우 어떠할까? 신강(身强) 사주는 일단 기운이 왕하니 내 주장이 강할 수밖에 없다.

☞ 남편이 아내의 눈치를 살펴야 한다. 신약(身弱)일 경우 여성이 기운이 딸려 제대로 대들거나, 따질 여력이 없다. 그러나 강한 아내는 그 반대다.

☞ 남편 알기를 우습게 안다. 官(관)인 남편의 통제력이 미치지 않는다. 財(재)인 시댁도 섣불리 건드리기 힘들어진다. 자연 며느리의 가권이 왕성하여 흔들림 없이 가정의 진로를 선택하게 된다.

☞ 좋은 쪽으로 생각 하여보자, 능력이 있어야 부모 모심에 있어서도 풍족함이 보인다. 물론 꼭 그렇다는 것은 아니지만 있는 것이 없는 것 보다 훨씬 좋다는 표현이다.

☞ 효(孝)에는 물질보다는 마음이 중요하다는 것을 먼저 한 후의 얘기이고, 본문에서 즉 231,232번 모두 물질보다 정신이 앞선다는 기준이다. 印綬(인수)는 항상 財(재)의 유혹과 핍박을 받으니 그에 대한 설명이다.

❧ 財(재)란 인수에 비하면 하찮은 존재다. 배부른 돼지와 배고픈 소크라테스의 비유다. 항상 중용을 겸비하자. 이도 저도 아닌 것은 아니다.

◉ 귀여운 자식 매로 다스려라.

丁	丁	癸	丙
未	巳	巳	辰

자기 자식이 귀하지 않은 사람이 어디 있겠는가?

⬆ 딸자식 예쁘다고 키워 놓았더니. 이제는 모든 것이 제멋대로다. 부모의 통제가 어려운 사주다. 식구들 간 말싸움에는 당하지 못한다. 성격도 대단하여 접근금지다, 과연 어른들을 잘 모실 런지 걱정이다.

◉ 사주가 지나치게 강해도 흠이 된다.

壬	癸	辛	甲
子	酉	未	子

계수(癸水)일주인데, 身强(신강) 사주다.

⬆ 교원 임용시험을 앞두고 있던 사람의 사주다.

233	年月財官	正印星은	富貴家門	出生되고
	地殺驛馬	놓인者는	親庭멀리	떠나산다.
	연월재관	정인성은	부귀가문	출생되고
친정멀리	지살역마	놓인자는	친정멀리	떠나산다.

❖ 年 月 財, 官 正印星(연 월 재, 관 정인성)

년과 월에 財(재)와官(관)과 印星(인성)이 즉 三奇(삼기)가 잘 구성되어 있으면, 즉 喜神(희신)이나 用神(용신)처럼 반가운 존재면, 그 역할을 충분히 해주니 그것이 다 조상의 음덕이요, 출생 시 부터 복을 받고 태어난 것이다.

◉ 윗대 즉 부모의 덕(德)이 있고 재물이나 모든 면에 있어 어려움을 모르고 출생의 기쁨을 만끽하는 것이고, 반대로 재(財)나 관(官)이 살(殺)의 역할을 하게 되면 똑같은 재,관(財,官)이라 해도 본인 에게는 凶(흉)으로 작용이 되니 초년 宮(궁)이라 날 때부터 어려움의 시작이다.

◉ 地殺(지살)이나 驛馬(역마)가 갖추어진 이는 친정을 떠나서 멀리 산다고 하였는데 친정은 나의 본거지 즉 고향이요, 원적(原籍)이 있는 곳이니 가까이는 타 지역이요, 멀리는 이국(異國)땅도 된다.

◉ 地殺(지살)과 驛馬(역마)에 대한 槪念(개념).

O	辛	丙	甲
O	酉	寅	午

년(年)월(月)에 재관(財官)을 놓고 있다.

◀ 인수(印綬)가 없어도 일단 이덕(二德)은 겸비다. 여자가 멀리 간다 함은 결혼하여 본거지를 정함으로 보는 것이 타당하다. 물론 다른 연유 즉 가족이 전체가 이동하는 경우도 있지만 개인의 입장에서 보므로 친정(親庭)이라는 표현을 한 것이다. 어머니는 인수라 나의 모태(母胎)이므로 인수의 놓인 위치에 따라 해석이 각각 나오게 된다.

▶ 용신의 작용을 할 경우, 내가 항상 필요로 하고, 地支(지지)에 확실히 자리를 하고 있는 경우는, 더더욱 그 작용이 강해 항상 가까이 하게 되므로 여러 현상이 나타나는데, 일지(日支)에 인수(印綬)를 놓고 있는 경우는 몸은 시가(媤家)에 있어도 마음은 항상 친정(親庭)이라 심하면 몸도 친정으로

가게 되니 따라와! 하다 안 되면 홀로 강행군을 하게 되니, 이혼(離婚)도 불사하고 시시콜콜 모든 것을 친정과 의논하며 매사를 결정하게 된다.

◉ 이러한 성향의 여성은 배우자를 선택할 때 신랑 쪽이 식구나 친척이 별로 없는 사람을 선택함이 좋다.

◉ 친정집의 의존이 싫은 남성은 역마(驛馬)나 지살(地殺)이 있는 여성을 택하라, 여성의 입장에서 본인의 사주에 역마, 지살이 있으면, 친정은 큰 일이 있을 때나 본다 생각하고, 이웃사촌 가까이 하기에 신경을 쓴다.

◉ 女性(여성)과 親庭(친정)과의 관계

乙	壬	己	己
巳	寅	巳	未

년, 월에 기토(己土)가 투출(透出) 하였다.

⬆ 임수(壬水)가 사화(巳火)에 있으니 절지(絶地)에 해당한다. 실령(失令)이다. 시간(時干)에 을목(乙木)이 있어 견제(牽制)가 가능하다.

◆ 월(月), 시(時)에 역마(驛馬)다. 친정(親庭)과는 거리가 먼 사주다. 재관(財官)이 왕(旺)한 사주. 거기에 식상(食傷)이 버티고 있으니 견딜 재간(才幹)이 없다. 정관(正官)이 둘이나 투출(透出)해 있다. 관살혼잡(官殺混雜)으로 나타난다. 인사형(寅巳刑)이라 항상 불편한 사항이 지속된다.

◆ 이 경우 인중 갑목(甲木)일 경우는 사(巳)중 경금(庚金)이 극(剋)하지만, 인(寅)중 병화(丙火)일 경우는 화극금(火克金) 당하는 것이다.

☞ 목(木)과 화(火)의 차이다.

◆ 식상(食傷)이 버티고 있으니 재관(財官)에 종(從)하기는 싫어한다. 그러다 보니 항상 문제가 발생한다. 상관(傷官)이 정관(正官)을 극하니 삶의 낙(樂)이다. 자식 키운 보람이 있다.

234				
	偏正財가	混雜하니	重拜媤母	하게되고
	四柱中에	多印星은	媤母사이	不合한다.
	편정재가	혼잡하니	중배시모	하게되고
중배시모	사주중에	다인성은	시모사이	불합한다.

◘ 偏正財가混雜하니 重拜媤母(편정재가 혼잡하니 중배시모)

正,偏財(정편재)가 혼잡하다 함은 정재, 편재가 둘 이상 이라는 설명인데 정(正)이 많으면 편(偏)의 작용을 하는 것이 당연한 일인데, 혼잡이니 당연히 편재의 기운이 강하다고 보아야한다.

◉ 重拜媤母(중배시모)➟시어머니를 두 분 이상을 모시는 것을 말함.

여성의 경우 시집살이는 財(재)가 기운이 강한 경우, 나의 기운이 재(財)를 꺾지 못하므로 인해 나오는 말이다.

◉ 여성의 경우 財(재)는 시어머니니 시집이 된다, 일주인 내가 강하여 능히 재(財)와 기세(氣勢)가 견줄만하면 서로 편안한 삶이 이루어지는데, 어느 한 쪽이 기울게 되면 강약(强弱)이 생기게 마련이다.

◆ 日主(일주)와 財를 보는 것은 나와 시댁과의 관계이고, 친정과 시댁과의 관계는 인수와 財와의 관계를 살펴보면 된다.

◉ 財(재)는 시댁이요, 印綬(인수)는 친정이다. 사돈지간이라도 통상적인 관계로는, 친정은 항상 시댁의 기(氣)에 눌린다. 재(財)는➟ 인수(印綬)를 극(剋)하므로. 왜냐하면 자기 딸의 모든 의식주(衣食住)를 사위가 책임지니 자연 친정에서는 "이보게 사위 우리 딸 잘 부탁 하네1"로 이어진다. 그러나 이것도 시대가 바뀌고 보니 이야기의 전개가 재미있어진다.

◉ 사위가 사위노릇을 제대로 해야 우리 자식이 고생을 안 하지 ,남의 자식 데려다가 고생시키려면 일찌감치 돌려보내 이 사람아 ! 자네 우리 자식 고생 안 시킬 자신이 있나?

◉ 사위도 처가(妻家)의 눈치 보기가 바쁘다. 농촌으로 시집가기를 기피하여 동남아 ,러시아, 중국, 베트남 등등의 해외결혼이 이어진다. 바야흐로 남성 시련기 인가? 능력 있는 자만이 살아남는 생존경쟁의 시대다. 적자생존(適者生存)의 원리다. 편안함을 즐기는 이유다.

◉ 인수가 강한 며느리를 보자, 인수가 강하니 배움도 많으니 財가 약하면 시어머니를 우습게 본다, 내가 많이 배웠으니까, 또 기운이 강하니까, 반대로 인수(印綬)가 약(弱)한 신약(身弱)의 며느리를 보자.

▶ 財多身弱(재다신약)의 며느리

금전적으로도 가난한 며느리다. 누구 네는 며느리가 시집올 때 ―운운하면서 핍박이 시작된다. 여성에게 재는 어머니가 된다.

☞ 궁합은 꼭 보라 시집가서 곤욕을 치르면서 울고불고 하지 말고 말이다.

◉ 본인도 늙으면 시어머니가 된다. 병화(丙火) 일주다. 인수가 튼튼하다.

O	丙	庚	O
O	寅	寅	亥

재(財)인 경금(庚金)은 인수(印綬)인 목(木)에 휘둘려 약하다.

⬆ 財印鬪爭(재인투쟁)으로, 시어머니와 不合(불합)한다.

☞ 시댁 즉 시어머니를 본다면 뿌리가 약하다. 며느리인 병화(丙火)자신은 인수(印綬)가 왕(旺) 하여 일주인 본인이 강하다. 고로 배운 것도 많고 똑똑하다. 이 집에서 가정의 평화를 원한다면 시어머니는 며느리인 병화(丙火)에게 많은 것 양보해야 한다. 고부(姑婦)간에 문제가 생겨도 시어머니는 꼼짝 못 한다. ◉ 시어머니인 경금(庚金)의 입장에서 보면 재(財)인 목(木)이 널려있다. 고로 욕심은 무척 많다. 그러나 뿌리가 없고 기운이 약하다. 전부 그림의 떡이다. 모든 것은 며느리인 병화(丙火)가 관리한다.

◉ 시어머니! 어디 계세요?

癸	乙	戊	庚
未	卯	子	申

⇐ 자월(子月)의 을목(乙木) 일간이다. 지지(地支)의 변화(變化)가 많다.

⬆ 겨울에 새싹이 나오려고 한다. 이상(異狀)기온(氣溫)이다. 잠시 잠깐 변화(變化)에 의해 일을 그르치는 경향이 있다. 추위를 이기는 것이 관건인데 환경은 어떤가? 따스함이 긴급사항이다. 인성(印星)이 강(强)해도 재성(財星)이 있어야 싸운다. 관성(官星) 또한 재성(財星)으로 갈 것인가? 인성(印星)으로 갈 것인가? 도 보아야 한다.

235	四柱中에	錯差殺은	夫家零落	하게되고
	財官印이	合身하면	親庭父母	모시리라
	사주중에	착차살은	부가영락	하게되고
부가영락	재관인이	합신하면	친정부모	모시리라.

◘ 錯差殺(착차살)에 대한 설명이다. 착차살(錯差殺)이란 무엇인가?

　착차살이란 음,양을 합하여 陰陽錯差殺(음양착차살)이라 하여 陰錯陽差殺(음착양차살)이라고 한다.

☞ 이 살의 작용은 여자의 경우➡ 시댁이 폭삭 내려앉듯 망한다는 흉살(凶殺)로 본문의 표현 그대로 남편 집, 즉 시가 쪽이 ➡ 零落(영락)－－수저하나 남김없이 쫄딱 망함을 말한다.

☞ 흔히 말하기를 영락없어! 라는 표현을 자주 접하게 되는데, 예를 들어 닮음을 비교할 때 영락없다 하게 되면 닮은 정도가 거의 빼닮음을 이야기하듯 영락? 이란 표현이 들어가게 된다. 표현에 따른 뜻을 잘 이해해야 한다.

➡ 잘못된 표현 중 영락과 같은 의미는 ➡ 片瓦未留(편와미류)라 하여 깨어진 기왓장 조각 하나 없이 깨끗하게 거덜 나는 것을 말한다.

◘ 남성의 경우 외삼촌이 고독하다는 표현으로도 사용한다. 이의 종류는 12종류 인데 크게 작용은 않으니 의존도가 약하다. 참고로 기술하니 살펴보기 바랍니다.

◉ 음착양차살(陰錯陽差殺) －－－－－12종류

丙　丁　戊　戊　丁　癸　癸　辛　辛　壬　壬　丙
子　丑　寅　申　未　巳　亥　卯　酉　辰　戌　午

⬆ 이 살의 작용은 크게는 안 된다. 맞기도 하고 안 맞기도 하니 알고만

사주에서　　☞ 시댁(媤宅)　➡　관(官)을 보고

　　　　　　☞ 외가(外家)　➡　인수(印綬)를 본다.

참고 사항으로 알고 있자.

☞ 사주에서는 生剋制化(생극제화)가 우선인 것을 알고 이것을 참고하자.

☞ 여성에 있어서 재(財)와, 관(官)은 남편과 시어머니가 되는데 합(合)이 든다 함은, 한 지붕 밑에 사는 것이다. 여성의 경우는 시어머니를 모시고 사는 것이 된다.

☞ 財,官,印(재,관,인)이라면 여기에 친정어머니 까지 가세되는 것이다.

☞ 예전에도 이런 경우는 드물었지만 가끔씩 뉴스에 오르기도 한다. 참으로 다복한 가정이다. 물론 나름대로 사정이야 있겠지만, 드문 경우다.

◉ 엄마 찾아 삼만리. 정화(丁火) 일주의 사주다.

壬	丁	○	○
寅	亥	○	○

해(亥)중 임수(壬水)가 官(남편)이다.

⬆ 시지(時支)의 인목(寅木)은 인수(印綬)로 친정(親庭)이 된다. 관(官)과 인수(印綬)가 합(合)이 되어 인수가 되어버린다.

➡ 결혼 후 당분간은 각자 살아도 나이가 들면서 모시고 사는 경우다. 물론 처음부터 사는 경우도 있으나 일(日), 시(時)에 있어 그리 본 것이다.

☞ 이런 여성은 시집가기 힘들어진다. 친정어머니 모실 신랑감을 찾자니 힘이 드는 것이다. 본인 자신이 어머니와 떨어지기 힘들어진다.

◉ 그늘에 가려 빛을 보기가 힘들다.

○	己	丙	甲
○	○	○	○

기토(己土) 일주인데 남편은 년간의 갑(甲)이다. 어머니는 자연 月干(월간)의 병화(丙火)가 된다.

⬆ 갑목(甲木) 남자가 기토(己土)인 여자를 만나려면 중간에 있는 병화➠(어머니)를 통해야 한다. 목생화(木生火), 화생토(火生土) 하여 위에서 아래로 이어지므로 결국 어머니의 눈에 들어야 여자를 만날 수 있다.

☞ 결론은 어머니가 여자의 배우자를 선택하는 것이므로 결혼하기가 힘들어진다는 이야기다.

❖ 위의 설명의 연속이다. 이 경우는 어떨까?

O	己	丙	O
O	O	寅	O

이럴 때는 훨씬 낫다.
⇐ 중간에 어머니를 통하는 것은 똑같다.

⬆ 그러나 친정어머니 병화(丙火)와 남편감인 인(寅)의 지장간➠갑목(甲木)과 한 기둥에 있어 일맥상통한다.

☞ 갑목(甲木)이 어머니와 뜻이 잘 통해 크게 염려할 것 없다. 사위가 장모 비위를 잘 맞춘다.

◉ 가까이 하기에 너무 먼 당신

O	己	丙	O
寅	O	O	O

◀ 이런 경우는 어떨까? 위치가 바뀌어 있다.
흐름이란 항상 순리가 원칙이다.

⬆ 물이 역류하고 흐름이 이상해진다. 木生火(목생화)가 여간 힘이 드는 것이 아니다. 거리가 너무나 멀고 흐름이 역으로 이어진다.

☞ 서로가 상생의 길을 걸어야 하는데, 갈 길이 너무 험난하다. 인(寅)중 갑목(甲木)은 지쳐, 가기도 전에 나는 못해요 하고 손든다.

☞ 己土(기토)인 여성은 결혼(結婚)하기가 힘들어진다. 대운(大運)에서 인수(印綬)인 어머니가, 나의 자리인 日支(일지)로 합(合)하여 들어오면, 친정부모를 모셔야 한다는 설명.

❖ 다른 육친(六親)의 예를 들어보자 만약에 형제(兄弟)인 비견(比肩)이나 비겁(比劫)이 들어온다면 어떨까?

☞ 그때는 형제들을 도와주어야 한다. 물론 같이 지낼 수도 있지만 가까운 식구들의 경우, 일시적으로 같이 생활 할 수도 있고, 크게 도움주어야 할 정도의 형편이 되기도 하는 것이므로 해석에 융통성을 발휘하기를 —

236 관인동임	官印同臨　　合身하면　　나의母親　　助戀하고 月과官이　　形冲戀愛　　父母兄弟　　妨害한다. 관인동임　　합신하면　　나의모친　　조연하고 월과관이　　형충연애　　부모형제　　방해한다　　.

◈ 官印 同臨 合身(관인 동임 합신)

　관(官)은 남편이요, 인수(印綬)는 어머니 인데 같은 자리에 있다함은 동석(同席)이니, 결국 전부다 나를 위하는 결과가 되는 것이니 이 아니 좋을 손가? 또한 관인상생(官印相生)으로 이어지니 모두가 나의 힘이 되어 준다.

◉ 月과 官이 形冲戀愛 父母兄弟 妨害(월과 관이 형충 연애 부모형제 방해)

　월과 관이 형,충 한다 함은 서로가 충(沖) 하거나 형살(刑殺)에 임한다.

◉ 월(月)은 나의 부모 자리요, 형제의 자리인데, 집안의 반대가 심하다는 이야기가 되는구나. 그러면 대운, 세운에서 관(官)을 충(沖)하거나 형살에 임할 경우 각각의 육친에 따른 해석을 하면 될 것이다. 비견이나 비겁으로 인한 경우는 어떠할까? 형제나 친구 또는 가까운 사람으로 인하여 남편과의 불화가 발생하게 되는 것이다. 결국 믿는 도끼에 발등 찍히는 상황이 온다. 이런 운에는 특히 금전거래라든가, 언행 기타 몸가짐에 주의해야한다. 별것 아닌 것이 발단되어 결국 커다란 화근으로 변하는 경우가 종종 생기므로 조심해야 한다.

◉ 사랑도 죄 인가요? 기토(己土) 여성이다.

○	己	○	○
寅	○	申	○

시지(時支), 인(寅)중의 갑목(甲木)이 남자다.

⬆ 결혼하려고 하는데 월지(月支)의 신(申)금 어머니가 인신(寅申)➡충(沖)(인신충)으로 결혼을 반대한다. 이유는 무엇일까?➡ 남자가 時支(시지)에 있으므로 연하(年下)의 남성(男性)이다.

◆ 비견과 비겁이 관을 충(沖)하는 운(運), 원래 비견과 비겁은 관(官)의 극(剋)을 받는다. 그런데 그것이 아니고 오히려 충(沖)을 할 때가 있다.

◆ 미혼일 경우 형제들의 반대가 심하여 결혼 성사가 힘든 것이고, 기혼일 경

우 형제로 인하여 문제가 야기되거나 부추김으로 인하여 서류에 도장을 찍
니, 안 찍니 하는 소리가 오간다. 이때 남편은 처가 식구들 등살에 곤욕을 치
른다.

237 목욕암합	比肩星이	沐浴暗合	風流媤父	속썩이고
	偏正官이	作合하니	시누동생	再婚하네.
	비견성이	목욕암합	풍류시부	속썩이고
	편정관이	작합하니	시누동생	재혼하네.

◉ 여성을 기준으로 하여보는 육친관계

☞ 비견,겁➠시아버지, 남편➠관(官), 관(官)이➠ 극(剋)➠ 아버지

　　　　　남편의 아버지이니 시아버지

☞ 정관(正官)➠시댁의 형제➠정관은 남편인데, 남편의 형제

☞ 재성(財星)➠시어머니➠ 관(官)인 남편(男便)을 생(生)하므로

☞ 편관(偏官)➠시누이➠남편(男便)이 정관(正官)이므로, 여자 형제는 편관.

◈ 우선은 比肩星(비견성)을 분석하자.

비견(比肩)성(星) 하게 되면 남성과 여성의 경우 기본사항은 같지만 약간
의 차이점이 드러나는데 본문의 경우, 기혼자 위주니 기혼자 특히 여성의
경우로 살펴보자. 우선 비견, 비겁이니 재(財)를 극(剋)하므로 ➡ 재(財)는
시어머니라 결국 시아버지가 된다. 沐浴暗合(목욕암합)이라 함은 桃花暗合
(도화암합)데,➠ 풍류, 바람피우는 것이 아닌가?

◉ 풍류는 나이도 없나요? 을목(乙木) 일주의 사주다.

庚	乙	甲	己
○	○	午	○

시아버지는 갑목(甲木)이 된다.
(비견성이 시아버지, 음양이 반대인 남성이므로)

◉ 왜 풍류가 심할까?

☞ 월지 午(오)중 己(기)토가 시아버지에게는 재(財)가 된다. 甲己合(갑기합)
이 이루어진다. 천간으로 年干(년간)의 기토(己土)와 합(合)이 이루어진다.

☞ 천간(天干)의 합(合)은 공개적(公開的)인 합(合)인데, 지지(地支)의 기토
(己土)와는 暗合(암합)이므로 바람피우는 것이다.

☞ 정관(正官)은 남편(男便)이요, 시동생도 되고, 편관(偏官)성은 시누이 인데 作合(작합), 합(合)을 이루니 연애결혼(戀愛結婚)이요, 한 다리 건너면 풍류(風流)가 있다는 설명이 되는데, 이성(異性)관계의 풍류는 재혼(再婚)으로 이어진다. 지나친 이성, 재혼 역시 심사가 괴로운 사항들이 아닌가?

◉ 사는 것도 다 지 팔자지 뭐.

庚	乙	辛	O
O	巳	巳	巳

⇐ 을목(乙木)일주 사주다. 남편은 경(庚)금이다. 신(辛)금은 편관(偏官)이므로 시누이다.

⬆ 시누이의 남자가 많다. 년(年),월(月),일(日)의 지지(地支)인 사(巳)를 보면 지지(地支)에 병화(丙火)가 각각 다 있다. 혼자서 셋을 다 감당하려니 얼마나 바쁘겠는가? 참으로 대단한 여걸(女傑)이다.

☞ 丙辛合(병신합)이므로 암합(暗合)이니 풍류요, 바람이다.

238 인인자중	甲乙日生　媤母님은　忍忍自중　順直하고 丙丁日生　媤母님은　性質燥急　쟁쟁하다. 갑을일생　시모님은　인인자중　순직하고 병정일생　시모님은　성질조급　쟁쟁하다.

◈ 甲乙日生 媤母님은 忍忍自중 順直하고(갑을일생 시모님은 인인자중 순직하고)갑을 일생이라 함은 목일주(木日主)의 설명인데 시어머님이 木(목)일주이면 심성이 은인자중(隱忍自重)이라 참을성이 많으시고 心性(심성)이 순박하시다는 목일주(木日主)의 특성을 설명하고 있다.

☞ 丙丁日生(병정일생)이라 火(화)일주의 특성을 설명하니 성격이 급하고 매사가 빨리, 빨리 이니 침착성이 결여되니 실수 연발이고, 상대방을 이해하는 아량의 부족도 겸비되고, 목소리가 크니 대화를 해도 마치 싸우는 것 같이 느껴지게 된다.

☞ 원래 빠르기로 따지자면 金이 휙휙 하는 식으로 제일인데, 화일주(火日主)가 火剋金(화극금)하여 열 받으니 성격이 조급하여질 수밖에 없다.

☞ 목일주(木日主)일 경우는 木剋土(목극토) 하여 참을성을 자꾸 더 눌러대니 오직 참아라, 참아 로 연결되니 느긋해질 수밖에 없어진다.

239 봉양(奉養)	눈에들면 그만인데 한번 脾胃 거슬리면 다시맡기 힘이드니 조심하여 **奉養**하소 눈에들면 그만인데 한번비위 거슬리면 다시맡기 힘이드니 조심하여 봉양하소

◈ 시부모님도 부모님인데, 자식이 눈에 차지 않고 마음에 안 든다고 나 몰라라 할 수 없는 일인데 표현이 약간은 거칠다. 며느리가 무슨 식모나 비위 맞추기 위하여 시집 온 것도 아닌데, 생전에 무슨 업이 많아 웃어른의 비위를 맞추며 살아야 하는가? 윗사람은 윗사람 데로 아랫사람의 고충을 이해하고 토닥거려 주어야 하고, 힘든 일이면 서로 도와 그 노고를 치하할 줄 알아야 하는 것이 인지상정이라 윗사람의 역할이 더 힘든 것이다.

◆ 무조건적인 복종은 지나친 인권유린이다. 요즈음 세상을 보라 시어머니가 오히려 며느리의 눈치를 보는 세상이 아닌가?

☞ 자식도 며느리와 합세하여 우리끼리 편하자고 하는 세상인데, 그저 부모는 뒷바라지나 열심히 하다가 조용히 살다 가시라는 부도덕한 면도 보이는 세상인데 참으로 얄궂은 일이다.

☞ 여성의 경우 며느리의 입장에서 시어머니는 財가 되고, ➡ 시어머니의 입장에서 며느리는 官(관)이 된다. 이 관계를 연관 지어 살펴보자.

☞ 시어머니는 웃어른이니 며느리인 관(官)을 생(生)하게 된다. 그런데 재(財)가 관(官)을 생하지 아니한다면 관(官)은 일도 못하고, 게을러지고 속만 썩이게 된다.

☞ 반대로 재(財)가 관(官)을 제대로 생해 보라, 관(官)인 며느리가 신나서 열심히 하고 어려운 일이 있으면 해결사 역할을 자원해 나선다.

☞ 관(官)이 열심히 하니 재(財)인 금전(金錢)도 자꾸 불어나게 되고, 그러니 집안이 화목하여지고 문서가 자꾸자꾸 늘어나 불어나고, 웃음이 가득하니 집안의 경사요, 좋은 일만 생기지 아니 하겠는가? 그것이 가정의 화목이요, 행복이요, 근본이 아니겠는가?

☞ 재(財)가 목(木)이라고 하자, 그러면 관(官)은 화(火)가 되는데 목(木)이 습목(濕木)이 되어 木生火(목생화)를 제대로 못한다면 이 집안은 財生官(재생관)이 제대로 이루어지지 않는다. 그러면 財(시어머니)의 입장에서는 마음은 굴뚝같은데 여건이 따르지 않으니 답답할 것이다.

☞ 이럴 때는 며느리가 솔선수범하는 방법이 답이다. 내가 알아서 처리해야 한다. 환경 탓하지 말고 내가 열심히 하는 것이 최선이다. 사주가 여건이 좋지 않은데도 성공하는 사람들의 차이가 이것이다.

➡ 운(運)에서 따라줄 때 놓치지 않는 것이다. 누구나 운(運)은 오게 마련이다. 그것이 언제고 자주냐? 아니면 드문가 차이다. 평생 운이 안 온다는 사람도 있지만 그것은 지나친 과욕이다. 작아도 사람에게는 누구나 기회는 다 오는 법이다. 그것이 명리의 지론이다. 그것을 제대로 판단을 하고, 옳게 구별 못하니 그러는 것이지 복은 항상 내 눈앞에 있다,

➡ 전화위복(轉禍爲福)이라는 말을 생각해보라 음양의 법칙(法則)이다.

❖ 며느리의 경우에서 살펴보기로 하자.

◉ 木(목)일주일 경우

土(토)가 재(財)가 되므로 자연 시어머니는 인내하고 참을성이 많으신 분을 만나게 된다. 순직하고 우리 것이 좋은 것이여 하시는 스타일이다. 시어머니 입장에서 보면 官(관)이 며느리이므로 조용히 관망하시던 스타일에서 며느리가 들어오고 부터는, 나름대로 주장을 펴기도 하시고 매사에 앞장 서시게 된다. 집안일은 우리 며느리가 알아서 다하는데 뭐! 하면서 그동안 계획하고 해보고 싶었던 일을 추진한다.

◉ 火(화)일주의 경우

金(금)이 재(財)가 되므로, 시어머니는 금(金)이다. 한번 틀어지면 그만이고, 믿으면 평생 동지가 되는 것이다. 며느리 또한 성정이 화끈하여 서로가 성격이 어울리기만 한다면 금상첨화(錦上添花)다. 반대로 틀어지면 골치 아프다.

어머니 우리 연극구경 한 번 갈까요? 아범이 표를 일부러 두 장 구해왔어요, 그래요? 예 어머니 하면서 슬슬 열을 달구어주면 무겁던 몸을 이끌고 그래 어디 한 번 가 볼까? 하고 나서신다. 이 집안은 며느리의 역할이 문제다. 모든 것은 며느리의 처신에 딸린 것이다.

▶ 항상 여유를 가지면서 매사를 처리하면 되는 것이다.

◉ 土 (토)일주의 경우

水(수)가 재(財)가 되므로 시어머니의 심사를 알기가 힘들 경우도 있고 반대로 속이 빤히 보이는 경우도 있다. 그것은 시어머니의 사주의 강약에 따라 달라지므로 일단 마음대로 다니기를 좋아 하시는 분이니 시어머니와는 같이 있는 시간이 별로 없게 되므로 같이 있는 시간에는 대화가 필요하다. 며느리는 가만히 있어도 즐겁다 시어머니가 바지런하므로 때로는 피곤도 하겠지만, 며느리의 입장에서는 그것이 편할 수도 있다.

▶ 며느리가 게으르다면 참으로 피곤해진다. 모두가 장단점이 있는 것이므로 항상 그것을 염두에 두면 참으로 편해진다.

◉ 金 (금)일주의 경우

재(財)가 되는 것은 목(木)이므로 가꾸고 다듬어야한다. 어머니 화장부터 맵시까지 며느리가 코디가 되어야한다. 그러면 집안이 편해진다. 시어머니를 이길 수 있겠지만, 억지 부리다간 역효과다. 매사 조금씩 진행해야다. 집안에 화초가 있으면 매사 잘 어울린다. 자녀가 많은 것도 좋다.

◉ 수 (水)일주의 경우

火(화)가 재(財)가 되므로, 시어머니의 조급함을 다루어야 하는데, 財(재)가 강한 경우는 수기(水氣)가 증발이 되므로 시어머니의 낭비벽에. 일거리의 많음에 항상 분주하게 되고 좋은 소리 못 듣는 상황이 생길 수도 있다.

▶ 반대로 시어머니가 약할 경우 지나친 기의 발산을 주의하고 항상 마음을 열고 상대와 대화의 시간을 많이 갖도록 하는 것이 최대의 관건이 되겠다.

240	戊己日生	媤母님은	活發하고	시원하나
	過度하면	허전하여	긴장性이	결함이라.
	무기일생	시모님은	활발하고	시원하나
긴장성	과도하면	허전하여	긴장성이	결함이라.

◘ 戊己日生(무기일생)이라 하면 토일주라 財(재)는 水(수)가 되므로 흘러야 썩지 않는 법 동서남북으로 자유분방하게 돌아다니시는 것이 좋다. 성격도 꽁하는 성격이 아니라 뜻만 통하면 만사가 형통이라. 지나치면 흐르다보니 주체를 못하니 ➡ 경망성이 드러나 ,조심성이 부족이라 이성문제로 신경이 쓰일 수도 있다.

❖ 요즈음은 평균 수명이 늘어 연세 드신 분들의 이성과의 관계도 무시 못한다. 이상한 쪽으로의 생각은 금물이고 대인관계의 원만성을 생각하고 ,친구들과의 어울림과 운동에 치우치도록 해야 한다.

241	그러해도	뒤는없어	理解性이	많으나니
	白熱湯에	點雪같이	즉각즉각	풀리도다.
	그러해도	뒤는없어	이해성이	많으나니
이해성	백열탕에	점설같이	즉각즉각	풀리도다.

◘ 본문의 설명은 火(화)일주의 특성을 설명하는 것이다. 성격이 불과 같다보니 화도 금방내고 풀어지는 것도 금방이라 ➡ 화끈한 성격이니 우물쭈물보다는 속전속결에 당당함이 최고다. 뜨거운 물에 눈이 녹듯 언제 그리하였냐는 듯이 오히려 편안 할 수도 있다.

242	庚辛日生	그媤母는	뚝뚝하기	짝이없어
	融通性이	없지마는	始綜一貫	長點있다.
	경신일생	그시모는	뚝뚝하기	짝이없어
융통성	융통성이	없지마는	시종일관	장점있다.

◘ 庚辛(경신)일주라 함은 금(金)일주라, 재(財)는 목(木)이라 무뚝뚝하기는 하나 시종일관 변함없어 일관성은 좋다. 다소 융통성이 부족한 면이 보이

기는 하나 다듬을수록 진국이구나. 목(木)이라 장작개비 특성이 그대로 보이니 속된 말로 멋대가리는 없어도 변함은 없구나.

<table>
<tr><td rowspan="2">**243**

신경질기</td><td>壬癸日生</td><td>基媤母는</td><td>조금수다</td><td>걱정인데</td></tr>
<tr><td>過度하면</td><td>神經質氣</td><td>朝夕으로</td><td>변덕이라.</td></tr>
<tr><td></td><td>임계일생</td><td>기시모는</td><td>조금수다</td><td>걱정인데</td></tr>
<tr><td></td><td>과도하면</td><td>신경질기</td><td>조석으로</td><td>변덕이라.</td></tr>
</table>

◎ 壬,癸日生(임,계일생)이면 水(수)일주라, 財(재)는 火(화)라 반짝반짝 화려한 것 좋아하고, 항상 남보다 튀어야 사니 자연 말이 많아지고, 어찌 보면 수다스러워 보이기도 한다.

➡ 화기(火氣)가 지나치면 정신이 없을 정도로 변덕이 심하니 옆의 사람들이 피곤하구나. 이랬다저랬다 하니 그 뜻을 맞추기가 여간 어렵지 않구나. 지나치면 조용한 곳으로 모셔야 할 정도다.

<table>
<tr><td rowspan="2">**244**

음식솜씨</td><td>四柱食神</td><td>財格者는</td><td>飮食솜씨</td><td>과연좋고</td></tr>
<tr><td>김치장맛</td><td>亦是좋아</td><td>隣近間에</td><td>칭찬이라.</td></tr>
<tr><td></td><td>사주식신</td><td>재격자는</td><td>음식솜씨</td><td>과연좋고</td></tr>
<tr><td></td><td>김치장맛</td><td>역시좋아</td><td>인근간에</td><td>칭찬이라.</td></tr>
</table>

◎ 四柱食神 財格者(사주식신 재격자)------사주에 財가 많으면 여자는 음식솜씨가 좋다. 식신과 합을 이루면 요식업, 식품업으로 진출도 괜찮다. 財局(재국)을 이루면 다른 면으로 볼 때 안 좋은 면도 있지만 음식솜씨 하나는 끝내준다.

☞ 시어머니가 이럴 경우는 장은 신경을 안 써도 된다. 요리는 무조건 배우면서 하면 시어머니도 좋아한다.

➡ 食神(식신)이 잘 구성되어 재(財)를 생(生)하고 흐름이 좋으면 인기 또한 좋다. 특별한 재료를 넣지 않아도 맛이 있다고 이구동성이다.

☞ 지나치면 화근이 되듯 너무 솜씨가 좋아도 불려 다니느라 제집의 장은 담그기 힘들어진다.

245 식상재공	傷官生財 食傷財空 상관생재 식상재공	財局者도 刑沖病死 재국자도 형충병사	飮食솜씨 飮食맛이 음식솜씨 음식맛이	有名한데 그리없다. 유명한데 그리없다.

◙ 사주에서 제일 꺼리는 것이 바로 파격(破格)의 사주다. 다 된밥에 코 빠트리는 격이다. 구성이 잘되어 있는데 刑,沖,破,害나 空亡(형,충,파,해, 공망)이 되면 이건 사람 환장할 노릇이다. 솜씨는 있는데 간이 짜지거나, 향식료를 넣지 않아 음식을 버리기가 다반사다. 꼭 뭐가 빠져도 하나가 빠지게 된다. 거기에 財(재)가 病,死,墓宮(병,사,묘궁)에 임하면 음식솜씨는 물 건너 간 것으로 보아야한다, 비싼 재료 갖가지 다 넣어도 희한하게 실력발휘가 안 된다.

◙ 오행(五行) 별로 그 특성을 살펴보자.

◉ 목일주(木日主) 경우➡재(財)는 토(土)➡ 육류를 잘 다룬다.

◉ 화일주(火日主) 경우➡재(財)는 금(金)➡게 요리, 갑각류 껍질 있는 것

◉ 토일주(土日主) 경우➡재(財)는 수(水)➡생선요리, 회, 자반요리, 젓갈류

◉ 금일주(金日主) 경우➡재(財)는 목(木)➡칼국수, 우동기타 분식류

◉ 수일주(水日主) 경우➡재(財)는 화(火)➡매운탕류, 설농탕 등 주로 탕류

246 식기구입	四柱中에 四柱中에 사주중에 사주중에	刑沖波害 財食合身 형충파해 재식합신	食器破損 食器購入 식기파손 식기구입	有名하고 欲心많다. 유명하고 욕심많다.

◙ 여자사주에 刑沖破害(형충파해)가 많으면 식기 파손이 많다고 하는데 여자가 부수고 망가트릴 것이 집안 살림 말고 무엇이 있겠는가? 그러니 자연 집안 살림 물건이 아닌가? 새로 사서 얼마 쓰지도 못하고 구형이 되어 바꿔야 한다, 물건을 살 때 안목이 모자란다는 이야기다.

☞ 식상(食傷)이 부족한 경우도 동일하다. 주변머리 없으니 물건을 구입해도 바가지 쓰기 일쑤다. 어울려 물건사면 꼭 필요하지도 않는데 사게 된다.

☞ 재(財)와 식상(食傷)이 합(合)이 되면 살림살이 욕심은 주변이 다 알정도가 된다. 물건에 대한 욕심이 워낙 많다보니 집안이 백화점을 방불케 한다. 매월 한 번씩 여성의 행사시, 또는 스트레스가 쌓일 때 물건구매로 풀어버린다. 홈쇼핑에 빠지거나 명품 구입에 몰두, 헤어나지 못하는 여성들의 사주가 이런 형이 많다. 항상 지나치면 禍(화)가 되는 법. 금전관리는 항상 주의해야 한다.

☞ 재(財)와 식상(食傷)이 합 되어 내 뿌리로 있으니 이건 항상 따라다닌다. 낭비벽에 도산(倒産)의 경우도 생긴다.

❖ 흔히들 집안이 기물이 파손, 망가지거나, 필요 없어질 경우 눈에 가시처럼 불편할 경우 버리거나, 눈에 안 뜨이는 곳으로 치우기 마련이다.
그저 단순히 치웠으니까 아! 속 시원하다. 아니면 뭔가가 찝찝하다 하고 느낄 경우도 생긴다. 설거지를 하다 접시가 깨질 경우 오늘 일진이 안 좋은가? 본문에서 사주에 刑沖破害(형충파해)라는 내용이 나온다. 물론 잔순히 오늘만 그렇겠지 하고 생각할 수도 있다. 좀 더 한 번 냉정하게 생각할 필요가 있다.

❖ 역 발상이 필요하다. 사주를 굳이 안 보더라도 판단할 수 있는 상황이다. 이차방정식이다.

제 2 장 夫宮(부궁)

여성에게 있어서 남편의 존재가 차지하는
비중은 매우 큰 것이다.
여성의 사주에서 관이 남편이 되는데, 관의 구성과,
질의 여하에 따라서 여성은
貴賤(귀천)이 구분이 되니 어찌 아니 중요하겠는가?
관(官)은 여성에게 있어서 제2의 용신(用神)이라
칭하는 이유도 이러한 연유에 기인한다.
남성, 여성 할 것 없이 관이 중요하다는 것은
세삼 강조할 필요도 없는 것이지만 여성에게 있어서는
더욱 그 존재가 중요한 것이다.
官(관)이란 처세의 길을 가르쳐 주기도 하고,
그릇의 크기도 말을 하지만 그 중요성은
여성에게 있어서 지대하다. 관(官)의 운용(運用)에 따라서
달라지는 것이 여성의 팔자요, 운명이다.

<table>
<tr><td rowspan="2">247

부영가부</td><td>官星爲主</td><td>夫君이니</td><td>官星明郎</td><td>貴富되고</td></tr>
<tr><td>官星有制</td><td>官旺運에</td><td>富榮家富</td><td>豪華롭다</td></tr>
<tr><td></td><td>관성위주</td><td>부군이니</td><td>관성명랑</td><td>귀부되고</td></tr>
<tr><td></td><td>관성유제</td><td>관왕운에</td><td>부영가부</td><td>호화롭다.</td></tr>
</table>

◘ 官星爲主 夫君(관성위주 부군) ➜ 여자 사주에 官(관)은 남편 宮(궁)이다. 남편宮(궁)이 튼튼하고 실하여야 아내 또한 내조도 잘 할 수가 있는 것이다. 남편 궁이 지나치게 강하여도 여자 팔자는 고생문이 훤한 일이다. 모름지기 지나치면 항상 화근이 되니 이 또한 팔자로 돌리기에는 너무 안타깝다.

◉ 관(官)이 너무 왕 하면 여자가 주눅이 들어 기를 펴고 살기가 힘들다. 오죽하면 남편을 살해하는 아내까지 생기겠는가? 이것을 피한다고 밖으로 돌다보면 엉뚱한 관계로 발전하여 집안 꼴이 엉망이 되고 신세 한탄하는 경우가 생긴다. 남자가 너무 많아도 탈이요, 없어도 탈이다.

◉ 官印相生(관인상생)이 되어야 좋은 命主(명주)인데, 官星(관성)이 살아 숨쉬고 항상 기운이 넘치니 집안의 기운이 넘치는구나.

☞ 여성 사주에서 관(官)이 남편(男便)이 아니 되고 직장(職場)이 된다면 이 또한 지나쳐도 바람직한 것은 못된다. 자손 궁이 허(虛)해지므로 자연 자녀에게 등한시 하게 되니 교육상 좋지가 못하고, 흔한 것이 남자라 남자 알기를 우습게 아니 결혼도 늦어지고 그러니 자녀가 늦을 수밖에 요즈음은 30초반이 되어도 노처녀가 아니란다.

☞ 대다수가 결혼을 늦게 하니까, 우리나라가 세계에서 출산율이 최저라는 진 기록을 세웠으니 이 무슨 황당한 일인가?

◉ 평균수명이 늘어나다보니 그것도 가하다만 이것은 분명 잘못된 일이다. 인간에게 부여된 가장 소중하고 성스러운 일 중의 하나가 종족번식의 의무인데 그것을 망각하고 낙태에 거기다 한 술 더 떠서, 출산율 저하라는 엄청난 일이 생겼으니 모두들 다시 한 번 再考(재고)해야 할 때다.

❖ 관성(官星)이 규제를 받고 있으면 그 制(제)하는 기운을 극하는 관성 운이 오면, 관이 살아 생기가 넘치니 관성 운에 대발하여 집안의 기운이 넘친다. 고로 집안이 평화롭고, 富貴兼存(부귀겸존)이 된다.

➡ 오행별로 남편을 보면 각각의 특성이 나온다.

➡ 목(木)이라면 무뚝뚝하나 인정이 많다.

➡ 화일주(火日主)라면 성격 급하고, 명랑하고, 거짓이 없다. 술버릇은 별로다.

◉ 서방님이 최고요, 하늘이다.

O	辛	丙	O
O	酉	寅	O

⬅ 남편이 丙火(병화)다.
官星明朗(관성명랑)에 해당 된다.

⬆ 화운(火運)을 만나면 남편이 승진(昇進)을 한다. 왜 일까?

☞ 이 사주에서 인(寅)중의 병(丙)화도 있다. 그러나 천간의 병화(丙火)가 똑똑하여 여자의 눈에 다른 남자가 눈에 들어오지 않는다. 더구나 합(合)으로 인하여, 천간에 透干(투간)되어 있으니 더더욱 그렇다.

◉ 官星有制 官旺運에 富榮家富 豪華롭다.(관성유제 관왕운에 부영가부 호화롭다)왜 관운(官運)이 오면➡ 남편이 잘되고, 집안이 부자(富者)가 될까?

➡ 신금(辛金)일주의 여성에게는 병화(丙火)가 관(官)이다. 이 관(官)을 극(剋)하는 식상인 수(水)가 많으면 어떨까? 관(官)을 극하는 수운(水運), 즉 식상(食傷)운이 오면 관(官)은 더욱 기운이 모자란다. 그러나 관(官)의 기운을 보충하여주는 관운(官運)이 온다면 ➡ 식상(食傷)을 극(剋)하면서 지출(支出) 줄이고, 저축(貯蓄)이 늘어나게 되니 金錢(금전)이 모여 부자가 된다.

248	食神生財　　羊刃有制　　女命貴格　　分明하고
	財旺生官　　만난者는　　納粟秦名　　틀림없다.
납속진명	식신생재　　양인유제　　여명귀격　　분명하고
	재왕생관　　만난자는　　납속진명　　틀림없다.

❖ 食神生財(식신생재)식 ➡ 식신(食神)이 재(財)를 생(生)함이요,

◉ 羊刃有制(양인유제)라 ➡ 양인(羊刃) 다스리는 사주면 귀격(貴格)으로 보고, 재(財)가 기운이 왕 하여 관(官)을 충분히 생(生)하니 관(官)의 기운이 축적(蓄積)되고, 여유가 생기는구나.

☞ 식신생재라 해도 신약(身弱)으로 사주가 허약(虛弱)할 경우, 나의 기운이 약해 눈앞에 있어도 나의 것으로 하기 힘들어진다. 진정한 식신생재가 이루어지려면 식신 기운이 왕(旺)해 재(財)가 용신(用神)이 되면 더더욱 확실하고, 이 또한 사주가 어느 정도 감내 가능해야 이야기가 성립된다.

◉ 일한 만큼의 대가는 항상 있는 법이다.

O	丁	O	O
O	丑	丑	酉

⇐ 정화(丁火) 일주 사주다.
지지(地支)의 축(丑)은 재고(財庫)다.
土生金(토생금)하여 식신생재가 성립된다.

⬆ 축(丑)토는 정화(丁火)일주의 식신(食神)이 되어 유(酉)금을 생(生)하니 식신(食神)이 생재(生財)를 하는 것은 분명한데 일주(日主) 정(丁)화가 신약(身弱)이다.

☞ 재(財)가 있어도 나를 위한 것이 아니라 남을 위하여 봉사하는 것이다. 사주가 신약(身弱)하여 생기는 현상이다. 일주가 강해야 재(財)를 생하더라도 나의 것이 된다. 이처럼 일주의 강약 차이다.

☞ 양인(羊刃)유제(有制)란 양인(羊刃)을 억제(抑制)한다. 즉 양인을 冲(충)하는 飛刃(비인)이 있다는 설명인데, 양인을 제어(制御)하는 것 역시 관(官)이 아닌가? 사악한 기운을 없애주는 남편이 든든하고, 비인이 도와주니 사주구성이 원만해지고, 관(官) 또한 힘쓰기 편해진다.

◉ 일단은 사주가 강해야 한다.

| 壬 | 丙 | O | O |
| 辰 | 申 | 午 | O |

병화(丙火) 일주의 사주다. 오(午)월에 출생, 양인(羊刃)을 놓고 있다. 신왕,관왕한 사주다.

⬆ 관(官)을 보면 국(局)을 형성, 커다란 덩어리를 이루고 있다. 각각의 개체로 볼라치면 관(官)이 많다고 볼 수도 있다. 이럴 경우, 개수가 아니라 하나의 부피가 큰 관(官)으로 보면 된다. 관이 그만큼 힘이 있고 튼튼하다는 것이다. 각각의 개체와 커다란 것으로 보는 기준은 무엇일까?

申, 辰, 申, 子   ⇐ 국(局)이 형성되므로 덩어리가 된다.

子, 子, 亥, 亥   각각의 개체로 본다.

⬆ 월지(月支)에 있어서 다른 의미로 해석한다거나 할 경우는 의미가 달라지나, 해석에 있어 약간 뉘앙스가 생긴다. 관(官)의 수 개념으로 본 것이다.

❖ **納粟秦名. 財庫居生旺之地.(납속진명, 재고거생왕지지)**
납속진명(재물(財物)을 바치고 관직(官職)을 받음)은 재고(財庫)가 생(生), 왕지(旺地)를 얻음이다.

☞ **墓庫格(묘고격)**을 말하는 것으로 **墓庫(묘고)**에 재(財) 관(官)이 있으면 열어주는 것이 필요하다. 재왕(財旺) 운(運)에는 고(庫)가 열리니 좋다. 어떻게 보면 여자의 내조(內助)가 중요함을 일컫는 말로도 해석을 할 수 있다.

☞ **飛刃(비인)**➠양인을 충(沖)하는 것을 말한다. 비인이 있으면 양인을 沖(충)하므로 그 영향이 그만큼 감소, 양인의 요소(要素)가 감소(減少) 된다.

<table>
<tr><td rowspan="2">249

유등부인</td><td>印星二德</td><td>만난夫人</td><td>夏凉冬暖</td><td>福도많고</td></tr>
<tr><td>身旺官興</td><td>만난女人</td><td>有等夫人</td><td>得名이라.</td></tr>
<tr><td></td><td>인성이덕</td><td>만난부인</td><td>하량동난</td><td>복도많고</td></tr>
<tr><td></td><td>신왕관흥</td><td>만난여인</td><td>유등부인</td><td>득명이라.</td></tr>
</table>

◈ 印星(인수) 二德(이덕)이란 인수가 포함이 된 二德(이덕)이므로 자연 官印相生(관인상생)이 된다. 삼기라 하여 財,官,印(재,관,인)을 말하는데 인수가 포함이니 관,인이요, 재(財)와 관(官)이 어우러지면 재,관 이덕(二德)이 된다.

▶ 財官 二德(재관이덕)➜ 財生官(재생관)으로 이어지고,

▶ 官印 二德(관인이덕)➜ 官生印(관생인)으로 이어지고,

◈ 중요한 것은 일단 본인이 강해야 주어진 복도 다 챙겨 먹는다. 사주가 너무 신약하면 손에 쥐어줘도 내 것이 안 된다. 들고 있다 넘어져서 망가트리고, 지나가던 사람이 부딪혀서 다 박살낸다. 사주가 강하고 약하고 차이는 크다.

▶ 사랑싸움 에서도 사주가 강(强)한 사람이 이긴다. 신약(身弱)하면 죽 써서 개주는 형상이 된다. 관(官)이 인수(印綬)를 생(生)해주니, 남편 덕에 좋은 집사고 사모님 소리 듣고, 여름에는 냉방에서 겨울에는 따뜻한 온방에서 지내는 팔자가 되니 남편 복이 대단하구나.

▶ 身旺官興(신왕관흥)이란————— 사주가 신왕한데 官 또한 절로 흥하여 진다는 설명인데, 사주가 무조건 강하고, 왕 하다고, 관(官)이 무조건 흥하는 것은 아니다. 그에도 여러 가지 갖추어야 할 요소가 있다. 우선은 기본적으로 ☞ 재생관의 흐름이 확실해야 한다. 재(財)에서 관(官)으로의 흐름이 역으로 식상으로 기울 경우 오히려 관(官)을 치게 되므로 역(逆)효과가 난다. 뒷받침이 원만한가 보아야 한다.

◉ 요즈음 세상은 재(財)의 위력이 막강하다. 일단 움직이려면 금전이, 쇳가루 아니 실탄의 공급이 원활해야 이기는 것이다. 근본적인 재의 위력이 중요시 되지만 인간의 의식주(衣食住)와 연관이 되는 부분이기에 더러워도 많아야 힘쓰는 것이다. 그래야 사람이 모인다.

▶ 財(재)는 음식이므로 시장한 사람들, 즉 내가 필요로 하는 사람들이 냄새를 맡고 모이는 것이다. 일단 이것이 갖추어지면 관(官)의 자리가 어떠한

가를 살펴보아야 한다. 관(官)이 기력이 없으면 곤란하게 된다.

◉ 官이 長生(장생)으로 되어 있거나 旺宮(왕궁)으로 되어서 관이 펄펄 살아 서 나를 정도가 되어야 한다. 이것저것 다 갖추기가 그리 쉽겠는가하고 푸 념도 하겠지만, 좋은 팔자가 너나 할 것 없이 다 라는 것이 아니기 때문이 다.이와 같이 갖추어진 명주는 유등부인 즉 장. 차관급의 부인이 되는 것이 다. (금방 바뀌는 장차관이 아니다.)

◉ 조상의 덕도 중요하다.甲木(갑목) 일주 사주다.

丙	甲	辛	戊
寅	午	酉	辰

年(년)➡月(월)로 土生金(토생금)이 이어진다.

◀ 남편은 辛(신)금이다.

⬆ 年(년)에서 月(월)로 財生官(재생관)이 이어진다.

☞ 辛(신)금은 지지에 祿根(록근)하여 뿌리가 튼튼하다. 거기에 財(재)로부터 生(생)을 받으니 더더욱 기운이 왕 하다.

☞ 일주인 甲木(갑목)의 입장에서는 시지의 寅木(인목)에 뿌리를 내리려고 하 여도 일지의 午(오)와 合(합)이 되어 火(화)로 변해버린다.

☞ 뿌리가 약한 것이다. 年支(년지)의 지장간 癸水(계수)의 도움을 받으니, 선 천적으로 타고난 인성으로 자신을 희생하면서 능력을 발휘하니 좋은 남편 을 만나는데 다 조상의 蔭德(음덕)이다.

❖ 요즈음은 꼭 장, 차관이 아니라도 경제계에 큰 역할을 하여도 이리 보지만 그래도, ➡ 財(재)는 항상 官(관)보다는 한 등급이 아래이므로 편의상 그 리 표현 한 것이다.

☞ 요즈음으로 치면 상위 그룹에 속하는 지도층 정도로 보면 될 것이다. 身旺 (신왕)하고 官(관)이 旺(왕) 하면 좋은 命主(명주)이기는 하나, 인간적인 면에서 다른 면은 항상 약간씩의 부족함은 있는 것이다. 사람이 만 가지의 복은 다 가질 수는 없기 때문이니까.

☞ 신왕하면 신약한 사람을 우습게보고, 관왕하면 아랫사람을 종 부리 듯하 고 신왕관왕이 동시 갖추어지면 둘다 갖춤이라 역지사지로 보면 저항을 많 이 받는다. 거만하고 버르장머리가 없다는 말이다.

250 관투록근	官透祿根 棄命從殺 관투록근 기명종살	財根이면 되는八字 재근이면 되는팔자	男便貴格 承順家道 남편귀격 승순가도	行勢하고 興隆한다. 행세하고 흥륭한다.

◎ 관투록근(官透祿根)➡관이 透干(투간) 되어 있고, 즉 천간에 나타나 있고 녹근(祿根)이라 하였으니 지지에 뿌리를 갖춤이다. 그러므로 남편이 자연 귀하게 되어 귀인 인 것이다.

☞ 뿌리를 이루고 있으니 대단하여 어지간하여도 흔들리지가 않게 된다. 그리고 官(관)이 財(재)에 着根(착근)이 되어 있으면 이 또한 財生官(재생관)으로 관이 왕성하여 귀하게 되는 것이다.

◉ 棄命從殺(기명종살)-➡기명종살격이라고 하였는데 從(종)하는 경우이므로 三合(삼합)인지, 方合(방합)인지 구별이 있어야 한다.

☞ 삼합은 확실하지만 ➡ 방합 일 경우 항상 변동수가 생기므로 믿을 수 없고, 힘도 약해 아래로 본다. 오로지 서방님만 믿고 무엇이든 우리 서방님이 최고다. 콩 껍질도 이런 경우는 없다는 식이 되어 버린다. 아내가 남편을 믿고 할 정도면 이 정도는 되어야 할 것이다.

➡ 단점은 기복이 극과극인 것이 단점인데 대운, 세운의 흐름을 살펴보고 미리미리 대처한다면 큰 낭패는 없을 것이다.

➡ 이러한 부부의 경우는 싸울 일이 없다. 설사 남편이 외도를 하여도, 순진한 우리 남편을 네가 꼬드겨 일이 이렇게 된 거야 하고, 오히려 여자를 탓하고 남편의 흉을 덮으려고 한다. 이러니 싸우려 해도 싸울 수가 없다. 그러니 집안이 잘 될 수밖에 없지가 않은가? 이러한 부부를 夫唱婦隨(부창부수)요, 妻從夫化(처종부화)라고 하지를 않는가?

➡ 부부도 오래 살다보면 자꾸만 닮아가게 된다. 습성도 자연히 비슷해지고 본인도 모르게 동화되기 때문에 나도 모르는 사이에 비슷해지게 되는 것이다. 심한 이야기로 숨소리만 들어도 안다는 식으로 매사가 관상 보는 이가 따로 없다. 심지어 목소리의 강약과, 고저까지 닮아간다. 이것이 진정한 잉꼬 부부다.

251		旺財多官	만난이는	明暗夫集	하게되고
		내돈주고	뺨맞으니	억울하기	짝이없다.
		왕재다관	만난이는	명암부집	하게되고
명암부집		내돈주고	뺨맞으니	억울하기	짝이없다.

◐ 여자가 제일 서러울 때가 언제일까?

여성으로서 가장 서러운 것은 믿고 의지하고 사랑하는 낭군에게 배신을 당할 때일 것이다. 있는 것 없는 것 다 바쳐 뒷바라지 다해도 헛소리 하면서 등을 보일 때, 그 배신감은 이루 형언 할 수 없을 것이다.

☞ 여자사주에 재(財)가 왕하고 관(官) 또한 왕 하면 시댁에 녹아나고, 남편으로 인해 신세 그야말로 망치는 꼴이 되고 만다. 시집살이는 시집살이에 고달프고 부군(夫君)에 차이는 형상이 아닌가? 재(財)가 왕(旺) 하니 재물(財物)은 있는데 그 재(財)가 생관(生官)하니 그 재물이 서방님 아래로 다 들어가고 결국 그것이 나에게는 화살 즉 부채(負債)로 돌아오니 그 모든 일을 어찌 감당을 하겠는가?

▶ 明暗夫集(명암부집)→ 밝은 곳, 어두운 곳, 남정네가 모여 있으니 안으로 들어가도 밖으로 나가도 온통 남정네 판이다. 밝은 곳은 천간으로 투출이 되어 대장 노릇을 하고 있고, 암장으로는 암장에서 官(관)으로 合(합)을 이루고 있는 형상이라 오나가나 남정네니 많으면 쓸 것이 별로 없는 법. 꺽다리 찾다가 결국에는 난쟁이에게 시집을 가게 된다는 식이다.

▶ 이런 사주의 여자는 대체적으로 이성관계가 복잡한 경우가 많다. 사주가 그나마 강한 쪽이면 괜찮은데 신약일 경우는 매 맞고 사는 경우도 발생이 된다. 궁합을 본다면 대체적으로 결혼이 실패하는 경우가 허다하다. 결국에는 자손(子孫)에 의지하여 살아야한다.

◉ 사랑이란 항상 필요한 것이다.

◀ 을(乙)목 일주다. 남편은 어디일까?

천간에 신(辛)금이 떠있다. 그러나 편관이다.

ㅇ	乙	辛	ㅇ
ㅇ	巳	巳	ㅇ

⬆ 천간에 경(庚)금이 떠 있다면 좋았을 것을 불행히도 편관인 신(辛)금이 떠 있다. 항상 사이가 안 좋다. 지지의 사(巳)중 경(庚)금이 日(일)과 月(월)에

깔려 있다. 남편보다도 지지(地支)의 경(庚)금이 더 좋단다. 합(合)이 드니 이 얼마나 좋겠는가? 그런데 문제가 생긴다. 지지에 자식 병(丙)화가 같이 있다. 자식까지 갖는다. 지지 자체에서 관식투쟁(官食鬪爭)이 생긴다. 결론적으로 명암부집(明暗夫集) 되는 것이다.

252 백두랑군	兩家壁에	掛裳함은	正偏官이	混雜이요
	白頭郎君	結婚함은	戊子日生	그탓이다.
	양가벽에	괘상함은	정편관이	혼잡이요
	백두랑군	결혼함은	무자일생	그탓이다.

◎ 양가 벽(兩家壁)에 괘상(掛裳)한다. ➡ 두 집의 벽에 치마를 걸어 놓는 형상인데 잠자리 외에 치마를 벗어 벽에 걸어 놓을 일이 있겠는가?

☞ 예전에는 옷을 항상 벽에다 걸어 놓았으므로 이러한 표현이 나온 것이고, 다른 표현으로 바꾼다면 아무 곳에서나 치마끈을 풀지 말아야 한다. 와 똑같다.

☞ 요즈음으로 이야기하면 뜻이 안 맞아 재혼하는 경우요, 조금 지나치면 잠자리가 편치 않아 이혼이요, 나쁘게 말하면 복잡하고 부적절한 관계로 인해 결혼생활이 순탄치 않음이라, 다른 면으로 보면 자손인 식상이 관의 극을 심하게 받으니 자손이 없어서 헤어지는 경우고, 지겨워서 이혼하는 경우도 있고 어찌되었던 정, 편관이 많아 혼잡하다보니 생기는 현상이다.

➡ 백두낭군(白頭郎君)은 나이 많은 신랑을 의미하는데 왜 하필이면 무토 일주를 택했을까? 묵은 소리 잘하니까 지난 이야기, 옛이야기 좋아 하여 신랑도 묵은 신랑을 찾게 되니 나이 많은 신랑이 아닌가? 그러면 반대로 나이가 적은 신랑, 즉 연하의 신랑을 찾게 될까? 오행 상으로 살펴보자.

☞ 새것, 싱싱한 것 ,어린 것 이에 해당하는 五行(오행)은 무엇일까? 水(수)다. 고이면 썩는 것이므로 항상 흐르니 젊을 수밖에 그야말로 좌충우돌이다. 남편이 水(수)일주이면, 아내는 자연 火(화)일주가 된다.

☞ 발랄하고 톡톡튀니 대체적으로 성격이 화통한 여성들이 연하의 신랑을 얻는 경우가 많다. 요즈음은 연하의 신랑을 얻는 것이 유행 아니던가? 예전에는 애기신랑 소리가 나올 정도로 항상 신랑이 나이가 신부보다 어렸는데

조상들의 선견지명 이었는지 모르겠다. 평균수명에서 여성이 남성보다는 앞서므로 나이 차를 그리했는지도 모르겠다. 백년해로 하라고 말이다.

253 청춘성욕	四柱中에 身旺官弱 사주중에 신왕관약	無官星은 태운몸은 무관성은 태운몸은	靑春性慾 男便그려 청춘성욕 남편그려	굶주리고 눈물짓네. 굶주리고 눈물짓네.

◈ 여성의 사주에 관성이 보이지를 않으면 남성과의 연이 희박하여 도통 시집 갈 생각을 하지 않는다. 주변에서 미팅가자는 소리도, 소개팅 소리도 별로 하지 않는다. 남자가 오다가 중도에 길 잃어버려 따라오지 않는다.

☞ 性(성)적인 긴장감의 부족으로 호르몬의 분비가 불규칙하고 월경의 일자와 양도 자연 불규칙해지게 된다. 자연히 청춘으로써 느껴야 할 이성에 대한 느낌이 약해져 그 방면에 문외한인 것처럼 되어 버린다. 신왕하고 관이 약하면 남편을 이겨야지, 지고는 못사는 여자다. 관인 남편이 아무리 극하려고 하여도 눈 하나 꿈쩍을 안한다. 비견이나 비겁이 많아 사주가 강할 경우는 남편의 입장에서 보면 아내와 같은 여자들이 많으므로 이 여자가 내 마누라인지 저 여자가 내 마누라 인지 구별을 못하고 이리저리 우왕좌왕하게 된다.

☞ 콩쥐인지, 팥쥐인지 구별을 못하니 실수하게 되고 급기야 아내는 ☞ 공방살이 내지는 이혼이라는 초강수, 아니면 남편과 사별도 가능하게 되는 여자 팔자라는 이야기가 나오게 된다. 결혼생활을 하여도 동선은 강한데 전류가 약하니 도무지 전류가 흐르지를 않는다. ☞ 불감증도 우려되고, 성욕이 강할 경우 남편은 조루증 환자가 아니라도 정력에는 감당이 힘들다. "에이그, 그것 두 물건이라고 달고 다녀!"하고 한 마디 내뱉는다.

甲	辛	庚	辛
午	酉	子	巳

◀ 신(辛)금일주다. 지지를 살펴보자. 중년(中年)까지는 남자가 맥을 못 춘다.

⏩ 여자란 원래 다소곳한 맛이 있어야 하는데 여자가 강짜요 고집도 세고, 계란으로 바위치기다. 그러다보니 남편은 밖으로 수양버들을 찾아 개울가로 나갈 밖에. 또 이런 경우도 생긴다.

시집은 가고 싶은데 워낙 없다보니 누가 거들떠보지도 않는다. 돈만 생기면 악착같이 모으기는 하는데, 더 모을 돈이 있어야 모으지 지지리도 재복이 없는 경우다. 나도 시집가서 애기 낳고 남편 품에 안겨서 행복하게 살고도 싶은데, 아! 어쩔거나 내 팔자야 마음을 비우고 일할 수밖에.

☞ 또 결혼해도 남편이 객사, 불의의 사고, 병사 등으로 세상을 하직한다. 소위 남자 잡아먹는 여자라는 소리가 나오는 팔자다.

254 과부득명	傷官食神	疊疊하니	寡婦得名	하게되고
	多官制弱	만난者는	花街之女	아니드냐.
	상관식신	첩첩하니	과부득명	하게되고
	다관제약	만난자는	화가지녀	아니드냐.

◉ 상관(傷官)이 많은 팔자다. 식신(食神)도 많으면 傷官(상관)의 역할을 하니 식신 역시 동일하다고 보아도 무방하다. 식,상관은 관(官)을 극(剋)하므로 자연 여자는 남편 궁(宮)이 약해질 수밖에 없다.

☞ 자손이 많으니 남편의 입장에서는 자식 교육시키느라 등골이 빠진다. 가뜩이나 벌이도 시원치 않은데 자식 놈은 밖에서 항상 사고나 치고 나니니 말이다. 게다가 아내는 푼수요, 입이 동네 복덕방에 자기 말이 법이다. 홈쇼핑 중독에 카드도 기분대로 긁는 스타일이다.

☞ 남편에게 막말도 하고 상대방에 대한 존경심이라고는 눈 씻고 찾아 볼 수가 없다. 이러다보니 남편이 화병으로 세상을 뜨거나 등살에 견디지 못하고 줄행랑치니 듣게 되는 소리가 과부요, 혼자 사는 여자요, 이혼녀다.

◈ 이러다 보니 여자가 가는 곳이 유흥주점이요, 여성도우미로 나서거나, 뭇 남성들을 상대로 하는 직업을 갖게 된다.

❖곰보다는 그래도 여우가 낫다.   월(月) 천간, 지지에 식상관이 뿌리가 튼튼. 일주(日主) 을(乙)목의 여성이다. 애교가 많다.

O	乙	丙	O
O	O	午	O

⬆ 식상관이 튼튼하니 관(官)이 어지간하여도 힘을 못 쓸 것이다.

☞ 을(乙)목의 정관은 경(庚)금인데, 어디에 위치한다해도 오(午)월이므로 경(庚)금이 맥 못 춘다. 부드러운 것 같으면서도 남자를 우습게 안다. 한마디로 손에서 갖고 노는 형상이다. 남자든 여자든 상관이 많은 사람은 주변에 항상 피해를 준다.

☞ 끼가 많으니 자연 많은 사람과 교분관계를 유지하는데 항상 피해를 입는 것은 같이 어울린 사람이 본다. 금(金)이 약하니 사람의 됨됨이도 문제려니와 매사 결과가 항상 불분명한 것이 특징인 사주의 소유자다.

⏩ 관(官)이 많아 걱정인데 이를 옆에서 말리는 이가 없으니 혼자 감당하기가 힘들구나. 관식투전(官食鬪戰)이라 항상 관(官)이 이기니 답이 없구나.

☞ 이리저리 사방을 둘러보아도 전부 남자뿐이고 차라리 굴복하고 사는 팔자면 차라리 그것이 편할 터 인데, 그것도 쉽사리 뜻 데로 되지 않으니 답답하구나. 일복은 많아 일은 하기는 쉬지 않고 하는데, 남정네들 품안에서 일하는구나. 일은 열심히 해도 금전이 모이지 않으니 이 일을 어이할까?

◉ 자업자득(自業自得)이다.

庚	丁	壬	壬
戊	亥	子	子

⬅ 정화(丁火) 일주다. 관(官)인 수(水)가 많다. 물이 넘쳐 둑이 무너진다.

⬆ 관(官)인 수(水)가 너무 많아 조그마한 둑으로는 감내하기 어렵다. 천간으로 임(壬)수가 년, 월로 나타나 있어 정(丁)화와 양쪽으로 합(合)이 이루어진다. 복잡하기 그지없다.

☞ 정임(丁壬) 합으로 음란지합(淫亂之合)인데, 지지(地支)에도 관(官)인 수(水)가 줄줄이 늘어서있다. 문 밖만 나가면 남정네들이 기다리고 있는 형

국이다. 관식(官食)투쟁(鬪爭)인데 왕(旺)한 수(水)기운에 감당이 안 된다.
☞ 결국 매 맞는 형국이요, 남자를 많이 거쳐야하니 기생팔자다.

| 255

야한양금 | 巳午未月
亥子丑月
사오미월
해자축월 | 戊己丙丁
庚辛日生
무기병정
경신일생 | 獨守空房
夜寒涼衾
독수공방
야한양금 | 처량하고
눈물이라.
처량하고
눈물이라 |

◎ 무기병정(戊己丙丁)일주가 즉 火土(화토)일주가 사,오,미월(巳午未月)인 여름에 태어나면 독수공방으로 처량하고, 경신일생(庚辛日生)이라 金(금)일주가 해,자,축월(亥子丑月) 즉 겨울에 태어나면 寒氣(한기)가 그득한 밤에 홀로 있으니 이부자리가 써늘하니 흐르나니 눈물이요, 쌓이나니 설움이다.

❖ 여성의 사주에서 혼자 살아야 하는 팔자를 설명한 것이다.

☞ 火,土(화,토)일주가 여름에 출생을 하니 火土重濁格(화토중탁격)이다. 결국 종교인의 팔자다. 요즈음은 하도 獨身主義(독신주의) 운운하다 보니 30이 넘어 결혼해도 노처녀 소리를 별로 하지 않는다. 평균수명이 길어져서 그런지 늦게 출산을 하는 것도 개념 치 않다는 풍토도 엿 보인다.

☞ 늦은 출산은 여러모로 단점이 있는데 그에 대한 이해는 어떤가 모르겠다. 자녀가 없다보니 늦게까지 애쓰는 것은 이해가 되는데 아무런 이해상관도 없이 늦어지는 것은 분명한 업무태만이다. 항상 정상적인 것이 제일 좋은 것이다. 항상 적재적소요, 시기라는 것이 있다. 巳,午,未月(사,오,미월)은 여름인데 土(토)와 火(화)를 구별하여 살펴보자.

⬇ 土(토)의 경우를 살펴보자. 戊土(무토)와 己土(기토)의 경우를 보자.

일주가 토(土)이므로 월지(月支)에 사,오,미월(巳,午,未月)이면 각각의 지장간을 살펴보아도 온통 화(火),토(土)이다. 미(未)중 을(乙)목이 있으나 토(土)에게는 官庫(관고)다. 서방님과는 인연이 없다.

◉ 巳------戊, 庚, 丙　　　　사(巳)중 경(庚)금이 있으나 토(土)일주에는
　　　　(무, 경 ,병)　　　　　　식상(食傷)이 되어 관(官)을 극한다.

◉ 午--------丙, 己, 丁　　　　지장간이 전부 화(火), 토(土) 일색이다.
　　　　(병, 기, 정)

◉ 未------丁, 乙, 己　　　　미(未)중 을(乙)목은 관고(官庫)가 된다.
　　　　(정, 을, 기)

◉ 무(戊)토 일주다. 남자 알기를 돌같이 한다.

ㅇ	戊	ㅇ	ㅇ
ㅇ	午	未	己

　　　　　　未(미)중 乙(을)목이 관인데 庫(고)이다.
　　　　　　남자와는 담을 쌓은 사주다. 화토중탁이다.

⬆ 지지에 火局(화국)을 이루어 전형적인 **火土重濁**(화토중탁) 사주다.

　관(官)이라고는 을(乙)목이 있는데 그것 또한 무덤이니 한이 많은 것이다.

⏩ 화일주(火日主)의 경우를 보자.

같은 五行(오행)이므로 비견, 겁이 되어 관(官)인 수(水)가 발붙일 공간이 없어진다. 그나마 있다 해도 왕따로 인해 찬밥신세에 뜨거워서 근처도 못 간다.

☞ 물이라 증발이 되어 흔적도 없다. 견(肩),겁(劫)이 태왕(太旺)하므로 독단적(獨斷的)이고, 자기 하고 싶은 데로다. 남자 알기를 우습게 알고 자기가 제일 잘났다. 그러니 혼자 사는 팔자다. 불같은 성격에 그 누가 비위를 맞추고 살겠는가? 남자가 말한다. "당신은 너무 뜨거워 싫어요. 옆에만 가도 땀이나니 말이요"

◉ 丙火(병화) 일주 사주다. 자기야! 나 잡아봐라---

ㅇ	丙	ㅇ	ㅇ
ㅇ	午	未	己

　　　　　　정(丁)화의 경우도 마찬가지
　　　　　　지지(地支) 화국(火局)을 이루어 화기 충천이다.

⬆ 관(官)인 수(水)가 옆에 가지도 못한다. 옆에만 가면 증발되어 흔적도 없이 사라지고 만다. 화(火)가 지나치니 똑똑하기는 자기 따라올 사람이 없다며 안하무인(眼下無人)이다.

⬇ 금일주(金日主)의 경우를 살펴보자.

금(金)이라 서늘한데 또 겨울에 태어나니 세상이 온통 남극과 북극이다.
화(火)인 불로써 녹여야 될 터인데 용광로가 와도 소용없단다. 불이 지펴
지지 않으니 마음도 꽁꽁, 몸도 꽁꽁, 모두가 꽁꽁 이다.

☞ 亥(해)--戊, 甲, 壬(무, 갑, 임)　　☞ 언 땅에 나무가 못산다.
　　　　　　　　　　　　　　　　　　　　冬死(동사)다.

☞ 子(자)-- 壬, 癸 (임, 계)　　☞ 얼음 바다다

☞ 丑(축)--癸,辛,己(계,신,기)　　☞ 서릿발이 하얀 동토다, 흙인지
　　　　　　　　　　　　　　　　　　얼음인지 구별이 안 된다.

◉ 서릿발이 하얀 동토다, 흙인지 얼음인지 구별이 안 된다.

☞ 물이란 너무 차갑고, 깨끗하기만 하여도 고기가 살 수 없다.
식수로도 그러한 물은 설사만 유발하는 것이다.

◉ 서방 덕이 없으면 돈이라도 벌어라. 경금(庚金) 일주다.

| O | 庚 | O | O |
| O | 申 | 子 | 丑 |

지지(地支) 수국(水局)을 형성하고 있다.
신(辛)금도 같고, 차갑고 매섭기만 하다.

⬆ 금(金)은 겨울이라 겨울 바다다. 꽁꽁 얼어붙은 사주라 화기(火氣)가 와도
불이 꺼져버린다. 관(官)인 화(火)가 접근 못한다. 한밤중에 찬 이부자리에
홀로 독수공방(獨守空房)하는 사주다. 일찍 독립해 자립(自立)해야 한다.

❖ 왜 土(토)를 제일 두렵게 판단하는가?

두렵다는 것이 이상? 아니 복잡하고 피곤하다는 말이다. 지지 五行(오행)중
土(토)가 복잡하다는 말이다. 辰戌丑未(진술축미)인데 庫藏(고장)이요, 轉換期
(전환기)이기 때문에, 양손에 칼을 들고 있기 때문이다. 두 얼굴이요, 변화가
무쌍하기 때문이다.

256 난봉빈분	四柱中에　　比劫多는　　鸞鳳頻分　　하게되어 二女同夫　　싸움이니　　嗔房之婦　　아니드냐. 사주중에　　비겁다는　　난봉빈분　　하게되어 이녀동부　　싸움이니　　진방지부　　아니드냐.

◉ 비견, 겁이 많은 사주는 결국 혼자 살게 되는데 남편의 입장에서 보게 되면 아내와 같은 여자가 많으니 오늘은 이집, 내일은 저 집하고 집을 찾아 다니느라 허송세월 하게 된다. 여자의 입장에서 보면 남편은 하나인데 아내는 많으니 서로가 너 꺼, 내 꺼하고 다투게 된다. 결국 가정불화로 이어지게 되는데, 아내는 남편이 돌아다니기나 하고 본인에게 관심이 없으니 불만이 증폭될 수밖에 집토끼는 눈에 안차고, 산토끼만 찾는 형상이다.

☞ 비겁 운에는 여자문제로 인하여 다투거나, 이혼의 말이 오가는 운이 되고 만다. 물론 금전의 문제도 연관이 되는데, 그 보다는 부부관계도 잘 살펴보라 대게 성격차이 운운하며 법원을 찾는 사람들을 보면 비겁의 해가 매우 많다. 여자보다는 남편의 외도로 인한 運(운)이다. 요즈음은 세태가 그래서 그런지 여성으로 인해 문제되는 경우도 적지 않다.

◉ 바늘이 들어가야 피가 나오지?☞ 갑(甲)목 일주다.

己	甲	甲	癸
亥	午	寅	丑

관(官)은 축(丑)중 신(辛)금인데 고(庫)다.
견겁(肩劫)이 왕(旺)한 사주다.

⬆ 관(官)인 금(金)이 보이지가 않는다. 나무가 너무 단단하여 도끼가 망가지는 형상이다. 구석에 숨어 얼굴도 안 보인다.

❖ 비견 겁이 많다는 것은 사주가 그만큼 강하다는 것이다.
여자가 강하다면 어떤 면으로 강할까? 득도 되고 실도 되는 경우는 당연하다. 중요한 것은 가정에서의 문제다. 남편이 약하면 강약이 조화를 이루지만 강과 강이 부딪히면 자주 다투게 되니 불화요, 조화를 이루는 것 같아도 남편이 기운이 강해지면 반발이 생기니 아내 왈! 이 양반이 뭘 잘못 잡쉈나? 하면서 다툰다. 이래저래 문제가 생긴다. 팔자가 사납다고 하는 것이다. 성격이 완고하니 뜻을 굽히지 않음이 문제다. 양보가 아쉽다.

<table>
<tr><td rowspan="2">257

정통도주</td><td>乙辛癸巳　丁己該日　天干透干　있게되면
아기낳고　살다가도　情通逃走　하기쉽다.
을신계사　정기해일　천간투간　있게되면
아기낳고　살다가도　정통도주　하기쉽다.</td></tr>
</table>

◈ 暗藏(암장)으로 정관과 합(合)이 드는 경우다. 천간에 관(官)이 투간(透干)되어있다 함은 남편이 확실히 있다는 것인데, 지지에 또 관(官)이 있는 것은 좋은데, 합(合)이 드니 또 다른 남편을 보게 되는 것인데, 결혼해 살다 정부와 어울려 본남편 버리고 가는 것이니 이혼하는 결과구나,

☞ 이혼(離婚)을 아니 한다 하면, 정부(情夫) 두고 사는 것이 된다.

☞ 본문에서는 애기 낳고 살다 도주한다고 하였는데 요즈음은 버젓이 두 남자 사이를 오가면서 생활하는 사람도 간간히 볼 수 있다. 육십갑자중 암장(暗藏)으로 정관(正官)과 합(合)이 되는 것은 어떤 것이 있는 가 살펴보자.

❶　❷　❸　❹　❺

乙　辛　癸　丁　己　　　⇐ 이와 같이 5개가 나타난다.

巳　巳　巳　亥　亥

⬆ 日主(일주)의 특성을 보면 지지에 巳(사)와 亥(해)를 놓고 있다.

일주(日主)	지장간(地藏干)	합(合)➡화(化)
❶ 乙巳(을사)	戊, 庚, 丙(무, 경, 병)	乙庚(을경)➡금(金)
❷ 辛巳(신사)	戊, 庚, 丙(무, 경, 병)	丙辛(병신)➡수(水)
❸ 癸巳(계사)	戊, 庚, 丙(무, 경, 병)	戊癸(무계)➡화(火)
❹ 丁亥(정해)	戊, 甲, 壬(무, 갑, 임)	丁壬(정임)➡목(木)
❺ 己亥(기해)	戊, 甲, 壬(무, 갑, 임)	甲己(갑기)➡토(土)

▶ 을사(乙巳) 일주는➡ 경(庚)금, 신사(辛巳) 일주는 병(丙)화, 계사(癸巳) 일주는 무(戊)토, 정해(丁亥) 일주는 임(壬)수, 기해(己亥) 일주는 갑(甲)목이 정관이 된다. 천간(天干)에 정관(正官)이 있는데 지지(地支)에 또 정관(正官)이 있으니 본인이 정신 안 차리면 큰 일 난다.

☞ 여기서 한 가지 첨언 할 것은 사(巳), 해(亥)의 특성이 그대로 나온다. 그것은 교체심리다. 巳(사)는 陽之剋(양지극) 이라 하여 剋則變(극즉변) 이요, 해(亥)는 陰之剋(음지극) 이라 하여 變則通(변즉통) 이라 한다.

☞ 즉 궁(窮)하면 통(通)하게 되어 있고, 변(變)해도 통(通)하게 되어 있다. 그러니 하는 말이 에이 바꿔! 바꿔!가 나도 모르게 입에서 나오게 된다.

◆ 특히 異性(이성) 관계에 있어서 그 특성이 더 두드러진다.

끝까지 갈 때 까지 다갔으니 막보자는 것이다. 음(陰)이 끝나면 양(陽)이 되고, 양(陽)이 끝나면 음(陰)이 되는 이치다.

◉ 선택은 나의 몫이다.

戊	乙	丁	甲
寅	巳	丑	子

◀ 을목(乙木) 일주의 사주다. 丑(축)중 신금과 사중 경금이 관으로 나타난다.

⬆ 월지의 辛金(신금)은 子丑(자축) 水局(수국)으로 변화가 되어 흔적이 없어진다. 결국 일지의 巳(사)중 庚金(경금)에게 暗合(암합)으로 이루어진다.

❖ 간통이 법적으로 사라지고 사랑에 대한 존엄성이랄까? 글쎄―――――내 것 가지고 내가 마음대로 하는데 무슨 상관이야! 말세다. 문제가 생겨 할 수 없는 경우도 있지만, 진정 숭고한, 진실한 사람들은 견디며 슬기롭게 해결한다. 도저히 답이 안 나오면 차라리 서로를 위한 이별을 선택한다. 그것이 났다. 逃走(도주)를 한다는 것은 이미 예전 이야기다. 지금은 떳떳이 행하며 그래 갈라서면 그만이잖아! 소로 이별을 고한다. 현대의 통변으로는 심각한 사안이 발생한다고 본다. 물질적 정신적인 피해를 받으며 서로 종지부를 찍는다. 결론은 위자료다. 금전이 개입하는 것이다. 다 목적은 그것이다. 남은 인생을 위해 하면서 말이다. 사주상 이런 조짐이 보이면 항상 대비하라. 모르면 말고 ―――

258 기정만전	財多生殺　　透官殺은　　男便德이　　그리없어 돈벌어서　　대어주고　　欺情瞞錢　　울음이라. 재다생살　　투관살은　　남편덕이　　그리없어 돈벌어서　　대어주고　　기정만전　　울음이라.

◐ 財多生殺(재다생살)이라 함은 財生官(재생관)과 같은 의미이나, 財(재)가 多(다)라 하였으니 많음이라 천간으로 官(관)이 透干(투간) 되었으니 官(관)이 財(재)의 힘을 받아 기운이 왕성함이라, 그것 까지는 좋은데 그 官(관)이 결국 일주인 본인 자신을 치게 되니 그것이 문제다.

☞ 결국은 뭐 주고 뺨 맞는 격이다. 일주 본인의 입장에서 보면 財(재)와 官(관)이 많음이라 결국은 견디기 힘들어지는 것 아닌가? 財(재)란 금전으로 보면 내가 마음대로 쓸 수 있는 가용재산인데, 財(재)가 官(관)을 생한다 하니 官(관)인 남편에게 도움이 되고 힘이 되라고 아내의 입장에서는 팍팍 밀어준 것인데, 그것이 결과적으로 나를 剋(극)하고 만 것 아닌가?

☞ 천간에 官(관)이 떠 있으니 일주인 본인을 剋(극)하는 것은 당연한데, 財(재)도 많고 하다 보니 본인으로써도 힘이 붙일 노릇이다. 일주가 강해 충분히 감내하고 官(관)과 기운이 비슷하거나 오히려 더 강하면, 모든 것을 나의 것으로 취할 수 있지만 기력이 부족이라, 결국 官(남편)의 배신 때리기에 한 방을 얻어맞는 격이다. 그리하여 생겨나는 말이 사랑에 속고 돈에 속고라는 말이 나온다. 일주가 弱(약)하니 돈이 모자라면 빌려서라도 주는 격이라 오로지 남편 잘 되라고 그리하였건만 —이런 여성은 또 헤어져도 또 반복 된다. 왜? 사주의 性情(성정)이 그러니까? 이제는 안 그러하겠지, 하고 또————— 情(정)에 약한 것이 흠이다. 속는 줄 알면서도 또, 또.

◉ 八子(팔자)가 기구하여도, 다 네 탓이다.◖ 을(乙)목 일주다.

○	乙	辛	○
○	巳	丑	○

화(火)➡토(土)➡ 금(金)으로 연결이 된 후 그 화살이 일주 을(乙)목에게 돌아오는 형태다

◖ 사랑에 속고 돈에 울고 기정만전의 대표적인 예다. 전형적인 재(財)➡생(生)➡살(殺)이다.

◉ 欺情瞞錢(기정만전)－－－－－돈에 기만당하고, 사랑에도 속음이 가득하니 이래저래 속고 사는 인생이구나, 뭐 주고 뺨 맞는 말이 본인을 두고 하는 것만 같구나. 이 경우에 또 이어지는 말이 있다.

▶ 明暗夫集(명암부집) 이라는 용어다. 도처에 안과 밖으로 남편들이 널려 있으니 이 일을 어이하나, 사주팔자로 돌리기에는 너무나 속이 상한다.

◉ 힘들어도 사는 것이 인생이다.

庚	丁	庚	壬
子	酉	戌	子

◀ 정화(丁火) 일주의 사주다. 온통 재,관(財,官)으로 둘러싸여 있는 사주다.

❖ 신파극에 자주 등장했던 소재중 하나다.

요즈음은 거꾸로 아니, 서로가 이 짓거리를 행한다. 사회 전체적으로 이런 못된 흐름이 번져가기도 한다, 사업상에서 나타나는 이합집산, 상하 간에 나타나는 관계, 대인관계 등에서도 나타난다. 남자나 여자나 마찬가지다. 직장, 직업의 이동에서도 말이다. 인간이라면 누구나 갖고 있는 근본적인 한 부분이다. 사주 상 이런 기운이 나타나면 항상 배신을 각오해야 한다. 나도 모르게 당하는 것이다. 항상 불여튼튼이다. 본인의 잘못이 더 크다. 헌데 원래 태생이 그런 것을 어떻게 해! 깨우침이 답이다. 늙고 나면 후회한다. 아 내가 왜 진작 이런 나의 성향을 몰랐을까? 이미 타이어는 터져버린 다음이다.

<table>
<tr><td rowspan="2">259

팔자순탄</td><td>壬癸日生</td><td>태운몸은</td><td>白頭郎君</td><td>모시고요</td></tr>
<tr><td>壬寅癸卯</td><td>生日女는</td><td>八子順坦</td><td>못하리라.</td></tr>
<tr><td></td><td>임계일생</td><td>태운몸은</td><td>백두낭군</td><td>모시고요</td></tr>
<tr><td></td><td>임인계묘</td><td>생일녀는</td><td>팔자순탄</td><td>못하리라.</td></tr>
</table>

◎ 壬癸日生(임계일생)은 水(수)일주라 본문에는 ☞ 백두낭군(白頭郎君)－－－나 이 차이가 많은 신랑, 즉 나이가 약간 많은 신랑)을 맞는다고 하였는데, 요즈음에는 어찌 된 일인지 나이가 어린 신랑을 맞이하는 경우도 간혹 본다. 본디 백두신랑은 흰 머리의 나이가 많은 신랑인데, 요즈음은 염색을 해서 그런가?

▶ 壬寅(임인) 일주와 癸卯(계묘) 일주라 하였는데 이유는 무엇일까? 공통점은 각각 지지에 식신, 상관을 깔고 있는데 水(수) 일주는 본인이 활동을 해서 먹고 살아야하고, 식상은 官(관)을 剋(극)하니 자연 風波(풍파)가 생긴다. 木(목)은 바람이라 아니하던가? 물에 바람이 부니, 파도가 치니, 자연 풍파가 생길 수밖에, 흔히들 이야기하는 백두신랑은 보통 10년 이상을 말한다.

◉ 배야 사공이 운전하는 데로 흐르지.

乙	壬	己	己
巳	寅	巳	未

⇐ 임인(壬寅) 사주다. 정관(正官)이 둘이다.
일주(日主)가 한 없이 약하다.

⬆ 재관(財官)이 왕(旺)한 사주다. 인사형(寅巳刑)을 이루고 있다.

◉ 고래 싸움에 새우등이 터진다.

甲	癸	辛	庚
寅	卯	巳	申

⬅ 계묘(癸卯) 일주다. 금목상전(金木相戰)이다.
인사신(寅巳申) 삼형살(三刑殺)을 이루고 있다.

⬆ 계수(癸水) 일주 사주인데, 金木相戰(금목상전)으로 어느 정도의 균형은 이루고 있다. 문제는 삼형살을 이루고 있다. 관(官)이 약한 것이 흠이다.

260	壬子癸酉	壬申癸亥	七八三冬	태어나면
	性慾不滿	걱정되어	日夫從事	難하도다.
	임자계유	임신계해	칠팔삼동	태어나면
일부종사	성욕불만	걱정되어	일부종사	난하도다.

◑ 壬子, 癸酉, 壬申, 癸亥 (임자,계유,임신,계해)일주가 七八(칠팔), 三冬(삼동)이니 가을과 겨울이라 그중에 戌月(술 월)만 빠졌구나, 申,酉,亥,子(신,유,해,자)월(月)에 태어나면 성적(性的)불만(不滿)이 심해 한 남편 갖고는 힘들어 바깥에도 서방이 있어야 한다는 설명. 차라리 그럴 바에는 그런 업에나 종사하지 뭐———— 술(戌)월이 빠진 이유는 정(丁)화가 있고, 화(火)로 변화가 가능하므로 누락 된 것이다.

▣ 수일주(水日主)가 월(月)에 또 금수(金水)가 있으니 차갑고, 차가울 수밖에 방법이 없다. 나를 따뜻하게 녹여 줄 남자가 그리운데 화기(火氣)가 부족이다. 한 남편의 불로는 감당이 힘들어진다. 자연 보완하는 의미에서 또 남자를 찾게 된다. 안 되는 줄 알면서 왜 그랬을까? 반복해야 소용없다. 추워서 견딜 수 없으므로 반대로 불감증(不感症)도 이 경우에 해당된다.

☞ 이건 너무 얼어 불 자체가 필요 없는 경우다. 그저 날 잡아 잡수다. 너 뭐 하니? 그것이 답이다. 얼마 전에 부부클리닉이라는 TV프로에 나왔듯이 여자가 옹녀면, 남자가 여자의 샤워하는 물소리만 들어도 지겹다. 밤이 무서워가 아니고 집에 들어가기 싫은 것이다. 그렇다고 남자에 문제가 있는 것도 아닌데 무엇이든 지나치면 항상 화근(禍根)이다.

◉ 엄마, 엄마 엉덩이가 차가워. 계사(癸巳) 일주(日主)다.

癸	癸	丙	甲
酉	巳	子	子

치기공과 졸업반의 학생. 천간(天干)에 목화(木火)가 있어도 맥 못 춘다.

⬆ 일지의 사(巳)화가 있으나 금(金)으로 화(火)한다. 運(운)에서나 도움이 되더라도 그다지 크게 힘을 못 쓸것만 같다. 金水(금수)冷寒(냉한) 사주다.

◉ 작은 불씨라도 지펴라.

乙	庚	壬	癸
酉	子	戌	子

◀ 경자(庚子) 일주의 사주다

. 사주가 매우 냉(冷)하다.

월지에 술(戌)중 정(丁)화가 있어도 꺼진다.

⬆ 정관이 월지에 정(丁)화로 있는데 주변에 우군이 없다. 외로운 싸움이다.

시간의 을(乙)목도 자기 일에만 열중이라 정신없다. 쇠도 물에 너무 오래 잠기면 부식된다.

<table>
<tr><td rowspan="2">261

교월심야</td><td>甲午乙未
庚子辛亥
갑오을미
경자신해</td><td>丙午丁未
丁巳甲寅
병오정미
정사갑인</td><td>戊申己酉
皎月深夜
무신기유
교월심야</td><td>庚申辛酉
孤眼이라.
경신신유
고안이라.</td></tr>
</table>

◉ 皎月(교월)------------희고 밝게 비치는 달.

◉ 孤雁(고안)-----------홀로 있는 외기러기 본문에는 眼(안)이나 문맥의 표현이나, 흐름에 있어서 기러기 雁(안)이 맞는 글자인 것 같다. 휘영청 밝은 달빛 아래 기러기 홀로 날아가니 이 어찌 외롭고 쓸쓸하지 아니한가? 이유가 무엇인지 각각의 일주를 살펴보자.

甲午 (丙, 己, 丁)　　甲木(갑목) 일주가 지지에 식, 상관을 깔고 있으니 관을 극하고

乙未 (丁, 乙, 己)　　乙木(을목) 일주가 지지에 자고를 놓고 있고 뿌리가 없다.

丙午 (丙, 己, 丁)　　干如支同(간여지동)으로 기운만 왕성하고,

丁
未 (丁, 乙, 己)　　　⇐ 未土(미토)로 食傷(식상)을 놓고 있고,

戊
申 (戊, 壬, 庚)　　　⇐ 지지에 식상을 놓고 있고, 양착살을 놓고 있다.

己
酉 (庚, 辛)　　　⇐ 地支(지지)에 食傷(식상)을 놓고 있다.

庚
申 (戊, 壬, 庚)　　　⇐ 干如支同(간여지동) 이고,

辛
酉 (庚, 辛)　　　⇐ 比肩(비견), 比劫(비겁)이고 干如支同(간여지동)

◉ 丁巳, 戊寅(정사, 무인)은 고란살이요, 庚子, 辛亥(경자, 신해)는 식상을 놓고 있다. 이상의 일주들은 타 일주보다 그 작용이 훨씬 심하다.

☞ 깊은 밤에 잠 못 이루고 이불을 눈물로 적시는 그 심정을 그 누가 이해하리. 요즈음은 노총각, 노처녀들이 경제적인 이유로 늦게 결혼하는 것을 보면 이와 같은 심정일 것이다. 남성의 경우는 여성과 육친의 대입이 다르므로 상처살을 보면 될 것이다.

◉ 아, 누가 나 좀 말려줘요.

壬	丙	甲	癸
辰	午	寅	卯

◀ 丙午(병오) 일주 사주. 木火(목화)가 왕하다. 아직도 未婚(미혼)인 여성 사주다.

己	甲	甲	癸
亥	午	寅	丑

◀ 甲午(갑오) 일주 사주다. 목화(木火) 기운이 왕 하다. 지지 탕화국이다.

<table>
<tr><td rowspan="2">262

독수공 방</td><td>日時辰戌</td><td>兩相沖은</td><td>獨守空房</td><td>뿐이고요</td></tr>
<tr><td>庚壬辰戌</td><td>出生女는</td><td>男便간곳</td><td>종적없다.</td></tr>
<tr><td></td><td>일시진술</td><td>양상충은</td><td>독수공방</td><td>뿐이고요</td></tr>
<tr><td></td><td>경임진술</td><td>출생녀는</td><td>남편간곳</td><td>종적없다.</td></tr>
</table>

◈ 여기에서 참고 할 것은 魁剛(괴강)살이다. 沖(충)중에서도 괴강은 그 작용이 더 심하다. 본인 사주에 魁剛(괴강)이 많으면 남편을 선택 할 때 그에 걸 맞는 배우자를 구하면 그 작용이 덜 해진다.

☞ 日(일)과 時(시)를 주로 본 것은 結婚(결혼)初(초)에는 그래도 덜하기 때문에 그리 본 것이고, 몇 년이 지나면 자의 던, 타의 던 이 작용이 두드러지게 나타나므로 그리 보는 것이다.

☞ 사주자체에서 男便宮(남편궁)이 건실하면 다 치고 넘어간다. 여기서도 일단 사주가 강함이 좋음은 당연하고. 남편의 직업은 별정직, 군, 경, 검, 법, 정보 또는 격(擊)한 업무 종류도 무관하다. 이공계계통의 직종이면 좋다.

◉ 결국 다 잡놈들이다.

丁	壬	丙	己
未	戌	子	未

⬆ 지지로 관(官)이 여럿이다.

⇐ 임술(壬戌) 일주다.

천간으로 丁壬 합이 보이고,
지지(地支) ➡ 미술(未戌)형이다.

❖ 사주의 특성이 그대로 나타나는 것은 각자의 相(상)을 보면 숨기지 못한다. 線(선)이 강하면서 거칠다. 角(각)이 예민하고 굵어 깎아도 선이 잘 없어지지 않는다. 相(상)을 보면서 저 선을 다듬으면 되겠군! 하지만 다듬을 곳이 별로 없다. 왜? 다듬어봐야 부드럽게 되지 않기 때문이다. 목소리도 파열음이 많이 난다. 바람 새는 문풍지다. 애교 있는 소리는 남편을 잡아먹는 사주의 특성이다. 허스키 하면서 굵거나 탁한 경우는 두들겨도 사람이 안 나오는 문이다.

263 독수공방	丙子丁丑　　戊寅丙午　　丁未戊申　　辛卯日과 壬辰癸巳　　辛酉壬戌　　癸亥夫君　　風流로다. 병자정축　　무인병오　　정미무신　　신묘일과 임진계사　　신유임술　　계해부군　　풍류로다.

丙　丁　戊　丙　丁　戊　辛　壬　癸　辛　壬　癸

子　丑　寅　午　未　申　卯　辰　巳　酉　戌　亥

◈ 음착양차살을 나타낸 것으로 남편의 풍류다. 12가지를 기록 한 것이다.

⬇ 음착양차살이란?

☞ 음착양차살은 위의 12가지로써 일주에 놓이면 외삼촌이 고독하거나, 쇠락
하고 여자에게는 시댁의 형제가 불발하고 남편이 풍류가 심해 남편이 외도
하고 時柱(시주)에 놓이게 되면 妻男(처남)이 고독하거나, 쇠몰 한다는 살
이다.

☞ 음착양차살은 外家(외가), 妻家(처가)로 보지 말고,

☞ 사주에서 외가 를 볼 경우------印綬(인수)의 유무와 상태를 점검,
　　　　　　　　처가 를 볼 경우------財星(재성)의 유무와 상태를 점검.

☞ 魁剛(괴강)살을 설명을 한 것인데, 남편 궁이 나쁜 것을 설명한 것이다.

⬇ 여자의 사주에 남편 궁이 나쁜 것을 판단하는 방법

☞ 魁剛(괴강) 일주로써 月支(월지)에 合(합)이 이루어져서 食傷(식상)이 旺
(왕)한 것이요, 日支(일지)에 刑殺(형살)이 걸리면 그 또한 나쁜 것이요,

☞ 地支(지지)에 관고(官庫)를 깔고 있으면 이 또한 나쁜 것이다.

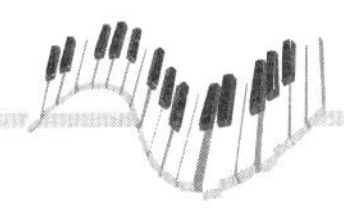

❖ 상으로 판단하는 방법.

소리가 가늘면서 진동이 불규칙하다. 강약의 구별이 약하다. 기력이 항상 쇠하
여 조용하게 들기기는 하나 어필하지를 못한다. 굵으면서 울림이 없는 소리는
공허한 메아리라 독수공방이다.

264 패재횡사	庚辰庚戌 出家하면 경진경술 출가하면	壬辰壬戌 남편님이 임진임술 남편님이	그生日에 敗財橫死 그생일에 패재횡사	出生女는 拉致있다. 출생녀는 납치있다

✦ 괴강살을 설명을 한 것인데 남편 궁이 나쁜 것을 설명한 것이다 여자의 사주에 남편 궁이 나쁜 것을 판단하는 방법은 일단은 ➡ 괴강 일주로써 월지에 합이 이루어져서 식상이 왕한 것이요 일지에 형살이 걸리면 그 또한 나쁜 것이요 ☞ 지지에   를 깔고 있으면 이 또한 나쁜 것이다

항상 자중해야 한다.

辛	壬	癸	乙
亥	戌	未	卯

지지(地支)에 목국(木局)이 형성.
식상(食傷)이 왕하다. 일지에 형살도 있다.

265 官(관)백호	壬戌癸丑 十中九夫 임술계축 십중구부	出生女와 血光死니 출생녀와 혈광사니	壬癸日生 客死하여 임계일생 객사하여	官白虎는 孤魂이라. 관백호는 고혼이라.

✦ 壬癸(임계)즉 水(수)일주의 여성이, 官(관)이 白虎殺(백호살)에 임하면 남편이 凶死(흉사)로 인하여 不具(불구)가 되거나, 결론은 ➡ 백호살의 작용이 강하다. 孤魂(고혼)이 되고, 횡사하는 팔자다.

◉ 대체적으로 상이 과하다. 계축(契軸) 일주다.

丙	癸	癸	辛
辰	丑	巳	酉

◀ 지지(地支)에 금국(金局)을 형성
일지의 사(巳)중 병(丙)화도
. 금(金)으로 화(化)하여 불명(不明)이다

<table>
<tr><td rowspan="2">**266**

수취왕양</td>
<td>水聚汪洋</td><td>좋아마소</td><td>女命에는</td><td>大忌하니</td></tr>
<tr><td>紅燈街에</td><td>祿酒부어</td><td>妓生몸이</td><td>된답니다.</td></tr>
<tr><td></td><td>수취왕양</td><td>좋아마소</td><td>여명에는</td><td>대기하니</td></tr>
<tr><td></td><td>홍등가에</td><td>록주부어</td><td>기생몸이</td><td>된답니다.</td></tr>
</table>

◉ 水聚汪洋(수취왕양)－－－물이 모여 큰 바다와 같이 넓고 깊음을 의미한다.

☞ 水(수)일주의 사주에서 가뜩이나 水氣(수기)가 많은데, 그 양이 넘치고 넘쳐 감당을 못 할 정도 이니 發散(발산) 할 곳을 찾는다. 요즈음으로 치면 음란의 정도가 심하여 자제를 못하니, 이성관계가 복잡하고 한 남자에 定着(정착)을 못하는 운명이라는 설명. 이러한 여성들은 대체적으로 자녀에 대한 애착이 일반적으로 약하다.

◉ 아, 죽 쒀서 개주는 팔자로다.

<table>
<tr><td>壬</td><td>壬</td><td>丁</td><td>甲</td></tr>
<tr><td>寅</td><td>戌</td><td>丑</td><td>子</td></tr>
</table>

⟸ 임술(壬戌) 일주다.

축(丑)월에 태어나 꽁꽁 얼어있는 사주다.

⬆ 관고(官庫)를 깔고 있고 게다가 백호 살이다. 월주도 백호이고, 수화상전으로도 보나 일지(日支)와 월지(月支)가 형살(刑殺)이다. 年干(년간)의 甲木(갑목)은 얼은 물위에 있는 나무다. 月干(월간)의 丁火(정화)도 힘을 못 쓰고 日干(일간)과 合(합)이라 淫亂之合(음란지합)인데, 時干(시간)에 임(壬)수가 있어서 제대로 이루어지지 않는다.

☞ 자식 버리고 남자 따라서 가출도 일삼으니까는, 그리고 난 후 자식이 보고 싶어 찾아보지만 결국에는 자식에게 버림받고, 남자에게서도 버림을 받고, 노년에 자유업이나 홀로 자영업을 하는 경우가 많다.

☞ 인생무상 운운하지만 늙어서도 그 끼는 여전 한 것을 어이하나, 요즈음은 연세 드신 분들의 로맨스도 종종 사회문제가 된다. 그만큼 사회가 노령화 되니 그런 문제가 발생하는 것이다.

<table>
<tr><td rowspan="2">267

관성입묘</td><td>時上傷官</td><td>官不均은</td><td>食母마담</td><td>妓生이요</td></tr>
<tr><td>官星入墓</td><td>官臨殺地</td><td>그郎君이</td><td>客死하네.</td></tr>
<tr><td></td><td>시상상관</td><td>관불균은</td><td>식모마담</td><td>기생이요</td></tr>
<tr><td></td><td>관성입묘</td><td>관임살지</td><td>그낭군이</td><td>객사하네.</td></tr>
</table>

◆ 時上傷官(시상상관)---時上(시상)에 傷官(상관)이 있다함은 상관으로 향하는 성향이 나이가 들수록 더 강해진다는 설명인데, 거기에 관이 부족하게 되면 식상의 기운에 官(관)이 처지므로, 관의 영향권에서 멀어지므로 官(관)의 혜택을 못 보게 된다.

☞ 식상기운은 強(강)하므로 자연 활동이 심하게 되고 내일을 하는 것이 아니라 남의 일을 해주어야 하니 종업원의 역할을 하게 된다. 이러하더라도 악착같이 성공하려면 저축을 하는 방법 밖에 없다. 직종을 택하더라도 상담역이나, 남의 일을 대신해주고 代價(대가)를 받는 업종에 종사하면 성공할 수 있다.

☞ 서비스 업종에서 많이 볼 수 있다. 사주에서 官(관)이 즉 남편 궁이 천간에 나타나 있고, 지지에 入墓(묘궁)에 있거나, 殺地(살지)에 임하여 있으면 과부되는 운명인데, 天干(천간)도 천간 나름이라, 年(년)이나 月(월)에 있게 되면, 初年(초년) 쪽이라 결혼을 전후하여 신랑이 사고로 命(명)을 달리하는 경우이다.

☞ 年(년)에 있으면 그 작용이 심해 결혼 약속을 하여놓고 신랑이 사망을 하는 경우도 생긴다. 이런 경우 그 신랑의 사주를 보게 되면 단명의 사주인 경우다. 사주에서 혼인을 전후하여 남편이 사망하는 경우의 사주를 살펴보자. 60갑자 중에 4개를 꼽는데 괴강, 백호가 겸존이라 그 작용이 타 일주보다 매우 심한 것으로 본다.

◉ 지지에 庫(고)를 깔고 있는 사주.

乙

未 (丁, 乙, 己)--------------미(未)중 을(乙)로 고(庫)가된다.

辛
丑 (癸, 辛, 己)--------------축(丑)중 신(辛)으로 고(庫)가 된다.

丙
戌 (辛, 丁, 戊)--------------술(戌)중 정(丁)으로 고(庫)가 된다.

壬
辰 (乙, 癸, 戊)--------------진(辰)중 계(癸)수가 고(庫)가 된다.

고(庫)는 진술축미(辰戌丑未)

| 乙 | 辛 | 乙辛冲(을신충)이다 | |
| 未 | 丑 | 丑未冲(축미충)이다 | ⇐ 음(陰)일주로 2개 |

| 丙 | 壬 | 丙壬 冲(병임 충)이다 | |
| 戌 | 辰 | 辰戌 冲(진술 충)(이다 | ⇐ 陽(양)일주로 2개 |

◉ 관성입묘란 ? 다른 표현으로는 ➠ 夫星入墓(부성입묘)라고도 한다.

☞ 남편궁이 묘(墓)궁에 있다는 설명이다. 이런 경우 여성이 남편과 살면서
  상부(喪夫)하거나. 이혼(離婚)하게 되거나, 같이 산다 하여도 남편의 하는
  일이 재수 없는지, 아내가 재수 없는지, 되는 일이 없고 매사가 공염불이
  되는 경우다.

☞ 그렇다면 일주별로 살펴보자.

◉ 木(목)(甲, 乙)일주일 경우 ⟶ 辛丑

◉ 火(화)(丙,丁)일주일 경우 ⟶ 壬辰

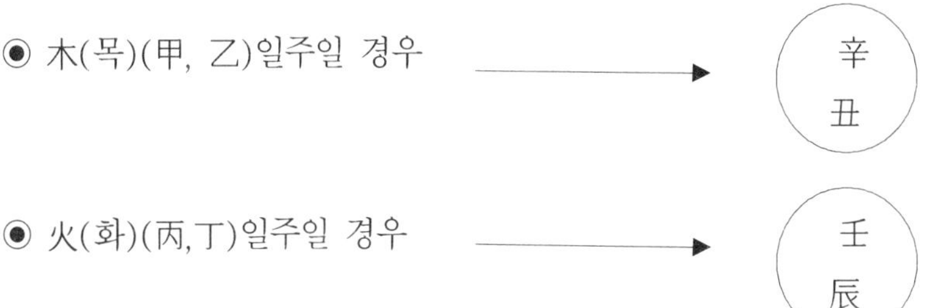

◉ 土(토)(戊,己)일주 일 경우 ⟶ 乙 未

◉ 金(금)(庚,辛)일주 일 경우 ⟶ 丙 戌

◉ 水(수)(壬,癸)일주 일 경우 ⟶ 戊 戌

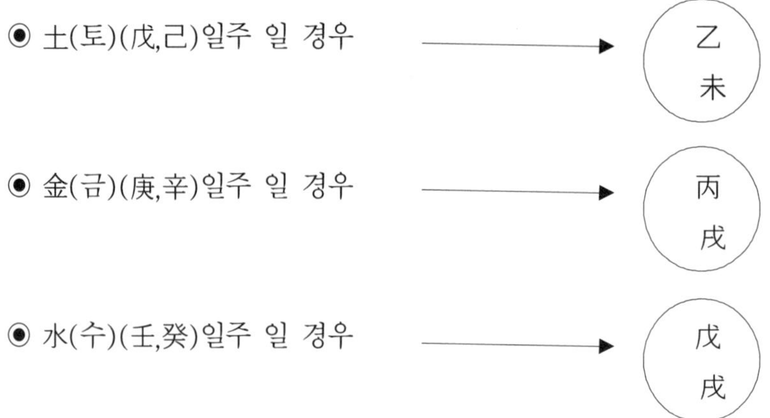

◉ 사주에 갖고 있거나, 또는 運(운)에서 들어올 경우는 되는 일이 없거나 위의 설명과 같은 상황이 발생한다.

◉ 있어도 맥을 못추는 형국이다.

丁	戊	乙	乙
巳	戌	酉	未

⟸ 무토(戊土) 일주의 사주다
. 년주(年柱)에 관고(官庫)를 놓고 있다.
월간(月干)에도 관(官)이 떠 있는 사주다.

⬆ 時期(시기)를 잘 살펴야 한다. 官(관)이 작용하는 시기 즉 힘쓰는 시기를 구분해야 한다. 신강도 마찬가지다. 늙어서 힘을 쓰는가? 젊어서 힘을 쓰는가를 보아야 한다. 官(관)도 初年(초년)이면 남편감은 아니다.

❖ 官庫(관고)
꼭 官庫(관고)만이 아니다. 도로에 블랙홀이 생기면 어떻게 될까? 물이 흐르는데 둑을 쌓아 흐름을 막아버린다면 어떨까? 불길 속에 장작을 집어 던지면? 연못가의 개구리에게 돌팔매질을 하면 어떨까? 쇠가 녹이 슨다면? 불에 물을 쏟아 부어 불길을 잡는다면? 사주를 연상하라. 그것이 답이다.

<table>
<tr><td rowspan="2">268

배부기자</td><td>官星食神　俱沖破는　背夫棄子　從人하고
辰戌丑未　俱全女는　一生偕老　못하리라.</td></tr>
<tr><td>관성식신　구충파는　배부기자　종인하고
진술축미　구전녀는　인생해로　못하리라.</td></tr>
</table>

❖ 관성(官星)은 남편궁이요, 식상(食傷)은 자녀궁인데 남편과 자녀에 다 이상이다 함은 나와의 인연(因緣)에 문제가 생기는 것 아닌가?

☞ 남편, 자식 다 버리는 경우는 어떠한 경우일까? 우선 종교에 귀의하거나, 사랑 찾아 가정을 버리고 떠나는 경우다.

◉ 背夫棄子(배부기자)--남편을 배신하고, 자식을 버리는 행위를 말한다.

◉ 한 밤중에 자식이 그리워 찾는구나. 을목(乙木) 일주의 사주다.

○	乙	○	○
○	巳	寅	申

지지(地支)에 인사신(寅巳申) 형살(刑殺)이다. 일지의 巳중 庚金과 월지의 寅중 丙火,

⬆ 그리고 년지(年支)의 신(辛)금이 있는데 모두가 형살(刑殺)로 연관된다. 병든 남편 놔두고, 가지 말라고 붙드는 자식도 버리고 일지의 사(巳)중 경(庚)금을 따라가는 매정한 여인인 것이다.

◉ 辰, 戌, 丑, 未 俱全(진술축미 구전)이라 함은 다 갖춤을 말하는데, 華蓋(화개)가 중중(重重)하니 종교인 팔자가 아니더냐?

☞ 여기에 또 한 가지 추가하면 비만 체질의 소유자가 된다. 화개성이 강하고 체질적으로도 異性(이성)에 대한 관심이 매우 약하다. 고로 이러한 성향의 여성은 독신주의를 고집하는 성향이 매우 강하다.

☞ 여성으로써 미(美)를 갖추는 데에 무관심하고, 크게 개의치 않는 스타일이다. 자연 그러다보니 남편과 해로(偕老)하기 힘들어지고, 성격도 느긋하여 바쁜 것이 없다.

☞ 일반적으로 진술축미(辰戌丑未)를 전부 갖추고 있으면 상부살, 과부살이 선천적으로 구비된 사주로 본다. 결국 독신. 여자의 사주에서 어떠한 성향이 강하게 보이면 해로하기 힘든 경우로 볼까?

◉ 부지런히 공부하여 득도하세.

壬	辛	己	戊
辰	丑	未	戌

⇐ 신축(辛丑) 일주의 사주.

현재 암자를 운영하고 있다

지지(地支)에 진술축미(辰戌丑未) 갖추고 있다.

⬆ 일단 남편인 官(관)을 훼(극)하는 식신과 상관이 많은 사주를 꼽는다.

☞ 이유는 식상관이 강하니 안하무인이요, 남편알기를 우습게 알고 또 언어의 사용에 자제력이 동반되지 않으니 쌍소리에, 앞뒤 가리지 않는다. 연속되는 실언에 감당하기가 본인도 힘들어진다.

◉ 남편이 남편다워야 남편이지?

丙	甲	壬	丁
丙	午	寅	卯

갑목(甲木) 일주의 사주다.

식상(食傷)인 화(火)의 기운이 강하다.

일주(日主) 또한 강(强)하고

⬇ 印綬(인수)가 지나치게 많아도 官(관)이 힘들어진다. 남편이 妻家(처가)에 아무리 잘해도 콧방귀도 안 꾼다. 사위가 마음에 안 드는 것이다. 官(관)이 印綬(인수)를 생하다보니 정작 官(관)은 파묻혀 보이지도 않는다.

◉ 물이 너무 깨끗하여도 고기가 못산다. 癸水 일주의 사주

庚	癸	辛	癸
申	亥	酉	亥

⇐ 金➡水로 이어진다.

음(陰)으로 가득한 사주로 금수쌍청이다.

⬆ 재성(財星)이 지나치게 강해도 官(관)은 묻힌 형국이 된다. 스스로 다 처리하여도 財(재)의 힘이 워낙 강하다보니 財(재)가 다 처리한 것으로 보인다. 빛을 보려 해도 볼 수가 없다.

◉ 차라리 날 잡아 잡수. 신묘(辛卯) 일주의 사주다.

乙	辛	壬	丙
未	卯	辰	寅

재(財)가 왕(旺)한 사주다.

從格(종격) 사주라 오히려 그것이 편하다.

⬇ 官殺(관살)이 混雜(혼잡) 할 경우도 된다.

☞ 사방이 官(관)이니 흔한 것이 남자다. 남편 귀하고, 어려운 줄을 모른다. 이러니 어느 남편이 좋다고 하겠는가?

◉ 사막이나, 무인도에 가봐야 정신을 차린다.

丙	丙	己	辛
申	辰	亥	亥

⇚ 병진(丙辰) 일주의 사주다.
지지(地支)에 관(官)이 널려 있다.

⬆ 比肩(비견)과 比劫(비겁)이 많은 경우다. 사주가 너무 강하다 보니 남편 없어도 무엇이든 다 척척 처리해버린다. 남편의 필요성을 느끼지를 못한다. 지가 대통령이다. 나를 이길 사람 나와 봐! 따라 와. 악어새다.

◉ 통, 반장 다 할 끼다. 임자(壬子) 일주의 사주다.

丁	壬	癸	癸
未	子	亥	亥

년(年), 월(月), 일(日)이 온통 물바다다.

◉ 도 아니면 모다. 을해(乙亥) 일주의 사주다.

丁	乙	丁	丁
巳	亥	未	卯

지지(地支)에 목국(木局)이 형성,
식상(食傷)의 기운(氣運)도 만만치 않다.

⬆ 남편궁이 墓宮(묘궁)에 있을 때, 서방님이 무덤 속에 있으니 어이할꼬?

◉ 가도 가도 사막이다. 무신(戊申) 일주의 사주다.

癸	戊	戊	乙
亥	申	辰	未

을목(乙木)이 관(官)이다.
년지(年支)에 관고(官庫)를 놓고 있다.

◈ 바꿔 바꿔 다 바꿔! 선거판에나 나오는 소리다.
남편, 자식 다 바꿔! 가정에서 나오는 소리다. 삶이 편안하고 원만한 사람들은 무슨 소리! 할 것이다. 사주가 복잡한 사람의 야그다. 그렇다고 당신은 절대 아니라는 생각은 하지를 말아야 할 것이다. 1%라는 것도 당신일 수 있다. 이도저도 아닌, 내가 편해야 다 편한 것이다. 정신상태가 문제다. 남보다 자신 먼저 바꿔야한다. 희생정신을 갖추어야 한다. 행동으로 옮기는 실천이 필요하다. 허나 인생은 다 백년하청이니 어쩔 것인가?

269 의처증	丁己亥日 疑妻症이 정기해일 의처증이	乙辛癸巳 甚한男便 을신계사 심한남편	柱中透干 外出말고 주중투간 외출말고	暗官合은 근신하소. 암관합은 근신하소

◇ 丁亥, 己亥, 乙巳, 辛巳, 癸巳(정해, 기해, 을사, 신사, 계사) 일주의 여성은 사주에 官(관)이 天干(천간)에 나타나 있고, 지지의 장간에 官(관)이 또 있는데 暗合(암합)을 하고 있으면, 여성의 입장에서 官(관)인 남편이 도처에 있으니 밖에만 나가면 유부녀인데도 총각이 따를 정도로 착각한다.

☞ 본인도 진짜 그런 줄 알고 착각한다. 말 한마디, 행동 하나에도 신경을 써서 남편의 의처증이 보이지 않도록 해야 한다.

☞ 대체적으로 사주에 官(관)이 많고 暗合(암합)으로 이루어진 여성은 남편이 疑妻症(의처증)의 경향이 있는 남성을 만나는 경우가 많다. 공통점은 음(陰)일간(日干)이라는 것이다.

⬇ 각 일주의 地藏干(지장간)을 살펴보자.

◉ 癸巳(계사)－－－－－－－－－戊, 庚, 丙－－－－－－－－戊, 癸(무계) 합
◉ 辛,巳(신사)－－－－－－－－戊, 庚, 丙－－－－－－－－丙, 辛(병신) 합
◉ 乙,巳(을사)－－－－－－－－戊, 庚, 丙－－－－－－－－乙, 庚(을경) 합
◉ 己,亥(기해)－－－－－－－－戊, 甲, 壬－－－－－－－甲, 己(갑기) 합
◉ 丁,亥(정해)－－－－－－－－戊, 甲, 壬－－－－－－－丁, 壬(정임) 합

⬇ 여성이 地支(지지)에 暗合(암합)을 이루고 있으면 끼가 있고, 설사 본인의 의사와는 무관하다 해도 오해 받기 십상이다. 가끔 씩의 부적절한 말 한 마디와 사소한 행동으로 오해의 소지가 없도록 항상 주의하라. 매사 불여튼튼이다.

◉ 지들이 좋아 지랄인데, 난 들 어쩌누.

己	癸	戊	乙
未	巳	子	卯

⇐ 계사(癸巳) 일주의 사주다.
　　월간(月干)에 무토(戊土)가 있다.
　　사(巳)중에 또한 무토(戊土)가 있다.

270 소실 탈부	官星食神　落空亡은　子孫良人　壽가짧고 官星微弱　比劫合은　親舊小室　奪夫하네. 관성식신　낙공망은　자손양인　수가짧고 관성미약　비겁합은　친구소실　탈부하네.

◎ 官星食神 落空亡(관성식신 낙공망)----관성과 식신이 落空亡(낙공망)이
라 함은 官食(관식)이 空亡(공망)이라는 말이니 子孫(자손)과 男便(남편)
이 나와의 緣(연)이 박하다는 설명, 결국 자손과 良人(낭인:남편)의 수명이
짧다는 설명.

☞ 官星(관성)이 미약하여 官(관)으로써의 줏대가 약할 경우, 比劫(비겁) 合
(합)이라 하였으니, 나와 같은 여인이라 주변의 동료나 친구, 또는 여친에
게 나의 남편을 빼앗기니 같이 살아도 한 지붕 두 가족이요, 못 견디면 이
혼으로 이어지고 만다. 항상 의부증 증세로 신경과민이 성립된다.

◉ 남편을 빼앗기고 사는 사주 ◉ 누가 내 남편 좀 찾아주오.

O	甲	乙	庚
O	寅	酉	辰

⇐ 갑목(甲木) 일주의 사주다
. 천간(天干)에서 을(乙)-경(庚) 합(合)이다.
을목(乙木)-비견➡ 친구다. 친구와 정분났다.

❖ 누 가 누가 잘하나?

결국 힘센 사람이 이긴다. 기준은 日(일),時(시)에 있으면서 陽(양)의 기질을
갖고 있으면 이긴다. 陽(양)의 기질이란 강한 기질을 말한다. 끝까지 가면, 이
기는 것이다.

時(시)가 중요하다. 時(시)에 없으면 日(일)에 있어도 되는데 연관성을 본다.
日(일)과 時(시)의 싸움이 있다면 時(시)쪽이 우세하다.

<table>
<tr><td rowspan="2">271

영빈송객</td><td>合多合貴</td><td>좋아마소</td><td>사랑통에</td><td>죽어나니</td></tr>
</table>

合多合貴	좋아마소	사랑통에	죽어나니
밤낮으로	迎賓送客	送別함이	如雷로다.
합다합귀	좋아마소	사랑통에	죽어나니
밤낮으로	영빈송객	송별함이	여뢰로다.

◎ 合多(합다)라 함은 합이 많음이요, 合貴(합귀)라 함은 나의 귀인은 官(관)이니, 이 또한 官(관)이 많음이라, 항상 많아도 걱정이다. 이래도 좋고 저래도 좋고 그저 좋고 좋다. 좋은 것이 좋다는 식이다. 그러다 보니 정작 나의 진솔한 짝은 찾기가 힘들구나.

☞ 밤낮으로 迎賓送客(영빈송객)이라 오는 손님맞이 하고, 가는 손님 보내기에 정신이 없구나. 그러다 보니 시간적인 여유가 없어 빨리 빨리가 진행 된다. 여자가 손님을 많이 맞이하고 보내 얻는 것이 무엇인가? 결론은 離別(이별)도 번갯불에 콩 볶아 먹기다.

☞ 雷逢電別(뇌봉전별)이라 우뢰같이 만났다, 번개같이 해치우고 헤어지는 형상이 된다.

◎ 五行(오행)별로 살펴보자.

▣ 甲己(갑기)합의 경우------목석같아 보여도 여자에게는 약하다.
정적인 공격이 약하면 물량공세도 마다하지 않는다. 결국에는 나의 것으로 만들어 버린다.

▣ 乙庚(을경)합의 경우-------木은 간이라 간도 크다,
버들가지처럼 쭉쭉빵빵의 몸매로 庚金을 휘어감고 바람을 일으킨다. 무쇠같은 庚金의 남성이 오도 가도 못한다.

▣ 丙辛(병신)합의 경우-------귀공자 스타일의 연약한 타입의 남성들을 화끈한 행동으로 남성을 리드하며 녹여버린다. 남성은 자기도 모르게 빠져 존재를 망각한다.

▣ 丁壬(정임)합의 경우-------끼 있는 사람들의 결합이다.
둘이다 미친다. 옆에서 말려도 요지부동이다.

▣ 戊癸(무계)합의 경우------암전한 개 부뚜막에 먼저 올라가는 격이다.
소리 소문 없이 진행하여 주변을 깜짝 놀라게 한다.

丙	辛	丙	庚
申	未	戌	戌

◉ 신미(辛未) 일주의 사주다.
월(月)과 시(時)로 양쪽에 합(合)이다.

甲	己	甲	丙
子	未	午	辰

◉ 기미(己未) 일주의 사주다.
월(月)과 시(時)에 정관(正官)이 둘이다.

己	丁	壬	壬
酉	亥	子	寅

◉ 정해(丁亥) 일주의 사주다.
년(年)과 월(月)의 천간(天干)에 정관이 둘이다.

庚	乙	戊	庚
子	亥	子	子

◉ 을해(乙亥) 일주의 사주다.
년(年)과 시(時)에 정관(正官)이 둘이다.

戊	癸	戊	辛
午	未	戌	丑

◉ 계미(癸未) 일주의 사주다.
월(月)과 시(時)에 정관(正官)을 놓고 있다.

❖ 답답함이다. 그것이 영빈송객이다.

택시는 손님이 자주, 많이 타고 많이 내려야 좋다. 혼자 손님이면 더 좋고 또 장거리가 좋다. 밤 손님 보다는 낮 손님이 좋다. 운전하기도 편하고 시야도 좋으니까? 취객도 없고 피곤할 때는 영업을 쉬는 것이 좋다.

밤 운전을 많이 하다보면 사고가 날 확률이 많아진다.

272 음란(淫亂)	子午卯酉　全備者는　사랑따라　잘도가고 寅申巳亥　全備者는　淫亂하여　걱정이요. 자오묘유　전비자는　사랑따라　잘도가고 인신사해　전비자는　음란하여　걱정이요.

➡ 子午卯酉(자오묘유)는 모두가 끼가 있는 도화(桃花)다.

☞ 이것을 전부 갖추고 있으니 年(년)日(일)을 기준하여 보고, 자시고 할 것도 없다. 온 천지가 桃花(도화)로 깔려 있으니 가도 가도 왕십리다. 이는 자체로 형충(刑沖)이 성립되니 사생활도 그렇고 모는 것이 얽히고설킨 운명이다.

☞ 貴格(귀격)으로 보는 경우도 있지만, 일단 사생활이 복잡함은 어쩔 수 없다. 금수(金水), 목화(木火), 음양(陰陽) 부딪히고 깨지니 소리도 요란하다.

◉ 매도 너무 빨리 맞으면 손해본다.

丁	丙	癸	壬
酉	午	卯	子

⇐ 병오(丙午) 일주의 사주다. 관(官)도 많다. 일찍부터 이성(異性)에 눈을 뜬 사주다.

◉ 너무 똑똑해도 탈이다.

丙	己	丙	辛
寅	巳	申	亥

⇐ 기사(己巳) 일주의 사주다. 지지(地支)에 인신사해(寅申巳亥)를 놓고 있다.

⬆ 寅,申,巳,亥(인,신,사,해)는 사계절의 旺地(왕지)의 집합이라 기운이 넘치고 넘치니 어디 발설 할 곳을 찾느라 정신이 없구나. 자연 淫亂(음란)해질 수밖에 없으니 그 또한 걱정이다.

❖ 淫亂(음란)

축구장은 넓어도 뛰는 선수는 많지 않다. 정해진 인원과 규칙이 있기 때문이다. 있는 사람들은 정해진 룰에 따라 심판의 판정을 받으면서 행한다. 관객들은 그라운드로 들어올 수 없다. 그것이 룰 이다. 넓어도 아무나 들어가지 못한다. 능력 있고 검증받은 선수, 감독의 선택을 받은 자만 가는 것이다.

273 화미교지	乙辛癸巳 十中八九 을신계자 십중팔구	丁己亥日 小室살이 정기해일 소실살이	丙子戊子 畵眉咬指 병자무자 화미교지	甲申女는 寵愛로다. 갑신녀는 총애로다.

◈ 乙巳 ,辛巳, 癸巳, 丁亥, 己亥, 丙子, 戊子, 甲申(을사, 신사, 계사, 정해, 기해, 병자, 무자, 갑신)일주의 여성은 소실살이, 또는 이중살림을 하게 되고,

◉ 畵眉咬指(화미교지)－－－－－－－－－눈썹을 그리고, 새끼손가락을 입에 물고 교태를 부린다. 손가락 살짝 입에 물고, 눈웃음에 미소 지으면 안 넘어가는 남자가 어디 있겠는가?

⬇ 日柱(일주)의 특성을 설명하여보자.

丙
子 －－－－자(子)는 시간으로 밤이요, 丙화는 꽃이라 밤의 꽃이요, 불나비다. 관(官)인 남편이 밤에만 보인다. 낮에는 자는가? 정상적인 관계가 아니다. 남의 이목을 피해서 왕래하니 자연 부적절한 관계다.

☞ 앉은 자리에 도화를 놓고 있고, 정편관이 혼잡이다.

戊
子 －－－－도화가 재로 연결이 되어 있다. 바람피우며 재를 취한다. 과연 그것이 무엇일까? 별로 바람직하지 않은 상황이 연출된다.

☞ 賣姦得財(매간득재)로 연결이 될까 걱정이다.

甲
申 －－－－지지에 편관을 놓고 있다. 정관이 있어야 할 자리에 항상 편관이 있으니, 그것도 나이 많은 남성이 아니라 연하의 남성이 더 많구나

癸
巳 －－－－ 지지에 巳火(사화)를 놓고 있다. 巳(사)중 戊土(무토)와는 합도 잘하고, 뜨거우니 끓기도 잘한다. 물이니 흐르기도 기가 막힌다.

274	子遙巳와	六乙鼠貴	丑遙巳와	刑合之格
	六陰朝陽	飛天祿馬	花隨蜂蝶	醜婦로다.
	자요사와	육을서귀	축요사와	형합지격
자요사	육음조양	비천록마	화수봉접	추부로다.

◎ 子遙巳(자요사)란 자요사격이요, 육을서귀(六乙鼠貴)란 육을서귀격이요, 축요사(丑遙巳)란 축요사귀격을말하고, 육음조양(六陰朝陽)이란 육음조양격이요, 비천록마(飛天祿馬)란 비천록마격이다.

⬇ 子遙巳格(자요사격)이란?

갑목(甲木) 일주가 지지에 자수(子水)를 둘 이상을 만나는 것을 말하는데, 갑자(甲子)일, 갑자(甲子)시로 구성된다.

☞ 遙(요: 멀리서 동경을 한다는 의미)는 지지의 자수(子水)에 암장된 계수(癸水)가 합을 이루려면 무토(戊土)가 있어야 하는데, 정반합 원리로 사(巳)중의 무(戊)토가 합(合)해 사랑을 이루고, 사(巳)화는 方合(방합)으로 유축(酉丑)을 짝으로 합(合)을 이루려는데 문제가 생기는 것이 있다.

☞ 축(丑)토는 자(子)수와 子丑合(자축합)이 되므로 불필요한 합을 이루어 문제만 복잡해지므로 자연 제외시키니, 남는 것은 유(酉)금이라 이것과 합(合)을 하는데, 사(巳)화와 유(酉)금은 사(巳)중의 병(丙)화와 유(酉)금 중의 신(辛)금과 丙辛合(병신합)을 이룬다.

☞ 무(戊)토와 신(辛)금은, 갑(甲)목에서 보면 재(財)와 관(官)이 되는지라 귀함을 얻는 것인데, 갑(甲)목의 입장에서는 가만히 있어도 줄줄이 알사탕이라, 꽃이 피니 벌과 나비가 꿀을 차지하기 위해각축전을 벌이는 형상이라, 여인네로 친다면 정숙하지 못한 아낙이라 음란 여성이요, 많은 남성과 관계하는 깨끗하지 못한 여인이다.

◉ 여자의 생명은 순결(純潔)이라 누가 그랬는가?

甲	甲	O	O
子	子	O	O

⇐ 갑목(甲木) 일주 이므로.
자시(子時)인 경우, 갑자(甲子)시(時)가 된다.

⬇ 六乙鼠貴格(육을서귀격)이란?

☞ 육을이란 육십갑자(六十甲子)에서 을(乙)목일주가 여섯이란 뜻으로 해석을 하고, 鼠(서)란 쥐를 의미하는데 성씨도 각각의 의미하는 것들이 있는데 참고로 몇 가지 예를 들어보자.

☞ 김씨————도깨비, 정씨————당나귀, 이씨———살쾡이 이러한 의미로 받아들이면 될 것이다.

☞ 육을서귀격(六乙鼠貴格)이란 을목(乙木) 일주가 수(水)와 목(木)을 많이 갖추고(둘 이상) 시(時)가 자시(子時)를 이루고 있음이다.

◉ 눈이 갈 만도 하네. 을목(乙木) 일주의 사주다.

丙	乙	○	○
子	巳	○	○

子(자)중 계수, 巳(사)중의 戊(무)토와 무계합. 巳(사)중의 지장간 庚(경)금이 있어

⬆ 乙木(을목)이 庚金(경금)과 暗合(암합)을 이루게 된다. 庚(경)금은 正官(정관)이 되는데, 乙(을)목이 錯覺(착각)하고 내 남편인줄 아는 것이다. 남의 남자가 남편으로 둔갑을 해버리니 바람나는 것이다.

⬇ 丑遙巳格(축요사격)이란?

☞ 辛金(신금)과 癸水(계수) 일주가 金(금)과 水(수)가 둘 이상이고, 丑時(축시)에 태어난 경우다. 그런데 여기에서 조건이 생긴다. 丑土(축토)를 합(합)하는 子(자)수나, 巳(사)화가 원명에 없어야 한다는 것이다. 合(합)을 이루면 변화가 생기는 것이므로 제외하는 것이다.

☞ 여기서는 丑土(축토)가 巳(사)화를 불러들여 巳(사)중의 戊(무)토와 丙(병)화를 癸(계)수가 財(재)와 官(관)으로, 辛(신)금은 官(관)과 印(인)으로 취하게 되니 貴(귀)하게 된다.

☞ 癸丑(계축) 일주의 경우 丑(축)토가 地支(지지) 어디에 있어도 상관없다.

◉ 지르박, 블루스 신난다. 계축(癸丑) 일주의 사주다.

O	癸	O	O
丑	丑	O	O

丑(축)이 巳(사)를 불러들여
戊癸合(무계합)을 하자,

⬆ 丑(축)중의 辛(신)금이 巳(사)중의 丙(병)화와 또 丙辛合(병신합)을 이룬다. 한 곳에서 두 건의 합이 이루어지니 신나는 쌍쌍파티가 이루어진다.

☞ 癸水(계수)일주의 여자에게는 巳(사)중의 戊(무)토가 正官(정관)이다.
그런데 갑자기 正官(정관)인 남편이 눈앞에 나타나니 남의 남자가 본인의 남편인줄 착각을 하고 온갖 정성을 다하는 것이다. 눈에 콩깍지가 덮어진 것이다. 밤인지, 낮 인지도 모르고 헤매고 다닌다.

◉ 니들이 게 맛을 알아? 신금(辛金) 일주의 사주다.

O	辛	O	O
丑	丑	O	O

축(丑)중의 계(癸)수와 신(辛)금이
사(巳)중 무(戊)토와 병(丙)화가 합(合)한다.

⬆ 신(辛)금의 입장에서는 병(丙)화가 정관인데, 이 역시 남의 남자가 남편으로 보이니, 눈이 뒤집어진다. 남이 볼 때는 맛이 간 것이다. 나는 정상이고.

⬇ 刑合之格(형합격)이란?
癸日 甲寅時(계일 갑인시)의 사주의 경우에 해당되는 사항이다.

◉ 다 지 눈에 안경이다. 계(癸)일 갑인(甲寅)시의 사주다.

甲	癸	O	O
寅	O	O	O

무엇이 문제가 되는 것일까?

⬆ 시지(時支)의 인(寅)목은 사(巳)를 형(刑) 한다. 그러면 사(巳)중에는 무엇이 있는가를 살펴보도록 하자. 사(巳)중에는 무(戊), 병(丙), 경(庚)이 있는데 그중 무(戊)토를 보도록 하자. 무(戊)토는 계(癸)수의 정관(正官)이다. 즉 애인(愛人)이 되는 것이다. 계(癸)일에 인(寅)시는 갑인(甲寅)이다.

☞ 時柱(시주)가 木(목)으로 힘이 왕 하다 그런데 癸(계)수가 水生木(수생목)을 하다 보니 자기가 기력이 쇠하여진다. 지치는 것이다. 탈수현상이 오는

것이다. 인체의 70퍼센트가 물이라 하였는데 그 물이 거침없이 다 빠져나가는 것이다. 결국 죽음에 이르는 것이다. 그것도 時柱(시주)니 末年(말년)이라 나이 들면 죽는 것이 당연지사나 그 원인이 문제이다. 결국 객사다.

末年(말년) 이전에 이리 당하는 경우도 있으니 잘 살펴보아야 하고, 詩訣(시결)에 이르기를 '계(癸)일, 갑인(甲寅)시는 형합격(刑合格)이다." 고 되어 있다.

☞ 여기에 설상가상으로 양인(羊刃)이나 또 칠살(七殺)이 같이 있다면 路上橫泉客(노상횡천객)은 정해진 사람이다. 라고 설명되어 있다.

☞ 인(寅)은 역마, 지살이라 계(癸)수인 일간을 木多水縮(목다수축)으로 기운을 다 빼버리니 계(癸)수 일주는 이동 중 죽음이라 객사(客死)하는 것이다.

◉ 六陰朝陽格(육음조양격)이란?

간단히 설명을 하면 신(辛)금 日主(일주)가 무자(戊子)시를 만나는 것이다.

신(辛)금일주의 자시(子時)는 자연 무자(戊子)시가 된다.

辛	辛	辛	辛	辛	辛	
卯	巳	未	酉	亥	丑	신금(辛金)일주를 보면 여섯이 나온다.

☞ 무자(戊子) 시(時)일 경우 이격이 성립된다.

☞ 朝陽(조양)이란 六陰(육음)이 극에 달하고 양(陽)이 시작 된다는 뜻이다.

◉ 자(子)에서 일양(一陽)이 始生(시생)하는 법칙이다.

◉ 고무신 거꾸로 신기.

戊	辛	O	O
子	O	O	O

◀ 신(辛)금 일주의 사주다.
자(子)중의 계(癸)수를 잘 살펴보자.

⬆ 원인 발단은 자(子)수인데, 자(子)수의 지장간인 계(癸)수가 사화(巳火)를 불러들여 사(巳)중 지장간(地藏干)인 무(戊)토와 암합(暗合)을 한다. 이때 사(巳)중의 지장간 병화(丙火)도, 나라고 질세냐 하면서 신(辛)금 일주와 丙辛合(병신합)하여 일주와 암합(暗合)을 한다.

☞ 병화(丙火)는 정관(正官)인데 암합(暗合)을 하므로 이것은 문제가 되는 것이다. 부정으로 연결되는 것이다. 여기에서 주의 할 사항이 하나 있다.

◉ 子水(자수)가 하나 더 있거나 火(화)인 관살이 있으면 破格(파격)이다.

◉ 眞格(진격)이 되는 것은

辛　　辛　　辛　　　　　⇐ 이상의 셋 일주만이 진격이 된다.

亥　　酉　　丑

◉ 飛天祿馬格(비천록마격)이란?

☞ 飛天(비천)이란 暗沖(암충)을 설명하고, 祿(록)이란 正官(정관)이요, 馬(마)란 正財(정재)다. 즉 暗沖(암충) 된 藏干(장간)이 正財(정재),正官(정관), 正印(정인) 또는 正財(정재),正官(정관) 또는 正官(정관),正印(정인)이 될 때다. 암충(暗沖)되는 경우는 지지(地支)에 같은 자(字)가 셋 이상일 때 성립되나, 지지(地支)에 전체가 이루어진다면 더 더욱 좋은 것이다.

◉ 陰極則 始陽(음극즉 시양)이요,

陽極則 始陰(양극즉 시음)이고,

外陽內陰(외양내음)이요,　　　　　　　　　⇐ 이 원리를 대입하면 된다.

內陰外陽(내음외양)인 것이다.

⬆ 여기에서 사용되는 것은 子,午,巳,亥(자,오,사,해)의 4종류다.

子,午(자,오)는 수(水)이므로 음(陰)이라, 음으로 양을,

巳,午(사,오)는 화(火)이므로 양(陽)이라, 양으로 음을

⬆ 各其(각기) 冲起(충기)시킬 수 있다.

辛　　　癸　　⇐ 각 日主(일주)가 지지에 亥(해)가 많을 경우는 어떨까?

亥　　　亥

◉ 산아제한(産兒制限)이 없는 여인.

○	辛	○	○
亥	亥	亥	亥

◀ 여기서는 해(亥)가 사(巳)를 충(沖)한다. 사(巳)화의 지장간인 병(丙)화가 신금(辛金)의 정관(正官)이 된다.

⬆ 신금(辛金)에게 해(亥)는 자손(子孫)이다. 금생수(金生水)이므로. 지지에 자식(子息)이 너무 많다. 자식의 입장에서 한 번 살펴보도록 하자. 어머니는 보이는데 아버지가 보이지가 않는다.

☞ 신금(辛金)은 어머니 인데 혼자 사는 처지인 것이다. 이때 자손들이 어머니를 시집을 보내는 것이다. 어떤 이가 좋을까? 하고 말이다. 그래서 찾는 것이 암충(暗沖)을 하여 찾아 모시는 것이다. 자손이 해(亥)수이니, 사화(巳火)를 찾아 아버지감인 병화(丙火)를 찾는 것이다. 관(官)이라 하여 무조건 들어가다가는 수극화(水剋火) 당해 망신이다.

☞ 자손인 해수(亥水)가 충(沖)을 하여주니 편안하게 암합(暗合)을 하는 것이다. 고로 자손도 크면 다 그들의 뜻을 존중해 처신해야 한다.

◉ 花隨蜂蝶(화수봉접)이란?

꽃이 피면 벌, 나비가 그리고 온갖 곤충이 모여 들어 꿀을 먹고, 그 대가로 암술, 수술을 연결시켜 열매를 맺도록 하여준다.

☞ 인간사에서 이를 비유한다면 남녀 간의 행위라 목적은 무엇인가? 서로의 사랑이 아닌가? 사람은 꽃과 다르니 그 정도를 지켜야 한다는 속뜻이 있는 것이다.

❖ 나이가 들어도 女子(여자)는 여자다.

늙은 말이라도 콩을 싫어하지는 않는다. 사람 또한 마찬가지다. 내가 이러려고 혼자 사는 것은 아닌데 말이다. 약점을 잡히지 않도록 해야 한다. 일순간에 공든 탑이 무너진다. 동생 같은 아이가 자식이 되는 경우도 있다.

275	潤下格과	從革炎上	淸燈自守	可憐하고
	稼穡曲直	甲壬趨格	鏡破釵分	따분하다.
	윤하격과	종혁염상	청등자수	가련하고
경 파 채 분	가색곡직	갑임추격	경파채분	따분하다.

◙ 본문의 격(格)들은 사주가 신태왕한 사주를 말하는데 여성의 사주로서는 매우 안타까운 부분이 많은 경우다.

◉ 潤下格(윤하격)－－－수일주(水日主)의 특성을 설명한다. 수일주에 지지(地支) 전체가 수국(水局)을 이룸을 말한다. 물이란 모여지면 넘치고, 그리하여 흐르는 것이 순리이다. 흐르지 아니하고 고이면 자연 썩게 마련이고, 부패하여 악취를 풍기게 된다. 물이 많으면 자연 고여지는 양도 그에 비례하여 많아지게 마련이다.

☞ 고여지는 물이 없을 경우는 둑이 무너져 통제의 기능을 상실하였을 경우가 될 것이다. 得局(득국)을 필요로 하고 있고 재(財)나, 관(官)을 싫어한다. 윤하격(潤下格)의 특징은 종교(宗敎)성이 강하다. 그리고 형체의 변경은 담기는 그릇에 따라 변하나 항상 본질은 그대로다. 직업은 외교도 좋고, 문필도 좋고, 종교, 법정계열도 괜찮고, 문제는 지나치게 깨끗해도 고기가 살 수 없듯 약간의 융통성이 필요한데, 대체적으로 그것이 결여되어 그르친다.

◉ 從革格(종혁격)－－－－강건한 금(金)의 성격 그대로이다. 肅殺之氣(숙살지기)요, 변혁(變革)의 대명사다.

☞ 구성 요건은 금일주(金日主)에 지지 전체가 금국(金局)을 이루어야 성립이 된다. 국(局)을 이루는 것을 필요로 한다. 쇠도 지나치게 강하면 쉬 부러지듯 항상 지나친 강건함으로 인하여 손해를 본다.

◉ 炎上格(염상격)－－－－－화(火)가 많아 炎(염)자가 되듯 불의 기운이 천지를 다 감싸고도니 주변에는 풀도 남아나지가 않는다. 화기(火氣)란 상승하는 기운이라 위로 올라가므로 炎(염)자다음에는 上(상)자가 따른다. 흔히들 하는

상소리 가운데 炎病(염병)지랄하고―뜨거움이 지나쳐 정신 나간 듯이 거의 미친 상태를 비꼬는 말로도 통용이 되듯 정신계통과 연관이 깊다.

☞ 이 역시 得局(득국)을 요한다. 특징은 관찰력, 투시력 등 예지력이 돋보이고, 기발한 발상이 간혹 빛을 보기도 한다. 장점은 지나친 내세움으로 인해, 조급함에 침착성이 항상 필요해진다. 이 역시 득국(得局)을 이루어야 제 역할을 한다. 화려함에 달변을 갖추어 웅변가, 연설, 교육가, 전기, 통신, 위성, 우주공학 분야 등 공간 활용 분야가 어울린다.

☞ 淸燈自守(청등자수)라 함은 청롱하니 맑은 등불을 혼자 지키고 있으니 고독의 대명사가 아닌가? 고독은 겪어보지 않은 사람은 모른다. 오죽하면 뼈 속에 사무친다 하지 않던가?

◉ 稼穡格(가색격)―――――가색(稼穡)이라 하였으니 농사가 아닌가? 토(土)는 흙이요 또한 전답(田畓)이 아닌가? 지금은 그 이용도에 있어서 바다 속의 땅도 해저탐사라는 미명으로 개발하고 있지 아니하던가?

☞ 어느 시대를 막론하고 땅의 소중함은 항상 같은 것이 아닐까? 그리하여 대지는 나의 어머니와도 같다고 하지 않던가? 거짓 없이 뿌린 데로 모든 것을 보여주는 표상이다.

☞ 토일주(土日主)에 지지가 전체가 토(土)를 형성하여야 하고 得局(득국)을 이룸을 이 역시 기본으로 하고 있다. 씨 뿌리고 내가 노력한 만큼 거두어드리는 것이 특색이요, 진리다. 토중 操土(조토)는 가색의 공을 이룰 수 없어 破格(파격)으로 보고, 濕土(습토)를 귀히 여긴다.

☞ 火,土運(화,토운)을 반기고 재(財)나 관운(官運)을 싫어한다. 전형적인 특징은 종교에 귀의하는 것이다. 그리 않을 경우는 종교에 심취하여 생활 하거나, 이와 연관된 업종에 종사하거나, 독신을 고집하는 경우가 많다.

◉ 曲直格(곡직격)―――木日主(목일주)를 이름인데, 숲이 울창하면 아름드리 나무가 형성이 되는 것이고, 적으면 풀과 작은 나무가 군락을 이루는 것이다. 목일주(木日主)가 지지에 전체가 목(木)을 이루는 것이고

☞ 得局(득국)을 원칙으로 하고, 숲이 너무 울창하면 자꾸 솎아주어야 한다. 낙엽이 지나치게 쌓이다 보면 뿌리가 숨을 쉬기가 힘들어지고, 자체적으로

산불이 발생하여 스스로를 태우는 결과를 초래한다.

☞ 직업으로는 정신노동이 적합하고, 법관, 의사, 교육행정등도 어울린다. 교육
자들이 많다.

❖ 甲壬趨格(갑임추격)이란 六甲趨乾格(육갑추건격)과, 六壬趨艮格(육임추간
격)을 말함이다.

◉ 甲趨乾格(갑추건격)ーーーーーー여기서 음미 할 것은 간(艮)격과 건(乾)격의
차이이다. 이것을 구분하면 쉽게 이해할 수가 있을 것이다. 건(乾)이라 하
였으니 술(戌), 해(亥) 천문성(天門星)이라 여기서는 해(亥)를 설명한다.
육갑(六甲)이란 육십갑자(六十甲子)에서 천간(天干)으로 갑(甲)이 여섯 번
이 되므로 육(六)이라 하였다.

☞ 갑일(甲日), 해시(亥時)로 성격(性格)이 되는데, 이유는 목(木)인 청룡(靑
龍)이 해수(亥水) 長生地(장생지)를 얻어 승천하고 있는 것과 같다하여 붙
여진 이름이다.

☞ 日(일), 時(시)를 보는 것으로 갑(甲)일간이 해시(亥時)를 만나는 것. 사주
전체로 보아서 인목(寅木)이 필요 할 때 해수(亥水)가 인목(寅木)을 합
(合)하여 오는 것이다. 이때 사주에 인목(寅木)이 있거나 사화(巳火)가 있
어서 사(巳), 해(亥)충(沖)이 이루어지면 ➡ 破格(파격)이다.

◉ 사람팔자 시간문제.

乙	甲	ㅇ	ㅇ
亥	ㅇ	ㅇ	ㅇ

◀ 甲木(갑목) 日主(일주)의 사주다.

⬆ 暗綠(암록)으로 亥(해)를 따라 寅(인)이 들어간다. 寅木(인목)이 들어올
경우 時支(시지)의 亥水(해수)와 합(合)을 하여 寅亥(인해)合木(합목)을
이룬다.

☞ 甲木(갑목)이 亥水(해수)에 떠있고 음지인데, 寅(인)중의 丙火(병화)가 있
으니 꽃이 피고 陰地(음지)에서 陽地(양지)로 탈바꿈이 이루어진다. 보기
만 해도 모든 것이 편해지는 형상이다.

➡ 壬趨艮格(임추간격)------壬日(임일), 寅時(인시)로 성격되는데 寅(인)목과 같이 艮方(간방)에 같이 있는 丑(축)중의 己土(기토), 辛金(신금)이 정관 그리고 正印(정인)으로 二德(이덕)을 얻게 되어 吉(길)로 작용하고, 食神(식신)에 寅(인)중 甲木(갑목)과 丙火(병화)가 丑(축)중 己土(기토)와 辛金(신금)과 甲己(갑기) 合(합) ,丙申(병신) 합으로 暗合(암합), 귀하게 작용한다. 여기서도 身旺(신왕), 身弱(신약)의 경우를 구별해야 하는데 비교 해보자.

☞ 신왕(身旺)일 경우-----왕(旺)한 기운을 배출함으로서 좋다.

☞ 신약(身弱)의 경우-----약(弱)한 몸에 기운만 빠지니 고역이다.

◉ 사는 것도 재미있구나. 壬(임)일간의 사주다.

壬	壬	○	○
寅	○	○	○

⇐ 내 자리를 찾았다.
시지(時支)의 인(寅)을 따라서 해(亥)가 들어가니 祿根(록근)했다.

276 교 쟁 격	官星傷官 日干剋支 관성상관 일간극지	交爭格은 하는者는 교쟁격은 하는자는	虞美人의 男便눌러 우미인의 남편눌러	離別이요 살려하오. 이별이요 살려하오.

❖ 交爭格(교쟁격)이라 함은 서로가 뒤엉켜 싸우는 형상이라, 차마 눈뜨고 보기 凶(흉)한 볼 성 사나운 형상을 말한다. 官星(관성)과 傷官(상관)이 서로 뒤엉켜 혼란하다.

◉ 虞美人(우미인--중국에 있는 감옥소의 이름)의 이별이라 표현하였는데, 감옥에 가면 자연 이별 아닌가?

◉ 편안히 산다는 것도 힘든 일이다. 乙木(을목) 日主(일주)의 사주다.

○	乙	○	○
○	巳	寅	申

◀ 傷官(상관)은 巳(사)화가 되고, 官(관)은 辛金(신금)이다.

⬆ 관식투쟁이라 했는데 어떻게 싸우는 것일까? 傷官(상관)을 보면 寅(인)중

의 丙(병)화도 상관이요, 巳(사)중의 丙(병)화도 傷官(상관)다. 乙木(을목)의 正官(정관)은 申(신)중의 庚金(경금)이 되는데, 寅申沖(인신충)이요, 巳申(사신)刑(형)으로 이어진다.

◉ 지지고 볶고 사는 것에 신물이 난다. 己土(기토) 일주 사주다.

O	己	O	O
酉	卯	O	O

◀ 傷官(상관)은 酉(유)금이요, 官(관)은 卯(묘)목이다.

O	庚	O	O
O	子	午	O

◀ 庚金(경금) 일주의 사주다.
子午沖(자오충)이다.
傷官(상관)은 子(자)수요, 官(관)은 午(오)화다.

◉ 늙어지면 그 때는 그리울 것이다.

戊	甲	甲	丙
辰	辰	午	寅

◀ 갑진(甲辰) 일주의 사주다.
갑목이 남편자리인 진토를 누르려 하고 있다.

⬆ 요즈음은 여성상위시대라 하여 여성의 입김과 권위가 많이 승격 되었으나 상대방을 안하무인 식으로 깔고 뭉기는 모습은 볼 성 사나운 일이다.

☞ 이럴 경우 서로가 나설 경우를 구분, 서로를 치켜세워가며 상대를 존중하며 매사 처리하는 것이 좋다. 일단 일간이 일지를 극하는 형상은 항상 그런 기운이 잠재되어 언제 그것이 밖으로 표출될지 모른다.

☞ 지지(地支)에 목국(木局) 형성. 식상(食傷)이 왕 하다. 日支(일지)에 自刑殺(자형살)도 있다.

☞ 日干剋支(일간극지)라 함은 천간이 지지를 극하는 형상, 별로 바람직한 상은 아니다. 이유는?

☞ 甲木(갑목) 일주의 官(관)을 단순히 五行(오행)으로 金(금)으로만 판단 말라. 남편이 居(거)하는 자리이기에 항상 그가 오는 위치다. 宮(궁)을 보는 것도 잊지 말자.

277	丙申子辰	丁丑亥日	十支臘月	出生人과
	春夏丙寅	午丁巳未	男便因해	病이든다.
	병신자진	정축해일	십지랍월	출생인과
남편인해 병든다.	춘하병인	오정사미	남편인해	병이든다.

丙　丙　丙　丁　丁　　　이 일주의 여성이 十支臘月(십지납월)

辛, 子, 辰, 丑, 亥　　　이라 亥, 子, 丑월에 출생을 하면

⬆ 남편으로 인하여 병(病)이 생긴다는 설명인데 무슨 병이 생길까?

◉ 왜, 나만 밉다고 그래!------丙申(병신) 일주 사주다.

O	丙	壬	O
O	申	子	O

⬅ 男便(남편)은 水(수)인데, 水剋火(수극화)로 丙火(병화)를 구박한다.

⬆ 官(관)의 기운이 旺(왕) 하니, 아내는 꼼짝 못한다. 火(화)에 연관된 病(병)이 생기는 것이다. 水(수)는 밤이라, 밤만 되면 무섭다. 어서 빨리 날이 밝았으면　　----

◉ 기운도 적당해야지!------여성사주다. 늙으면 깨갱한다.

庚	丁	壬	壬
戌	丑	子	戌

⬅ 丁丑 일주의 사주이다. 子月에 태어났다. 일지와 월지가 합하여 子丑水局을 형성.

⬆ 남성문제로 하여 고민을 하고 있는 사주다. 남자관계가 복잡하다.

丙	丙	丁	丁
寅	午	未	巳

일주의 여성이 春夏月(춘하월) 즉 寅, 卯, 巳, 午(인, 묘, 사, 오)월에 태어나면

⬆ 남편으로 인하여 병이 든다고 하였는데 이 경우는 또 어떤 병일까?

◉ 옹녀가 따로 없구나.

O	丙	O	O
O	寅	午	O

⬅ 병인(丙寅) 일주다. 오(午)월에 출생한 사주. 관(官)은 수(水)인데, 사주가 건조하다.

⬆ 너무 더워서 항상 옷을 벗고 다녀야 할 판이다. 남자가 오면 너무 더워서 땀을 흘리다가 못살겠다고, 목말라 죽는다고 도망간다.

◉ 건드리면 나도 넘어갈까?

辛	丙	丁	戊
卯	寅	巳	辰

◀ 병인(丙寅) 일주의 사주다. 목(木), 화(火)가 왕한 사주다. 학생의 사주. 아직 까지 이성(異性)을 모르고 지내왔단다.

278	官殺混雜	태운몸이	官星暗合	있게되면
	情死맹세	끼어앉고	自殺企圖	있어본다.
	관살혼잡	태운몸이	관성암합	있게되면
관성암합	정사맹세	끼어앉고	자살기도	있어본다.

◙ 남편인 관(官)이 원국에 나와 있는데, 지지(地支)에서 또다시 지장간(地藏干)에 암장(暗藏)을 하고 있는 관(官)과 합(合)을 이루게 되면, 관살(官殺)이 혼잡한데 거기에 암합(暗合)이라 엎친 데 덮친 격이다. 이래저래 남자문제로 골치 아픈 사주다.

◉ 아, 이루지 못할 사랑이여.

甲	癸	○	○
寅	巳	癸	○

◀ 계사(癸巳) 일주 특성을 나타내고 있다. 사(巳)중의 무(戊)토가 관(官)이 되니 남성이다.

⬆ 무계합(戊癸合)으로 연결이 되는데, 인사형(寅巳刑)으로 연결이 되니 불발로 끝이 나는 것이다.

☞ 관(官)이 많으니 결국은 남자만 망가지게 된다. 여자의 경우 액 땜한다 생각을 하고 결혼은 절대 일찍 하지 말고, 자기의 일에 열중을 하면서, 천천히 배우자를 골라야 서로의 불행을 막는다. 교제정도의 선에서 끝내는 것이 상책인데 그게 어디 내 마음대로 되는가?

◉ 몸은 하나요, 마음은 열 이라. 합(合)도 지나치면 병이다.

戊	癸	戊	辛
午	未	寅	子

◀ 계미(癸未) 일주의 여성이다. 틈바구니에서 치이다보니 내가 죽는다.

279				
	戊己日生	木弱多水	甲乙日生	金弱多水
	그男便이	醉中歸路	溺死之禍	있게되네.
	무기일생	목약다수	갑을일생	금약다수
익사지화	그남편이	취중귀로	익사지화	있게되네.

❖ 戊己日生(무기일생)이라 토일주(土日主)인데, 목(木)기운이 약하고 수기(水氣)가 강하니 목(木)인 관(官)이 많은 수(水)에 의하여 浮木(부목)이 되고 만다.

☞ 갑을(甲乙) 일생이라 목일주(木日主)인데 관(官)인 금(金)이 약하고 수(水)가 많으니 금(金)이 물속에 잠긴 형상이라, 결국은 다 ☞ 물로 인한 사고라 술로 인한 사고요, 익사사고로도 연결된다.(약물중독사고, 오남용도 포함)

◉ 적당히 좀 즐기시지. 지지에 수국(水局) 형성.

甲	戊	癸	癸
子	戌	丑	亥

◀ 무술(戊戌) 일주의 사주다. 관(官)도 그렇고 상황이 별로 안 좋다.

❖ 물조심.

물도 물 나름이다. 농도와 점도 기타 기준이 많다. 양도 되고 거듭되면 될수록 불어나는 것이 물이다. 밀려드는 쓰나미에는 장사가 없다.

여자에게는 본능적으로 아니 기본적으로 아니 인간에게는 기본적으로 신체의 70퍼세트가 수분이다. 내가 갖고 있는 것 간수도 중요하고 남의 것을 받아먹을 때도 조심해야 한다. 기준선을 넘기면 물이 넘치기 마련이다. 넘치면 자꾸 버려야 한다. 어디다 버릴 것인가? 아무데나 버리면 안 된다. 버릴 곳을 구별해 버려야 한다. 배수구에 버려야 한다. 더러운 물은 주변을 오염시킨다.

280 수액과음	壬癸日生　　土官弱格　　更逢柱中　　金水多도 그男便이　　世上뜰때　　水厄過飮　　原因이라. 임계일생　　토관약격　　갱봉주중　　금수다도 그남편이　　세상뜰때　　수액과음　　원인이라.

▣ 壬癸日生(임계일생)이라 수일주(水日主)의 여성인데, 관(官)인 토(土)가 약해 걱정인데 사주에 금(金),수(水)가 많으면 그 남편이 세상을 뜰 때 수액과, 과음이 원인이 되어 세상을 뜨는 것이 된다.

☞ 관(官)인 토(土)의 입장에서 보면, 금(金)이 많으니 土生金(토생금)이라 기운이다 빠지니 허하여지고 재(財)인 수(水)가 많으니 토(土)가 물에 휩쓸려 나감이고, 본인의 입장에서 보면 인수인 금(金)이 많으니 나에게는 힘이 되지만 남편의 입장에서는 죽을 맛이다. 거기에 비견, 비겁 인 수(水)가 많으니 남편의 입장에서는 이래저래 헉헉거리게 된다. 어찌 보면 여자의 사주가 남편 잡아먹는 사주와 같은 형상이다.

◉ 먹이면 뭘 하나, 힘도 못쓰는 것을! 계묘(癸卯) 일주다.

丁	癸	癸	癸
巳	卯	亥	亥

지지(地支)에 암장(暗藏)으로 무토(戊土)가 있으나 제대로 힘을 못 쓴다.

⬆ 조상(祖上)을 보는데 있어서 사주에 수(水)가 지나치게 많으면, 그 집안에 水厄(수액)으로 인한 영가(靈駕)들이 많다는 것이다.

☞ 육친(六親)과 그 자리를 살펴 추명(推命)하는 것도 잊어서는 안 될 것이다. 수액(水厄)으로 인한 사고는 알콜중독, 취중사고, 약물중독, 물난리의 피해, 해일사고, 파선으로 인한 사고, 강가, 산악에서의 사고, 기름유출로 인한 사고, 빙벽사고 등등 물과 연관된 사고로 추명하면 될 것이다.

☞ 여기서 또 생각을 할 것이 있다. 관(官)이 강하여 튼튼하면, 이와 같은 염려는 안 해도 된다. 수맥으로 연관 지어 본다면 수맥(水脈)이 지나치다는 것으로 결론 난다.

281	丑日生人 逢午未戌 寅日生人 逢巳或申
	夫婦間에 悲觀있어 飮毒함이 있어보오.
	축일생인 봉오미술 인일생인 봉사혹신
비관, 음독	부부간에 비관있어 음독함이 있어보오.

◘ 여기서의 설명은 湯火(탕화)에 대한 설명이다.

☞ 湯火殺(탕화살) ➠ 寅,午,丑 (인,오,축)을 湯火局(탕화국)으로 본다.

☞ 丑(축)일생이 午,未,戌(오,미,술)을 만나거나 寅日生人(인일생인)이 巳,申(사,신)을 만나면 부부간에 다툼이 생기거나, 불미스러운 일로 문제가 생기면 비관하여 음독자살이 염려가 된다.

☞ 丑日生人(축일생인)은 본인이 지지(地支)에 이미 탕화를 깔고 있는 형상인데, 未,戌(미,술)을 만나면 刑殺(형살)로 연결되고 오는 탕화로 연결되고 결국 탕화인 축(丑)을 자꾸만 살살 건드린다. 가뜩이나 열 받아 있고, 매사 모든 것이 짜증스러운 판인데 에이 하면서 울컥한 성질에 나도 모르게 행동으로 옮기게 된다. 구사일생으로 살아나면 하는 말이 내가 왜 그랬지? 하면서도 또 나중에 그런 생각을 또 하게 된다.

◉ 죽자니 청춘이요, 살자니 고생이다. 신축(辛丑) 일주의 사주다.

壬	辛	己	戊
辰	丑	未	戌

地支(지지)에 刑殺(형살)을 놓고 있다. 인수가 너무 왕한 사주다. 인수에 종할까?

▣ 丑時(축시)라 깜깜해서 아무것도 구분을 못한다. 이럴 때는 불을 밝혀 기다리도록 하여야 한다. 대게 약 먹는 사람들보면 남들이 다 잠든 丑時나, 일어날 무렵인 寅時(인시)가 많은데 잠이 덜 깬 상태에서의 사고다.

☞ 벌건 대낮에 午時(오시)한창 뜨거울 때 짜증에 못 이겨 약사발을 삼키는 것이다. 결론은 약간의 시간을 끌어주면 해결은 된다. 밤중에 약 먹는 것은 나도 못 말린다. 조짐이 이상하면 옆에서 불침번을 서야한다.

☞ 인일(寅日)생인 역시 寅,巳刑(인사형)이요, 寅,申沖(인신충)으로 자꾸 寅(인)인 탕화를 건드려 약발을 올려 사고치게 된다. 얼마 전에 자기의 불만을 표출하는 방법으로 고궁에 불을 지르고, 산에 방화를 하고, 주차시비로

인한 불만을 엉뚱하게 다른 차들로 옮겨, 타이어를 전부 펑크를 낸 사고 역시 전부 이 탕화(湯火)로 연결 지어 보면 된다.

☞ 예전에는 농사를 많이 지으므로 농약사고가 많았는데 물론 지금도 가끔 생기기도 하기야 하지만 시대적인 차원이 달라져서 그 분출하는 방법도 많이 달라졌다. 시대적인 변화에 따른 해석의 차이다.

☞ 간혹 자살사이트 운운되는 뉴스를 접하면 이 역시 탕화인데 조금만 참으면 될 것을 왜 그리 할까? 탕화는 지나가는 바람과도 같다. 시간적인 면으로 살펴보자.

◉ 사랑을 너무 받으니, 사랑이 뭔지도 모른다.

乙	壬	己	己
巳	寅	巳	未

⇐ 지지(地支)에 사(巳)를 둘 놓고 있다.
가뜩이나 관(官)이 많아 걱정인데,
일주(日主)가 너무 약(弱)하다.

❖ 안 들리는 안 보이고, 생각이 없어진다.
가라앉은 배는 떠오르지 않으면 배의 기능을 상실한다. 잠수함이라면 상관이 없다. 그러나 배는 배다. 보이지 않으면 존재감이 없어진다.
스스로 가라앉는 것이다. 일체 단절이다. 숨쉬기도 어려워진다. 아 이것은 부슨 경우인가? 스스로에게 자문자답을 한다. 나는 어떻게 하라 구?
무조건 위로 올라가야 한다. 미친 듯이 뛰던 가 무엇인가에 미쳐야 한다. 남과 부딪혀야 한다. 사람이 많은 곳에서 실수도 하고 스스로 삶을 새로 배워야 한다. 굴레를 벗어나야 한다. 약으로 치료가 안 된다. 반려동물은 금물이다. 스스로를 더 가둬버리는 결과가 나온다.

<table>
<tr><td rowspan="2">282

음독</td><td>午日生人</td><td>丑或午辰</td><td>戊寅日生</td><td>多逢寅과</td></tr>
<tr><td>戊子日生</td><td>寅巳申刑</td><td>亦是飮毒</td><td>주의하소.</td></tr>
<tr><td></td><td>오일생인</td><td>축혹오진</td><td>무인일생</td><td>다봉인과</td></tr>
<tr><td></td><td>무자일생</td><td>인사신형</td><td>역시음독</td><td>주의하소.</td></tr>
</table>

❖ 午日生(오일생)은 그 자체가 탕화인데 丑,午,辰(축,오,진)을 만나면 탕화의 작용이 행해지고, 戊寅日生(무인일생)이 多逢寅(다봉인)이라 하였으니, 寅(인)이 중복이 되어 중첩되어 있는 것임을 설명하고, 戊子日生(무자일생)이 인사신(寅,巳,申) 삼형살을 만나니 음독을 조심하라는 설명이다.

◉ 진(辰)이 오(午)와 만났을 때 작용되는 것은 격각살이 되기 때문이다.

무인(戊寅) 일생이 다봉多逢 인(寅)이라 이것은 인(寅)이 무토(戊土)일주에 관(官)이라 이것이 연관이 되므로 남자문제로 인해 생기는 현상이다. 인(寅), 사(巳), 신(辛)은 자체가 형살(刑殺)이고, 이럴 때는 무토(戊土)일주가 화토동격(火土同格)으로 화(化)하여 버린다.

◉ 술만 마시면 완전 또라이네?

<table>
<tr><td>壬</td><td>庚</td><td>癸</td><td>壬</td></tr>
<tr><td>午</td><td>午</td><td>丑</td><td>辰</td></tr>
</table>

⇐ 경오(庚午) 일주다.

삶이 피곤했던 사주다.

⬆ 刑殺(형살)이 성립되니 조용하던 사람이 갑자기 돌변, 다른 사람으로 바뀐다. 감당하기 힘들어진다. 평생(平生)가니 죽어도 못 고치는 고질(痼疾)병(病)이다. 건강(健康)이 망가지니 그때야 정신을 차릴 것인가?

❖ 죽으려고 사는 사람은 없다.

열을 식혀야 한다. 불아 나니 다 타버린다. 속이 타던, 안이 타던 무조건 식혀야 한다. 지나친 쏠림현상이다. 방향을 자주 바꾸어야 한다. 궤도 수정이다.

283 마약주류 중독	四柱官星　囚獄殺은　男便監禁　있어보고 甲乙日生　申宮逢刑　痲藥酒類　中毒일세. 사주관성　수옥살은　남편감금　있어보고 갑을일생　신궁봉형　마약주류　중독일세.

◙ 囚獄殺(수옥살)에 관한 사항이다. 12神殺(신살)에서 財殺(재살)로 그의 작용은 주로 관재, 송사, 구금, 납치, 피랍등 주로 인신 구속 등에 관련된 사항으로 해석된다.

☞ 삼합의 가운데 字(자)와 충(沖)하는 자(字)로써 子,午,卯,酉(자,오, 묘,유)를 설명한다. 官星(관성)이 囚獄殺(수옥살)에 해당되므로 남편이 이에 해당하는 일을 겪게 된다는 설명, 약하게 보면 관재수요, 심하게 보면 구속 내지는 옥살이 하는 경우다.

☞ 갑을(甲乙)일생이면 목일주(木日主)인데 申宮逢刑(신궁에 봉형)이라 하였으니 官星(관성)이 형(刑)을 만나는 경우다. 자신을 컨트롤하지 못하므로 망가진다. 관을 보는 벙법인데, 해당사항에 관한 부분적 판단이다. 전체가 아니다. 본문에서는 마약, 주류 중독이라고 하였는데 무조건 형살(刑殺)이면 이렇다는 것이 아니라 상습적인 악습에서 이루어지는 상황이다.

◉ 항상 화근이 무엇인가를 모른다.

O	甲	O	O
O	寅	申	O

◄ 갑인(甲寅) 일주의 사주다.
관성(官星)이 충(沖)에 임하고 있다.

O	乙	O	O
O	巳	申	O

◄ 을목(乙木) 일주(日主)다.
이 역시 관(官)이 사신(巳申) 형(刑)이다.

◉ 쇠도 너무 단단하면 쉬 부러진다.

己	甲	丁	乙
巳	申	亥	卯

◄ 갑신(甲申) 일주 사주다.
일주가 강(强)하여 고집(古集)이 대단하다.
충고(忠告)를 잘 듣지를 않는다.

| 284

역마관성 | 驛馬官星
旅行이나
역마관성
여행이나 | 놓은者와
車中에서
놓은자와
차중에서 | 地殺官合
戀愛함이
지살관합
연애함이 | 놓은者는
있게되오.
놓은자는
있게되오. |

◎ 역마와 지살은 이동의 움직임이라 동적인 의미다. 官星(관성)이 이에 해당하고 또한 합(合)이 이루어진다 하였으니 연애결혼을 이름이라, 여행이나 차중이란 표현을 썼는데 해외채류중의 연애도 성립하고, 이방인(외국인)과의 혼인도 성립된다.

☞ 요즈음은 국제화의 시대이니까. 업무상의 출장 중에도 되고, 가까운 거리인가, 먼 거리 인가는 정도에 따라 판단하면 될 것이다. 남자의 사주라면 재(財)를 보면 배우자가 되니, 재(財)를 보고 판단한다.

  ☞ 여자─────────────역마나 지살이 관(官)에 해당 할 때
  ☞ 남자─────────────역마나 지살이 재(財)에 해당 할 때

| 285

지살마관 | 地殺馬官
또는國際
지살마관
또는국제 | 놓은女性
結婚하니
놓은여성
결혼하니 | 海外出嫁
新進이냐
해외출가
신진이냐 | 하게되고
不貞이냐.
하게되고
부정이냐. |

➡ 지살, 역마가 관살이면 해외진출을 하게 되고, 국제결혼을 한다하니, 신진이냐 부정이냐 하였는데 여성이 업무상으로 해외에 나가는 경우도 있지만,

☞ 남성의 경우와는 약간의 차이가 생긴다. 여성이 해외에 나가는 경우도 요사이는 많으므로 추명 시 약간의 주의가 필요하다.

☞ 여성이 해외로 나감은 주로 남편을 따라서 해외근무 라든가, 파견 또는 주재하는 경우인데 업무상이 아닐 경우는 해외결혼으로 본다는 것이다. 외국인과의 결혼인데 싱글의 위치에서 순수한 결혼이냐, 아니면 유관업종에 종사하다가 가느냐 하는 문제 인데 요즈음은 예전과 같이 직업여성으로 있다가 가는 경우가 별로 없다. 국제화시대로 보라. 한 시대의 사회상이었다고 판단하고 말이다.

◉ 다 그것도 재주요, 능력이다. 기해(己亥) 일주의 사주다.

甲	己	ㅇ	ㅇ
子	亥	巳	ㅇ

갑기(甲己) 합(合)이요, 해자(亥子) 합(合)이다.
년하의 남성과 결혼(結婚) 한 사주다.

286 편음편양	偏陰偏楊 八通四柱 陰陽不調 難發이라 夜寒凉衾 하는것을 어찌하여 좋다하오. 편음편양 팔통사주 음양부조 난발이라 야한양금 하는것을 어찌하여 좋다하오.

◘ 偏陰偏楊(편음편양), 八通四柱(팔통사주)라 함은 음팔통, 양팔통으로 사주가 음이면 음, 양이면 양으로, 한 쪽으로 치우친 사주를 설명하는데, 陰陽(음양)으로 보면 균형이 완전히 상실된 사주다.

☞ 여성의 경우 양팔통 이면 여성스러움이 없이 사주 기운이 남성스러움으로 가득 찬 사주라, 여성이 마치 남성 같은 형상이라 선머슴 같은 경우고, 음팔통(陰八通) 일 경우 음기만 강하니 이 또한 조화가 이루어지지 않으니 부조화의 집합이구나.

◉ 고민도 할 것을 하라. 기묘(己卯) 일주의 사주다.

癸	己	己	丁
酉	卯	酉	巳

음팔통의 사주이다.
이성문제로 고민이 많은 사주.

◉ 官(관)이 들어올 자리가 없다

丁	乙	丁	丁
巳	亥	未	卯

⇐ 을해(乙亥) 일주의 사주다.
. 時支(시지)에 庚金(경금)이 있다.

➡ 양팔통의 경우는 여성이지만, 남성의 기운이 가득하니 남성이 들어올 자리가 없어 못 들어오면 남편 궁이 부실하고, 음팔통의 경우는 너무 꽁꽁 얼어 있으니 불이 자동으로 꺼지니 매일 냉방이요, 독수공방이 될 수밖에 그러나 여기도 예외의 경우도 있다. 사주자체에 관성이 잘 구성이 되어 있을

경우다.

◉ 항상 마음을 비워야지, 그래야 공간이 생긴다.갑오(甲午) 일주다.

甲	甲	丙	丙
戌	午	甲	寅

◖ 사주가 너무 건조(乾燥)하다. 양(陽)으로 가득 차 있다. 관(官)이 어렵다.

⬆ 양팔통 여성 사주. 官(관)이 역부족. 흙 먼지 되어 날아 가버리는 사주다.

287	四柱官殺	傷食多는	夫婦싸움	甚하고요
	官臨地殺	馬刑囚獄	夫君拉致	橫厄이라.
	사주관살	상식다는	부부싸움	심하고요
관임지살	관임지살	마형수옥	부군납치	횡액이라.

⬆ 四柱官殺 傷食多(사주관살 상식다)————여성의 사주에 식상이 많으면 관인 남편이 기운을 못 쓴다. 관인 남편이 아내를 다스리려고 하여도, 傷食(식상)이 옆에서 보고 있다가 관(官)에게 다가가 저리가라고 하여도 官(관)은 食傷(식상)에 대항할 기력이 부족,아무소리 못하고 물러가고 만다.

☞ 이것이 官食投戰(관식투전)이다. 관(官)이란 다스림의 근원인데 항상 我(아내)를 다스리려고 하니 아내는 식상인의 힘만을 믿고 다투기 마련인데 본인보다도 食傷(식상)의 힘에 의존하게 된다.

☞ 여기에 본인인 일간이 강할 경우, 그 정도가 더 심하게 된다. 식상의 힘이란 밖으로만 나도니 남편을 볼 시간도 없고 입도 거칠어 막말을 남발하고— 오로지 돈에만 집착을 하게 되니 남편까지 돌볼 힘이 미치지가 않는다. 결국 남편을 등한시 하는 결과가 되는 것이다. 이러니 가정불화(家庭不和)가 생기고 부부싸움이 심할 수밖에 없다.

◉ 일단은 붙어야 결과를 본다. 을목(乙木) 일주(日主)의 사주(四柱)다.

○	乙	○	○
○	巳	午	未

지지(地支)에 화국(火局)이 형성되었다. 대항 할 능력이 없다. 관식투전(官食鬪戰)이다.

⬆ 을목(乙木)의 남편은 경금(庚金)이다. 경금(庚金)이 을목(乙木)을 극(剋)

한다. 사(巳)중의 경(庚)금인데 극한다 하여도 꿈쩍을 하지를 않는다. 일체의 미동도 없다. 사오미(巳午未) 화국(火局)으로 경금(庚金)을 녹여버린다. 돈도 못 버는 주제에 하면서 존경심이란 간 곳이 없다.

◉ 말려도 소용이 없는 경우도 있다. 을해(乙亥) 일주 사주다.

辛	乙	丁	丁
巳	亥	未	卯

본인이 강하다.
관(官)은 천충(天沖), 지충(地沖).
식상관도 기운이 살아있다.

甲	甲	丙	丙
戌	午	申	寅

◀ 갑오(甲午) 일주다. 화기(火氣)가 태왕하다. 월지의 신(辛)금이 관(官)인데 맥을 못 춘다

▶ 관(官)이 역마나 지살에 해당하고 囚獄殺(수옥살)에 해당하면, 남편이 납치나 횡액이라 하였는데 이러한 경우도 있겠지만 표현이 약간은 지나치다고 생각들고, 요즈음으로 본다면 남편이 밖으로 자주 나돌다보니, 집에 관심이 없고 나가있는 시간이 많다보니 어찌 보면 남과도 같은 남편이라 있으나 마나한 가장이다. 결국 납치나 실종과도 흡사한 형상이다. 집에는 무관심한 가장이다.

☞ 이것이 형살(刑殺)이나 다른 흉살(凶殺)과 가임이 된다면 흉사로 연결이 되어 좋지 않은 결과로 나타난다. 특히 대운, 세운을 잘 살펴보고 이의 작용을 주시해야 할 것이다.

◉ 에구, 에구, 새우 잡이 배구나. 을목(乙木) 일주(日主) 사주다.

O	乙	O	O
申	巳	寅	O

남편은 사(巳)중 경금(庚金)이 된다.
역마 지살에 형에 걸려있다.

⬆ 남편이 일지(日支)에 암장(暗藏)으로 있다. 시지(時支)에는 연하의 남성이다. 그럼 언제 이 남편이 불행한 일을 당할 것인가? 시지(時支)에 신(申)이므로 삼형살(三刑殺)이 성립되는 때에 이별한다.

☞ 寅巳申(인사신)때 이다. 신(申)은 다른 남자다. 일지 경금(庚金)이 사신(巳申)으로 합(合),형(刑)➡ 동상이몽(同床異夢)이다. 결국 견디지 못하고 떠나야한다.

288	四柱官弱	傷食多는	아기나면	別夫되고
	官印星이	同臨合身	스승敎主	사랑받네.
	사주관약	상식다는	아기나면	별부되고
관약 상식다	관인성이	동임합신	스승교주	사랑받네.

◈ 四柱官弱 傷食多(사주관약 상식다)------여자의 사주에서 관이 약하고 식상이 강하면 그 자체로도 남편과의 사이가 항상 문제인데, 자손 낳고 남편과 헤어지는 사주는 어떤 사주일까? 일단 천간을 한 번 살펴야 한다.

◉ 子息(자식)이 때로는 원수구나. 남편은 병화(丙火)다.

O	辛	壬	丙
O	O	O	O

◀ 신금(辛金) 일주의 사주다. 자손(子孫)이 중간에서 합(合)을 가로막는다.

O	己	庚	甲
O	O	O	O

◀ 기토(己土) 일주다. 남편은 갑목(甲木)이다. 자손 경금(庚金), 金剋木(금극목)으로 극한다.

⬆ 地支(지지)에서의 작용은 무시할 수 없지만 직접적인 결과가 아니라 간접적으로 보아도 무방하다. 천간에서 官(관)과 食傷(식상)이 나타나 있고, 상관관계에서의 우열을 판단해야 할 것이다.

◉ 관성과 인수가 同臨合身(동림,합신)이라 하면 官印相生(관인상생)이거나 , 官印相生(관인상생)이 되면서 日支(일지)와 合(합)이 이루어짐을 설명한다.

◉ 스승에게 사랑을. 병인(丙寅) 일주(日主)다.

O	己	丙	O
O	O	寅	O

月支(월지)에서 月干(월간)을 生(생)하고 월간➡일간을 생하는 관계로 연결된다.

⬆ 官印相生(관인상생)으로의 연결이 이루어지는 것이다. 天干(천간)으로 投出(투출) 되니 선생님이다. 중간에 丙火(병화)를 가리면 寅(인)중의 甲木(갑목)과 자연스레 合(합)이 이루어진다.

○	戊	○	○
○	午	寅	○

◀ 무오(戊午) 일주의 사주다.
월지➡일지로, 일지➡일간으로 올라온다.

⬆ 월지의 寅(인)중 甲木(갑목)이 日支(일지)를 통하고, 日干(일간)으로 올라오는 것이다. 官印相生(관인상생)이다. 관인상생이 되면서 日支(일지)와 合(합)이 된다면 그것은 확실한 것이다.

☞ 印綬(인수)란 學文(학문)이므로 합(合)이 이루어지니 공부에 열심이며 학문으로의 정진에 뜻이 매우 크다. 고로 스승의 귀여움을 독차지하고 사랑을 받는다. 印受(인수)는 또한 종교로도 해석되므로 가르침을 주는 사람으로 부터 사랑을 받는다는 설명.

❖ 식상이 강하고 관이 약하면 일반적으로 준법정신이 박약하다. 로 본다.
제재 받는 것을 싫어한다는 것이다. 여자에게 관은 남편인데 잔소리가 듣기 싫은 것이다. 귀찮은 존재로 취급된다. 필요 없으니 아쉬울 때만 쓰고 용도 폐기 한다. 참 기가 막힐 일이다. 거기에 자손인 식상까지 가세하니 아이 낳고 치우고 애쓰는데 남편이란 존재는 밥 차려 ---- 빨래 —다 귀찮아진다.
아이 낳으니 일만 더 많아지는데 도와주지는 못하고---. 찬밥 신세로 전락 한다. 官印(관인)이 한 편 되면 어찌될 것인가? 활동성이 떨어진다. 나 자신은 묶인다. 스승사랑이라 했지만 남 앞에서 재롱떠는 것이다. 아부하는 기간이다. 윗분이니 어쩔 것인가? 회식을 하는데 임원진이나 상사들만 있다면 여러모로 말단 입장에서는 거북하기만 하다. 집에서는 손님이나, 어른들과 대화를 하며 의논중인데 아이들이 시끄럽게 한다거나 보채면 쥐어 박히는 것이 당연한 일 이다. 나가 놀아라! 울면 뚝! 손님들 가시고 나면 너 반은 죽음이야!

289	春節己日　逢甲化格　시누형제　등살이요
	夏逢乙日　遇庚化는　子孫因해　破情되오.
	춘절기일　봉갑화격　시누형제　등살이요
화격(化格)	하봉을일　우경화는　자손인해　파정되오.

➡ 春節(춘절)이라 함은 寅,卯月(인,묘월)이라 기(己)일생이 갑(甲)목을 만난 다 하였으니 갑기(甲己)합이 이루어지는 것이고, 월에 인묘(寅卯)이니 목 (木)이라 기(己)토인 일간을 尅(극)하므로 갑기(甲己)합에 방해되는 것이다.

☞ 왈 "너는 목(木)인데 왜 토(土)와 합(合)을 하여 목(木)이아닌 토(土)가 되려고 하느냐"며 방해를 한다.

◉ 사랑도 죄 인가요?

甲	己	○	○
子	○	卯	○

◀ 기(己)토 일주다. 갑(甲)목이 남자다. 서로가 합(合)을 하려한다.

⬆ 이때 월지의　묘(卯)목이 방해를 한다. 목극토로 기(己)토를 극(尅)하는 것이다. 묘(卯)목은 갑(甲)목의 누나가 된다.(위쪽에 있으므로) 공연히 방 해를 한다. 그것도 항상.

◉ 아, 어느 길을 택할까?

甲	己	○	○
子	○	寅	○

◀ 일주인 리(기)토는 행복한 고민에 빠진다. 월지 寅(인)중 갑목, 시간의 甲(갑)목이 둘이다.

⬆ 남편감이 둘이 경쟁이 붙는다. 서로가 좋다며 자기한테 오라는 것이다. 나 이 차가 나지만 결국은 행복이 아니라 불행한 결과를 초래하는 것이다.

➡ 夏逢乙日 (하봉을일)이라 하면

巳,午,未月(사,오,미월)에 乙木日主(을목일주)라 일간에게는 식상(食傷)이 되는데, ☞ 식상은 관(官)을 치는지라 더구나 월(月)에 있으니 그 기운이 왕성하므로 관(官)인 금(金)을 녹이려드니, 合(합)을 하려는 아내도 자식 돌보느라 남편에게 여력이 없고, 남편도 자식들 등쌀에 견디지 못하는구나. 자녀란 가정의 화목의 근원이 되어야 하는데, 오히려 화근이 되는 경우다.

◉ 나는 왜 이리 되는 일이 없을까?

O	乙	庚	O
O	未	午	巳

◀ 乙未(을미) 일주의 사주다. 地支(지지)에 火局(화국)을 이루고 있다.

⬆ 을(乙)목이 경(庚)금을 따라서 가려고 한다. 합(合)이 잘 이루어지니까, 그런데 지지(地支)인 밑에서 불이 나 뜨겁다. 경(庚)금이 견딜 재간이 없다.

☞ 지지의 화(火)는 자손(子孫)이라 사이가 좋아도 자손이 많아지니 점점 사이가 더 멀어지고 생이별을 한다. 이때 경(庚)금에 대한 해석이 나온다. 과연 어떻게 할 것인가 하고 말이다.

☞ 경(庚)금이 아무런 영향을 안 받으면 상관이 없는데, 지지에서 변동을 하도록 만드니 어쩔 수가 없다. 그렇지 않으면 내가 죽는 상황이니 무엇인가 변화를 모색해야 하는데, 그것은 합(合)을 일단 풀어야 한다. 묶인 줄을 풀어야 내가 움직여 살 길을 찾으니 말이다.

☞ 합(合)이 풀리면 아내와의 이별이다. 합이 풀리면 경(庚)금인 남편은을(乙)목인 아내를 극(剋)하기 시작하는 것이다.

☞ 여기서 기운이 강한 사람이 이긴다. 물론 운(運)에서의 기운(氣運)도 포함된다. 누가 시기를 잘 선택을 하느냐가 관건이다. 이혼을 해도 위자료를 받느냐, 못 받느냐 도 나온다.

☞ 남편에게는 자손이 관(官)인데 관이 너무 왕(旺) 하니 매사 일이 꼬이고 , 엉키기만 하는구나.

<table>
<tr><td rowspan="2">290

풍파(風波)</td><td>四季辛日</td><td>逢丙火는</td><td>母親因해</td><td>別夫되고</td></tr>
<tr><td>秋月丁日</td><td>逢壬化는</td><td>媤母因해</td><td>風波로다.</td></tr>
<tr><td></td><td>사계신일</td><td>봉병화는</td><td>모친인해</td><td>별부되고</td></tr>
<tr><td></td><td>추월정일</td><td>봉임화는</td><td>시모인해</td><td>풍파로다.</td></tr>
</table>

◈ 四季辛日(사계신일)➡ 사계 즉 辰,戌,丑,未(진,술,축,미)라 辛日(신일)일주에게 인수라 어머니가 되고, 그 기운이 왕 할 수 밖에 없지 않은가?

☞ 신(辛)금 일주에게는 병(丙)화가 정관(正官)인데, 신(辛)금 일주가 병(丙)과 합(合)을 하면 丙辛合化(병신합화)하여 수(水)가 되는데, 인수(印綬)인 토(土)가 土剋水(토극수)하여 합(合)이 이루어지기 힘들어진다.

☞ 합(合)만 하려하면 土剋水(토극수) 하여 초 치니 도저히 합(合)이 이루어지기 힘들어진다. 어머니에게는 사윗감인 병(丙)화가 아무리 火生土(화생토) 하여도, 간에 기별도 안 간단다. 그 정도 가지고는 하면서 눈에 차지 않는다. 그러니 결혼(結婚)이 힘들어 질 수 밖에는 이럴 때 어머니는 뒷전으로 계셔야한다.

◉ 골라도 제대로 골라야지.--신미(辛未) 일주의 사주다.

<table>
<tr><td>O</td><td>辛</td><td>丙</td><td>O</td></tr>
<tr><td>O</td><td>未</td><td>O</td><td>O</td></tr>
</table>

◀병(丙)화가 관(官)이 된다.
병신(丙申) 합(合)으로 수(水)이니 좋다.

⬆ 여기서 시어머니는 미(未)토가 된다. 토(土)는 수(水)를 극(剋)하므로 신(辛)과 병(丙)이 합(合)을 하여 수(水)를 이루려하는데 토극수(土克水)로 방해를 한다. 수(水)라는 작품을 이루지 못하게 한다. 여기에서 미(未)토와 신(辛)금과의 관계를 보자. ☞ 편인(偏印) 이므로 계모(繼母)다.

☞ 秋月丁日(추월정일)이라 함은 申酉月(신유월)에 丁(정)일이라, 그런데 왜 임(壬)수인 관(官)이 아내인 정(丁)화와 합(合)이 들어 사는데 풍파가 많다고 하였을까? 부부(夫婦)가 합(合)을 이루면 목(木)이 되는데 ☞ 임(壬)수의 어머니는 금(金)이다.

☞ 고로 깨소금 같은 목의 결실을 자꾸만 金剋木(금극목)하니 부부가 뜻을 맞추어 무얼 좀 하려하면 자꾸만 훼방을 놓으니, 살면서 애로사항이 많이 생긴다. 그러니 風波(풍파)가 잦을 수밖에.

◉ 줄 때는 주어야지.

O	丁	壬	O
O	O	申	O

◀ 정(丁)화 일주의 사주다. 정임(丁壬) 합(合)하여 목(木)을 이루려는데 월지(月支)의 신(申)금이 방해다.

▶ 정(丁)화의 여성에게 임(壬)수는 남편(男便)이 된다. 서로가 합(合)이 드니 좋아서 어쩔 줄 몰라 한다. 그러나 그것도 항상 방해하는 사람이 있다.

☞ 바로 남편의 어머니인 신(申)금 인 시어머니다. 정(丁)화가 남편인 임(壬)수와 합(合)을 이루어 목(木)을 만들려면 꼭 중간에서 금(金)으로 목(木)을 극(剋)한다. 그것이 바로 시어머니 신(申)금이다.

❖ 고참의 변

내가 선배에게 또는, 연장자에게 또는, 부모에게 많은 핍박과 시달림을 당했다면 나는 저런 위치에 처하면 절대로 그런 행동은 하지 않을 것이야, 오히려 상대방의 어려움을 이해하고, 아끼며 살펴줄 것이야. 다짐을 하지만 물론 진짜 그런 사람들도 많다. 그러나 세상사는 모든 것이 뜻대로 되지 만은 않는다.

오히려 더 한 술 떠서 보태서 방법이 진화한다. 그러니 당하는 사람은 얼마나 괴롭겠는가? 며느리와 시어머니 사이 고부간의 갈등도 한 부분이다.

중요한 것은 先代(선대)에서 어떤 일이 있었는가도 알아야 한다는 것이다. 우리가 父母(부모)대를 살피고 祖父母(조부모)대를 살피는 것은 꼭 家門(가문)만을 보기 위한 것이 아니다.

여러 정황을 보자는 것이다. 문제가 있던 사람은 그것이 자식에게 전해진다. 마치 유전자인양 말이다. 선볼 때, 궁합 볼 때 대체적으로 많이 놓치는 사항이다. 당장 현실만을 살피기 때문이다. 간혹 이런 경우도 살피는 부모들도 있다. 그것이 진정한 살핌이다.

291	冬月癸日	逢戊火는	兄弟同壻	放害많고
	四柱化合	雙方比劫	猜忌嫉妬	많이겪네.
	동월계일	봉무화는	형제동서	방해많고
쌍방비겁	사주화합	쌍방비겁	시기질투	많이겪네.

◈ 冬月癸日(동월계일)이라 함은 亥子月(해,자월)에 계일이라 정관(正官)은 무(戊)토인데 戊癸合(무계합)하여 화(火)가 되는데 형제, 동서라 하였으니 비견, 비겁이라 부부가 합(合)을 하여 화(火)를 이루는데 水剋火(수극화) 하여 부부 화합(化合)을 방해하는 결과라 애로 사항이 많이 생기는 것이다.

◉ 너도 당할 때가 있을 것이다. 계(癸)수 일주의 사주다.

戊	癸	○	○
○	○	子	○

◀ 무(戊)토를 만나서 무계합(戊癸合)하여 화(化)를 이루려한다.

⬆ 이때 계(癸)수의 형제인 자(子)수가 방해한다. 수극화(水剋火) 하면서 항상 초를 친다.

여자의 형제든 남자의 형제든 항상 방해를 한다. 이것은 공식이다.

◉ 四柱化合(사주화합)이라 합(合)을 하여 화(化)를 이루는데 장애물이 되는 것이라 원래 비견(比肩), 비겁(比劫)은 그 자체로 시기, 질투다. 형제지간 이라도 격차가 생기면 오기가 발동하여 競爭心(경쟁심)으로 화하고 심하면 爭鬪(쟁투)로도 변할 수 있다. 그래도 잘 살면 그나마 다행인데, 문제가 생길 경우 옆에서 온갖 중상, 모략이 생기는 부작용이 발생한다.

◉ 테이프를 잘못 끊는 경우도 문제가 되고, 차가 밀려 진로 방해가 될 때도 문제 되고, 그 모든 원인이 발생할 때는 가까이 있는 내 형제, 자매가 화근이 된다. 여자는 질투의 화신이 아니던가? 비교하여 처 질 경우 그것이 문제가 되고, 잘 나가도 못나가는 형제가 문제되어 이래저래 형제의 화근이 된다. 결국 남편만 들들볶는 것이 된다. 잘 살다가도 운에서 이런 경우가 되면 꼭 집안 일로 부부간에 다툼이 생긴다. 가정불화의 원인이다.

<table>
<tr><td rowspan="2">292

과부살</td><td>寅卯辰生</td><td>日或時丑</td><td>巳午未生</td><td>日或時辰</td></tr>
<tr><td>申酉戌生</td><td>未日或時</td><td>나를두고</td><td>님은가네.</td></tr>
<tr><td></td><td>인묘진생</td><td>일혹시축</td><td>사오미생</td><td>일혹시진</td></tr>
<tr><td></td><td>신유술생</td><td>미일혹시</td><td>나를두고</td><td>님은가네.</td></tr>
</table>

◎ 여자의 사주에 있어서 과부 살을 설명을 하는 것이다.

◉ 寅, 卯, 辰生(인, 묘, 진 년생) ➡ 일(日)이나 시(時)에 축(丑)

◉ 巳, 午, 未生(사, 오, 미 년생) ➡ 일(日)이나 시(時)에 진(辰)

◉ 申, 酉, 戌生(신, 유, 술 년생) ➡ 일(日)이나 시(時)에 미(未)

➡ 왜 나를 두고 임은 간다고 하였을까?

◉ 寅卯辰(인묘진)은 방합(方合)으로 목(木)이다. 목(木)의 해에 태어나고, 일(日)이나 시(時)에 축(丑)이라 하였으니, 축(丑)은 지장간이 癸辛己(계신기)다. 목(木)의 관(官)은 金(금)이다 신(辛)금이 있으므로 官庫(관고)다.

◉ 巳午未(사오미)는 방합(方合)으로 화(火)인데 年支(년지)가 화(火)면 일(日)이나 시(時)에 진(辰)이라 하였으니, 진(辰)은 지장간에 乙癸戊(을계무)를 갖고 있으니, 계(癸)수가 수(水)라 화(火)의 관(官)인데 庫(고)이므로 역시 남편의 무덤을 갖고 있으니 그 한(恨)이 오죽 하겠는가?

◉ 申酉戌(신유술)은 방합으로 金(금)이라, 일이나 시에 미라 하였으니, 미는 지장간에 丁乙己(정을기)라 관고가 아니라 財庫(재고)가 된다. 여자의 사주에서 홀로 사는 팔자를 과부 살, 과숙살이라 한다. 방합의 앞 자가 寡宿殺(과숙살)인데 신유술은 官庫(관고)가 아니고, 財庫(재고)인데 왜 과숙살이 될까? 그것은 차후에 논하기로 하자.

293 해로(偕老)	冬月癸日　逢戌火는　兄弟同壻　放害많고 四柱化合　雙方比劫　猜忌嫉妬　많이겪네. 동월계일　봉술화는　형제동서　방해많고 사주화합　쌍방비겁　시기질투　많이겪네.

◉ 亥子丑(해자축)월생 역시 일(日),시(時)에 술(戌)이 오게 되면 방합(方合)의 앞자(字)로 과숙살(寡宿殺)을 보는데 이 역시 官庫(관고)가 아니라 지장간이 신정무(辛丁戊)이므로 재고(財庫)다. 위의 경우와 같다. 왜 형제, 동서간의 질투가 많다고 하였을까? 재고이니 창고에 재물이 그득하다. 먼저 꺼내는 사람이 임자이니 서로 먼저 달려든다. 남이 가지려면 방해하고 싸우는 것이다. 金錢(금전)앞에서는 눈이 뒤집어진다. 인간의 기본 근성이 나온다. 財物(재물)과 女性(여성)은 同格(동격)이다.

◉ 과숙살(寡宿殺)은 년(해,띠)을 보고 구별을 하는데, 월(月), 일(日), 시(時) 어디에 있어도 보는데 일(日) 혹 시(時)라 한 것은 월(月)은 너무 빠르기 때문이다. 여자 사주에 과숙살(寡宿殺)이 있으면 남편과 해로하기 힘들다고 보는데 무조건은 아니다.

◉ 사주에 과숙살(寡宿殺)이 있어도, 남편 되는 글자를 극(剋)해야 만이 진정한 과부살로 본다. 남편 되는 글자를 생(生)해주게 되면 그것은 과부살이 아닌 것이다.(과부살➠과숙살)

◉ 아, 내 팔자여!---을축(乙丑) 일주의 사주다.

O	乙	O	O
酉	丑	O	寅

◀ 시지(時支)의 유금(酉金)이 관(官)이 된다. 축(丑)토가 과부(寡婦)살인데.

▲ 일지(日支)와 시지(時支)가 합(合)이 되어 유축(酉丑)➠ 금국(金局)을 이루어 보호한다. 이때는 아니다. 위의 설명에서 관고(官庫)로 되어 있는 것은 과부살의 작용이 강하지만 미(未)토, 술(戌)토의 경우, 관고(官庫)가 아니고 財庫(재고)이므로 과부살 작용이 어떤가 한 번 살펴보자.

◉ 토(土)로 볼 경우는 술(戌)토는 방합으로 수(水)를 극(剋)하므로 관(官)이 되는데, 미(未)의 경우는 토(土)로 보더라도 인수(印綬)가 되어 그 작용이

심하지 않다. 그러나 미(未)와 술(戌)이 축(丑)과 연관이 되어 관(官)에 지대한 영향을 미치는 가를 살펴야한다.

중요한 것은 관(官)과의 관계다. ☞ 관(官)을 생(生)하느냐 극(剋)하느냐의 차원에서 살펴보고, 관고(官庫)의 유무도 살펴보아야하고, 상관(傷官)과 연관관계에서 관(官)에 미치는 영향이 어떤 가 확인 하도록 해야 한다.

◉ 원래 상관년(傷官年)이 되면 관(官)을 극(剋)하게 되므로 남편이 그렇게 미워지고, 남편과의 사소한 일에도 언쟁이 발생한다. 남편과 무얼 하려해도 일이 희한하게 꼬이고 되는 일이 없다.

❖ 과부살의 작용에 대하여

☞ 官星入墓(관성입묘)－－－官庫(관고)를 설명하는 것으로 이때는 과부살로 본다. 관성(官星)이 입묘(入墓)가 되는 해에는 되는 일이 없다 남편이 하는 일이 안되거나, 몸져눕거나 다친다.

❖ 强(강)하면 이긴다?

사주가 강하면 약한 자를 이기는 것이요, 약하면 강자에게 다스림을 받는다. 꼭 사주에서만 논하는 이야기는 아니다. 당연한 논리다. 官星(관성)入墓(입묘)라는 경우는 강한 사주에서만 발생하는 것이 아니다. 약한 경우도 발생한다. 강자라도 스스로 자기 기운을 억제하지 못해 무너지는 경우도 있다. 천재지변이나, 갑작스런 돌발 상황에 당하기도 하고, 밖에서 강자끼리 다투다 당하기도 하고, 이런 경우는 알 수가 없다. 약자지만 어떻게 강자인 상대방이 그렇게 속수무책으로 넘어갈까? 사주가 약하면 다른 부분의 강자들이 다툼을 벌인다. 사주에 변화가 많은 것이다. 刑沖破害(형충파해)나 기타다른 현상들이 나타난다. 감명 시 약하니까－－－하고 치부하다가 놓치는 경우다. 강자의 변화와, 다른 강자와의 연관관계를 살펴야 한다. 운의 변화가 중요하다. 남편에게 어떻게 작용하는가?

294				
	甲乙日生	喪夫時는	赤紫色옷	입게되고
	丙丁日生	寡宅될때	黃栗土色	옷을입네.
	갑을일생	상부시는	적자색옷	입게되고
상부(喪夫)	병정일생	과택될때	황율토색	옷을입네.

◈ 목일주가 喪夫時(상부시)는 적색 옷을 입는다고 하였는데 그 이유는? 목 (木)일주의 관(官)은 금(金)이다. 금(金)은 색깔로는 서방(西方)이므로 검 정색이다.

◉ 금(金)을 극(剋)하는 것은 화(火)인데 화(火)는 南方(남방)이라 색(色)으 로는 빨간색이다. 옷의 색깔 자체에서도 남편을 극(剋)하고 있다. 적색(赤 色)이 활개치니 남편이 죽는다는 것이다.

◉ 丙丁日生(병정일생) 寡宅(과택)이 될 때 黃栗土色(황율토색)이라 하였는데 노란색 계통이라 병정(丙丁)일주는 화일주(火日主)니 극(剋)하는 관(官)은 수(水)라 수(水)의 색은 백색(白色)인데, 수(水)를 극(剋)하는 것은 토 (土)라 토는 노란색 계열 황율토색黃栗土色이 아니던가?

◉ 그래서 병정(丙丁)일주가 고부(姑夫) 될 때는 자기도 모르게 노란색 계열 의 옷을 자주 입게 된다. 본인도 모르게 일어나는 현상이다. 당신은 어떻게 해석 하겠는가?

295				
	戊己日生	剋夫時는	白色옷을	입게되고
	庚辛日生	혼자될때	黑色옷을	입게되네.
	무기일생	극부시는	백색옷을	입게되고
극부시 백색옷	경신일생	혼자될때	흑색옷을	입게되네.

◈ 戊己日生(무기일생) 토(土)일주라 토(土)를 극(剋)하는 관(官)은 목(木)이 라 목(木)은 東方(동방)이라 청색계열이 아닌가? 그런데 관(官)을 극(剋)하는 금(金)은 白色(백색)이니 백색 옷을 입는다 하였고, 庚辛日生(경신일생) 금일 주(金日主)라 극(剋)하는 관(官)은 화(火)라 관(官)인 화(火)를 극(剋)하는 것은 수(水)이니 수(水)가 흑색이 아니던가? 그리하여 금일주(金日主)가 혼자 될 때는 흑색(黑色) 계열의 옷을 입는다.

296	壬癸日生　　喪夫할 때　　靑藍色옷　　입게되니 偶然이냐　　必然이냐　　五行之理　　神妙하다. 임계일생　　상부할 때　　청람색옷　　입게되니 우연이냐　　필연이냐　　오행지리　　신묘하다.
상부색	

�‍◘ 壬,癸日生(임계일생)이라 함은 수일주(水日主)라 관(官)은 토(土)가 되고, 관(官)을 극(剋)하는 오행은 목(木)이니 색(色)으로 보면 청색(靑色)계통이 된다. 청색, 남색, 곤색등 청색류 계통색이다.

☞ 284, 285 ,286번은 각 오행(五行)에 대한 색(色)의 분류(分類)와 육친(六親)과 연관된 면 을 살펴본 것이다. 일주(日主)를 기준(基準)하여 오행이 어떠한 가를 구분하고 그에 해당하는 육친의 관계를 색으로 표현한 것이다.

◉ 처녀나 총각이 각각 관(官)이나, 재(財)에 해당하는 색(色)을 유달리 선호하게 되면 혼인(婚姻) 할 징조로 보고 자꾸 선을, 소개팅을 주선하여주라, 그러면 성사될 확률이 높다.

☞ 맞선을 보는 자리에도 각각 배우자의 오행에 관련된 의상을 입으면 텔레파시가 통한다.

⬇ 오행(五行)별로 색(色)을 다시 한 번 분류하여보자.

◉ 목(木)————동방이라 청색계통——————남색 ,곤색, 블루진,
◉ 화(火)————남방이라 적색계통——————적색, 빨간색, 자주색 계통
◉ 토(土)————중앙이라 황색 계통——노란색, 흙색, 밤색 계통도 이에 해당
◉ 금(金)————서방이라 검은색 계통
◉ 수(水)————북방이라 흰색 계통의 색을 말한다.

제 3 장 자손(子孫)

자손은 나의 분신이며 나의 일부분이다.

열 손가락 깨물어 안 아픈 손가락이 없듯이,
내 눈에 넣어도 아픈 줄 모르는 것이 자손이다.

자손이 건강하고
아무런 탈 없이 잘 자라서,
사회의 동량이 되고,
어디서나 환대를 받는다면 ,
부모로써 그이상의기쁨은 없을 것이다.

자손에 대한 기대만 하는 것이 아니라,
그 자손의 원래의 성정부터 모든 것을 알아보는 것
그 또한 부모의 의무일 것이다.

<table>
<tr><td rowspan="2">297

시자 시녀</td><td>陰日傷官　　是子하고　　陽日傷官　　是子로다
陰日食神　　是女하고　　陽日食神　　是女로다.</td></tr>
<tr><td>음일상관　　시자하고　　양일상관　　시자로다
음일식신　　시녀하고　　양일식신　　시녀로다.</td></tr>
</table>

◘ 陰日傷官 是子(음일 상관 시자)라 함은 음(陰)일간이 상관(傷官)이면 아들이고, 양(陽)일간 상관(傷官) 역시 아들이라 결국은 양(陽)이든, 음(陰)이든 자손(子孫) 궁(宮)에 상관(傷官)이면 아들이고, 양(陽)일, 음(陰)일 식신(食神)이 있으면 딸이라는 설명이다.

◉ 목일주(木日主)를 기준(基準)하여 설명 하여보자.

☞ 갑(甲)－－양(陽) 일주일 경우－－자손－－병(丙)－－식신(食神)－－－－아들
　　　　　　　　　　　　　　　　　　　정(丁)－－상관(傷官)－－－－딸

☞ 을(乙)－－음(陰) 일주일 경우－－자손－－병(丙)－－상관(傷官)－－－－아들
　　　　　　　　　　　　　　　　　　　정(丁)－－식신(食神)－－－－딸

◘ 전체적으로 종합하면 자식 되는 글자가 양(陽)이면 아들이요, 음(陰)이면 딸이라는 설명이다. 그러나 여기 문제가 되는 부분이 있다. 무조건적인 음, 양으로만 판단하면 실수가 생길 여지가 많다.

☞ 예를 들어 양(陽)이라고 하자. 일단 아들로 볼 것이 아닌가? 그런데 자손궁이 병(病), 사(死), 묘(墓), 절(絶) 궁(宮)에 있다고 치자. 이럴 때의 해석은 어떻게 할 것인가?

☞ 자손이 약(弱)하거나, 흉사(凶死)나, 불의(不意)의 사고(事故)라던가 기타 여러 가지로 해석(解釋)이 있을 수 있겠으나 일단 남, 녀의 구별로 살펴보도록 하자.

▣ 아들은 아들인데, 아들의 구실을 못한다. 그렇다고 양성자도 아니고, 이럴 때는 양(陽)의 기운이 바뀌어서 음(陰)의 기운으로도 표출(表出)이 될 수 있다는 설명이다. 그도 아닐 시는 자손(子孫)에게 불행한 운명이 해석 될 수도 있다.

298	傷官食神	混雜하니	他生子孫	扶養하고
	食傷逢印	하게되면	子孫疾病	畏不具라.
	상관식신	혼잡하니	타생자손	부양하고
식상봉인	식상봉인	하게되면	자손질병	외불구라.

◈ 傷官食神(상관식신)이 혼잡하다 함은 자손이 많다 함이고, 여자의 사주에 식상관은 자손인데 혼잡하니 내 자식, 남의 자식 두루 다 내 손을 거쳐 간 다는 설명이다.

○	甲	○	○
○	戌	午	○

◀ 갑술(甲戌) 일주의 사주다. 일지의 술(戌)토는 식상(食傷)의 庫(고)이다.

⬆ 월지(月支)의 오(午)와 합(合)을 이루어 화국(火局)을 형성한다.

☞ 식상관(食傷官)이 많은 것이다. 월지 오(午)화의 병(丙)화, 정(丁)화, 일지 (日支)의 술(戌)중의 정(丁)화로 식상관이 많으므로 남의 자손(子孫)을 키 우게 된다. 식상관은 관(官)을 극(剋)하므로 많으면 많을수록 관(官)이 버 티기가 힘들어진다. 힘들다는 것은 관(官)이 떠난다는 설명이므로, 이혼(離 婚)을 하거나 세상을 하직하는 경우가 되는 것이다. 그런데 식상이 느는 것이니 재혼(再婚)을 하여 자손을 더 두거나, 전처(前妻)의 자식도 내 호 적에 올려 같이 사는 경우니 남의 자손도 키우는 것이 된다.

➡ 식신과 상관이 인성을 만나면 자손의 질병이라 했는데, 인성은 식상관(食 傷官)을 극(剋)하므로 자손에게는 해(害)가 되는 것이다.

◉ 자식 키우는 것이 어디 쉬운 일인가?

丙	乙	○	○
子	亥	丑	○

◀ 을해(乙亥) 일주의 사주다. 지지(地支)에 수국(水局)을 이루고 있다.

⬆ 식상(食傷)은 내가 생(生)하는 것으로 나에게는 자손(子孫)이다. 여기에서 자손은 병(丙)화가 되는데 지지가 온통 수국(水局)이라 물이니 불이 꺼지 고 마는 것이 아닌가?

그나마 그래도 일간인 을목(乙木)의 도움으로 유지는 하고 있는데, 어딘가가 불안하다. 그래서 자식이 다치거나 불상사(不祥事)이다.

◉ 인성(印星)이 너무 강하면 자손 두기가 힘들다는 이유도 되는 것이다. 여성(女性)이 인수운을 만나면 자손궁을 극(剋)하므로 자손(子孫)이 되는 일이 없고, 자주 아프거나 한다. 반대로 남자 경우는 어떨까?

◉ 남자의 경우는 자손이 관(官)이다. 식상(食傷) 운이 오면 관(官)을 극(剋)하므로, 식상 운(運)이 오면 자손에게 별로 득(得) 될 일이 없다.

◆ 오행(五行)별로 그 경우를 살펴보자.

◉ 어머니가 목일주(木日主)일 경우, 자손(子孫) 궁은 자연 화(火)가 된다. 인수(印綬)운인 수(水)운이 올 경우 자손인 화(火)를 극(剋)하므로 심장계통, 안질환계통에 이상이 오는 것이다.

◉ 어머니가 화일주(火日主)일 경우, 자손 궁은 자연 토(土)가 된다. 인수(印綬)운인 목(木)운이 올 경우 자손(子孫)인 토(土)는 극(剋)을 받으므로 토(土)에 해당하는 부분에 건강상의 이상이 오는 것이다. 내분비계통, 허리 및 토(土)에 해당하는 부분에 이상이 온다.

◉ 어머니가 토일주(土日主)일 경우 자손궁은 금(金)이 된다. 인수(印綬)운인 화운(火運)이 오면 화극금(火克金) 하여 극(剋)하니 금(金)에 관련된 부분이 안 좋게 된다. 금(金)은 골격(骨格)과 관련이 있으니 발육부진이요, 골절(骨折)이 약하여 다치면 크게 부상이 염려가 된다.

◉ 어머니가 금(金)일 경우 印受(인수)는 토(土)가 되고 자손은 수(水)가 되므로 토극수(土克水) 하여 수(水)에 관련된 부분에 이상이 생긴다. 신장, 방광 및 혈액순환에 이상이다.

◉ 어머니가 수(水)일 경우, 인수(印綬)는 金(금)이 되고 자손(子孫)은 목(木)이 된다. 金剋木(금극목)하니 목(木)에 관련된 부분에 이상이 오는 것이다. 목(木)이면 신경계(神經系)통이니 그 부분에 이상이 온다.

299	冲官合食	만난者는	男便無德	子德있고
	其食神이	作合하니	그女息이	戀愛한다.
	충관합식	만난자는	남편무덕	자덕있고
충관합식	기식신이	작합하니	그여식이	연애한다.

◘ 여자의 사주에서 冲官合食(충관합식) 이라 함은 관(官)과는 충(沖)이요, 식상(食傷)과는 합(合)이니 관(官)인 남편과는 충(沖)이 되고, 자손(子孫)인 식상(食傷)과는 합(合)이 된다. 이리되면 남편과는 뜻이 안 맞아도 자식들과는 의기투합(意氣投合)하게 되니 자연 남편은 외톨이 신세가 되고 만다.

◉ 자식 키우는 낙이 없구나. 갑오(甲午) 일주의 사주다.

乙	甲	O	O
亥	午	寅	申

관(官)인 남편은 신(辛)금이다.
년지(年支)와 월지(月支)가 충(沖)이 되어 있다.

⬆ 월지(月支)의 인(寅)중 병(丙)화, 일지(日支)의 오(午)중 정(丁)화가 있는데 둘이 합(合)이 되어 화국(火局)을 이루면서 힘을 더 크게 강화를 한다. 그것도 일지(日支)로 합(合)이 되어 들어가니 일주 본인인 어머니와도 합세를 하는구나. 자식은 어머니의 편이 되어버린 것이다. 목화(木火)가 힘을 합쳐 양(陽)의 연합국을 형성하니, 음(陰)인 신(申)금 아버지는 견딜 재간이 없다.

☞ 또 한편으로 덕을 본다면 남편의 덕은 없어도, 자식의 덕은 있다는 말도 된다. 초년(初年), 말년(末年)으로 비교하여 본다면 자식 덕(德)이 있다 함은 자손이 성장하여 부모인 나를 잘 모신다는 설명이라 말년(末年)에 운이 좋다는 설명이요, 남편 덕이 없다 함은 초년(初年)에 남편의 덕이 없어, 물론 말년(末年)도 그러하겠지만 초년(初年)고생(苦生)이 있는 운이라는 설명이 된다.

☞ 식신이 作合(작합)을 한다 함은, 식신은 딸이라 합(合)이니 연애(戀愛)가 아닌가? 다른 면으로 보면 자유분방 하다는 설명도 된다. 이성관계로 인해 속 썩인다. 보면 될 것이다.

◉ 가랑이가 찢어지는구나. 기미(己未) 일주의 사주이다.

丙	己	庚	辛
寅	未	寅	酉

◀ 자손(子孫)은 경신(庚申) 금(金)이다. 식신(食神)이라 했으므로 신(辛)금을 보자.

▣ 자손이 많다보면 별일도 많다. 아들과 딸이 다 천간(天干)에 나타나있다. 큰 딸인 신(辛)금을 보자. 월지(月支)의 인(寅)중 병(丙)화, 시지(時支)의 인(寅)중 병(丙)화, 시간(時干)의 병(丙)화 합(合)이 되는 병(丙)화가 많다. 골고루 분포가 되어 있으니 살면서도 계속이다.

300 시지 절궁	四柱時支	絶宮이면	鷺養鴨子	하게되고
	日時印星	梟神殺은	難得子也	하게된다.
	사주시지	절궁이면	로양압자	하게되고
	일시인성	효신살은	난득자야	하게된다.

◈ 사주에서 時(시)는 자손의 궁이라, 그런데 자손 궁이 絶宮(절궁)이라 하였으니 자손의 자리가 제자리가 아니라는 설명. 자리가 망가졌으니 자손이 앉을 곳이 없는 형상이라 나의 자손을 설명한다.

◉ 鷺養鴨子(로양압자)－－－안데르센의 동화 미운오리 새끼를 연상하면 된다. 오리가 백로의 새끼를 키우고 ,백로가 오리 새끼를 키우는 것을 말하는데 남의 자식을 내 자식인양 키운다는 설명. 여기도 첨가할 사항이 있다.

☞ 여자의 사주에 식상이 혼잡 되어 있으면 남의 자식을 키운다고 하였는데 시주가 絶宮(절궁) 인데도 여자의 사주에 식상이 없거나, 아주 약할 경우는 어떨까? 아예 없으면 일찌감치 포기를 하고 남의 자식도 안 키우려고 한다. 요즈음 인공수정을 많이 하는데 絶宮(절궁)이라 하여도 그나마 식상이 있어 어느 정도 노력이라도 한다고 보아야 할 것이다.

☞ 식상이 없는데 자꾸 노력을 해보아야 실패로 끝나고 마는 것이다.

☞ 일(日)과 시(時)에 인성(印星)이 있다함은 梟神殺(효신살)로 보아야 할 것이다. 효신살(梟神殺)은 인수의 한(恨)이라 인성(印星)이 강(強)한 것도 되고, 인성(印星)은 식상(食傷)을 극(剋)하니 자손을 갖기가 힘이 들고, 자

손이 생겨도 자꾸만 유산(流産)을 하게 되니 다 그것이 업(業)으로 연결된다.

◉ 열심히 일은 했는데 결과가----? 을해(乙亥) 일주의 사주이다.

丙	乙	○	○
子	亥	丑	子

◀ 지지(地支)가 전(全) 수국(水局)이다. 인수가 많아도 어느 정도인데 지나치다.

⬆ 상관(傷官)인 병(丙)화 자손(子孫)이 水剋火(수극화)로 불이 꺼진 형상이다. 을(乙)목의 입장에서 보도록 하자. 여자에게는 식상관(食傷官)이 여자의 생식기이다. 그런데 그것이 영 기능을 발휘하지 못한다. 그러면 그것은 무슨 소리인가? 여성 구실을 충실히 하지 못한다는 이야기이다. 생식기 자체에 문제가 있다.

☞ 남편을 보도록 하자. 남편은 금(金)인데 여기서는 축(丑)중의 신(辛)금을 보자. 금이 완전히 물속에 빠져 금(金)의 형체를 찾아보기 힘들다.

☞ 물이니 술이라, 술 속에 빠져 사는지? 아니면 약물의 중독인지? 여하튼 남편도 문제가 있는 것이다 결론은 아내와 남편 모두 문제 있다.

◉ 거 참 희한하네? 기미(己未) 일주의 사주이다.

己	己	庚	己
巳	未	午	未

◀ 자손(子孫)은 경금(庚金)이다. 지지(地支)가 온통 화국(火局)으로 도배다 .

⬆ 자손(子孫)인 경금(庚金)이 천간(天干)의 기(己)토로 부터 과연 어느 정도 생(生)을 받을까? 사주 자체가 화토중탁(火土重濁)격(格)이다. 약간의 문제성이 있는 것이다. 능력이 어느 정도 있어도 본인이 포기 할 수도 있다. 지지(地支)의 토(土)는 전부 조토(燥土)다.

<table>
<tr><td rowspan="2">**301**

식상태왕</td><td>四柱中에</td><td>食傷太旺</td><td>一點血肉</td><td>泡願이요</td></tr>
<tr><td>日主弱에</td><td>多食傷官</td><td>胞胎常墮</td><td>두렵구나.</td></tr>
<tr><td></td><td>사주중에</td><td>식상태왕</td><td>일점혈육</td><td>포원이요</td></tr>
<tr><td></td><td>일주약에</td><td>다식상관</td><td>포태상타</td><td>두렵구나</td></tr>
</table>

◈ 四柱中에 食傷太旺(사주중에 식상태왕)---여성의 사주에 식상(食傷)이 지나치게 많으면 자식(子息)이 없는 팔자라 자식하나 있기를 애타게 원하고, 일주가 약한데 식상이 많으므로 임신(妊娠) 중에 자꾸 자연유산이 되니 그것이 두렵다는 설명.

➡ 여성이 결혼 후 자녀 갖기를 원하는 것은 당연한 일이다. 누구는 줄줄이 알사탕인데 왜 나는 이렇게 아이 갖기가 힘들까? 불임 여성이면 누구나 한 번쯤은 생각해 본 일 일 것이다.

☞ 여자 사주에 식상이 너무 많으면 자식 갖기가 힘들어진다. 게다가 신약(身弱)의 사주일 경우 두 말 할 필요가 없고, 자꾸만 유산되는 경우가 빈번하니 시집식구들 볼 면목이 없어진다.

➡ 이 모든 원인이 신약에 식상이 과한 것이다. 내 몸 하나도 관리하기도 힘든 형국인데, 자손에게 쏟을 기운도 없으니 어찌 자손을 얻겠는가?

☞ 요사이 여성들의 지나친 다이어트로 너무 가늘어진 몸매를 보면 저 몸으로 어찌 자손을 낳을까? 하고 걱정하는 어른들이 많으실 것이다.

◉ 胞胎常墮 (포태상타)--임신(妊娠)을 해도 자주 유산이 됨을 말함.

◉ 얼굴을 보기가 너무 힘들어요? 정미(丁未) 일주의 사주다.

<table>
<tr><td>O</td><td>丁</td><td>O</td><td>O</td></tr>
<tr><td>戌</td><td>未</td><td>未</td><td>戌</td></tr>
</table>

자손(子孫)인 식상(食傷)은 토(土)가 된다.
식상(食傷)인 토(土)가 너무 많다.

⬆ 정(丁)화의 남편은 수(水)인데, 보기 힘들다. 수(水)인 남편이 보일라치면 마른 흙으로 다 흡수, 형체도 찾아보기 힘들어진다. 정(丁)화의 생식기는 토(土)라 남자의 정충인 수(水)가 들어가면 사정없이 빨아 당겨 없애버린다.

정(丁)화인 여성이 남편인 임(壬)수와 정임(丁壬) 합(合)을 하여 목(木)을 만들어도 목극토(木剋土)가 아니라 오히려 거꾸로 왕(旺)한 토(土)에게 역(逆)으로 당하고 만다. 땅이 하도 굳어 있어 나무가 뿌리를 내리지 못하는 형상이다. 화토중탁(火土重濁)격의 사주다. 종교인 팔자다. 아니면 무자식 팔자다. 임신이 되어도 자꾸 유산된다.

◪ 참고로 남자의 경우를 한 번 보기로 하자.

◉ 혼자서 다 하는군. 임자(壬子) 일주다.

○	壬	○	○
子	子	丑	子

◀ 온통 물바다다.

아내는 정화(丁火)가 될 것이다.

▶ 아내인 정(丁)화와 정임(丁壬) 합(合)하여 목(木)을 만든다고 하여도, 꽁꽁 얼은 물에 갇혀 있는 나무다. *浮木*(부목)이라 쓸모도 없고 꺼내기도 힘든 것이다. 또한 자손인 축(丑)토가 있어도 토류(土類)라 물에 휩쓸려 흔적도 없이 사라져버린다.

☞ 임(壬)수 일간 자체가 꽁꽁 얼어있어 사주가 너무 냉(冷)하여 남성으로서 기능도 문제되는 것이다. 설사 자손을 낳는다 해도 물이 되니 토(土)인 자손이 극(剋)하는 것은 아내, 여성이니 딸이다. 아이를 낳아도 아들은 없다.

◪ 인과응보

무절제한 성관계로 인한 부작용이다. 즐길 때는 즐겁지만 슬플 때는 슬픈 것이다. 당연한 말이 아닌가? 겨울에도 멋을 부린다며 초미니로 장식하는 여성들도 노후에는 그 후유증으로 고생을 한다. 다 원인이 일시적인 만족감에서 시작되는 것이다. 먼 훗날을 생각하라. 그리고 먼 훗날이 되면 잘못된 부분을 반복하지 않도록 해야 한다. 그리고 그것을 자손에게 전달해야 하는 의무가 있는 것이다.

<table>
<tr><td rowspan="2">302

출산(出産)</td><td>만약落胎</td><td>아니되면</td><td>상당呻吟</td><td>出産이니</td></tr>
<tr><td>解産日이</td><td>臨迫커든</td><td>産婆大機</td><td>하여두소,</td></tr>
<tr><td></td><td>만약낙태</td><td>아니되면</td><td>상당신음</td><td>출산이니</td></tr>
<tr><td></td><td>해산일이</td><td>임박커든</td><td>산파대기</td><td>하여두소</td></tr>
</table>

❖ 낙태(落胎)가 아니면, 출산(出産) 시 심한 고통으로 고생을 하게 되니 출산 예정일이 다가오면 산파를 대기하여 놓으라는 말인데, 요즈음에는 미리 병원에 입원을 하면 될 것이니 큰 문제 될 것은 없다. 식상이 많던, 적던 일단 사주가 신약하면 출산 시 고통이 심하다.

☞ 운(運)에서 형살(刑殺)이 가임(加臨)하면 제왕절개수술을 해야 한다. 그러나 요사이 보면 제왕절개로 분만 하는 경우가 많은데, 출산 시 고통을 줄이려 하는 경우도 있지만 사주가 신약(身弱)하여 생기는 원인이 더 크다. 자연분만을 할 정도면 일단 건강하다고 보면 될 것이다. 수명 역시 평균수명은 충분히 지킨다.

❖ 강약(强弱)의 논리로 한 번 살펴보자.
일주(日主)는 어머니요, 식상(食傷)은 자손이라 일주(日主)가 약하면 몸이 약한 것인데 식상(食傷)이 왕(旺) 하다 함은 자손의 기운이 강(强)한 것이고, 자손인 아기가 태어날 때 크다는 이야기도 된다. 그러니 아이 낳을 때 고통이 배로 드는 것이다.

◉ 이 고통을 그 누가 알리요? 甲午(갑오) 일주의 사주이다.

丙	甲	戊	乙
寅	午	寅	丑

◀ 화기(火氣)가 대단한 사주다. 일주(日主)가 신약(身弱)한 것이다.

乙	庚	壬	癸
酉	子	戌	丑

◀ 경자(庚子) 일주의 사주다. 자손(子孫)인 임(壬), 계(癸)수가 형살(刑殺)에 임하고, 백호살(白虎殺)이다.

<table>
<tr><td rowspan="2">303

식상충파</td><td>어린아기</td><td>젖없기는</td><td>食傷冲破</td><td>그탓이고</td></tr>
<tr><td>萬若젖이</td><td>有足하면</td><td>乳腫病을</td><td>앓아보네.</td></tr>
<tr><td></td><td>어린아기</td><td>젖없기는</td><td>식상충파</td><td>그탓이고</td></tr>
<tr><td></td><td>만약젖이</td><td>유족하면</td><td>유종병을</td><td>앓아보네</td></tr>
</table>

◈ 여자의 사주에서 식상이 차지하는 비중은 의외로 크다. 그 이유는 자녀의 양육과 밀접한 관계가 있기 때문이다. 식상이 자녀 궁(宮)이므로 형,충,파,해 등은 결코 이로울 것은 없는 상황이다. 인수가 너무 왕 하여 식상을 극할 경우 자녀의 입장에서는 성장하는데 애로사항이 생기는 것이다.

➡ 어머니의 사주에 인수가 부족하고 식상이 왕 하면 자녀가 기운은 왕 한데 어머니가 체력이 부족이라, 젖이 부족한 결과가 나오는 것이다.

그나마 젖을 주어도 아기가 식상이 왕 하니 음식 즉 젖을 귀한 줄 모르고 뱉어내기도 한다. 입맛에 맞지가 않는 것이다.

☞ 이럴 경우는 우유를 또 잘 먹는다. 食傷(식상)이 冲(충), 破(파)가 형성이 되면 밥그릇이 깨어지는 형상이라, 자식의 밥그릇이므로 그것은 엄마의 젖이라, 있어도 잘 나오지가 않고 젖이 충분하면 그릇에 이상이라 유종병과 연관이 된다. 신생아의 경우 어머니의 사주와 이 부분을 잘 연관하여 상담해야 한다.

◉ 고통의 연속이구나.

辛	癸	丁	甲
酉	卯	卯	子

◀ 계묘(癸卯) 일주 사주이다. 식상이 있으나, 형충(刑冲)파(破)로 얼룩졌다.

❖ 산부인과를 들려라.

식상에 충파가 있다함은 문제가 있는 것이다. 생식기로 볼 경우 말이다. 감정적인 면을 살핀다면 기복이 심하다. 환경의 영향도 많이 받고, 상대방에 따라 좌우된다. 생리불순, 오르가즘의 미묘함, 질병관계도 발생한다.

<table>
<tr><td rowspan="2">304

동임신합</td><td>官星食神　同臨身合　未嫁閨女　孕胎하고</td></tr>
<tr><td>食傷財殺　身弱格은　産湮産後　注意하소.
관성식신　동임신합　미가규녀　잉태하고
식상재살　신약격은　산리산후　주의하소.</td></tr>
</table>

◐ 官星食神(관성식신)－－－관(官)과 식신(食神)이 ◉ 同臨身合(동임신합)－－
동임(同臨)하여 합신(合身)이라 함은, 자녀와 남편이 같이 나와 한 몸이
되는 형상이니 혼전 임신이라, 자연 속도위반이다. 자녀를 낳고도 혼인신고
나 결혼식을 못한 경우도, 이에 해당 된다 볼 수가 있으나 연령을 보고, 운
도 살펴보아야 할 것이다. 작은 부분이지만 실수를 하는 경우도 있다. 사주
자체와 운에서도 성립이 되는가도 살펴보아야 한다. 운에서 살펴본다 함은
강제추행 같은 경우도 성립되니 세세한 주의가 필요하다.

➡ 식상과 재살이 왕하고 신약일 경우, 나에게 보탬이 되는 가족이 없다 모두
가 지 잘났다고 설치는 것이다. 아기를 출산한 후에는 산후조리에 신경써
야 한다. 모두가 나의 기운을 빼가는 경우이므로 이 경우는 본인이 알아서
더욱 신경 써야한다. 대게 이 경우는 산모를 돌보아야 할 사람은 어머니 뿐
이다. 그나마 어머니가 신경을 써주면 다행인데 ☞ 사주가 신약하고 재살이
왕 하니 전부가 다 먹고 살기 바쁘다. 출산 시 아버지가 옆에 없는 경우도 많
다. 임산부의 경우 재살이 왕 하니 술, 담배 같이 산모의 건강에 해로운 것은
금하고 입맛이 까다로워 음식 때문에 고생이 심하다. 임신 중 입덧이 심하다.

◉ 시기(時期)를 놓치니 평생(平生) 가는구나.

<table>
<tr><td>O</td><td>丁</td><td>O</td><td>O</td></tr>
<tr><td>辰</td><td>丑</td><td>申</td><td>酉</td></tr>
</table>

◧ 정(丁)화 일주 사주다. 지지를 살펴보자.
자손은 화생토(火生土)로 토(土)가 되는데,
다시 토생금(土生金)으로 이어진다. 그리고 금생수(金生水)로 이어지면서 수
극화(水剋火)하여 결국 다시 정(丁)화인 본인을 다시 친다. 여자의 사주에서
식상(食傷)과 재관(財官)이 있으면서 사주가 약하면, 항상 산후조리에 신경을
써야한다는 것이다. 한 번 큰 병을 얻으면 다시 회복하기 힘들어진다. 결론은
사주(四柱)가 약(弱)하기 때문이다.

305	傷官重重	官不足은	아기나면	別夫되고
	四柱中에	多官多食	各星받이	子女두네.
각성받이	상관중중	관부족은	아기나면	별부되고
	사주중에	다관다식	각성받이	자녀두네.

◉ 傷官傷官(상관중중)－－상관이 중중하다하니 많음이요,

◉ 官不足(관부족)－－관이 부족이니 더더욱 남편과의 연이 멀어진다. 이럴 경우는 자녀의 출산을 서두르지 말고 財의 축적을 우선하라. 그리고 어느 정도 힘이 되었을 때 자녀를 두라. 그래야 財生官(재생관)이 되어 관(官)의 기운을 돕는다. 초년(初年)에 자녀를 둘 팔자가 아니다.

◉ 多官多食(다관다식)－－－관(官)도 많고 식상(食傷)도 많을 경우는 남편도 여럿이요, 자녀도 여럿이라 요사이로 치면 재혼(再婚)하여 자녀를 출생하는 경우인데 성(性)이 다른 자식들이 있는 경우로 각성받이 라 표현 한 것이다. 이 경우 여성이 사주(四柱)가 강(强)하지 않으면 항상 건강에 신경써야 한다.

◉ 관식(官食)이 투전(鬪戰)이라 항상 삶이 고달플 수밖에 없는 이유가 바로 이것이다. 이 남편의 자식, 저 남편의 자식 다 내 자식인데 어느 누가 귀엽지 않겠는 가만 그 마음을 남편이 알리요? 자식이 알리요? 내가 혼자 속 썩으니 삶이 고달프다.

☞ 여자의 사주에서 상관(傷官)이 많고 관(官)이 부족하면 첫 자식 낳고 이별인데, 여기에 충(沖)이 더하여지면 분명한 것이다. 왜 하필이면 첫 자식을 낳고 이별일까?

☞ 관(官)의 기운이 충분하면 견디는데, 이미 약한 기운이면 그 다음이라는 자체가 필요 없다.

자식이 무섭구나. 갑오(甲午) 일주 사주다.

○	甲	丙	庚
○	午	戌	午

◀ 갑(甲)의 식상(食傷)은 화(火)인데 오(午)술(戌)로 화(火)인 자식(子息)이 많다.

▶ 갑목(甲木)의 남편은 경금(庚金)인데, 중간에서 병화(丙火)인 자식이 큰 덩어리로 되어 자식을 대표하여 병경(丙庚) 충(沖)을 한다. 결국은 자식 낳고서 이별(離別)을 한다는 설명이다. 남편인 경금(庚金)의 입장에서 본다면 지지(地支)의 뜨거운 불기운에 견디지를 못하는 것이다.

☞ 아내인 갑목(甲木)을 다스리자니 기운이 빠지고, 자식인 화(火)기운을 감당하자니 벅차고, 누가 도와주는 이 없으니 너희들 끼리 잘 살아라 하고서 떠나는 것이다. 이때 까지만 하여도 갑목(甲木)의 편이던 화(火)자식들도, 이제 부터는 어머니인 갑목(甲木)의 기운을 빼기 시작하는 것이다.

☞ 남편 없이 혼자 자식(子息)을 키우는 것이 이리 힘든 것이라는 것이다. 자식들은 오로지 생하여 달라고만 하니 갑목(甲木)인 어머니가 기운이 충분하면 괜찮은데 그리 못할 경우는 힘든 일이다.

❖ 요즈음은 재혼도 흔하다. 심하면 삼혼까지 하는 경우도 종종 생긴다. 다 뜻이 안 맞으니 어쩔 것인가? 남의 일이라 보기에는 묘하다. 나이 일이 될 수도 있다. 정식으로 호적에 올리고 지우고가 아니다. 한 지붕 두 가족이요, 밖의 남편, 아내가 있고, 안의 남편과 아내가 있는 경우도 이에 속한다.

탓하기만 하기는 뭐하다. 부부간의 속내는 부부만이 아는 것이다. 특히 중년에 들어서면 이런 경향이 나타난다. 배우자가 건강상어ㄴ이유로 인해, 질병이나 성인병등으로원만한 부부관계가 안될 경우 알면서도 눈감아주기도 하고 --- 불의의 사고로 인해 말못할 고민도 생긴다..

천하장사가 없다. 욕하지 마라. 한낱 평범한 인간이다. 동물적인 생리작용이요, 본성이다. 그러나 현명한 사람은 그렇게 하지는 않는다. 조절하며 슬기롭게 넘어간다. 부족한 사람들이나 글쎄-----

306	四柱中에	三逢亥는	아들雙生	두배낳고
	四柱中에	三逢巳는	女息雙生	두배낳네.
	사주중에	삼봉해는	아들쌍생	두배낳고
아들쌍생	사주중에	삼봉사는	여식쌍생	두배낳네.

◈ 쌍둥이에 관한 사항이다. 일반적으로 쌍둥이를 낳는 경우는 그리 많지 않지만 얼마나 바쁘면 하나도 모자라 둘을 한꺼번에 낳을까? 바쁘고, 바쁘고 한명씩 낳는 것을 둘로 바꿔버리는 것이다. 변혁에 급한 것이다.

☞ 이에 맞는 사주를 보면 오행 상으로는 金日主(금일주)가 딱 맞아 떨어진다. 자손을 많이 낳는 경우도 그렇다. 몇 년 씩 기다리기 지루하니 년, 년생으로 낳고 만다.

▶ 여기에서 알 수가 있는 것은 사(巳)와 해(亥)의 특성이다. 巳亥(사해)는 항상 교체심리의 대명사다. 바꿔, 바꿔 그리고 빨리, 빨리다. 그런데 셋씩이나 있으니 얼마나 급하고, 순식간에 바꿔치기인가? 그러니 자연 쌍둥이가 탄생하는 것이다.

▼ 관상학적으로 보는 자손의 판별법을 잠간 살펴보자.

☞ 인중(人中)에 점이 있으면 쌍둥이 자손이 있고,

◉ 인중에 橫紋(횡문:一)이 있으면 무자(無子)이고, 자식이 있어도 자식과 같이 못산다. 상처가 있으면 자식의 근심, 걱정이다.

☞ 자식은 눈 아래의 와잠에서도 보는데, 잉태 시 눈 아래가 부풀거나 변한다.

☞ 눈 밑이 처지면 자궁이 처진다. 여자는 나이가 들수록 처진다.

<table>
<tr><td rowspan="2">307

아들쌍생</td><td>財官二德　歸垣하니　生子登科　하게되고
食神傷官　透出祿은　그子女가　貴히된다.
재관이덕　귀원하니　생자등과　하게되고
식신상관　투출록은　그자녀가　귀히된다.</td></tr>
</table>

◎ 여자의 사주에서 재생관(財生官)이라 함은 이덕(二德)을 갖춤이라, 이는 사주 구성상 재(財)가 중간에서 역할을 멋지게 하고 있는 명주(命主)다.

☞ 관식(官食)의 투전(鬪戰)을 재(財)가 중간에서 해결을 하고, 관(官)이 본연의 역할을 충실히 하여 財官二德 歸垣(재관이덕 귀원)이라하고, 사주 전체를 빛내주고 있다. 이럴 경우 대체적으로 ➡ 일간(日干) 자체도 건실하다. 그것이 전제가 되어야 재관(財官) 이덕(二德)이라는 용어가 성립된다.

◉ 生子登科(생자등과)――그러하니 자녀가 자연 등과라, 앞길의 전도가 유망해 지는 것이 된다.

◉ 食神傷官 透出祿(식신상관 투출록)―――식신과 상관이 천간에 투출하고, 록(祿)을 갖고 있으면 튼튼하고, 건실하여 자녀가 귀히 된다.

◆ 대체적으로 자녀의 복이 지나치게 크면 남편의 덕이 없다. 외냐하면 식상이 지나치게 강하니 자연 관(官)은 주눅 들어 구석으로 가기 마련이므로.

◉ 그 복(福) 이라도 있어야 할 것 아닌가?

◀ 계사(癸巳) 일주의 사주다.
지지(地支)에 금국(金局)을 형성하고 있다.

甲	癸	O	O
寅	巳	酉	丑

▲ 계수(癸水)일주의 자손은 목(木)인데 갑목(甲木)이 지지에 뿌리를 튼튼히 하고 아주 견실하다. 남편은 지지에 암장(暗藏)이니 크게 빛을 보지 못한다. 인사형(寅巳刑)에 갑인(甲寅) 고란살(孤鸞殺)이니, 남편복은 없어도 자식복은 확실하다.

308

인성결합

女命에는	正印星이	剋子하게	되었으니
四柱局中	印星結合	子孫宮에	空이간다.
여명에는	정인성이	극자하게	되었으니
사주국중	인성결합	자손궁에	공이간다.

◈ 여성의 사주에서 인성(印星)과 식상(食傷)과의 관계를 설명한 것이다. 인성(印星)이란 식상(食傷)을 극하는 것이다. 인성이 국(局)을 형성하고 그 기운이 왕(旺) 하면, 자연 자손(子孫)궁인 식상(食傷)에는 空(공)이 간다 하였는데 공(空)이라 함은 비어 있음이라 연(緣)이 희박하고, 매사가 늦어지고, 항상 비어 있는 것과 같은 형상을 이룬다 함이다.

☞ 자식과 연관된 사항을 살펴보자. 자식과 연이 없음은 자손이 없거나 늦어지는 경우요, 그러다보니 자연 결혼도 늦어지는 것이요, ▶ 인수가 강하니 그것은 학문으로 인한 일이라 공부하다 보니 그것이 과(過)하여 혼기(婚期)도 놓치고, 배운 것이 많다보니 눈에 차는 남편감이 잘 보이지 않고, 그러니 자연 자손 궁에는 절로 외로움이 가득 차니 항상 비어 있는 것과 같은 형상이 되는 것이다.

◉ 뭐, 요즈음은 보통이라 말도 안 나온다.

| 乙 | 戊 | 壬 | 壬 |
| 卯 | 午 | 寅 | 午 |

◀ 무오(戊午) 일주의 사주다. 지지에 인오(寅午) 화국(火局)이 형성되어 있다.

<table>
<tr><td rowspan="2">309

인성형충</td><td>食傷官이</td><td>印星刑沖</td><td>親庭가서</td><td>初産마소</td></tr>
<tr><td>두生命이</td><td>같이가서</td><td>혼자털털</td><td>돌아온다.</td></tr>
<tr><td></td><td>식상관이</td><td>인성형충</td><td>친정가서</td><td>초산마소</td></tr>
<tr><td></td><td>두생명이</td><td>같이가서</td><td>혼자털털</td><td>돌아온다.</td></tr>
</table>

◉ 食傷官이 印星刑沖(식상관이 인성형충)－－－－식상관이 인성과 형,충이 되는 경우를 설명한 것이다. 여자의 사주에서 인성(印星)은 친정(親庭)인데, 자손궁인 식신, 상관과 형,충이니 인연(因緣)이 없다 로 보아야 할 것이다.

▣ 자손(子孫)의 경우에는 외가(外家)가 되는데, 외손자들이 친가 쪽만 찾고, 한 다리 건너가되는 것이다. 예전에는 아이를 낳을 경우 친정(親庭)에 가서 낳고 오는 경우가 많았다. 물론 그 이유야 여러 가지가 있겠지만, 심리적인 안정이라는 점이 많이 작용을 했을 것이란 이유가 설득력 있다.

▣ 특히 초산(初産)의 경우는 그런 점이 많이 작용을 하고 지금도 아직껏 남아 있다. 두 생명이 가서 혼자 털털 돌아온다는 것은 아이의 분만에 불상사가 생겼다는 설명인데 인수(印綬)와 식상관(食傷官)이 형충(刑沖)이니 서로가 안 맞는다는 설명. 이럴 때는 피하라는 이야기다.

◉ 여자가 자식을 낳을 때는 시댁에서 낳는 것이 원칙인데, 왜 그럴까?

☞ 인수는 여자에게는 친정(親庭)이다.☞ 재성(財星)은 여자에게는 시댁이다.

☞ 식상(食傷)은 여자에게는 자손(子孫)이다.

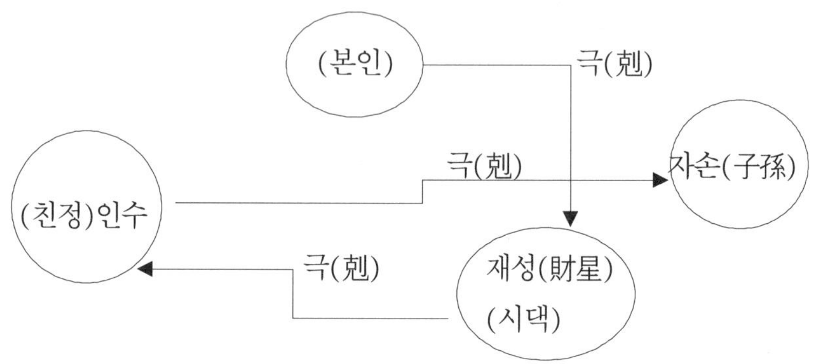

➡여자에게는 친정(親庭)이 자손을 극(剋)하는 것이다.

➡시댁(媤宅)은 자손(子孫)을 보호(保護)하려, 친정(親庭)을 극(剋)한다.

310 음 일 생 인	日時寅申 陰日生人 일시인신 음일생인	卯酉沖은 酉巳時는 묘유충은 유사시는	無子하기 내리내리 무자하기 내리내리	쉽게되고 딸을낳네. 쉽게되고 딸을낳네.

◈ 日時 寅申 卯酉 沖(일시인신 묘유충)――일(日)과 시(時)의 충(沖) 관계를 설명한 것이다. 일(日)과 시(時)는 나와 자손의 관계인데, 충(沖)이니 인연(因緣)이 없다. 여기서 문제가 되는 것은 일주가 강하나, 약 하나의 차이 문제다.

☞ 일주가 허약 할 경우 어찌할 도리가 없는 것처럼 방관자의 위치가 된다. 일주가 강할 경우 약간의 버팀목의 노릇을 하나 양, 음의 일간과 시의 차이가 문제다.

➡ 인(寅) 과 신(辛), 묘(卯) 와 유(有)를 설명하였는데 충(沖)이므로 극(剋)의 관계인데 지지(地支)에서 시간(時間)의 관계로 살펴보자 인(寅)과 묘(卯)는 아침에 해가 뜨는 시간이요, 인간이 기상을 하여 활동하기 시작하는 시간이다. 인간의 문이 열리는 시간이다.

☞ 여성의 인체로 비교한다면 자궁의 문이 열리는 것이다. 인간의 출생을 위한 문(門)인 자궁(子宮)이 열림을 말한다. 오행으로 목(木)에 해당된다.

➡ 신(申),유(酉)는 금(金)으로 저녁에 해지는 시간이요, 인간으로서는 하루의 일을 마무리하는 시간이다. 출생으로 비교하면 자궁이 닫히는 것이다.

☞ 원래 자궁은 수축되면서 열리고, 닫히고 하는데 이것이 충(沖)으로 인해 고장이 생겨 정상작인 작용을 못하니, 자궁(子宮)폐쇄(閉鎖)증(症)으로 연결되므로 자식(子息)농사(農士) 짓기가 힘들어진다.

☞ 음(陰)일주가 巳時(사시)와 酉時(유시)라 하였는데, 왜 내리 딸만 낳는다고 하였을까? 음일주(陰日主)이던, 양일주(陽日主)이던 자손이 음(陰)이면 딸이요, 양(陽) 이면 아들이라 아니 하였던가? 그에 대한 보충 설명이다.

◉ 일주가 약해야 충(沖)이 병(丙)이 되는 것이다.

O	己	O	O
O	酉	卯	O

◀ 기유(己酉) 일주의 사주다.
일지와 월지가 묘유(卯酉)로
충(沖) 하고 있다.(無子)

◉ 이유는 무엇일까?

O	戊	O	O
O	酉	卯	O

◀ 무신(戊申) 일주의 사주다.
인신충(寅申沖). 일주가 약하니 무자(無子)다.

⬇ 자궁의 문이 열리는 것은 일출(日出)이요, 닫히는 것은 일몰(日沒)이다.

　　◉ 목(寅,卯) ➠ 동쪽(해가 뜨는 위치) ➠ 일출(日出)

　　◉ 금(申,酉) ➠ 서쪽(해가 지는 위치) ➠ 일몰(日沒)

⬆ 그런데 이것이 충(沖)을 받아 입구와 출구가 고장 난다.

➡ 시(時)와 양음(陽陰), 일주(日主)와의 관계를 살펴보자.

O	양	O	O
음	O	O	O

◀ 양일주(陽日主)이고, 시(時)는 음시(陰時)다.
먼저 아들 낳고, 나중에 딸 낳는다.

O	음	O	O
양	O	O	O

◀ 음일주(陰日主)이고, 시(時)는 양시(陽時)다.
먼저 딸 낳고, 나중에 아들 낳는다.

O	양	O	O
양	O	O	O

◀ 양일주(陽日主)이고, 시(時)도 양시(陽時)다.
먼저 아들 낳고, 나중도 아들 낳고.

O	음	O	O
음	O	O	O

◀ 음일주(陰日主)이고, 시(時)도 음시(陰時)다.
먼저 딸 낳고, 나중도 딸이다.

☞ 양(陽)은 아들, 음(陰)은 딸로써 그 만들어진 이치다.(참고)

☞ 풀이 한다면 사주 여덟 글자 중 먼저 양(陽)의 자손이면 첫째가 아들, 음(陰)의 자손이면 첫째가 딸이다.

311	食神傷官	刑殺이면	有産하다	得病하고
	나팔관에	妊娠하니	子宮手術	있어본다.
	식신상관	형살이면	유산하다	득병하고
자궁수술	나팔관에	임신하니	자궁수술	있어본다.

◈ 식상관(食傷官)은 자손인데 자손이 형살에 걸렸으니 임신일 경우는 유산이 염려되고, 출산일 경우라도 수술을 한다거나 힘들게 자손을 낳을 것이요, 유산을 한다치면 또 유산이 염려되니 자주 반복이면 자손 얻기가 힘들어지고, 그리하다 보면 병을 얻는 수가 생기고, 임신한다 해도 자궁 외 임신이 될 수 있고, 형살이니 수술이 있을 수 있다. 식상관이 형살되는 것도 많으니 생긴다.

➡ 식신과 상관이 많으면 나팔관 임신으로 연결되는 이유는 무엇일까?

일단 식상관이 많으면 여성의 성기가 크다고 볼 수 있다. 난자와 정자가 결합하여 어디로 갈까? 고민하게 된다. 왜? 너무 넓으니까? 그러다보니 제 갈 길을 잃어버리고 아무데나 가다보니 그리되는 것이다.

312	官食同臨	合身寡宅	守節하다	자랑마소
	뒷방문이	열렸으니	變節되어	胞胎하오.
	관식동임	합신과택	수절하다	자랑마소
합신과택	뒷방문이	열렸으니	변절되어	포태하오.

◈ 官食同臨 合身寡宅(관식동임 합신과택)---관식(官食)이 동림(同臨)하고 그것이 합신(合身)으로 연결되니 다 내 몸으로 치고 들어오는 것이 아닌가?

➡ 처녀의 경우 혼전임신으로 보았는데 여기서는 홀로 있는 여성이니 과부댁이 아닌가? 요즈음 싱글이라고 표현을 하자. 어찌되었거나 영원한 싱글은 못 된다는 표현이다.

☞ 뒷 방문이 열렸다 함은 겉으로는 음(陰)이지만, 이미 양의 기운이 몸으로 엄습해오는 것이다. 몸으로 치고 들어오니 이미 일은 끝난 것이다. 수절(守節)이라는 말은 이미 옛날이야기다. 요즈음 같으면 혹자들은 이렇게 말한다. 오죽 못났으면 그러누?

▶ 일지(日支)와 합(合)이 되는 것은 년(年), 월(月), 시(時)가 상관없다. 일지(日支)와 합(合)이 된다는 것은 일지와 같이 있다는 것과 동일, 이미 평생 동지다.

☞ 관(官)은 나 본인인 아(我)를 극(剋)하는 것인데, 합(合)이 되어 버리니 이 세상에 무서울 것이 없다. 눈치 볼 것도 없고 이미 다 벌어진 일이다. 나를 구속하는 장애물이 없어 졌으니 편안해진 것이다. 그런데 문제는 순서다. 남편을 만나야 아이가 생기는 것인데, 자손이 먼저 생기고 남편이 나중이라면 이것은 속도위반이요, 순서가 뒤바뀐 것이다. 전면으로 나서는 순서가 뒤바뀐 것이다.

☞ 순서가 올바르면 정(正)이요, 순서가 바뀌면 편(偏)이다.

❖ 이성간 부적절한 관계는 순서도 없다, 자손이나 남편의 개념이 없이 지나가다 즐기는 것이니, 언제 그랬느냐는 식이 되어 버린다. 그러니 예의도 없고 부도덕한 것이다. 싱글일 경우 언제 더 남자가 그리울까? 물론 관(官)인 해 일 것이다. 이때는 그래도 체면은 다 갖추고 남성을 대하게 된다.

▶ 식상(食傷)운(運)이 오면 체면이 문제가 아니다. 우선 품에 안고 보자는 식이다. 자손이 자꾸 나오고 싶다 하니까? 나 언제 쯤 아빠 만나요?

◉ 미쳤어 왜 혼자 살아? 을사(乙巳) 일주의 사주다.

○	乙	○	○
○	巳	酉	○

일지(日支)와 월지(月支)가 합(合)을 하여 관국(官局)을 이루고 있다.

⬆ 지지를 살펴보면 사(巳)중의 병(丙)화와, 유(酉)중의 신(辛)금이 병신(丙신(辛)) 합(合)을 하고 있다. 죽어도 혼자는 못사는 팔자다.

313 시모 두분	偏正印星　混雜하니　그따님이　再嫁하고 正偏官이　混雜하니　따님媤母　두분일세. 편정인성　혼잡하니　그따님이　재가하고 정편관이　혼잡하니　따님시모　두분일세.

◈ 여자에게 식상(食傷)은 자손(子孫)인데 그중의 식신(食神)은 나와 성(性)이 같으므로 딸이 된다. 식신(食神)도 많으면 상관(傷官)의 역할을 하게 된다. 일단 편안하게 식상(食傷)을 딸로 보고 해석해보자. 식상을 극(剋)하는 것은 인성(印星)이다. 식상(食傷)이 딸이니, 딸을 극(剋)하는 것은 딸의 남편(男便)이니 사위가 된다.

➡ 인성(印星)이 혼잡하니 즉 정편(正編)이 혼잡하니 딸의 남편이 많으니 자연 딸이 결혼을 또 하는 것이니 재가(再嫁)하는 것이다.

➡ 偏正印星 混雜(편정인성 혼잡)---정, 편관이 혼잡하니 딸의 시어머니가 두 분이라 함은 官은 식상이 극하는 것이니, 딸의 입장에서 보면 시어머니가 된다. 그런데 혼잡이라 하였으니 두 분이라는 설명이 된다. 시아버지가 재가를 하였다는 이야기다. 관성은 인수를 생하니 관성은 사위의 어머니이니 자연 딸에게는 시어머니가 되는 것이다. 그래서 여자 사주에 관이 지나치게 혼잡하면 안 좋다고 하는데, 이것이 본인 대에서 그치는 것이 아니고, 자식인 딸에게 까지 이어진다는 것이다. 물론 두 어머니 슬하에서 자랐다고 사위가 다 별로라고 볼 수는 없지만, 일단은 긍정적인 평가받기는 힘든 것이 상례이다.

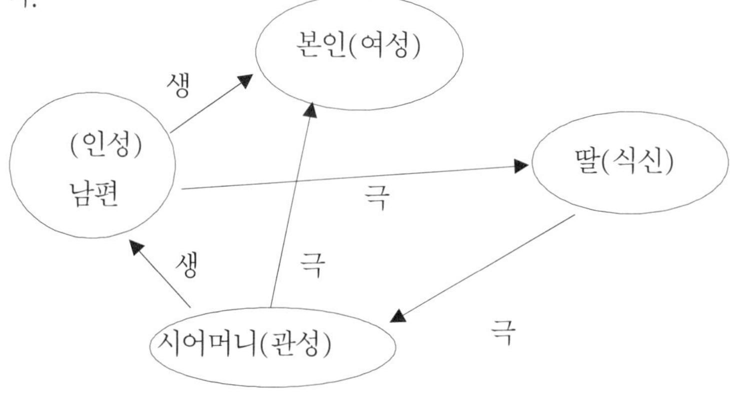

❖ 여기서 한 가지 재미있는 것은 나의 어머니와 사위가 같으므로 앞으로

☞ 나는 어떠한 사윗감을 얻을까?

☞ 궁금할 경우 ☞ 여성의 경우는 본인의 어머니를 보면 알 수가 있다. 어머니와 같은 성향일 것이다. 똑같이 인성에 자리를 하고 있으므로.

☞ 官星(관성)이 시어머니 이므로 本人(본인)인 딸의 어머니를 剋(극)한다. 그래서 아들 있는 집이 큰소리치는 것이다.

❖ 아들과 딸

요즈음은 아들보다, 딸이 더 대우를 받는다 하지만 보는 관점에 따라 다 달라진다. 이제는 아들도 딸도 다 필요 없이 편안하게 노후를 보낼 수만 있다면 그것이 더 좋다는 세태다.

사주에서 아들과 딸은 관성, 식상으로 보나 그 사이에 있는 재성이 더 중요하다. 바로 金錢(금전)이다. 配偶者(배우자) 없이는 살아도 財物(재물)이 없이는 못사는 것이 세상이다. 感銘(감명)시 어떻게 할 것인가?

老後(노후)를 보는 것은 무엇을 우선 할 것인가? 男性(남성)은 財星(재성)을 보더라도 正財(정재)와 偏財(편재)를 살려 金錢(금전)인가, 婦人(부인)인가를 구별하고, 女性(여성)의 경우는 官(관)을 生(생)할 수 있나 없나를 살펴 남편도 같이 판단을 하는 것이다.

<table>
<tr><td rowspan="2">314

이성 득자</td><td>印星弱에</td><td>財旺하면</td><td>딸子孫이</td><td>寡婦되고</td></tr>
<tr><td>其따님이</td><td>他生子孫</td><td>또는二性</td><td>得子하니.</td></tr>
<tr><td></td><td>인성약에</td><td>재왕하면</td><td>딸자손이</td><td>과부되고</td></tr>
<tr><td></td><td>기따님이</td><td>타생자손</td><td>또는이성</td><td>득자하네.</td></tr>
</table>

◙ 印星弱에 財旺(인성약에 재왕)－－－인성이 약하고 재(財)가 강하다고 하였는데, 왜 딸 자손이 과부(寡婦)가 될까? 재성(財星)은 인수(印綬)를 극한다. 인성은 딸에게는 관성인 남편인데, 왕성한 재(財)가 인성이 약한데 극(剋)을 계속하니 사위가 견디기가 힘들어지니 나는 갑니다. 하고 줄행랑을 놓으니 딸은 하늘을 원망하고, 신세를 한탄하는 과부의 신세가 되고 만다.

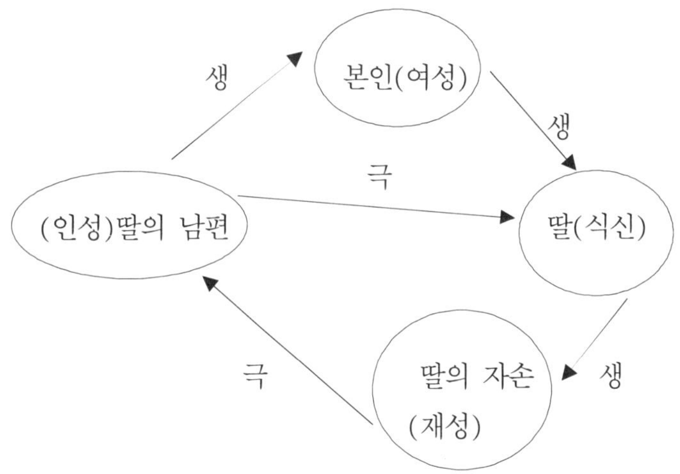

➡ 또 다른 면으로 보자 자식의 문제를 한 번 보도록 하자. 딸인 식상의 입장에서 보면 내가 생(生)하는 것이 자손(子孫)이라, 그것이 바로 재(財)인데

➡ 재(財)가 많으니 자손(子孫)이 많은 것이라, 남편이 견디지를 못하는데 어떻게 자손이 많겠는가?

☞ 각기 성(性)이 다른 자식이거나, 남의 자손을 데려다 키우는 팔자가 되는 것이다. 각성이라는 말은 남편이 견디지를 못하니 자꾸 바꾸고 그러다보니 자손은 생기고 양육(養育)은 해야 할 것 아닌가?

☞ 여기서 보면 결국 사위는 장모님한테 잘하는 것이 당연한 것이다.

315

음관살 암합

我生陽이	作合하니	아들놈이	바람나고
陰官殺이	暗合이면	며느리가	戀愛로다.
아생양이	작합하니	아들놈이	바람나고
음관살이	암합이면	며느리가	연애로다.

◙ 상관(傷官)이 작합(作合)을 하니 아들이 바람난다. 하였는데 상관(傷官)은 아들이요, 자꾸만 합(合)을 이루니 이성관계가 복잡하구나, ☞ 여자의 사주에서 관살은 식상관이 극하니, 특히 상관(傷官)이 극(尅)하니 며느리다. 상관인 아들이 극(尅)하므로, 그것도 음(陰)관살이니 며느리인데 작합(作合)한다 하니 바람둥이다. 여자가 어찌 바람을 피우나? 이혼하거나 속을 썩으며 산다

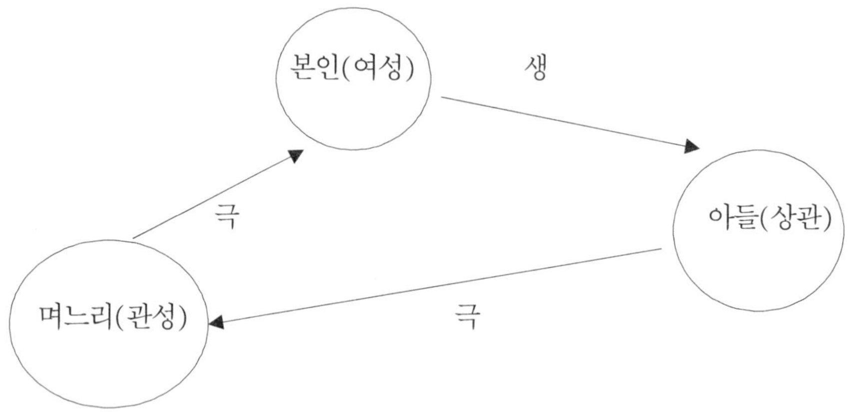

☞ 며느리는 시어머니를 극(尅)한다. 고로 시어머니가 며느리의 눈치를 보는 것이다. 그래서 며느리와는 항상 뜻이 잘 안 맞고, 며느리에게 밀려난다는 피해(被害)의식(意識)이 존재하는 지도 모른다.

▶ 여자의 사주에서 官이 강하면 시어머니인 본인은 며느리인 官에 극을 받으므로 자연히 일선에서 후퇴하여 이선으로 물러나게 된다. 물론 나이가 들면 자연 시어머니는 매사 모든 일을 며느리에게 자연 의존하고 맡기는 것이 당연한 일이다.

☞ 官(관)이 지나치게 강하면 며느리와의 사이가 안 좋다. 의견의 충돌이 잦아지는데 시어머니가 진다. 며느리가 그만큼 기가 세다는 말이다.

O	乙	丙	辛
O	O	申	巳

◀ 을목(乙木) 일주 사주다

. 아들은 병화(丙火)이다.
벌써 병신(병신(丙辛)합(合)이 보인다.

⬆ 천간(天干)으로는 합(合)인데 지지로는 형(刑)이다. 해로(偕老)하기는 힘든 일이다.

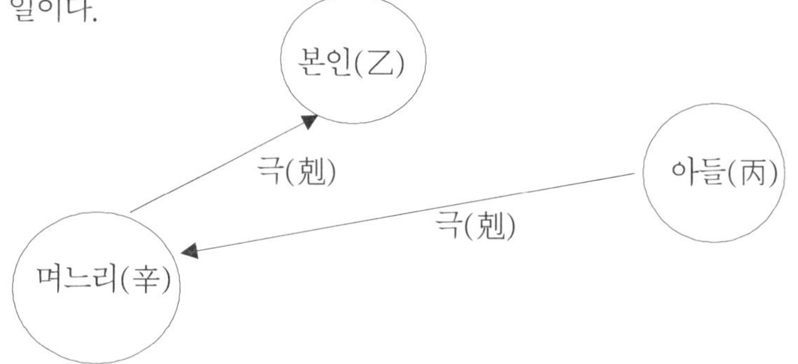

⬆ 그로 인한 피해는 내가보는 것이다. 지지(地支)의 월지(月支)의 신금(申金)과도 합(合)을 하니 바람둥이인데, 며느리인 신금(辛金)도 지지의 사(巳)중 병화(丙火)와 합(合)을 이룬다. 둘 다 바람둥이다.

❖ 暗合(암합)이란?

바람기로만 보는가? 고리타분하게 느껴진다. 이제는 막후 작업이라 판단하자.

비즈니스를 잘한다. 사업상 능력을 발휘하는 것이다. 거래처를 늘리기도 하고 수금도 잘하고 일과 금전적인 부분에서 탁월한 실겨을 보이는 것이다.

국정을 농단하는 그런 경우도 있지만. 극히 드문 경우이고, 볼살이 쳐지니 그 욕심은 누가 감당할 것인가? 남편도 우습게 알고 오로지 돈에만 급급하는 수전노에 불과한 것이다. 전형적인 영업상무요, 마담이다.

좌우지간 좌충우돌 능력을 발휘한다. 암합이니 몰래하는 사랑같은 것이다. 자연 일종의 지저분함이 나타난다. 정조도, 기개도 더티하다.

<table>
<tr><td rowspan="2">316

편정인성 혼잡</td><td>偏正印星　混雜하니　그따님이　再嫁하고</td></tr>
<tr><td>正偏官이　混雜하니　따님媤母　두분일세.</td></tr>
<tr><td></td><td>편정인성　혼잡하니　그따님이　재가하고</td></tr>
<tr><td></td><td>정편관이　혼잡하니　따님시모　두분일세.</td></tr>
</table>

◑ 육친관계를 잘 살펴보면 쉽게 이해 할 것이다.正偏財가 混雜 (정편재가 혼잡) ➡ 정재, 편재가 혼합하다 하였는데 어째서 子婦(자부), 즉 며느리가 어머니가 전(前), 후(後)라 하였으니 두 분이라는 말인가

☞ 여성의 사주에서 관은 며느리라 하였다.(315번 참조) 관(官)을 생(生)하는 것은 재(財)가 되는데 정관(正官), 편관(偏官)으로 혼잡(混雜)하다 하였으니 어머니가 시끌시끌하다는 설명이다.

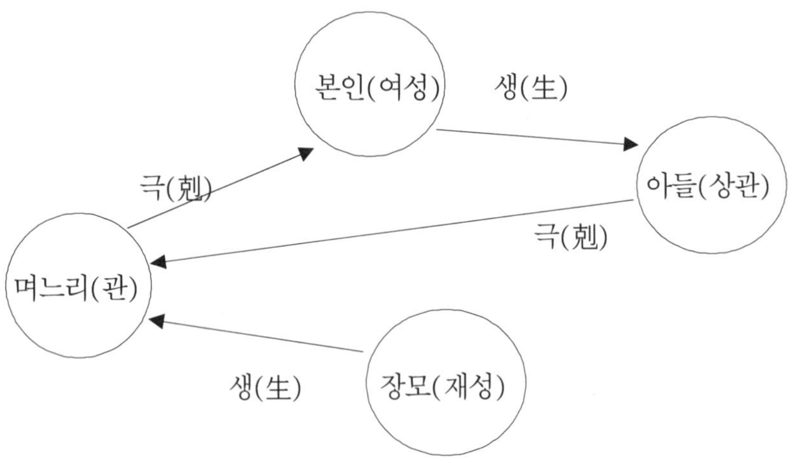

◪ 비견, 비겁에 관살이 왕 하다 함은 비견, 비겁이 많고, 관살(官殺)이 많다는 설명인데 비견(比肩), 비겁(比劫)이 많으면 어떻게 될까?

☢ 비견, 겁은 ➡재성(財星)➡ 剋(극)한다.

☞ 비견, 겁인 남편이 너무 많고 기가 강하므로 ,관살이 왕 하다 함은 비견, 겁을 剋하는 정도가 심하다는 설명인데 비견, 겁은 며느리의 아버지가 아닌가? 고로 견디지 못하니 며느리의 어머니는 홀로 될 수밖에 없다.

☞ 재성은 며느리의 어머니가 아닌가? 며느리의 어머니의 입장에서 보면 남편이 너무 많은 것이다.

☞ 남편과의 사이가 안 좋은 것은 당연한 것이고, 홀어머니를 모시고 살았다
는 설명이 된다.

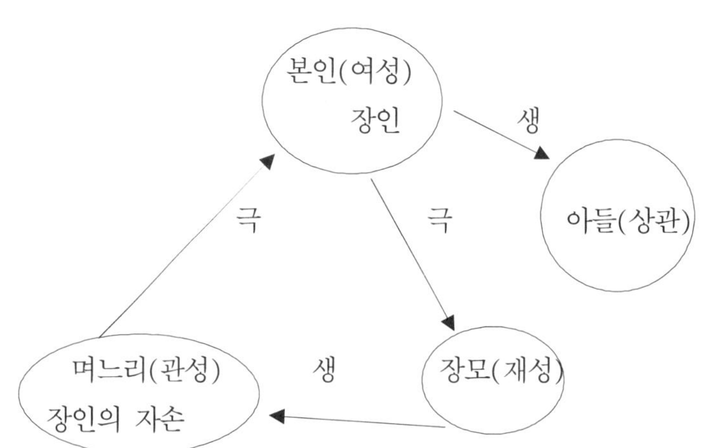

❖ **再嫁(재가)하는 것도 능력이다.**

돈도, 백도, 실력이라는 소리와 같을까?

없는 것 보다야 낫겠지. 정신적인 문제가 심각한 사람이다. 財官(재관)을 하늘
로 아는 사람이다. 궁극적으로 개념이 없는 사람이다.

강자에게는 약하고, 약자에게는 무자비한 스타일.

자신위주로 삶하는 사람이다.

피치못할 사정이 있는 경우도 있지만 대체적으로 그렇다.

좋게보면 고집도 강하고, 없으면서도 자존심이 앞서고, 그러다 쉽게 굴복하고
--- 사주가 강하면 넉넉하게 노후를 보내기도 한다. 편향함이다.

<table>
<tr><td rowspan="2">
317

손자부귀</td><td>陽印星이 　旺盛하면 　孫子富貴 　자랑하나
陰印星이 　作合하면 　孫女戀愛 　걱정된다.
양인성이 　왕성하면 　손자부귀 　자랑하나
음인성이 　작합하면 　손녀연애 　걱정된다.</td></tr>
</table>

◈ 여자의 사주에서 인성은 육친관계로 보면 식상(食傷)인 자손(子孫)을 극(剋)하므로 자손의 자손인 손자다. 陽印星(양인성)➡양(陽)은 남성 손주, 즉 손자가 되고, 陰印星(음인성)––음(陰)은 여성 손주, 즉 손녀(孫女)가 된다.

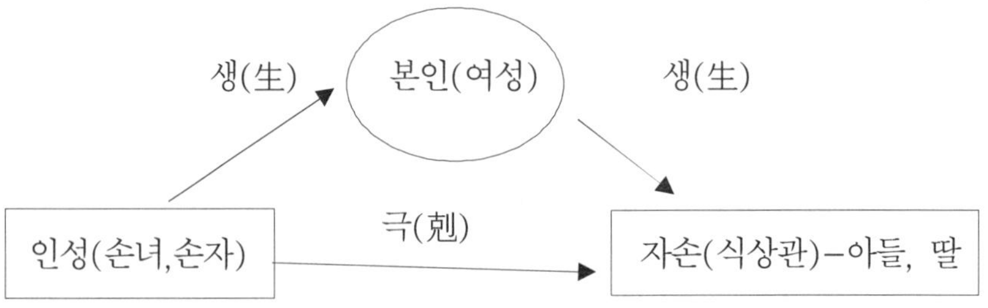

▣ 손녀, 손자들이 인성(印星)이다. 그래서 할머니를 좋아하고, 잘 따르는 것이고 할머니 하면 끔찍이 위하는 것인가 보다.

▣ 인성(印星)이 왕(旺)하다 하였으니 손자(孫子)가 부귀(富貴)하는 것인데, 양(陽)이니 손자다. 여기에 또 문제가 되는 것이 있다.

◉ 인성(印星)은 식상(食傷)을 극(剋)하는데 지나치게 강(强)하면 자손인 인성(印星)이 자기의 아버지 즉 여성인 본인에게는 아들인데 손자가 아들을 치는 격이라 아들이 손자에게 치이어 수명(壽命)이 길지 못하는 안타까움이 생긴다.

| ○ | 乙 | 丙 | ○ |
| ○ | ○ | 子 | 申 |

◮ 을목(乙木) 일주의 사주다.

◮ 작합(作合)이라 하였으니 이성(異性)관계의 설명. ◉ 陰印星(음인성)이라 하였으니 손녀라, 손녀(孫女)가 뭇 남성들에게 인기가 최고라는 설명이다.

☞ 너무 인기가 많아도 피곤하다. 결국 모든 이의 신경을 곤두세우게 하는 결과를 초래한다.

<table>
<tr><td rowspan="2">318

대 방 딸</td><td>印綬星이　暗合하니　壻郎양반　바람나고
偏印正印　混雜旺은　代房딸을　두게된다.</td></tr>
<tr><td>인수성이　암합하니　서랑양반　바람나고
편인정인　혼잡왕은　대방딸을　두게된다.</td></tr>
</table>

◑ 印綬星이 暗合(인수성이 암합)인수성이 암합을 한다하니 바람나는 것인데, 하필이면 서랑일까?

☢ 壻郎(서랑)――서랑은 사위를 일컫는 말인데 사위가 바람난다는 말이다. 인성(印星)은 식상(食傷)을 극(剋)한다. 식상은 자손인데 딸 자손이 된다. 딸 자손을 극하니 사위다, 암합(暗合)한다 하였으니 사위가 바람피운다.

◉ 꽃 중의 꽃은 무궁화라.

O	乙	O	O
午	亥	午	O

◀ 을해(乙亥) 일주의 사주다.
을목(乙木)의 사위는 해수(亥水)다

⬆ 월지, 시지의 오(午)중 정(丁)화가 해수(亥水)의 여자인데. 해(亥)중 임수(壬水)와 합(合)이 이루어지는데, 사위 해수(亥水)의 입장에서는 양손에 꽃을 들고 있는 형상이다. 몸은 하나인데 어디로 갈꼬? 고민 하고 있다.

⮕ 偏印正印 混雜旺(편인정인 혼잡왕)―――정인(正印), 편인(偏印)이 혼잡하고 왕 하다 함은 여러 가지의 뜻을 내포하고 있다.

☢ 代房(대방)―――대방 딸이라 함은 대신 데리고 온 딸을 설명하는데, 사위가 결혼 후 딸이 사망하자 다시 장가들면서 자기 딸의 대역(代役)을 하도록 하니, 결국 딸이 생기는 것과 같은 결과라 표현이야 대방딸 이라 했지만 그 속이야 어찌 쓰리지 아니 하였겠는가?

◉ 마음은 굴뚝 같은데. 을목(乙木) 일주 사주다.

O	乙	O	O
午	亥	子	子

사위는 당연히 해수(亥水)가 된다.
딸은 시지(時支)의 오(午)중 정(丁)화,
사위가 비견(比肩), 겁(劫)이 많다.

⬆ 자오(子午) 충(沖)에 불꽃이 피어나지 못해 죽고 만다. 을목(乙木)은 있어도 제대로 생(生)을 못하니 안타까울 뿐이다.

☞ 원래 印綬(인수)나, 肩(견),劫(겁)이 사주에 많은 사람은  주위환경에 적
　응을 하는 것에 신경 써야한다. 자기위주의 고집에 어려서부터 온실 속에
　서 자란 탓에 남에게 고개 숙이기를 싫어하고, 거만한 기운이 항상 있어
　나보다 남을 생각하는 희생정신을 덕목으로 하여 생활해야 한다.

❖ 枯死(고사)木(목)에서 버섯이 잘 자란다.

겉으로는 죽어 있으나 생명력을 갖고 있다. 그러니 균사체가 잘 번식한다. 사
람으로 친다면 빈대 같은 사람이요, 아부꾼이요, 기생충 같은 존재다.

성격이 가라앉은 전형적인 내숭스타일로 "남편 잡아먹는 사주"라고들 하는 경
우다. 강하면서 관이 유기하면 나름대로 무엇인가를 이룬다. 허나 여성의 경우
특히 土日主(토일주)일 경우, 강하면 성격상 문제가 나타나는 겨은 당연하고
특히 황소고집이다. 겨울에 태어나 金水(금수)를 머금으면 凍土(동토)로 변한
다. 생물이 번식하기 어렵다. 지지에 관을 갖고 있다면 이어지는 과정이 분명
하나 官(관)은 필요에 의한 이용물이다.

부모도 견디기가 어렵다. 그러니 남편도 있어도 있으나 마나요, 일종의 반려견
이라 경우에 따라서는 팽하기도 한다. 결혼을 못하는 경우도 있다. 동토에 식
물이 뿌리를 못내린다.

319	四柱財星	旺盛하면	外孫子女	富貴되고
	四柱財星	日主合은	外孫子女	同居한다.
	사주재성	왕성하면	외손자녀	부귀되고
외손자녀 부귀	사주재성	일주합은	외손자녀	동거한다.

◐ 四柱財星 外孫子女(사주재성 외손자녀)➡ 여자의 사주에서➡재성(財星)은 외손자가 된다. 재성이 일지(日支)와 합(合)이 되는 것은, 재성이 일지로 들어오는 것이므로 항상 나와 같이 한다는 말도 되는데, 외손자의 경우는 본인이 직접 관리 하는 것이므로 할머니가 손자를 돌보는 형상. 고로 내 손으로 양육에 일조를 한다는 설명이다.

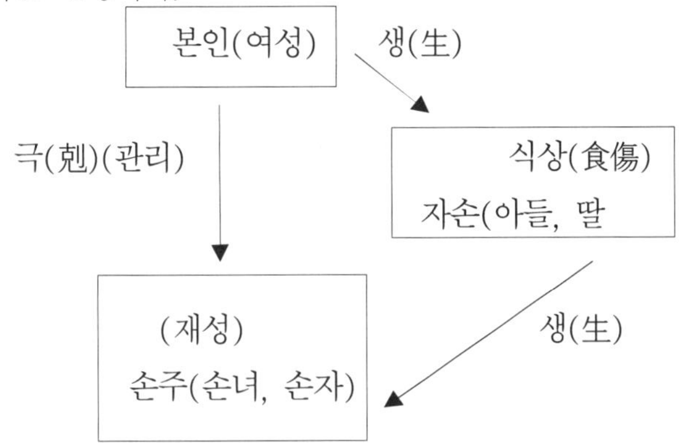

◉ 본문에서는 동거 한다는 표현을 하였는데 외손자와 한 집에 산다는 것은 딸의 생활에 문제가 있거나, 데릴사위식의 생활이거나, 당분간 사정이 여의치 못하여, 또는 다른 사연이 있겠지만 일단 딸인 어머니 입장을 보면 사주가 약해지는 상황이므로 또 관(官)을 극(剋)하는 상황이기에, 딸인 엄마에게 문제가 있다는 것은 확실한 것이다.

◉ 어허 둥둥 내 사랑아.

◀ 정유(丁酉) 일주의 사주다.

일지(日支)로 합(合)이 되어 들어온다.

| 乙 | 丁 | 甲 | 乙 |
| 巳 | 酉 | 申 | 丑 |

◪ 외손주 키워주는 팔자.

☞ 인수(印綬)가 많은 사주는 예뻐서 데려다가 키워주고,

☞ 관살(官殺)이 많은 사주는 천덕꾸러기로 오갈 데가 없어서 키워주고,

320 예방주사	傷官食神　空亡刑沖　四柱生時　急脚殺은 小兒痲痺　子女두니　豫防柱射　놓아주라. 상관식신　공망형충　사주생시　급각살은 소아마비　자녀두니　예방주사　놓아주라.

◈ 傷官食神 空亡刑沖(상관식신 공망형충)---상관, 식신은 자녀인데 형, 충, 공망이니 문제성을 내포하고 있는 것이다. 게다가 急脚殺(급각살)까지 갖추고 있으면 항상 조심해야 한다. 선척적인 기형이나 이상은 어쩔 수 없지만 아닐 경우는 최대한 신경을 써야한다.

☞ 어느 부모가 자기의 자식이 이상이 있는 것을 보고 방관만 하겠는가?

☞ 四柱生時(사주생시)에 있으면 더 조심을 하여야 한다.

☞ 요즈음은 예방 주사도 종류가 많고, 사전에 방지가 가능하다. 예전에는 의술의 발달이 지금과 같지 않고, 혜택도 적어 많은 어려움이 있었으나, 지금은 세상이 살기가 좋아 조금만 관심을 갖고 신경을 쓰면 불행한 일들을 사전에 다 방지할 수가 있다.

☞ 시주에 급각살이나 형,충,공망에 대한 사항이다.

⬇ 급각살(急脚殺)

◉ 정월 ,이월, 삼월　➡ 1,2,3　　　(春生)봄　➡　　亥, 子

◉ 사월, 오월, 유월 ➡ 4,5,6　　　(夏生)여름 ➡　　卯. 未

◉ 칠월, 팔월, 구월 ➡ 7,8,9　　　(秋生)가을 ➡　　寅, 戌

◉ 십월, 십일월, 십이월 ➡ 10,11,12　(冬生)겨울 ➡　　 丑, 辰

321	甲乙日生	火食傷官	四柱中에	多逢水는
	子女들이	눈못보아	眼鏡쓰게	된답니다.
	갑을일생	화식상관	사주중에	다봉수는
화 식상관	자녀들이	눈못보아	안경쓰게	된답니다.

◈ 甲乙日生(갑을일생)이면 목(木)일주라 화(火)인 식상관(食傷官)이 多逢水(다봉수)라 하였으니 화(火)는 시력(視力)과 연관되니, 시력에 이상이 오는 것이다.

☞ 요즈음은 안경을 쓰는 자녀들이 너무 많다보니 해석도 해석이지만, 지나친 화(火)의 남용으로 인한 시력장애가 급속히 늘어나고 있는 상황이다.

☞ 제일 주원인은 컴퓨터인데 자체가 화(火)인데 시력인 화(火)를 계속 화(火)와 시간을 지나치게 오래 보내다보니, 화(火)끼리의 상전(相戰)이라 자멸(自滅)을 하는 형상이다. 그렇다고 컴퓨터를 못하게 할 수도 없고, 대안이 나와야 할 것이다. 누가 특수 보안장치를 만들어내지 않는가? 궁금하다. 아마 머지않아 이러한 예방책이 나올 것이다.

◪ 水火相戰(수화상전)이라 화(火)가 쉽게 빛을 잠식당하니 시력이 나빠 안경을 쓸 수밖에, 요사이는 콘택트렌즈에 라식수술까지 동원되는데, 시력보호에 유의해야 한다.

◪ 안경을 쓰는 경우

☞ 화(火)가 설기(泄氣)가 심한 경우

☞ 화(火)가 깨져 있는 경우

☞ 화(火)가 약(弱)한 경우

☞ 화(火)가 너무 강(强)한 경우

◉ 강물 위를 떠도는 한줄기 빛과 같구나.

丙	乙	甲	癸
子	酉	子	卯

◪ 을유(乙酉) 일주의 사주다. 수(水)기운이 강해 화(火)가 맥 못 추고 있다.

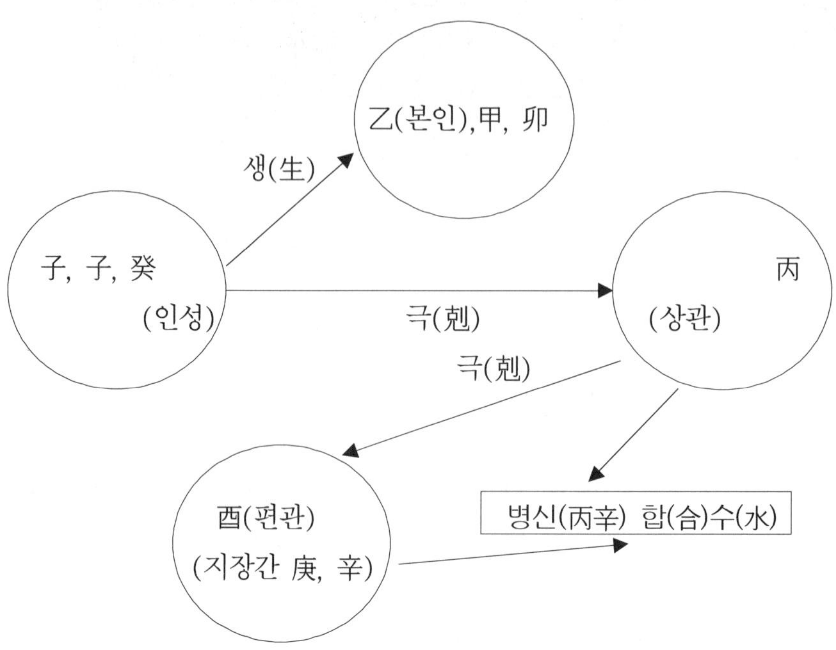

❖시력이란?

볼 수 있는 가시적인 능력이요, 한계를 말한다.

실제 감명 시에는 이에 국한 하면 돌팔이 소리를 듣는다.

안목이 약하다는 표현을 활용하라. 왜? 안경을 써야 잘 보이니 사물을 보더라
도 무엇인가를 통해야 한다. 재삼 확인을 해야 실수가 없다는 말이다.

제 4 장 직업(職業)

◆ 현시대에 새로이 떠오르는 직업의 종류

☢ 유망한 직종의 직업
애완동물미용사, 텔레마케터, 시스템소프트웨어개발자
컴퓨터게임개발자, 노무사 ,가상현실전문가
변호사 변리사 수의사,
결혼상담원 사회복지사 바텐더(조주사)
정보기술(IT)컨설턴트, 영상 및 음성처리전문가, 물류관리전문가
웹 개발자, 보험계리인, 경호원
한의사 ,택배원, 소방관
헤드헌터, 선물거래중개인, 네트워크관리자
학예 사(큐레이터), 시스템운영관리자, 전자상거래전문가
세무사 ,쇼핑호스트 ,경찰관
지리정보시스템(GIS)전문가, 상담전문가 ,항공기조종사

☢ 성장 가능성의 직업
증권 중개인, 경영컨설턴트 ,작업 치료사, 전문비서

텔레마케터 ,법률사무원 ,선물거래중개인, 변리사
특수학교교사 ,직업상담원, 생물공학기술자 ,환경공학기술자
전기공학기술자 ,전자 및 통신공학기술자,
시스템 엔지니어, 컴퓨터 프로그래머
웹마스터, 보안서비스 종사자, 여행안내원, 번역사 및 통역사

*새로이 떠오르는 신생직업의 종류
☢ 의료, 복지, 문화 분야
음악치료사 ,호스피스 전문 간호사, 국제회의기획 진행자 ,운동 처방 사
학교사회사업가 ,장애인직업능력평가원, 여행설계사, 사이버기상캐스터
캐릭터, 엠 디, 조향사

☢ 컴퓨터 산업

베타테스터, 게임시나리오작가, 인터넷쇼핑몰운영자 ,정보제공자
정보 시스템 감사 사 ,컴퓨터중매인 ,웹디자이너 ,정보기술컨설턴트
컴퓨터바이러스, 치료사, 보안프로그램, 개발원

<table>
<tr><td rowspan="2">

322

오행재성
</td><td>

四柱中에　火印星은　美粧技術　있게되고.
甲乙日生　曲直格은　器樂有能　하게된다.
사주중에　화인성은　미장기술　있게되고.
갑을일생　곡직격은　기악유능　하게된다
</td></tr>
</table>

◐ 四柱中에 火印星(사주중에 화인성)----사주 중에 화(火)가 인성(印星)이고, 美粧技術(미장기술)이 있다 하였는데 오행으로 화(火)는 꽃이요, 밝음이요, 화려함이요, 투시력에 스크린 비치는 것이다. 고로 표현력에 있어서 탁월한 재능을 발휘하게 된다.

☞ 허공을 가르는듯한 예리함이 돋보인다. 현시대에는 미장이라는 기술이 어울리지가 않는다. 인터넷과 컴퓨터 관련분야로 보면 될 것이다. 프로게이머도 해당이 된다. 앞으로 전개될 로봇분야도 어울리고.

➡ 甲乙日生 曲直格(갑을일생 곡직격)---갑을(甲乙) 일주라 목일주(木日主)이니 곡직격(曲直格)이라, 목일주(木日主)에 地支(지지)가 전 木局(목국), 동양 그중의 한국은 목(木)이라 고전적, 자연적, 예능 방면 ➠ 악기 다루는데 일가견이 있게 된다.

☞ 목(木)은 신경(神經)이라 섬세하고, 예민한 부분 까지도 능숙하니 악기에 조예가 깊은 것이다. 악기 중에서도 흙냄새가 물씬 풍기는 악기가 좋다. 토(土)가 재(財)이므로 내가 마음대로 다룰 수가 있으니까. 국악(國樂)계통이라면 더더욱 좋고 대금이나, 가야금등 기타 사물놀이도 괜찮고.

◉ 才能(재능)은 일찍 발견하고 일찍 키워라.

丁	乙	甲	癸
亥	未	寅	卯

◐ 을미(乙未) 일주의 사주다. 지지에 전체가 목국(木局)으로 이루어져 있다.

<table>
<tr><td rowspan="2">323

토 재성</td><td>四柱印星　놓은者는　手藝針工　編物有能</td></tr>
<tr><td>木旺日主　土財星은　紬緞布木　富者된다.
사주인성　놓은자는　수예침공　편물유능
목왕일주　토재성은　주단포목　부자된다.</td></tr>
</table>

❖ 四柱印星 手藝針工 編物有能(사주인성 수예침공 편물유능)

인수는 육친으로 보는 경우 감각과 손재주등 세밀하고 기획력, 창조력이 돋보이는 부분이다. 수예, 침공, 편직 등이 유능하다고 하였는데 좀 더 다시 표현을 한다면 자수,수지침,침술,지압,경락술,도자기술이니 도예계통, 조각, 컴퓨터나 전자제품 조립, 각종기계 부품조립, 크게 보면 선박제조계통 등이 해당된다.

◉ 단점도 때로는 장점이 된다.

甲	甲	戊	乙
子	午	子	丑

◀ 갑오(甲午) 일주의 사주다. 인성이 강하고, 식상기운이 충파(沖波)되었다.

⬆ 주로 말보다는 무엇인가 자잔 한 것 같아도, 정밀함을 요하는 그러한 직종에 어울린다, 금은 세공 같은 종류도 해당되고, 디자인 특히 패션분야면 더욱 좋고 단점이라면 자기위주의 이기적인 성향이 강한 업종이 해당된다.

☞ 겉으로의 양적인 표현력이 부족이라, 표현을 해도 음적인 은연자중 하는 식의 표현에 강하다. 지적인 표현력을 말하는 것이다. 좀 더 다른 분야를 첨가 한다면 교육계통, 언론계통, 정치도 괜찮고, 예술, 종교 분야도 어울리고, 통역이라든가 언어 유용분야, 역마나 지살이 가임하면 외교 분야도 좋고, 해외의 출입과 연관 있는 분야도 유망하다.

⏩ 목일주(木日主)에 토(土) 재성(財星)이라 하였는데 주단포목 부자 된다고 하였다. 시대적 상황으로 볼 적에 뉘앙스가 약간 어울리지 않는다. 요즈음으로 보면 신경, 정신적인 면이므로 ☞ 출판, 의약, 문화, 통신, 의류, 간척사업, 농장경영, 식품관련업, 외식사업체인화, 이,미용계통, 패션사업, 명품산업계통 등이 어울린다.

◆ 목일주(木日主)가 왕(旺) 하다고 하였으니,➡ 토(土)는 재(財)라 토(土)와 연관된 업종도 얼마든지 감내하고 다루어도 승산이 있다.

◉ 의미 없는 일도 있다.

辛	乙	丁	丁
巳	亥	未	卯

◀ 을해(乙亥) 일주의 사주다. 지지(地支)에 목국(木局)이 형성 되어있다.

❖ 사주에 인성이 강한 사람.

정이 많아 좋기는 한 지나치니 한상 당하기 마련이다. 크게 당하는 경우는 재성을 사용하는 경우니 사업하면 항상 인성에게 두들겨 맞으니 항상 망한다.

주로 종교인, 학문을 추구 하는 업종, 수양하는 분야, 세부적이면서 전문적인 직종을 택해야 낭패가 덜하다.

사람이 융통성이라 사업성이 전무하니 대인관계도 부실하다. 많이 꼬여도 다 술친구요, 내가 없으면 찾아 오지도 않을 사람들이고, 명예와 가식을 즐기는 사람들이다. 본인도 그런 부류에 속하는 점이 있음이니 아쉬울 뿐이다.

간혹 대성하는 경우도 종종 나타나는데 인내심이 무척 강한 경우다.

印星(인성) 중에서 두각을 나타내는 경우도 있는데, 五行(오행)중 무엇에 해당하는 가를 살펴봄이 좋다. 財星(재성)과는 상반되니 잘 살펴야 한다.

324 금약격	庚辛日生 丙丁日生 경신일생 병정일생	木旺土弱 金弱格은 목왕토약 금약격은	紬緞布木 金銀洋銀 주단포목 금은양은	亦是좋고 장사좋다. 역시좋고 장사좋다.

➡ 오행으로 금일주(金日主)와 화일주(火日主)를 보는 것이다. 금일주(金日主)인데 재(財)인 목(木)이 왕(旺)하고, 토(土)인 인수(印綬)가 약하면, 상업 쪽으로 나가는 것이 유리하므로 재(財)와 연관 있는 쪽을 택하는 것이 바람직하다는 설명.

◉ 바보처럼 살지는 말자.

戊	辛	甲	乙
子	卯	申	丑

◀ 신묘(新墓) 일주의 사주다.
인성(印星)이 약한 사주다.

⬆ 丙,丁日生(병,정 일생)이면 화일주(火日主)인데, 금(金)이 약한 격이라 재(財)가 약(弱)한 경우가 되므로 금(金)은 양은장사가 좋다는 설명이다. 요즈음은 그릇가게도 이제는 많이 변하였다. 시대가 바뀌어 이제는 예전의 대장간이 제철소로 변하고, 시대의 변화가 엄청나다. 표현이 예전의 고리타분한 면이 있지만 그것은 각자가 현세에 맞추어서 해석을 하면 될 것이다.

◉ 골라, 골라 어느 것을---

丙	丙	癸	丁
申	寅	卯	卯

◀ 병인(丙寅) 일주의 사주다.
재성(財星)이 충(沖)이 되어 약하다

⬆ 화일주(火日主)에 금속은 재(財)가 되는데, 재(財)가 약하므로 약한 쪽을 선택하여도 충분히 감내 할 수가 있으므로 내가 다스리니 선택해도 좋다는 설명이다. 양은은 알미늄으로 예전에는 그릇의 일종으로 생활용품에서 차지하는 비중이 지대하였으나, 지금은 신소재와 다양하고 기능성 있는 제품들이 많이 나와 빛을 잃은 지 이미 오래다.

☞ 조금 더 규모를 크게 본다면 항공 산업, 비금속분야, 제철분야, 선박, 방위산업계통, 자동차 등을 열거할 수 있겠다.

325	印綬星이	日德星은	編物被服	裁品좋고
---	四柱驛馬	地殺財는	洋裁洋品	돈을번다.
	인수성이	일덕성은	편물피복	재품좋고
일덕성	사주역마	지살재는	양재양품	돈을번다.

❖ 印綬星이 日德(인수성이 일덕)이라 함은 편물, 피복이라 설명하였으나 이미 사양길로 접어들었고 새로운 스타일로 변형, 육성되고 있는 업종이다.

▶ 四柱驛馬 地殺財(사주역마 지살재)➠사주에 역마, 지살이 재(財)에 해당하면 洋裁洋品(양재 ,양품)으로 돈을 번다하였는데 의류에 해당하는 사항. 옷이란 입고 다닐 때 착용하는 의식주(衣食住) 중의 하나 아닌가?

☞ 나다닐 때 착용하는 물건이라 역마, 지살과 연관 짓고, 해석의 다양성에 관한 설명이다.

◉ 움직이면 돈이 들어온다.

戊	丁	丁	壬
申	巳	未	戌

◀ 정사(丁巳) 일주의 사주다. 지지에 역마, 지살을 놓고 있다.

❖ 한류와 연관을 지어보자. 의류, 패션, 문화와 이어진다.
우리는 보통 통변을 할 때 형충파해나 기타 안 좋은 상황이 나타나면 글자그대로만 해석을 하는 경향이 강하다. 물론 당연한 해석이다. 그러나 좀 더 차분한 사람이라면 다른 면으로 볼 것이다. 단순히 옷이라는 개념으로 보자. 옷이 형충파해를 만난다. 사람도 아닌데 어찌 해석할 것인가?

☞ 자른다, 찢는다, 붙인다, 잇는다, 덧 붙인다 -재단, 꼴라쥬, 개량한 스타일, 일종의 행위예술, 동서문화의 교류 등등 많이 나올 것이다.

☞ 패션의 세계화다. 폭넓은 해석을 요구한다.

326	重重地殺	驛馬財는	靴物양말	有利하고
	寅巳驛馬	地殺女는	航空機에	案內女라.
중중지살	중중지살	역마재는	화물양말	유리하고
	인사역마	지살녀는	항공기에	안내여라.

◪ 重重地殺 驛馬財(중중지살 역마재)---역마(驛馬)와 지살(地殺)이 중중(重重)하다 함은 많음을 설명하고, 그것이 재(財)와 연관 있으니 구두, 양말이 유리 하다고 하였는데 전부 이동시에 사용하는 물건이라, 다른 종류를 더 첨가한다면 손수건, 밸트류, 악세사리, 가방류등 주로 메이커, 명품과 연관이 지어지는 소모품 종류가 천거된다. 기획 상품종류가 되겠다.

☞ 한걸음 더 나아가 간편한 선물용품도 이어지고, 여러 가지가 응용이 된다.

◉ 寅巳驛馬 地殺女(인사역마 지살녀)----인사, 역마 지살을 갖춘 여성은 항공기에 여승무원이라고 하였는데, 예전에는 굉장히 선망의 대상이었던 직종이다. 물론 지금도 마찬가지이고, 허나 시대가 많이 바뀌어 지금은 여성이 사관학교에도 입학을 하고 ,입법, 사법, 행정의 각 중요 위치에 다 포진을 하고 있는 세상이다.

☞ 이제는 꼭 역마, 지살을 따지지 않아도 기본적으로 누구나 약간씩의 요소는 다 있다. 지구촌이 한 나라로 움직이니 이제는 역마, 지살의 개념도 많이 달라지고 있다.

◉ 운(運)에서만 들어와도 해외여행이요, 출국이고, 비즈니스다. 여행도 이제는 하나의 기본 개념이 되어버린 것이다 寅,巳驛馬(인,사역마)를 항공기와 연관 시킨 것은 화(火)로 연결이 되니 나르는 허공이라 비행기로 연관 시킨 것이다. 조금 더 발전 한다면 우주 항공 센타도 이어진다.

☞ 항공관련 산업에 종사하는 경우도 되고, 직접 경비행기 정도는 운전하는 정도가 되니 여자 비행사도 볼 수 있다.

◉ 직업(職業)도 가지가지.

甲	癸	辛	庚
寅	卯	巳	申

◩ 계묘(癸卯) 일주의 사주다. 지지에 인(寅), 사(巳) 역마를 다 갖추고 있다.

327 우봉인성	丙庚辰日 打字技術 병경진일 타자기술	丙庚戌日 가져보니 병경술일 가져보니	丁丑丁未 이것또한 정축정미 이것또한	又逢印星 八字로다. 우봉인성 팔자로다.

丙	庚	丙	庚	丁	丁
辰	辰	戌	戌	丑	未

⬆ 일주(日主) 들이 인수(印綬)가 또 있으면 타자기술을 가져본다고 하였는데 손재주가 뛰어나다는 설명이다.

☞ 타자이야기는 옛날이야기고 지금은 컴퓨터를 기본적으로, 누구나 다 두들기는 것이 자판이다. 인수가 있는데 또 인수를 갖추니 인성이 강하다는 설명인데 인수는 필력도 좋아 글쓰기 좋아하고, 또한 책 읽기도 좋아하고, 서정적인 면이 다분하여 손놀림으로 인한 직종이 어울린다.

☞ 섬세한 부분에 어울리는 사람들이다. 양모예술, 조각 분야 등 디테일한 분야 예전에는 타자만을 전문으로 치는 여직원이 많았었다. 지금으로 친다면 오퍼레이터 정도로 해석하자. 필경사라는 직종도 있었다.

☞ 인성은 복사와도 연관이 깊어 복제물과도 연관이 이어지고, 예술적인 면으로 보면 서예, 차트, 응용미술 계통이 적합하다고 볼 수가 있겠다.

☞ 컴퓨터 그래픽, 웹디자인도 한몫 거든다고 보면 될 것이다.

◉ 다 타고난 복(福)이다.

庚	庚	己	癸
辰	戌	未	亥

⬅ 경술(庚戌) 일주의 사주다. 인성(印星)과 재성(財星)이 어우러진 사주다.

3D가 앞으로는 대세다? 시대는 점점 미묘하게 그리고 다분화 되면서 정밀해져 간다. 사주의 통변도 구린 냄새가 나면 적응을 하기 어려워진다. 인생의 쓴맛, 단맛 을 어느 정도 알면서 나름대로 교양과 상식을 갖추면서 항상 새로운 지식을 습득하고 노력하는 사람이 되어야 할 것이다. 그저 경험, 능력— 거시기한 소리다. 옛날 귀신은 주소도, 길도 달라져서 오라고 해도 못 온단다.

328	夏月生人	庚辛日生	그림그려	名畵되고
	木火日主	傷官食神	노래불러	名唱이라.
목화 상관,식신	하월생인	경신일생	그림그려	명화되고
	목화일주	상관식신	노래불러	명창이라.

◪ 夏月生人 庚辛日(하월생인 경신일)이라 함은 금일주(金日主)에 巳,午,未火月(사,오,미 화월) 출생(出生)이라 금일주(金日主)가 여름에 출생하면 그림을 잘 그린다는 설명인데 이유는 무엇일까? 금일주(金日主)는 그자체가 그림이다. 무(無)에서 유(有)를 창조하듯 그림이 살아 숨 쉬는 듯 움직인다.

☞ 결실이라 열매를 잘 맺으므로 선(線)과 점을 이용해 하나의 결실인 작품을 완성한다. 화(火)는 생동감이다. 웅장함에 살아 꿈틀거리는 것 같은 느낌을 표현한다. 왜냐하면 명암(明暗)이 살아나기 때문이다.

◉ 타고나 재주인데 어쩔 것인가?

◧ 신축(辛丑) 일주의 사주다. 월지에 사(巳)화를 놓고 있다. 인성도 강하다.

戊	辛	丁	癸
戌	丑	巳	亥

⬇ 목일주(木日主)는 선의 강약을 잘 표현한다. 나무니까 수일주(水日主)는 채색(彩色)에 있어서 표현(表現)이 살아난다. 수채화다.

☞ 목화(木火)일주는 목화통명(木火通明)➡세상의 빛과 소금 역할➡ 대중 앞에 나서기를 좋아하는데, 식상이 많아야 가능한데 노래를 하면 명창이라 하였으니, 성량도 풍부한 것이 첫째 조건이다.

◉ 욕심(慾心)도 지나치면 화(禍)가 된다.

◧ 을미(乙未) 일주의 사주다. 목화통명(木火通明) 사주다. 관(官)까지는 무리.

辛	乙	甲	戊
巳	未	寅	辰

⬆ 관골도 확실해야 하고, 약간은 다혈질적인 성향도 있어야 하고 입도 커야 할 것이고, 식상이 많으면 관을 극하므로 여자의 경우 팔자가 순탄치가 않아, 남편과의 연(緣)이 그리 좋은 편은 아니다. 일주가 아주 강한 편이면 어느 정도는 감내가 가능하다. 그러나 신약의 경우는 그 팔자 넘어가기 어렵다.

<table>
<tr><td rowspan="2">329

성우,배우</td><td>四柱印星</td><td>傷官星은</td><td>文藝方面</td><td>有能하고</td></tr>
<tr><td>聲優俳優</td><td>小說家를</td><td>흔히흔히</td><td>보게된다.</td></tr>
<tr><td></td><td>사주인성</td><td>상관성은</td><td>문예방면</td><td>유능하고</td></tr>
<tr><td></td><td>성우배우</td><td>소설가를</td><td>흔히흔히</td><td>보게된다.</td></tr>
</table>

◑ 四柱印星 傷官星(사주인성 상관성)사주에 인성과 상관성이 어우러져 있는 경우를 설명한다. 인성과 상관성이 잘 이루어지면 아는 것을 활용 하는 데는 일가견(一家見)을 이룬다. 고로 창작계통에서 두각을 나타낸다.

☞ 무에서 유를 창조하는 것도 기본적인 지식이 갖추어져야 꽃을 피우는 것이다. 글을 조금 쓴다고 무조건 작가가 되는 것이 아니다. 계획한 분야에 대하여 무단한 노력과 산경험이 다 바탕이 되어야 살아 있는 글이 되고 독자에게 감흥을 주게 된다. 문예, 창작, 발표이니 연예계 또한 능력을 발휘하게 된다.

☞ 식상(食傷)은 언어의 표현이니 달변(達辯)이라, 구변(口辯)에도 능하여 그야말로 텔런트의 기질을 발휘. 개그맨, 성우, 연극배우, 뮤지컬 배우, 연기자의 길을 걷게 된다. 물론 가수도 포함된다.

☞ 인수가 있으니 볼수록 예쁘고, 귀엽지만 식상이 또한 만만치 않으니 볼수록 싫증나니 인기인들은 항상 인기가 계속되는 것이 아니라 올라가면 항상 내리막길이라, 한 때라고 하는 것이 바로 이러한 연유다.

◉ 그래도 강한 쪽을 택하라.

辛	癸	乙	癸
酉	未	卯	未

◀ 계미(癸未) 일주의 사주다. 인성과 상관성이 있으나, 상관 쪽이 강하다.

<table>
<tr><td rowspan="2">330

관재고</td><td>四柱財旺</td><td>官財庫는</td><td>金融界에</td><td>出世하고</td></tr>
<tr><td>丙丁日生</td><td>四柱財局</td><td>金利놀이</td><td>많이한다.</td></tr>
<tr><td></td><td>사주재왕</td><td>관재고는</td><td>금융계에</td><td>출세하고</td></tr>
<tr><td></td><td>병정일생</td><td>사주재국</td><td>금리놀이</td><td>많이한다.</td></tr>
</table>

◎ 四柱財旺 官財庫(사주재왕 관재고)————사주에 재(財)가 왕(旺) 하거나 관(官), 재고(財庫)를 갖추고 있는 경우에는 금융계에서 출세한다고 하였는데 이에도 등급이 있다.

☞ 같은 재(財)라도 그 크기가 작으면 규모가 작은 곳이요, 국(局)을 이루거나 할 경우는 근무를 해도 큰 곳에서 근무를 하는데, 재관이 왕 하면 자연 신약(身弱)이라 월급쟁이다.

☞ 사주가 신강하여 내가 다스릴 수가 있다면, 나도 재벌소리 들어볼 수가 있지만 사주가 신약하니 남의 돈 벌어주는 월급쟁이에 불과하다.

◉ 다 뜻대로 되지 않는 것이 인생이다.

<table>
<tr><td>丁</td><td>乙</td><td>壬</td><td>丙</td></tr>
<tr><td>丑</td><td>丑</td><td>辰</td><td>午</td></tr>
</table>

◀ 을축(乙丑) 일주의 사주다.

재관(財官)을 갖추고는 있다.

☞ 재(財)가 지지에 많다보니 금전에 대한 욕심이 매우 많은 여인이다. 안타까운 것은 일지와, 시지에 官庫(관고)를 둘 이나 갖고 있으니 문제가 많은 사주다.

☞ 인수와 상관이 서로가 충(沖)하니 능력, 실력은 있어도 빛 보기 어렵다.

◉ 재(財)가 많고 신약(身弱)하니 금전(金錢)에 항상 쪼들린다. 신용불량으로 이어진다. 탕화(湯火)가 있어 가끔씩 비관도 하여본다.

◉ 운(運)에서 사주가 강해지면 그 운의 기(氣)가 강해지는 동안은 힘을 쓰지만 그 운(運)이 지나가고 나면 다시 신약(身弱)으로 돌아오게 된다.

☞ 월급쟁이 하다 독립하여 한 동안은 잘나가는 것 같다가, 다시 내리막길을 걷는 것은 이러한 연유다. 다행이 대운이나 세운에서 어느 정도 힘을 받을 때, 챙기고 운이 내리막길일 때➡관리는 상황을 보아서 진행해야 한다.

그러나 사람의 욕심이 어디 그런가? 항상 잘 될 것 같고, 또 지금 잘 나가는데, 누가 그 걸음을 멈추려고 하겠는가? 옆에서 이야기를 하면 괜히 배가 아파 그런다고 오해받지 안 그런가요?

☞ 丙,丁日生(병,정일생)은 화일주(火日主)라 재(財)는 금(金)이 되는데, 금(金)은 쇳가루 즉, 돈이라 국(局)을 이루고 있으니 금전운용 하는 업종에 종사하면 성공을 할 확률이 높다. 펀드라든가, 시세차익을 얻을 수 있는 직종, 대부업도 좋고, 이와 유사한 직종이 좋다.

◉ 항상 꼭 아쉬운 것은 있게 마련이다.

辛	丙	庚	辛
卯	戌	子	酉

⇐ 병술(丙戌) 일주의 사주다.

　재(財)가 잘 구성이 되어있다. 그러나 ――

❖ 불이란?

모여야만이 자기의 능력이 더 왕 해진다. 사주 상 비견, 겁이 왕하고 인성이 왕 하거나, 서로가 견실하면 일단 강한 사주로 보지만 불은 물과 함께 그 특성이 더욱 두드러진다. 장수로 비긴다면 猛將(맹장)과 智將(지장)이다. 맹장은 전리품을 수하에게 잘 나누어준다. 걷기도 잘하지만 주기도 잘한다. 단점은 오래 간직하지를 못한다. 반면 지장은 치밀하게 계산하고 영리하게 활용한다. 사람도 마찬가지 성향을 갖는다. 화끈한 성격 차분하면서도 침리한 사람 성격이 나타난다. 남성이라면 여자를다룸에 있어서도 마찬가지다. 여성이라면 관을 보지만 역시 재성을 볼 경우 그에 버금간다. 기본 바탕이 그러하다는 것이다.

<table>
<tr><td rowspan="2">331

해외진출</td><td>重重地殺</td><td>印星財官</td><td>또는驛馬</td><td>印星財官</td></tr>
<tr><td>國際機關</td><td>등명이요</td><td>海外進出</td><td>財名이라.</td></tr>
<tr><td></td><td>중중지살</td><td>인성재관</td><td>또는역마</td><td>인성재관</td></tr>
<tr><td></td><td>국제기관</td><td>등명이요</td><td>해외진출</td><td>재명이라.</td></tr>
</table>

◈ 重重地殺 印星財官(중중지살 인성재관)———역마(驛馬)나 지살(地殺)이 많은데 이것이 인성,관성,재성에 해당이 되면 재관인(財官印)이 갖추어지는 형상이니 해외에 진출해도 어느 정도의 직위로 나가게 된다.

☞ 요사이는 외국의 대사관에 근무하거나, 외교관으로 활동을 하여도 한 가지 업무에 국한 되는 것이 아니다. 자국민에 대한 안전관리에서부터 금융, 경제, 산업, 정치, 문화 등 작은 국가와 마찬가지로 그 업무가 다양하다.

☞ 외국에 나가 근무할 정도의 인재라면 재(財), 관(官), 인(寅)을 고루 갖추고 역마(驛馬), 지살(地殺)이 해당함은 물론 사주 또한 강(强)해야 모든 것을 충분히 해결 할 수 있다. 국내용으로 안주하는 것이 아니라, 국제적으로 통용이 될 정도의 인물은 되어야 맡은 바 자기의 직분을 충분히 수행할 수 있을 것이다.

◉ 할 말은 많은데――――――

辛	辛	辛	己
卯	卯	未	未

◀ 외무부 장관을 역임한 분의 사주다.

❖ 여자의 사주에 역마 지살이 중중하면? 어느 육친에 해당하는가? 물론 중요하다. 이차적으로 본다면 바쁘다 바뻐 어디에 해당하든 상관이 없다는 말이다. 그럼 이런 경우는 어떻게 할 것인가? 음중의 양과 같은 의미로 해석한다. 乾卦(건괘)와 坤卦(곤괘)가 같이 공존한다. 天地(천지)가 가끔은 뒤바뀐다는 것이다. 근본은 바뀔 수 없는 일이고, 요동치는 일이 자주 발생함이다. 평범한 삶은 아니라는 설명이다.

332	甲乙日生	金弱格은	洋銀器皿	金屬이요
	丙丁日生	水木格은	水産海物	事業좋고.
	갑을일생	금약격은	양은기혈	금속이요
수산해물	병정일생	수목격은	수산해물	사업좋고.

◈ 甲乙日生 金弱格(갑을일생 금약격)---갑을일생이라 목일주(木日主) 인데 금약격이라 하였으니 관(官)인 금(金)이 약(弱)한지라, 자연 용신(用神) 쪽으로 볼 수 있으므로 금(金)과 연관된 직종이 괜찮고, 丙,丁日生(병,정일생)이라 화일주(火日主)인데 관(官)과, 인(印)이 갖추어진 격(格)이라 관인상생(官印相生)으로 이어지니 자연 수(水)인 오행과 연관이 지어지는 직종이 괜찮다.

▶ 洋銀器皿 金屬(양은기혈 금속)이라 하였는데 ,금속과 연관이 지어지는 업종으로 요즈음으로 치면 자동차 관련 산업, 중공업 관련 산업, 중기관련 산업, 기계금속관련 산업, 방위산업관련 업종, 로봇관련 산업 등이 좋다는 설명이다.

☞ 양은은 이야기는 이미 하였으므로 생략을 하고 좀 더 근대적인 차원에서 금속과 연관이 있는 부분을 생각하면 될 것이다.

◉ 오행으로 수(水)는 수산업계통과 이와 연관된 업종을 생각하면 되고, 수산물 양식업, 수산 식품업, 해저산업계통도 좋고, 수자원개발공사의 근무도 해당하고 이와 유사 업종, 연관된 분야에 종사하는 것으로 해석 해보자.

◉ 職業(직업)도 가지가지다.

己	甲	丁	乙
巳	申	亥	卯

◀ 갑신(甲申) 일주의 사주다.

<table>
<tr><td rowspan="2">**333**

물 사업</td><td>壬申壬子</td><td>壬辰日生</td><td>飮食物業</td><td>많이하고</td></tr>
<tr><td>庚申子辰</td><td>辛己亥日</td><td>물事業을</td><td>하여본다.</td></tr>
<tr><td></td><td>임신임자</td><td>임진일생</td><td>음식물업</td><td>많이하고</td></tr>
<tr><td></td><td>경신자진</td><td>신기해일</td><td>물사업을</td><td>하여본다.</td></tr>
</table>

◘ 飮食物業 (음식물업), 물 사업이라 하였는데 요식업 관련 계통을 설명하는 것이고, 남성 보다는 여성에게 좀 더 가까이 다가갈 수 있는 분야하다.

☞ 임신(壬申), 임자(壬子), 임진(臨津) 일생(日生)이라 하였는데, 음식영업이라 하였고 庚申,子,辰辛巳,亥日(경신,경자,경진,신사,신해 일생)이라 하였는데 결국은 전부 물과 연관이 되는 업종이라, 물이란 흘러야 하는데, 물의 양이 어느 정도 이상은 되어야 흐르니 약간 있다 해서 되는 것이 아니라 충분한 정도의 양이 되어야 하는 것이다.

◆ 물 장사

⇐ 여기서 재(財)는 무엇이 될까?해(亥)중 갑(甲)목이 재(財)가된다. 물장사가 돈벌어주는 것이다.

⇐ 물장사계통에 종사 한다면, 관(官)은 목(木)인데 갑(甲)목이된다 갑기(甲己)합으로 애인하자며 뭇 남성들이 달려든다.

☞ 해(亥)중의 갑(甲)목이 남자다. 해(亥)는 시간으로 밤 9시이다. 밤 시간에 기다리고 있다가 갑기(甲己) 합(合)으로 이어지면서 어디론가 사라진다.

◉ 직접적인 관여가 아니더라도 투자 또한 가능하고, 주주로서의 행세도 좋은 것이다. 요즈음으로 치면 ☞ 사우나, 찜질방, 해수욕장관련사업 수자원개발사업, 수경사업, 치수사업 ,양식업, 생수사업, 수산물 관련사업 등을 볼 수 있고 이와 연관된 업종이면 다 좋다. 특히 새로이 부각이 되고 있는 물을 이용한 건강관리 사업도 괜찮다. 소위 말하는 스파업종 쪽이다. 수영장이나 헬스도 이제는 벌써 사양 기운이 보인다.

334	金日主가	傷官用財	亦是飮食	事業좋고
	驛馬財나	地殺在는	運輸事業	成功하네.
	금일주가	상관용재	역시음식	사업좋고
음식, 운수	역마재나	지살재는	운수사업	성공하네.

◈ 金日主가 傷官用財(금일주가 상관용재)라 하였는데 傷官用財格(상관용재격)이라 함은 상관(傷官)이 많으니 재(財)를 용신(用神)으로 한다는 말인데, 재(財)란 음식이라 식상관(食傷官)이 많으니 솜씨는 있는 것이라 재(財)를 다루는 데는 일가견(一家見)이 있다고 보는 것이다.

◉ 운(運)에서 재(財)와 식상관(食傷官)이 합(合)이 드는 해는 더욱 왕성하게 할 것으로 본다.

◉ 재(財)가 역마(驛馬)나 지살(地殺)에 해당되면 이동하는 사업이라 운수업이 딱 어울린다.

◉ 요즈음의 운수업하면 운송, 체인 업종, 해운업, 항공업도 좋고, 선박업도 좋고, 택배사업, 물류관련사업도 아주 좋다.

◉ 참 벌기는 잘 하는데————?

辛	辛	癸	癸
卯	亥	亥	丑

◀ 신해(辛亥) 일주의 사주다.

식상관(食傷官)이 너무 왕 하다.

금전(金錢)이 잘 모이지 않는다.

❖ 벌기는 잘하는데 어느 구멍으로 흘러가는지 알 수가 없다. 참으로 깝깝한 일이다. 나나 내나 다 같은 처지 아닌가? 하면서 한탄 하는 팔자다. 뇌물로 먹기는 먹었는데 입으로 들어 간 것인지, 거시기 구멍으로 간 것인지 알 수가 없다는 말이다. 공범이 여럿이면 항상 나오는 말이다. 혼자서 먹으면 독식인데 혼자 먹지는 못한다. 사고가 나도 꼭 여럿이 연관되어진다. 문제가 생겨도 그렇다. 물귀신 같은 성향이 나타난다. 흘러흘러 가는데 막히는 곳이 없이 사라져버린다는 말이다. 열심히 연설하는데 한참 있다보니 군중이 다 가버린 것이다.

<table>
<tr><td rowspan="2">335

호명만인</td><td>春生丙丁
敎壇올라
춘생병정
교단올라</td><td>夏生戊己
敎鞭들고
하생무기
교편들고</td><td>秋生壬癸
呼名萬人
추생임계
호명만인</td><td>冬甲乙은
분주하다.
동갑을은
분주하다.</td></tr>
</table>

◉ 春生,丙,丁(춘생, 병,정)이라 함은 병정(丙丁)화(火)일주에 목(木)월생이라

◉ 夏生戊,己 (하생 무,기)➡ 토일주(土日主)가 여름에 태어났고,

◉ 秋生壬,癸 (추생, 임,수)➡수일주(水日主)가 가을에 출생을 한 것이고,

◉ 冬甲,乙(동갑,을) ➡ 목일주(木日主)가 겨울에 출생을 한 것인데,

☞ 교단에 올라 교편을 들고 많은 사람 이름 부르기에 분주하다 하였으니 교육자가 아니던가?

庚	丁	庚	乙
子	亥	辰	卯

◀ 정화(丁火) 일주의 사주다.
진월(辰月)에 출생하여 목국(木局)을 형성한다.

己	甲	丁	乙
巳	申	亥	卯

◀ 기미(己未) 일주의 사주다.
지지에 화국(火局)을 형성하고 있다.

甲	癸	辛	癸
寅	亥	酉	亥

◀ 계해(戒海) 일주의 사주다
유월(酉月)에 출생을 하였다.

戊	乙	甲	癸
寅	酉	子	亥

◀ 을목(乙木) 일주의 사주다.
자월(子月)에 출생 하였다.

▶ 여기에서의 공통점은 각 일주(日主)가 월(月)에 인수(印綬)를 안고 태어난 것이다. 월(月)에 인수(印綬)를 갖추면 교육자(敎育者) 집안이거나 공부하고 학문적인 면에 학구파의 소양을 갖고 태어나는 것이다.

☞ 인수(印綬)가 용신(用神)일 경우는 어려서는 공부에 전념을 해야하고, 사

업 쪽에는 관심을 덜 갖는 것이 좋다.

☞ 성인이 된 후에는 내가 배운 것을 활용하여 그 것을 써먹는 것으로 풀어야 살아가는데 있어서 편안 할 수가 있는 것이다. 금전(金錢)에 대한 지나친 집착(執著)은 항상 나를 피곤하게하고 어렵게 만든다.

☞ 사랑의 매를 들고 만인의 이름을 호명하니 참으로 고귀한 직업이다.

❖ 사랑의 매

말로 하면 안 되니 매를 드는 것이다. 잘못된 자식 부모 책임이 우선이지만 남 탓하기 바쁘다. 정작 중요한 것은 본인이 결정하는 것이다. 얼르고, 겁주고 별짓 다하지만 빠른 반응이 안 나온다. 어차피 결론은 나온 것이지만 매질이 약한 것이다. 매질이란 상대방이 무서워하는 것으로 매질을 해야 한다. 그저 일상적인 매질이 아니라 심금을 울리고 가슴에 팍팍 와 닿는 그런 선택을 해야 하는 것이다. 언 땅을 포크레인으로 판다고 그것이 잘 파질까? 천만의 말씀이다. 뜨거운 물로 아니면, 화끈하게 얼굴이 달아오르는 그런 뚱칠하는 뜨거운 매질이 있어야 녹으면서 파지니 반응이 나오는 것이다. 스스로 이런 수치가 심지어 목숨까지도 버릴 생각을 할 수 있는, 이럴 수가 하면서--- 가슴을 치면서 통찬하는 자극과 압박을 주어야 한다는 것이다.

최근의 물의를 빚고 있는 국정사태 역시 마찬가지다. 이용하거나, 이용 당하거나 어차피 해결은 되겠지만 좀 더 영리한 판단이 필요한 것이다. 중요한 것은 평생 아니, 죽어서도 그 이름들이 길이 남는 다는 것이다. 그들은 그것을 알까? 자식들도 이어간다는 사실을? 너무 잘 알 것이다. 모른다면 빈 곳이 많은 사람들이고. 지금 이리 회자되는 것도 이제 시작인 것을----

336		戊己日에	寅月出生	三冬月에	庚辛日生
		三六九臘	庚辛日生	그도또한	敎育家라.
		무기일에	인월출생	삼동월에	경신일생
삼육구랍 경신		삼육구랍	경신일생	그도또한	교육가라.

➡ 戊己日에 寅月出生(무기일이면 土일주인데 寅월에 출생)을 하고, 三冬月에 庚辛日生(삼동월에 경신일생)이라 함은 亥, 子, 丑月 (해, 자, 축월)에 출생을 하고,金日主(금일주)라, 三六九臘(삼육구랍)이라 함은,

☞ 3,6,9,12월에 출생인데, 금일주(金日主)라 그도 또한 교육가라고 설명을 하고 있다. 이 경우는 월(月)에 인수(印綬)이거나 식상(食傷)을 갖추고 있는 사주를 설명한 것이다.

◉ 선생님, 선생님 우리 선생님.

戊	戊	庚	辛
午	辰	寅	酉

◀ 무진(戊辰) 일주의 사주다.
인월(寅月)에 출생 하였다.

戊	庚	癸	丁
午	辰	丑	巳

◀ 경진(庚津) 일주의 사주다.
축월(丑月)에 출생 하였다.

➡ 월(月)에 식상(食傷)을 갖추고 있으면 자기의 아는 것을 발표하는 데는 능력이 있는지라 브리핑, 설명회 같은 곳에서는 일가견을 이룬다.

☞ 그러니 교육과도 연관을 지어보는 것이다. 토(土)일주에 인(寅)월이니 寅中丙火(인중병화)가 印綬(인수)요, 三冬月(삼동월)에 金日主(금일주)이니 水局(수국)이라 식상으로 연결이 되고, 삼유구랍이니 月支(월지)에 土(토)를 놓고 있는 金日主(금일주)이니, 그 또한 식상을 놓고 있는 것이라 교육가의 사주라 보는 것이다.

☞ 교육가라고 하면 꼭 교단에 서서 가르치는 것만이 교육가가 아니다. 요사이는 자기의 능력이 어느 분야이던 특출하면 남을 가르치기도 하는 세상이

니, 그것 또한 교육가라 볼 수 있다. 식상이 발달하는 것도 자기의 능력이 출중함이라 결국은 그것이 남을 가르치는데 사용이 되니 食傷(식상)이 月(월)에 있어도 교육가라 하는 것이다.

☞ 사주에 亥(해)가 하나만 있어도 가르치는 데는 일가견이 있다. 그런데 그것을 月에 놓고 있으니 그 성향이 더욱 큰 것이다. 일주를 한 번 비교하자.

O	丁	O	O
O	亥	亥	O

일지와 월지에 해수(亥水)가 둘이다.
힘은 셋의 역할을 한다.

O	丁	O	O
O	卯	亥	O

월지(月支)에 해(亥)수를 놓고있다.
월지와 일지가 합(合)이 되어 인수(印綬)로 되고

O	丁	O	O
O	未	亥	O

월지에 해(亥)수를 놓고 있다.
일지와 합이 되어 목(木)인 인수(印綬)가 된다.

O	丙	O	O
O	寅	申	O

병화(丙火) 일주의 사주다.
신월(申月)에 병인(丙寅) 생이다.

O	丙	O	O
O	午	申	O

병화(丙火)일주의 사주다.
신월(申月)에 오일(午日)생이다.

337	亥月丁亥 手執敎鞭 해월정해 수집교편	卯未日生 하여보니 묘미일생 하여보니	申月丙寅 九呼萬人 신월병인 구호만인	午日生人 스승이요. 오일생인 스승이요.
수집교편				

338	春夏月에 酉月生人 춘하월에 유월생인	甲乙日生 丁丑日生 갑을일생 정축일생	三冬月에 舌端生金 삼동월에 설단생금	壬癸日生 敎育家라. 임계일생 교육가라.
설단생금				

▣ 亥月丁亥 卯未日生(((해월정해 묘미일생)--丁火(정화) 일주인데 月에 亥水(해수)가 작용을 하여 합을 이루면서 木局(목국)을 형성하니 印受局(인수국)이 되고,

▣ 申月丙寅 午日生人(신월병인 오일생인)-----신월에 병인, 병오 일주라 원래 火(화)일주는 그 자체로도 교육의 성향이 강한데 月(월)에 財(재)인 금을 놓고 있으니 舌端生金(설단생금)이라 혀끝으로 金(금)을 生(생)한다 하였으니, 金(금)이란 재물로 돈이라 입, 즉 혀를 놀려서 돈을 버는 것이니, 말로써 돈을 버는 것이니 그것이 가르치고, 설명하고, 설득하고, 입으로 행하는 업의 일종이라, 교육도 그 가운데 하나에 속하는 것이니 교육가라 보는 것이다.

☞ 가르침의 사랑의 매를 들고 배우는 사람들의 이름을 부르니 그가 스승이요, 교사요, 많은 사람들이 칭송하니 그 또한 진정한 교육가가 되는 것이다.

丁	乙	甲	戊
亥	巳	寅	午

월지에 인목(寅木) 놓고 지지 화국(火局)이다.

⬆ 春夏月에 甲乙日生(춘,하월에 갑을 일생)이라 함은 목(木)일주에 목(木), 화(火)이라, 을목(乙木) 일주의 사주다.

丙	癸	辛	辛
辰	丑	丑	酉

◀ 계수(癸水) 일주의 사주다. 월지에 축(丑)토를 놓고 있다.

⬆ 三冬月에 壬癸日生(삼동월, 임계일생)➡겨울에 태어나 수(水)일주이고,

⬅ 정축(丁丑) 일주의 사주다.
월지(月支)에 유금(酉金)을 놓고 있다.

壬	丁	辛	戊
辰	丑	酉	午

⬆ 酉月生人 丁丑日生(유월생인이 정축일생)이면 丁火日主(정화일주)가 日과 月(일과 월)에 지지로 金局(금국)을 이루어 財(재)를 갖추고 있음이라, 火(화)로 財(재)를 다룸이니 설단생금 이니 또한 교육가라는 설명이다.

339	申酉月에	甲申日과	四柱印局	놓게되면
	人人指曰	敎師라고	呼稱함이	있으리라.
	신유월에	갑신일과	사주인국	놓게되면
인인지왈	인인지왈	교사라고	호칭함이	있으리라.

⬇ 申,酉月에 甲申日(신유월은 가을이고 갑신일)이라 하였으니 甲木日主(갑목일주)에 지지에 金(금) 놓고 있는 형상, 어떻게 교육가로 이어지는 것일까?

乙	甲	辛	癸
丑	申	酉	卯

⬅ 甲申(갑신) 일주의 사주다.
月支(월지)에 酉金(유금)을 놓고 있다.

⬆ 원래 木(목)은 교육이요, 정신이다. 일지와 월지에 官(관)을 놓고 있으니 棟梁之木(동량지목)으로서의 역할을 확실히 하게 된다. 깎고 다듬고 하여 타의 모범이 되는 그러한 그릇으로 성장하는 것이다.

☞ 四柱印局(사주에 인수국)을 놓으면 人人指曰(인인지왈), 사람들이 불러 가라사대 교사라 한다.

340	以上五局	태어난몸	敎育界로	안나서면
	言論機關	文藝從事	女記者가	아니드냐.
	이상오국	태어난몸	교육계로	안나서면
문예종사	언론기관	문예종사	여기자가	아니드냐.

❖ 여성의 사주가 이와 같이 앞에서 설명을 한 것처럼 갖추어지면 교육계로 나서거나, 언론기관이나 방송계통에 종사하여 기자나 아나운, 앵커 등으로 명

성을 얻게 되고 문학, 예술계통으로 종사하게 되면 작가나, 연출가도 가능하고, 그 분야에서 이름을 드날린다.

341 부자지간 기업	만약내가 아니면은 夫子之間 其業이니 亦是事業 連結이라 仔細仔細 參考하소. 만약내가 아니면은 부자지간 기업이니 역시사업 연결이라 자세자세 참고하소.

▶ 본인이 안하게 되면 가족 중의 다른 사람이라도 이와 연관된 사업을 한다는 설명인데 우리가 육친을 해석할 때 보면 여러 각도로 해석을 하듯, 그에 대한 범위의 설명이다.

342 백초시상	卯酉戌中 二字相逢 百草試常 醫業하고 亥子丑月 辛丑未亥 杏林之業 活人한다. 묘유술중 이자상봉 백초시상 의업하고 해자축월 신축미해 행림지업 활인한다.

▶ 이 글은 남명편에서도 언급이 된 부분이다 111번을 참조하기 바라며, 또다시 부분적인 반복을 한다면 卯, 酉, 戌 中(묘, 유, 술 3자 중)에 2자만 만나도 의약업이나 연관된 업종에 종사를 한다는 설명이 된다. 卯, 酉, 戌은 철쇄개금살로 상담 역활이니 건강, 인생, 법률, 의약 등에 대한 상담자의 역할이라 그에 연관된 업을 택하게 된다는 설명이다. 亥, 子, 丑 月(해, 자, 축월)은 10,11,12월이라 일단은, 깨끗한 것을 좋아하는 사주의 특성이 있다.

◀ 신금(辛金) 일주의 사주다. 월지(月支)에 자수(子水)를 놓고 있고 있다.

戊	辛	甲	癸
戌	未	子	亥

辛	辛	辛
丑	未	亥

⇐ 원편의 일주를 설명한 것인데, 월에 亥(해), 子(자),丑(축)이므로 金水雙淸(금수쌍청)이다.

⬆ 年支(년지) 또한 해수(亥水)를 놓고 있어 수국(水局)을 이루고, 年干(년간)에 계수(癸水)를 놓고 있으니 금수쌍청(金水双淸)이요, 지지에 술(戌), 해(亥) 천문성(天門星)을 놓고 있다.

343	夏月辛亥　　壬辰日과　　夏月辛丑　　未卯巳日 手集藥秤　　하게되니　　君臣左使　　製藥이라. 하월신해　　임진일과　　하월신축　　미묘사일
수집약칭	수집약칭　　하게되니　　군신좌사　　제약이라.

❖ 夏月辛亥 壬辰日(하월신해 임진일)———夏月(하월)이라 함은 여름이니 巳(사),午(오),未(미)월이고 ,辛亥(신해), 壬辰(임진) 일주이고, 辛金日主(신금 일주)의 입장에서 보면 傷官(상관)이 되는데 地支(지지)에 辰(진)토가 되어 壬水(임수)일주에는 夏月,辛丑 未卯巳日(하월신축 미묘사일)————하월 신, 축,미,묘,사 일이라 하였으니 辛丑(신축), 辛卯(신묘), 辛未(신미), 辛巳(신사) 일이고 약재(藥材)를 모아 저울에 다는 일을 행하니 약을 제조하는 일에 종사하는 것이다.

◉ 신금(辛金)일주는 대체적으로 보면 치과의사가 많은데 이유는 인체에서 신금(辛金)은 치아로 보는데 이유는 무엇일까?

☞ 신금(辛金)은 금,은,보석이라 인체에서 가장 빛나면서 보석과 같다 하는 것은 바로 하얀 치아가 아니던가, 對話(대화)에서 치아가 하야면 그 사람의 건강도 그렇고, 일단은 상대방에게 호감을 얻는다. 외관상으로도 점수를 따고 들어가는 것이다.

☞ 입은 出納(출납)궁인데 그 안에 보석이 있으니 이 아니 좋을 손가?

辛
丑 ————————축(丑)은 寅,午,丑 (인,오,축)하여 탕화(湯火)에 해당 되고

辛
卯 ————————卯(묘)는 鐵嘖開金殺(철쇄개금살)이요, 아침시간이라
　　　　　자고, 일어나니 세수하고 단장을 하여야하니 성형외과 계통이고,

辛
未 ————————未(미)토는 지장간에 丁, 乙, 己(정, 을, 기)라 乙(을)목인
　　　　　財庫(재고)를 깔고 있으니 돈 벌어 주고, 또 懸針殺(현침살)에 해당되니 현침살(懸針殺)이 돈 벌어주는 것이다.

344 의약지업	甲申日生　逢寅巳와　五陰巳日　逢寅申과 丁未日生　逢庚戌도　醫藥之業　分明하다. 갑신일생　봉인사와　오음사일　봉인신과 정미일생　봉경술도　의약지업　분명하다.

▣ 甲申日生 逢寅巳(갑신일생 봉인사)－－－－－갑신 일생이라 함은 甲申(갑신) 일 주인데, 봉(逢) 인사(寅巳)라 인(寅)과 사(巳)를 만남이니 형살(刑殺)을 설명하고, 五陰巳日(오음사일)이라 함은 음(陰)오(五)일간(日干)에 지지(地 支) 사(巳)이므로 인(寅), 사(巳)를 만나면 자연 인사신(寅巳申) 형살(刑殺) 이 성립(成立) 되므로 의업(意業)이나 이와 연관된 직종에 종사(從事)하게 되 고, (丁未) 日生(정미 일생)이므로 정미(丁未)일주(日主)다,

☞ 逢 庚戌(봉 경술)－－－－경술(庚戌)을 만난다고 하였으니, 일주(日主)는 정 미(丁未)이므로 월(月)이나 시(時)에서 만남이라, 지지에서 未戌刑(미술 형)을 이루므로 이 역시 의술, 또는 이와 연관된 직종이라는 설명.

◀ 甲申(갑신) 일주다.
月(월)과 時(시)에 寅(인), 巳(사)가 있다.

O	甲	O	O
巳	申	寅	O

(寅)　　　　　(巳)

⬆ 갑신(甲申) 일주인데, 시(時)나 월(月)에서 인(寅)이나 사(巳)를 만남으로 하여 인사신(寅巳申) 삼형살(三刑殺)을 이루는 것을 설명하는 것이다.

乙 丁 己 辛 癸
巳 巳 巳 巳 巳

이상의 일주가

월(月)이나, 시(時)에서 위의 경우와 같이

⬆ 인(寅)과 신(辛)을 만남으로 寅巳申三刑殺(인사신 삼형살)을 이루게 되면, 의업 또는 그에 연관된 직업에 종사한다는 설명.

345
만인구활

戊申日生　逢寅巳와　戊寅日生　申或逢巳
亦是醫業　因緣이니　萬人救活　하리로다.
무신일생　봉인사와　무인일생　신혹봉사
역시의업　인연이니　만인구활　하리로다.

▶ 戊申日生 逢寅巳와 戊寅日生(무신일생 봉인사와 무인일생)----무신(戊申)일생이니 무신(戊申)일주라 봉(逢)인사(寅巳)라 하였으니 地支(지지)에서 인사신(寅巳申)이 형성되는 것이니 삼형살(三刑殺)이 이루어지고, 戊寅日生(무인 일생)이니 무인(戊寅)일주라 지지에서 사(巳)와 신(辛)을 만나면 인사신(寅巳申) 삼형살(三刑殺)이 성립되니 이 역시 의업이나 이와 연관된 직업에 종사한다는 설명.

庚	戊	癸	辛
寅	申	巳	丑

◀ 무신(戊申) 일주의 사주다.
월(月),시(時)에 사(巳) 와 신(申)➡ 형살이다.

346
활인공덕

庚壬申日　巳或見寅　庚壬寅日　巳或見申
醫藥界에　入身하니　活人功德　하게되네.
경임신일　사혹견인　경임인일　사혹견신
의약계에　입신하니　활인공덕　하게되네.

庚　庚　壬　壬
申　寅　申　寅

이상의 일주들이 인사신(寅巳申) 삼형살(三刑殺)이 성립되려면 지지에서 사(巳),혹은 인신(寅申)을 만나면 의약업에 종사하거나 活人功德(활인공덕) 즉 인명(人命)을 구제하는 업에 종사한다는 설명. 남명편의115번을 참조 하기바람.

甲	庚	己	己
申	寅	巳	亥

◀ 경인(庚寅) 일주의 사주다.
월(月), 시(時)에 사(巳)와 신(申)을 놓고 있다.

<table>
<tr><td rowspan="2">347

의약지업</td><td>寅夏戌月</td><td>庚寅午戌</td><td>卯月生人</td><td>甲子日生</td></tr>
<tr><td>戌日生人
인하술월
술일생인</td><td>月時戌亥
경인오술
월시술해</td><td>醫藥之業
묘월생인
의약지업</td><td>從事하네.
갑자일생
종사하네.</td></tr>
</table>

▣ 寅夏戌月(인,하,술 월)이라 함은 지지(地支)에 화국(火局)을 형성할 수 있는 사주가 된다. 庚寅午戌(경인,오,술)이라 함은 일주(日主)가 경인(庚寅), 경오(庚午), 경술(庚戌) 일주를 설명. 금일주(金日主)가 지지(地支)에 火局(화국)을 이루고 있으니 쇠가 용광로에 들어가 제련이 되는 형상이라, 이공계 계통으로의 진로가 전도유망하다. 기술직계통이 어울린다.

丙	庚	丙	己
戌	午	寅	亥

◧ 경오(庚午) 일주의 사주다. 지지(地支)에 화국(火局)을 이루고 있다.

<table>
<tr><td rowspan="2">348

도규지업</td><td>甲戌日과</td><td>戊戌日生</td><td>甲乙日生</td><td>月或時乾</td></tr>
<tr><td>己丑亥日
갑술일과
기축해일</td><td>時或月乾
무술일생
시혹월건</td><td>刀圭之業
갑을일생
도규지업</td><td>하게된다.
월혹시건
하게된다.</td></tr>
</table>

◩ 甲戌日과 戊戌日生 甲乙日生 月或時乾((갑술일과 무술일생 갑을일생 월 혹 시 건)————갑술일이나 ,무술일생, 갑을일생이 월이나 시에 戌, 亥를 놓고 있는 경우를 설명한 것이고, 己丑亥日 時或月乾(기축해일 시혹월건)—————기축일주나 기해일주가 월이나 시에 乾 즉 戌, 亥를 놓고 있게 되면 刀圭之業(도규지업)을 하게 된다는 설명이다.

己	甲	己	丙
亥	戌	亥	午

◧ 甲戌(갑술) 일주의 사주다. 時(시)와 月(월)에 亥(해)를 각각 놓고 있다.

☞ 刀圭之業(도규지업)이란 의술을 설명하는데, 옛날에 가루약을 뜨던 칼 같이 생긴 모양의 숟가락을 刀圭(도규)라고 하였는데, 그 業(업)이니 의술을 설명한다.

349		夏月生人	北午未日	時間에다	戌亥星과
		甲寅日生	逢巳逢申	그도또한	活人家라.
		하월생인	북오미일	시간에다	술해성과
활인가		갑인일생	봉사봉신	그도또한	활인가라.

▶ 夏月生(하월생)이라 함은 巳,午,未月(사,오,미월), 즉 여름에 출생을 한 것인데, 北,午,未日(북,오 미일)이라 함은 北方(북방) 즉 壬,癸(임,계)이니 壬午, 癸未 (임오,계미)일주를 설명한다. 時間(시간)에 戌,亥(술,해) 천문성(天門星)을 놓고, 甲寅 日生(갑인 일생)이라 목일주(木日主)가 사(巳)나 신(申)을 만난다고 하였으니 寅巳申(인사신) 형살(刑殺)을 이룸이라 그도 또한 活人家(활인가)라는 설명이다.

O	壬	O	O
戌	午	O	O

◀ 임수(壬水) 일주의 사주다.
――――――――――――시(時)에 술(戌)이 있다.

O	壬	O	O
亥	午	O	O

◀ 임수(壬水) 일주의 사주다.
――――――――――――시(時)에 해(亥)가 있다.

O	癸	O	O
戌	未	O	O

◀ 계수(癸水) 일주의 사주다.
――――――――――――시(時)에 술(戌)이 있다.

O	癸	O	O
亥	未	O	O

◀ 계수(癸水) 일주의 사주다.
――――――――――――시(時)에 해(亥)가 있다.

▶ 活人家(활인가)란―――――활인(活人) 이란? 사람을 살린다는 뜻인데 사람을 살리는 일은 아픈 사람을 치료하여 완쾌시켜 주거나, 사람의 인명과 연관된 직업이라 그중 제일이 의업 아닌가?

己	甲	丙	丙
巳	寅	申	午

◀ 甲寅(갑인) 일주 사주다.
지지에 寅巳申(인사신) 刑殺(형살)을
이루고 있다.

☞ 木火通明(목화통명)으로 연결➡ 의약, 문학 등으로도 이어진다.

350 의약계	寅卯夏月　甲乙日生　醫藥界에　많이보고 丙申寅日　逢刑殺도　活人家에　많이본다. 인묘하월　갑을일생　의약계에　많이보고 병신인일　봉형살도　활인가에　많이본다.

❖ 寅,卯, 夏月(인묘, 하월)생이라 함은 목화(木火)로 통하는데, 甲乙 日生(갑을일생)이니 목화통명(木火通明)으로 해석 된다. 나무가 성장하여 자랐으니 꽃을 피워야 제 몫을 다 하는 것이 아니겠는가? 목(木)은 신경(神經)이요, 인정(仁情)이니 신경계통, 정신과 계통이 어울린다. 심리적인 치료계통도 좋고, 丙申寅日(병신인일)이라 함은 丙申(병신) 일주,丙寅(병인) 일주를 설명한다.

丙　　丙　↘

申　　寅　　이 일주가 형살(刑殺)을 이루어도 活人之業(활인지업)을 이룬다.

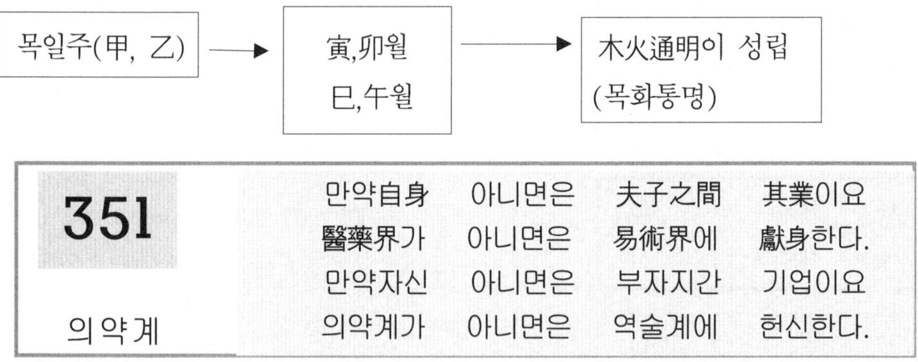

351 의약계	만약自身　아니면은　夫子之間　其業이요 醫藥界가　아니면은　易術界에　獻身한다. 만약자신　아니면은　부자지간　기업이요 의약계가　아니면은　역술계에　헌신한다.

⬆ 만일 본인이 이 업(業)을 하던 가, 아니면 남편이 하던 가, 자손이 이 일을 하게 되고 의료, 의약업이 아니면 역술계, 법조계 등에 몸을 담게 된다는 설명이다. 인연이 그리 된다는 것이다.

제 5 장　性情 성정, 體軀 체구

- 일반적으로 성정이라 함은 본인의 타고난 상품이나,
  성향등 기본적인 바탕을 말 한다.

- 주로 음양, 오행으로 분류하여 그 기본을 파악한다.
- 體軀(체구)에 있어서는 신체적인 특성을 살펴본다.

<table>
<tr><td rowspan="2">

352

불변 성격</td><td>甲乙日生</td><td>태운女子</td><td>뚝뚝하고</td><td>仁慈하여</td></tr>
<tr><td>始終不變</td><td>性格이라</td><td>意志굳고</td><td>삶해진다.</td></tr>
<tr><td></td><td>갑을일생</td><td>태운여자</td><td>뚝뚝하고</td><td>인자하여</td></tr>
<tr><td></td><td>시종불변</td><td>성격이라</td><td>의지굳고</td><td>삶해진다.</td></tr>
</table>

▣ 甲乙日生(갑을일생)이라 목일주(木日主)를 이름이라, 여자가 뚝뚝해도 문제다. 을(乙)일주일 경우는 괜찮은데, 甲木日主(갑목일주)일 경우는 그대로 나타난다.

☞ 본인은 별로 그런 티를 안내는 것 같아도 상대방이 느끼기를 약간은 거만스럽다는 듯 쳐다보게 된다. 항상 겸손하고 예의를 갖추면서 웃는 모습을 자주 보이는 것이 좋다

◉ 을목(乙木) 일주의 경우는 냇가에 늘어진 수양버들이라, 자태와 교태가 남달라 아무 생각 없는 웃음인데도, 상대방이 오해하여 곤욕을 치루는 수도 있으므로 항상 몸가짐과 태도에 유의해야 한다.

☞ 목일주(木日主)의 특징은 뻣뻣하나 한번 정해진 사항에 대하여 불변하는 것이 특징이라 의지가 굳어 굳세어라 금순---아가 된다.

庚	甲	甲	丁
午	寅	辰	卯

◀ 갑목(甲木) 일주의 사주다. 지지에 목국(木局)이 형성, 그 성향이 더하다.

⬆ 갑목(甲木) 일주인데 지지에 목국(木局)이라 곡직격(曲直格)의 사주가 된다. 목화통명(木火通明)이다.

353	丙丁日生	태운사람	明朗하고	好禮하여
	急凉急熱	性格이며	九辯之客	되리로다.
	병정일생	태운사람	명랑하고	호례하여
급량급열	급량급열	성격이며	구변지객	되리로다.

➡ 丙丁 日生(병정 일생)이라 화일주(火日主)다. 火(화)일주의 성격은 불이라 항상 타오르는 것이 좋다. 불이란 꺼지면 제 역할을 못하므로 항상 타도록 해 주는 것이 상책이다. 불은 못 태우는 것이 없다. 심지어는 물도 태워서 끓여 허공으로 날려 보내고, 뜨겁게 하여 튀기도록 할 정도로 다재다능하고 아는 것이 많아 만물박사다. 자기 자신을 태워 불꽃을 이뤄 자기자랑은 끝이 없다.

☞ 언변(言辯)도 뛰어나 동네 변호사요, 이장이고, 정치이야기면 핏대를 올려 세운다. 단점은 옆에서 치켜 세워주면 끝이 없다. 그래서 실수 할 경우가 종종 생기는데 원인은 옆에서 치켜 세워주면 간이고, 쓸개고 다 내 준다 그리고 돌아서면 또 후회한다.

☞ 火(화)일주의 여성은 다혈질에 화려함을 좋아하여 시치하는 것도 좋아한다. 또 속에 감추는 것도 싫어하여 남에게 비밀이 별로 없다. 알고 있으면 자 랑을 하고 말을 해야지, 그렇지 않으면 속이 부글부글 끓어올라 심장이 터 진다고 한다. 어찌 보면 단순한 면도 보이기도 하는데, 여자의 사주가 火 (화)일주일 경우 필요한 기운에 따라 비위를 맞추게 되면 큰 문제없이 일 을 처리 할 수 있게 된다.

| 辛 | 丙 | 丁 | 戊 |
| 卯 | 寅 | 巳 | 辰 |

⬅ 병화(丙火) 일주의 사주다. 지나친 강열함으로 인하여 집안의 불화가 잦다.

✤ 불난 집에 부채질하기.
불난 집에는 부채질을 하라. 그래야 빨리 다 타버린다. 싸울 때는 말리지 마 라. 더 싸우게 하면 기가 막혀 싸우지 않는다.

<table>
<tr><td rowspan="2">**354**

미신숭상</td><td>戊己日生　　出生女는　　信用있고　　純眞한데
그만中和　　失道하면　　迷信崇尚　　많이한다.
무기일생　　출생녀는　　신용있고　　순진한데
그만중화　　실도하면　　미신숭상　　많이한다.</td></tr>
</table>

➡ 戊己日生(무기일생)이라 토일주(土日主)의 여성인데, 대체로 순박하고 약속 같은 것을 매우 중요시하는 스타일이다.

☞ 월(月)에 인수(印綬)가 있는 경우도 선비형의 사주라 대체적으로 순진하고 착한 스타일이다. 일주(日主)가 강(强)할 경우 의외로 고집(固執)이 지나쳐 가끔씩 문제가 생기는 단점도 있다.

☞ 中和 失道(중화를 실도) 한다 함은 사주가 지나치게 강하거나, 약하다는 소리인데 ,강한 경우는 고집과 아집으로 똘똘 뭉쳐 그래도 흔들림은 덜한데 약한 경우는 결단력의 부족이라 주체성이 희박하다. 생활력 자체도 약해 생활에 어려움이 항상 따른다.

☞ 자체가 약하므로 독립하지 못하고 무얼 해도 옆에서 항상 도와주어야 자기일을 처리하고 환경의 지배를 많이 받는 편이라, 귀도 얇아 남의 속임수에 잘 넘어간다. 토(土)는 종교라, 심취하게 되면 물, 불 안 가린다.

丁	戊	甲	甲
巳	寅	戌	子

◀ 무토(戊土) 일주의 사주다.
지지 화국(火局)이 약한 무(戊)토에 도움된다.

辛	戊	戊	癸
酉	申	午	未

◀ 무토(戊土) 일주의 사주다.

⬆ 지지에 화국(火局)과 금국(金局)이 형성, 화금(火金)상전(相戰)이다.

<table>
<tr><td rowspan="2">**355**

상대 싫어한다.</td><td>庚辛日生</td><td>出生女는</td><td>그 性格이</td><td>冷情하다</td></tr>
<tr><td>한번틀려</td><td>본사람은</td><td>다시 相對</td><td>싫어한다.</td></tr>
<tr><td></td><td>경신일생</td><td>출생녀는</td><td>그성격이</td><td>냉정하다</td></tr>
<tr><td></td><td>한번틀려</td><td>본사람은</td><td>다시상대</td><td>싫어한다.</td></tr>
</table>

➡ 庚辛日生(경신 일생)이라 함은 금일주(金日主)인데, 결실이라 마무리에 능한 것이 좋은 점은 되지만 끝장을 보고야 마는, 그러한 면으로 인해 주변 사람을 피곤하게 하는 면이 보인다.

☞ 바늘로 찔러도 피 한 방울 나지 않는 사람이라는 표현을 하는데, 가끔씩 그런 성향이 보이기도 하고, 특히 신(辛)금일주의 경우 자기는 보석이라, 남보다 월등하다는 착각을 자주하여 오해받기도 하고, 마음에 안 드는 사람이면 너무 냉정하게 표가 날 정도로 쌀쌀하게 구는 경향이 다분해 주변 사람을 잃기도 한다. 여자가 이런 성격이면 사회생활을 하는데 있어서 가끔씩 문제가 된다. 본인의 단점을 체크하여 조금씩 개선하는 것이 좋다.

甲	庚	庚	辛
申	申	寅	酉

◀ 경금(庚金) 일주의 사주다.
간(干)충(沖) , 지(支)충(沖)이 보인다.
성격적(性格的)인 문제로 해석.

❖ 요즈음 웬만큼 알려진 사람들은 인터넷으로 검색만 해도 생년월일 정도는 알 수가 있다. 그래서 사주보는 사람들은 매우 편하기도 하지만 가끔은 가짜가 올라온다는 것도 알아야 할 것이다. 어떤 이들은 말한다. 영매적인, 주술적인 설명을 한다고 말이다. 보는 관점에 따라서 다 다른 것이니까? 일부 몰지각한 사람들의 행태가 이런 소리를 듣게끔 하니 그런 것이다. 어느 분야나 다 미꾸라지는 있는 것이다. 진정으로 공부하며 정도를 걷는 사람들도 있다는 것을 알아야 할 것이다. 각설하고 생년월일이 불분명하다는 사람들! 요 주의 인물이다. 궁합 볼 때 젊은 나이인데, 특별한 사연이 있는 경우도 아닌데, 불분명하다고 하는 경우, 나는 말한다. "때려 치시라"고 말이다. 드물지만 간혹 그런 상담이 들어온다.

356 마음활발	壬癸日生　出生女는　마음活潑　터졌으니 男子같은　性格으로　시원시원　함이로다. 임계일생　출생녀는　마음활발　터졌으니 남자같은　성격으로　시원시원　함이로다.

▣ 壬癸日生(임계일주)는 수일주(水日主)라, 물같이 흐르니 매사가 시원시원하고 막힘이 없다. 가정이 어려우면 발 벗고 일선에 나섬에 조금도 주저함이 없고, 사주가 강(强)하면 물의 수심이 깊어 속을 알기가 힘든 것이 단점이요, 반대로 사주가 신약(身弱)하면 물의 깊이가 너무 얕아 속이 빤히 보이니 거짓말을 못한다. 거짓말을 하면 벌써 얼굴에 표가 난다. 간혹 이야기에 두서가 없이 횡설수설하는 것과 같은 경향이 보이기도 한다. 사주가 강한 사람은 글 솜씨가 있고, 이야기도 구수하게 잘한다.(식상의 작용이 관건)

癸	癸	丙	甲
酉	巳	子	子

◀ 계사(癸巳) 일주의 사주다. 기운이 강하여 좀 체로 자기 속내를 잘 보이지 않는다.

乙	壬	己	己
巳	寅	巳	未

◀ 임수(壬水) 일주의 사주다. 재(財)와 관(官)이 왕한 사주다. 신약이다.

⬆ 사주가 강하고 약함에 따라 그 차이는 엄청난 것이다. 각각의 오행이 다 그러하지만 특히 수일주(水日主)의 경우는 마음에 새겨두고 있지를 못하는 성격이라 화통한 면도 있어 좋으나, 어찌 보면 남자 같은 성격으로 오해받기도 한다.

◉ 시어머니가 수(水)일주이면 며느리의 입장에서는 오히려 편할 수 있다.

☞ 며느리가 신강해도, 시어머니가 수일주이니 갈수록 양양이다. 더 힘을 보태주니 신난다.

☞ 신약할 경우 시어머니가 수일주라 힘을 보태주니 고맙기만 하다.
어려울 때 귀인의 역할을 하고 친어머니와 같다.

☞ 물이라 같이 흐르니 수다도 손발이 맞는다.

357	戊子日生	그女子는	하는일에	怯이없고
	辛亥卯未	出生女는	남을爲해	人情많다.
	무자일생	그여자는	하는일에	겁이없고
남을 위해	신해묘미	출생녀는	남을위해	인정많다.

왜 하는 일에 겁이 없다고 하였을까?

❖ 戊土(무토)는 木,火(목,화) 양과, 金,水(금,수)음의 가운데에 자리하고 있어, 항상 주위에 사람이 자주 꼬인다.

☞ 결정적인 상황이 되어도 당황하거나 움츠리는 기색이 없어 당돌하다는 소리와 함께, 겁이 없다는 소리도 많이 듣는 이유가 그러한 연유다.

☞ 地支(지지)에 財(재)를 놓고 있으므로, 금전이 항상 왔다 갔다 하는 형상이므로 매사에 여유가 생긴다. 戊土(무토)는 성향이 操土(조토)로서 만물을 성장하는 역할은 힘드나 잘 구워진 그릇과 같아 자신의 처신에 일보 매진 한다면 주위로부터 환대 받으며 생활 할 수 있다.

癸	戊	丙	癸
丑	辰	辰	亥

◀ 무토(戊土) 일주의 사주다.
지지(地支)에 재(財)가 자주 보인다..

辛	戊	乙	戊
酉	戌	丑	申

◀ 무토(戊土) 일주의 사주다.
관(官)이 약하고 상관인 금(金)이 강하다.

⬆ 겁이 없는 사주를 보면, 대체적으로 사주가 신강(身强) 할 경우가 많은데, 고집이 앞서는 경우고, 진짜로 겁이 없는 경우, 배짱도 있고 약간의 무법자 기질이 있어야 하는데, 그런 사주의 소유자는 상관이 많은 사주에서 볼 수 있다.

▶ 辛亥卯未 出生女(신해묘미 출생녀)라고 하였는데, 辛金日主(신금일주)를 설명함인데 지지에 亥,卯,未(해,묘,미)를 갖추고 있음을 설명한다.

☞ 신금(辛金)일주는 이미 가공 된 금(金)이라 다듬을 필요가 없는 금이다.

신금(辛金)은 外陰內陽(외음내양)으로 그 속은 양(陽)이 지배를 하고 있는데 陰生陽(음생양)의 이치로 지지에 해묘미(亥卯未)를 지적을 한 것 같다.
남을 위해 仁情(인정)이 많다 함은 食傷(식상)이 있어 성립된다.

戊	辛	乙	癸
戌	亥	卯	亥

◀ 신해(辛亥) 일주의 사주다. 지지에 해묘(亥卯) 목국(木局)을 이루고 있다.

⬆ 식상(食傷)은 베푸는 것이요, 희생(犧牲)이다. 고로 남에게 인정이 많다는 소리를 듣는 것인데, 인정은 목(木)이라 지지에 木局(목국)을 이루면 인정(仁情)이 많음이라.

❖ 무토 일주의 공주님(戊(무)토가 凍土(동토)가 된 경우.
공주님 미인입니다
공주님 진정한 공주로써 위대하십니다.
공주님 대단한 능력을 갖추셨습니다. 인, 의, 예, 지 모든 것을--
공주님 만인이 부러워 할 것입니다.
공주님 진정한 우리 집안의 대들보 이십니다.
공주라 불리는 소녀의 집안에서는 난리다.

집안의 기대주로 성장한 소녀가 어른이 되어 결혼을 하려하는데
공주님 사주가 안 좋다며 모두가 기피 합니다.
무어라고?
내가 하늘도 부러워하는 공주인데? 누가 감히!
공주는 그 후로 많은 선택을 시도 하였지만 모두 기피대상 이었다.
어느 날 공주는 문득 깨달았다.
아, 그래 나는 공주야!
공주는 외로운 거야
나는 혼자 살 거야!

| 358

귀가 넓어 | 四柱比肩
己日生에
사주비견
기일생에 | 比劫多는
身弱格은
비겁다는
신약격은 | 固執세어
귀가넓어
고집세어
귀가넓어 | 걱정되고
걱정이라.
걱정되고
걱정이라. |

❖ 四柱比肩 比劫多(사주비견 비겁다)———사주에 비견과 비겁이 많으면 고집이 지나칠 정도로 강하다. 동네아이들도 형제가 많으면 누가 건드리는 아이들이 별로 없다. 왜냐하면 무더기로 나가서 응징을 하니까.

◎ 사주에 견, 겁이 많으면 매사 힘이 많아 항상 자기위주요, 상대방을 배려하는 면이 약해진다. 오직 나만의 이익을 추구하는 것이다. 대체적으로 자기의 뜻에 순응을 하는 경우가 많으므로, 그러다보니 자연 자기주장이 강해 고집이 세서 주변의 걱정을 사게 되는 것이다.

☞ 己日生(기일생)이라 하였는데, 土(토)일주인데 己土(기토)는 陰(음)이라 天,地,人(천,지,인)삼기(三奇)를 다 갖춘 시기라 토(土)로써도 진정한 가색(稼穡)의 공(功)을 이루는 토(土)에 해당된다.

☞ 또한 음과 양의 분기점에 해당되어 사주가 신약할 경우는 자기의 중심을 잡지를 못하고 이리저리 흔들리기 마련이다. 그래서 귀도 엷고, 남의 달콤한 속삭임에 잘 넘어가는 것이다. 사기 당하기에는 꼭이다. 물건 사는 것도 군중심리다. 사놓고 후회하는 스타일이다

| 丁 | 己 | 壬 | 甲 |
| 卯 | 亥 | 申 | 子 |

◀ 기토(己土) 일주의 사주다. 지지에 수국(水局), 재관(財官)이 왕 하다.

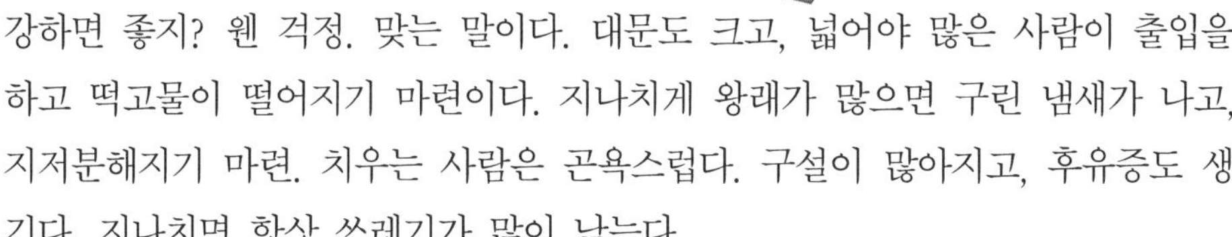

❖사주가 강해도 왜 걱정을 할까?
강하면 좋지? 웬 걱정. 맞는 말이다. 대문도 크고, 넓어야 많은 사람이 출입을 하고 떡고물이 떨어지기 마련이다. 지나치게 왕래가 많으면 구린 냄새가 나고, 지저분해지기 마련. 치우는 사람은 곤욕스럽다. 구설이 많아지고, 후유증도 생긴다. 지나치면 항상 쓰레기가 많이 남는다.

| 359

무관성 | 春夏月에
四柱中에
춘하월에
사주중에 | 丙丁庚辛
無官星은
병정경신
무관성은 | 神經質이
出嫁生覺
신경질이
출가생각 | 많게되고
아니한다.
많게되고
아니한다. |

▶ 春夏月(춘하월)이라 하였으니 목(木),화(火)라, 丙,丁(병,정)이니 화일주(火日主)요, 庚,辛(경신)이라 하였으니 금일주(金日主)다.

☞ 신경질이 많다 함은 신경이 예민하다는 설명인데, 원래 목(木)과 연관이 깊은 것이다. 화(火)도 또한 이와 연관이 깊고 목(木), 화(火)月에 파일주(火日主)이니 목(木),화(火)가 극성이라 자연 금(金)인 관절(關節)에 이상이 온다. 어려서는 조금만 잘못하여도 손, 발이 삐고, 탈골, 타박상이 심하다. 거기에 성격은 불같이 급하니 생기는 것은 짜증 뿐 이다.

☞ 신경이 예민하니 목(木)은 편도라 목소리부터 바뀐다.

◀ 병인(丙寅) 일주다.
지지(地支)에 목국(木局)을 이루고 있다.

丙	丙	癸	丁
申	寅	卯	卯

◉ 금일주(金日主)의 경우는 어떨까?

庚
午 금일주(金日主)에 지지 화(火)다. 여기에 월주(月柱)까지 가세한다면 금(金)일간은 불 위에 올려놓은 오징어가 된다.
이리 뛰고 저리 뛰고 정신이 없다. 거시기하다.

丙
寅 지지에 목(木)이나 불이나 마찬가지다. 월지(月支)에도 목(木)이나 화(火)가 온다면 완전 불바다가 이루어진다. 정신이 날아가니 얼이 빠진다. 불로다 날아가니 차분함 이라고는 찾아보기 힘들다. 완전 미친 상태도 이루어진다.

▣ 화일주(火日主)와, 금일주(金日主)는 화(火)가 많으면 여하튼 위험하다.
 쇠도 강하면 쉬 부러지는 법이라 하지 않던가? 쇳물이 더 뜨겁다.

▣ 사주에 관(官)이 안 보이면 왜 시집갈 생각을 안 하나? 가진 것 없으니 관
 심 없는 것은 당연하고, 운(運)에서 온다 해도 그 때 뿐, 지나면 그만이다.

◀ 기유(己酉) 일주(日主)의 사주다.
화(火)와 금(金)이 왕(旺) 하다.
지지(地支)가 합(合)되어 관(官)이 사라진다.

| 己 | 己 | 丙 | 丁 |
| 巳 | 酉 | 午 | 己 |

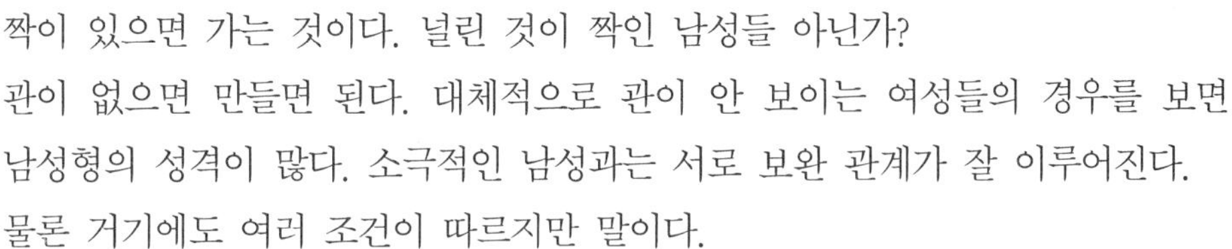

❖ 官(관) 없어도 시집간다.

어떻게?

짝이 있으면 가는 것이다. 널린 것이 짝인 남성들 아닌가?

관이 없으면 만들면 된다. 대체적으로 관이 안 보이는 여성들의 경우를 보면
남성형의 성격이 많다. 소극적인 남성과는 서로 보완 관계가 잘 이루어진다.
물론 거기에도 여러 조건이 따르지만 말이다.

성격에 비해 의외로 남성에게 어필은 해도 대시하는 것은 매우 여성적이다.
남성 앞에서 애교도 없고 여성 스러움이 부족하니 당연한 일이지만 다른 일에
는 적극적인데 이성문제만은 생각은 많아도 실천하기에 이상할 정도로 인색하
다. 주로 전문적인 일에 종사하는 여성일 경우 특히 심하다.

주변에 많은데 하면서---놓치기 싫은 사람일 경우 못 이기는 척하면서 따라
가면 된다. 그 전에 제삼자를 통해서 다리를 부탁하면 된다.

<table>
<tr><td rowspan="2">360

미려지모</td><td>四柱中에　　合綠桃花　　楊貴妃의　　美貌되고
四柱支干　　金水逢은　　美麗之貌　　자랑한다.
사주중에　　합록도화　　양귀비의　　미모되고
사주지간　　금수봉은　　미려지모　　자랑한다.</td></tr>
</table>

▶ 合綠桃花(합록도화)란? 祿房挑花(록방도화)를 설명하는데 거기에 합을 이룬 경우다. 正祿(정록)에 도화(桃花)를 놓은 것을 말하는데, 미모(美貌)에 있어서는 타의 추종을 불허할 정도로 아름다움을 자랑한다. 거기에 합(合)이 이루어지니 금상첨화(錦上添花)다.

☞ 사주에 支干(지간)이라 함은 천간(天干)과 지지(地支)를 말함인데, 천간이나 지지에 금수(金水)를 만나면 각선미와 미모의 수려함을 자랑한다.

☞ 사주에 여성의 경우 예쁘다는 소리를 들으려면 어떤 경우가 될까?

일단 록방도화를 갖추고 있으면 거의 다 예쁘다. 일반적으로 화일주(火日主)의 여성도 외모(外貌)가 수려하다, 왜냐하면 화는 꽃이니까, 향기롭고 , 그 자태(姿態)가 창연하므로 다 인물값은 한다.

◉ 팔자가 예쁘게 태어나는 경우

　　☞ 록방도화를 놓은 경우

　　☞ 화일주(火日主) 자체가 꽃이므로 예쁘다.

　　☞ 신(辛)금, 유(有)금도 깨끗하고 세련되고 예뻐 보인다.

　　☞ 관살(官殺)이 많은 여자.

◉ 금수(金水)봉(逢)이라 함은 음(陰)의 흐름이라 요즈음 말로 치면 쭉쭉 빵빵 이라는 설명.

◀ 乙巳(을사) 일주의 사주다.
午火(오화)가 록방도화인데 合(합)이 되었다.

○	乙	丙	○
○	巳	午	○

▶ 여기에서 인물에 대한 평을 하여보자. 월지(月支)에 도화(桃花)를 놓고, 일지(日支)와 합(合)을 이루었다. 천간(天干)으로 화기(火氣)가 투출(投出)하여 화(火)의 기운이 강(强)하다. 일주인 을목(乙木)의 입장에서 보면 설기(泄氣)가 심한 편이다. 즉 예쁘기는 하여도 그것을 간직 못하고 흘려 보내고 있다.

☞ 을목(乙木) 가지는 약한데, 꽃이 너무 만발한 것이다. 가지가 휘어진다. 얼굴이 큰 편이다. 전체적인 균형(均衡)을 볼 때 상체(上體)가 약간 큰 편이라는 설명. 처음 보거나 앉아있을 때는 너무 예뻐 보였는데, 보면 볼수록 가치가 하락 한다는 이야기.

☞ 금수(金水)가 약하니 빠진 몸매는 아닌 것은 분명하고, 식상(食傷)이 많으니 어투 자체도 교양미가 없어 상스러워 보이고, 화장이 너무 진하니 화장발이 안 받는다. 나이가 들면 얼굴이 얽어버린다.

⬇ 간혹 남성과 강압적인 결혼(結婚)도 이루어지는 경우가 있다. 신금(辛金) 일주도 깨끗하고, 세련됨이 뛰어난다. 팔자에 관(官)이 많은 여자도 대체적으로 예쁘다. 그래서 팔자가 센 지도 모르겠다.

庚	丁	壬	壬
戌	丑	子	戌

⬅ 정화(丁火) 일주(日主) 사주다. 월(月)에 관(官)도화(桃花)를 놓고 있다.

⬆ 일지(日支)와 월지(月支)가 합(合)이 되어 관국(官局)을 이루고 있다.

☞ 천간(天干)으로도 정임(丁壬)합(合)이 월(月)과 년(年)으로 계속되어 너무 많다 보니 이루어지기는 힘들겠다.

☞ 일지(日支)에 형살(刑殺)이 임하니 남편궁(男便宮)이 하루도 편안한 날 없는 형국이다. 몸매에 비하여 얼굴이 약간 받쳐주지 못한다.

☞ 인수가 약하니 교양도 약간은 쳐지고 팔자가 거친 사주다.

<table>
<tr><td rowspan="2">361

뚱 뚱</td><td>甲乙日生　水木旺은　뚱뚱하고　키가크고
甲乙日生　金土旺은　뚱뚱하나　키가작다.
갑을일생　수목왕은　뚱뚱하고　키가크고
갑을일생　금토왕은　뚱뚱하나　키가작다.</td></tr>
</table>

❖ 甲乙日生(갑을일생)이라 목일주(木日主)인데 수(水),목(木)이 왕(旺)하다고 했으니, 나무는 물을 흡수하는데 물이 많으면 나무는 불어나기 마련이다, 고로 먹는 데로 체중이 불어나니 살이 찐다. 거기에 목(木)이 왕(旺)하니 자라기도 잘 자란다. 그러니 자연 옆으로 벌어지면서 자란다.

甲	甲	癸	甲
子	子	酉	子

◀ 갑목(甲木) 일주의 사주다. 이런 사주의 소유자를 만나기도 힘 들 것이다.

⬆ 金,土(금,토)가 왕(旺)하다 함은 나무가 뿌리는 잘 내려 자라기에는 지장이 없는데 金剋木(금극목)으로 자꾸 나무에 난도질 하여 나무가 자랄 수가 없다. 土地(토지)의 영양은 충분하여 양분의 공급은 잘 되는데, 먹기는 잘 먹고 있는데, 자라지 못하게 자꾸만 잘라버리니 키가 클 수 없으니 작아질 수밖에 그러니 자연 뚱뚱하고 키가 작다.

庚	乙	甲	乙
辰	酉	申	丑

◀ 을목(乙木) 일주의 사주다. 지지(地支)가 온통 재(財) 와 관(官)이다.

<table>
<tr><td rowspan="2">362

앞 이마</td><td>丙丁日生　金水旺은　그몸매가　세련되고
丙丁日生　木化旺은　앞이마가　벗겨졌다.
병정일생　금수왕은　그몸매가　세련되고
병정일생　목화왕은　앞이마가　벗겨졌다.</td></tr>
</table>

▶ 丙丁日生 金水旺(병정일생 금수왕)─────丙丁(병정)일생은 火(화)일주요, 거기에 金水(금수)가 旺(왕) 하다 하니 불의 기운을 金水 冷 (금수 냉)이 온도 조절을 잘 하여주니 온수로써 알맞은 기운을 유지하여 몸매가 세련됨이라, 남 앞에 나서도 한결 부드러움이니 더욱 좋고, 불같은 성격도 완급조절이

가능하고, 木火(목화)가 旺(왕)한 것은 火氣(화기)를 더욱 강하게 해주니 더
더욱 보여주기 좋아 함이라,

癸	丙	丙	癸
巳	子	辰	丑

◀ 병화(丙火) 일주의 사주다.
금수(金水)가 왕(旺)한 사주다.

⬇ 목(木)은 모발인데 땔감으로 다 소용이 되니, 머리카락이 없어짐이라 대머
리가 분명하구나. 여성의 경우 이마가 너무 훤하면 남편 운이 박하다.

◆ 이마는 얼굴의 제일 상부(上部)인데 가정(家庭)으로 치면 가장(家長)이라
가장이 너무 많음이요, 너무 노출이 심한 지라, 밖으로 지나치게 나도니
한, 두 번 우여곡절은 있어야 하는 팔자다. 화일주(火日主)라 해도 신약의
경우는 이런 걱정 안 해도 된다.

辛	丙	丙	丙
卯	寅	寅	寅

◀ 병화(丙火) 일주의 사주다.
지지(地支)가 완전 목(木)으로 덮혀 있다.
목화(木火)가 왕(旺) 하다.

363	戊己日生	火土多는	肥滿體軀	키가작고
	戊己日生	金水木旺	가는몸매	허리길다.
	무기일생	화토다는	비만체구	키가작고
비만체구	무기일생	금수목왕	가는몸매	허리길다.

▶ 戊己日生(무기일생)이라 토일주(土日主)인데 火,土(화,토)가 많으니 토지가
비옥하기만 하니 땅이 기름기가 잘잘 넘치니 비만인데, 자라는 식물이 없고
혼자만 양분을 보관하고 있으니 자연 살이 찌고, 토(土)는 중앙(中央)이라 아
래위로 나갈 줄도 모르고 그 상태 그대로 이니 단신이고, 그리하여 생긴 말이
하늘 높은 줄은 모르고 땅 넓은 줄만 안다는 말이 생긴 것인가 보다.

◀ 기축(己丑) 일주의 사주다.
시지(時支) 묘목(卯木)이 있어도,
습목(濕木)이라 힘 못 쓴다.

丁	己	己	己
卯	丑	巳	未

⬇ 金, 水, 木, 旺(금, 수, 목, 왕)－－－－금, 수, 목이 왕 함은 내가 생하고,
극하고, 극함을 받기만 하니 나의 기운을 차릴 여유도 없는 상태라, 기력이 쇠

진하니 마른 몸매가 분명하고, 토(土)는 중앙이라 인체로 치면 허리인데, 허리
가 가늘고 약함이 확실하다는 설명이다.

乙	戊	丁	己
卯	子	卯	酉

숫다리, 롱다리의 구분.
◀ 무자(戊子) 일주의 사주다.
지지에 형(刑), 충(沖)이 많고,

⬆ 금(金)수(水)목(木)이 왕 하다. 대체적으로 토일주(土日主)는 허리가 긴
편에 속한다. 단신 이어도 키가 더 작아 보이기도 하는 것은 하체보다는 상체
가 차지하는 비중이 더 크기 때문이다. 키가 조금 어느 정도 크다 해도 허리
의 이상을 항상 조심해야한다. 주로 동적인 일보다는 정적인 업무가 어울린다.
☞ 토(土), 금(金), 수(水), 목(木), 이면 그대로 흐르고 있는 것이다.
　　빠지기는 잘 빠졌는데 내가 나 자신을 돌볼 겨를이 없다. 그러다 보니 균
　　형을 잃는다. 허리가 빠져도 빠지기만 했을 뿐이다. 그러므로 허리가 길기
　　만 한 것이다. 균형을 잃었으니 상체가 더욱 길어 보일 수밖에 없다.

364 눈 망 울	庚辛日生　土金旺은　작은키에　단단하고 庚辛日生　水木火旺　눈망울이　여물었다. 경신일생　토금왕은　작은키에　단단하고 경신일생　수목화왕　눈망울이　여물었다.

❖ 庚辛日生 土,金,旺 (경신일생 토,금왕)－－－경신(庚申)일생이라 금일주(金
日主)인데 토(土), 금(金)이 왕(旺)하다 하였으니 사주가 강(强)함이라, 금
(金)은 골격(骨格)인데, 단단하기 이를 데 없는 몸매를 유지하고 있다.

庚	庚	戊	辛
辰	辰	戌	亥

◀ 경진(庚津) 일주의 사주다.

甲	庚	庚	辛
申	申	寅	酉

◀ 경신(庚申) 일주의 사주다.

❖ 庚辛日生 水木火旺(경신일생 수목화왕)－－－－－금일주(金日主)가 수(水),

목(木), 화(火)가 왕(旺)하다 함은 금(金)이 제련(製鍊)이 잘되어 있다는 설명이고, 사람의 됨됨이가 건실하고 똑똑하다는 설명이 된다. 사주가 너무 신약하면 이야기가 또 달라진다.

戊	辛	乙	癸
戌	亥	卯	亥

◀ 신금(辛金) 일주의 사주다.
고루 갖추어진 형태다.

▼ 木, 火(목, 화)는 신경이요 정신인데, 금일주(金日主)가 水, 木, 火(수, 목, 화)가 고루 어우러져 있으니 눈망울이 또렷또렷하다는 설명인데, 사람의 정기(正氣)는 눈에서 나온다.

甲	辛	辛	丁
午	巳	亥	卯

◀ 신사(辛巳) 일주의 사주다.
지지(地支)에 목국(木局)과, 화국(火局)이다.

◉ 관상(觀相)에서도 신상이라 하여 그 사람의 정신(精神), 즉 기(氣)를 볼 때도 그 사람의 눈을 보고서 파악한다. 눈은 직접적으로 기와 연결되어 있으므로 중요시 하는 것이다. 인체에서 기가 발생되는 구멍 가운데서 제일 상단에 위치, 그 중의 으뜸이라 눈에서 나오는 기(氣)가 제일 강력한 것이다.

365 몸 가늘고	壬癸日生	金水旺은	몸가늘고	키가크고
	壬癸日生	木火土는	키도맞고	몸도좋다.
	임계일생	금수왕은	몸가늘고	키가크고
	임계일생	목화토는	키도맞고	몸도좋다.

▼ 壬癸日生 金水旺(임,계일생 금,수왕)---임(壬),계(癸)일생이면 수(水)일주라 금수(金水)가 왕하니 물줄기처럼 쑥쑥 크는데 길고 가느니 영락없는 폭포수다. 물도 그 근원이 튼튼해야 물이 마르지 않고 계속 나온다. 금생수(金生水) 잘 받아야 흐름이 이어지니 키도 크고 몸이 튼튼한 것이 되는 것이다.

O	癸	O	O
寅	O	酉	O

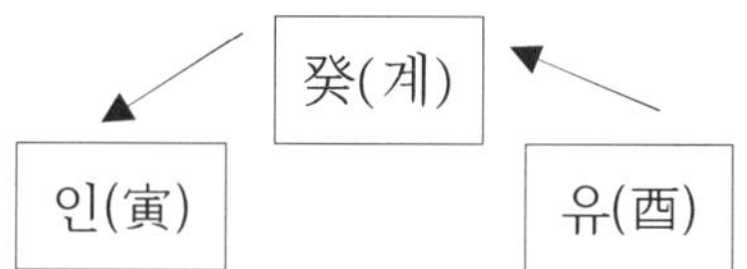

⬆ 물이란 흘러야 제 구실을 하는데 물줄기가 막히면 물이 고여 흐르지를 못하니 썩기 마련이고, 부패하여 패수의 근원이 된다.

☞ 水(수)일주가 木火(목화)로 기운이 흘러야지 만약에 사주가 흐르지 못한다면 비만에 온갖 잡병으로 시달린다. 혈액 순환으로 부터 시작하여 복잡해진다. 木, 火, 土(목, 화, 토)가 고루 갖추어지면 적당한 체구에 성격도 원만하여 대인관계가 기 막히다. 체격 면으로 보면 癸水 日主(계수 일주)는 비만이 적으나 壬水 日主(임수 일주)는 비만이 많은 편이다.

366 체격 좋고	甲乙日生 丙丁日生 갑을일생 병정일생	夏月나면 四季月은 하월나면 사계월은	體格좋고 뚱뚱한편 체격좋고 뚱뚱한편	맑게나고 體格이라. 맑게나고 체격이라.

❖ 甲乙日生夏月(갑을일생 하월)---갑을(甲乙)일생이라 목일주(木日主)인데 하월(夏月)을 만나니 木火通明(목화통명)이라 나무에 꽃이 활짝 피니 그 환함이 주변을 환하게 비추고, 항상 명랑함이 갖추어 있고, 체격도 원만하고---

辛	丙	丁	戊
卯	寅	巳	辰

◀ 병인(丙寅) 일주의 사주다 사(巳)월에 출생(出生) 하고, 목화(木火)가 왕(旺)한 사주다.

己	丙	甲	己
丑	辰	戌	未

◀ 병진(丙辰) 일주의 사주다. 진상관격의 사주다. 이 경우는 어떨까?

⬆ 丙丁日生 四季月(병정일생 사계월)----병(丙),정(丁)일생이라 화일주(火日主)인데 사계절이라 토(土)를 만남이니 화분위의 꽃이라, 드넓은 대지와 하늘을 마음껏 호흡 못하니 아쉽고, 온실 속에서 자라는 화초니, 운동부족이라 비만이 많다.

<table>
<tr><td rowspan="2">367

날씬 작은몸매</td><td>戊己日生</td><td>秋月生은</td><td>날씬하게</td><td>태어났다.</td></tr>
<tr><td>庚辛日生</td><td>冬月나면</td><td>작은몸매</td><td>맵시있다.</td></tr>
<tr><td></td><td>무기일생</td><td>추월생은</td><td>날씬하게</td><td>태어났다.</td></tr>
<tr><td></td><td>경신일생</td><td>동월나면</td><td>작은몸매</td><td>맵시있다.</td></tr>
</table>

戊己日生 秋月生(무기일생 추월생)ㅡㅡㅡㅡㅡ무기(戊己)일생이면 토일주(土日主)라 가을을 만나니 대지가 움츠러드니 자연 날씬하여지고, 의복을 걸치면 옷걸이 하나는 단풍의 계절이라 화려함이 돋보인다.

己	己	己	壬
巳	亥	酉	戌

기해(己亥) 일주의 사주다.
유월(酉月)에 출생한 경우다.

辛	辛	癸	癸
卯	亥	亥	丑

신해(辛亥) 일주의 사주다.
금전이 모이지 않고 나가기 바쁜 사주다.

庚辛日生 冬月(경신일생 동월)ㅡㅡㅡㅡㅡ경신(庚申)일생(日生)이면 금일주(金日主)라, 겨울이 겨울을 만나니 차가운 기온으로 쭉쭉 자라지 못하는 아쉬움은 있으나, 그 몸매 하나는 탄탄하고 탄력이 풍만하구나.

❖ 이런 말이 있다.

사람을 보고 세 번을 놀라는 이야기.

첫 번째는 뒷모습을 보고 놀란다. 너무 잘 빠져서 말이다.

두 번째는 얼굴을 보고 놀란다. 너무 박색이라서.

세 번째는 신분을 알고 놀란다. 너무 저명한 분의 딸이라서.

❖ 이런 말이 있다.

몰라서 그렇지 지내고 나면 후회한다는 이야기

첫 번째는 신분이 너무 대단해서 놀란다. 노숙자의 딸이라서

두 번째는 얼굴을 보고 놀란다. 표정의 변화가 없어서 말이다.

세 번째는 너무 조숙해서 놀란다. 10대에 벌써 유부녀다.

네 번째는 씀씀이에 놀란다. 돈을 펑펑 써대니 갑부집 딸로 착각한다.

368 살빛 검푸르다	壬癸日生　春月生은　키도크고　體格좋고 시원하여　보이는데　그의살빛　검푸르다. 임계일생　춘월생은　키도크고　체격좋고 시원하여　보이는데　그의살빛　검푸르다.

壬癸日生 春月生(임계일생 춘월생)-----임계(壬癸)일생이라 수일주(水日主)인데, 봄을 만나니 차가운 물 기운이 온기를 만나서 아지랑이가 피어나듯 무럭무럭 자라니 키도 크고, 얼었던 물도 봄을 노래하며 활기차게 흐르니 체격 또한 좋을 수밖에 그러나 아직은 햇살이 덜 따가운 지라 완전한 탄소동화작용이 시원치 않아 피부색이 약간 검은 기가 감도는 검푸른 색을 띄기도 한다.

甲	壬	丁	甲
辰	申	卯	寅

임신(壬申) 일주의 사주다.
묘월(卯月)에 출생 한 경우다.

❖ 얼굴의 볼 살

쉽게 설명하기 위함이다. 관골 밑부분의 살이 길게 타원형을 이루며 가로로 내려진 경우를 말함이다. 관골이란 얼굴의 산맥이다. 산이 시원치가 않으면 나름 뚜렷한 색깔을 애기가 어렵다. 큰 물에서놀기가 어렵다는 말이다. 범인은 상관이 없다. 사주, 관상을 접하면서 느끼지만 큰 인물만 본다는 착각은 버려야 한다. 보통사람들이 상을 본다는 생각을 해야 한다. 그런데 그 관골을 받치는 살이 길게 늘어지면 한가덕 하기는 하는데 팔자가 더럽다. 결혼을 여러 번 해야함이다. 성격도 만만치가 않고 여자의 경우 호스트바를 출입하기도 한다. 정력은 강한 편이고 인물은 자연 미인은 아니지만 색은 밝힌다. 재물복은 먹고 살만큼은 충분하다. 자식 복이 박약하고, 금전이 없으면 개 취급을 받는다. 그래서 항상 금전에 대한 집착이 강하다. 본인이 그런 것을 잘 알기 때문이다. 사람들을 다루어도 금전을 무기로 삼는다. 진정한 친구가 없어 항상 허전함에 외로움을 달랜다. 壬(임)수 일주 여성에게 많이 나타나지만 전체적인 판단이 필요하다. 水氣(수기)란 色(색)이다. 身强(신강)하니 출구는 열려있다.

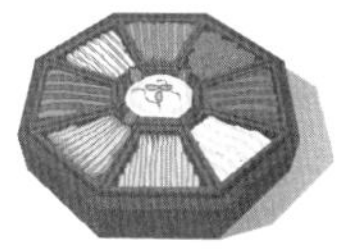

제 6 장 疾病(질병)

♣ 건강을 잃으면 모든 것을 다 잃어버리는 것이다.

♣ 모든 복도 다 떠나는 것이다.

♣ 건강을 지키는 길을 찾아 떠나보자.

369	財多身弱　　놓은者는　　肩劫印運　　富豪되고 財星弱格　　身旺者는　　食傷財運　　富者된다. 재다신약　　놓은자는　　견겁인운　　부호되고
비색경조	재성약격　　신왕자는　　식상재운　　부자된다.

❖ 春夏金日(춘하금일)이라 함은 금일주가 봄, 여름에 출생함을 설명한 것이라, 財官殺(재,관살) 이라 함은 木火(목화)를 설명.

☞ 月經乾血(월경건혈)이라 함은 피가 말라서 나온다는 설명인데 金(금)은 金生水(금생수)하여 피를 만드는데 火氣(화기)가 많으니 건조하고 매말라 피가 엉기듯이 말라 피가 색이 변색이 되어서 나오게 된다.

☞ 이로 인해 여성이 경우 생리통 및 복통 기타 여성 질환에 시달리게 된다.

O	庚	O	O
O	午	寅	戌

◀ 경오(庚午) 일주의 사주다.
지지(地支)에 화국(火局)을 이루고 있다.

丙	辛	壬	乙
申	巳	午	丑

◀ 신금(辛金) 일주의 사주다.
오월(午月)에 출생한 경우다.

◉ 사주에 수(水)가 너무 많아도 이상이 생기는데, 찬 기운이 너무 강하므로 혈액순환이 제대로 되지 않아 고생하게 되는데, 원인은 한기(寒氣)가 강하니 마치 얼어 있는 형상을 나타낸다.

☞ 혈액의 응결로 인해 생리불순이 이어지고, 덩어리가 나오는 경우도 생기고, 코가 막혀 숨쉬기 거북할 정도로 까지 이어지는 상황이 발생한다.

O	壬	O	O
O	子	丑	O

◀ 임자(壬子) 일주의 사주다.
지지(地支)에 수국(水局)을 형성하고 있다.

戊	辛	癸	癸
子	亥	亥	丑

◀ 신금(辛金) 일주의 사주다.
지지(地支)에 수국(水局)을 이루고 있다.

370

갱봉재운

財多身弱	更逢財運	破家亡身	하게 되고
比肩劫旺	財少者는	財運오면	大禍난다.
재다신약	갱봉재운	파가망신	하게 되고
비견겁왕	재소자는	재운오면	대화난다.

⬇ 庚辛日生(경신일생)일라 금일주인데 亥子丑月(해자축월)이니 金,水冷(금,수냉)이라, 산골짜기의 물이라 너무 차고, 깨끗한 것도 흠이 되는구나.

☞ 지나치게 깨끗하여 금수쌍청이라 아니 하던가 바닥에 쌓인 낙엽은 사람의 손이 안가니 뒤집으니 흙먼지가 심하구나. 여자의 경우 너무 냉하니 생리 불순, 혈액순환이 어지럽구나.

| 壬 | 庚 | 乙 | 癸 |
| 午 | 申 | 丑 | 亥 |

경금(庚金) 일주의 사주다.
금(金), 수(水) 냉(冷)한 사주다.

己　　己　　己
亥　　卯　　酉　　⬅ 일주(日主)가 신태약 하면 신들리기 쉽다고 하였는데,

⬆ 기(己)토는 등사(螣蛇)로 경기(驚氣)가 있어 잘 놀래지 아니하던가?

☞ 토일주(土日主)는 종교(宗敎)와도 연관 있는데, 사주가 신태약 하니 신들리기 쉬워 접신이 잘 되는데 허주의 접신도 심해 빙의(憑依)현상도 체험해 보기도 한다.

☞ 건강으로 본다면 기토(己土)는 허리라 食,財,官(식,재,관)을 놓고 있으므로 허리통증이 심할 수 있다.

| 辛 | 己 | 甲 | 癸 |
| 未 | 卯 | 子 | 亥 |

⬅ 기토(己土) 일주 사주다.
신태약한 사주다.

⬆ 지지 재(財)와 관(官)이 국(局)을 이루고 있다.

◉ 대체적으로 신들림에 있어 잘 접신(接神)되는 경우는 화(火), 수일주(水日主)가 특히 강한데 화(火)일주는 스크린에 영상이 비추어지듯 환영(幻影)으로 잘 나타나 눈으로, 수(水)일주는 물이라 흐르듯 소리에 민감하여 귀에 들리는 환청(幻聽)으로 잘 나타난다.

371	春夏月에　丙丁日生　神經痛에　두렵고요 神經質과　婦人病도　間間起發　하게된다. 춘하월에　병정일생　신경통에　두렵고요
신경통, 부인병	신경질과　부인병도　간간기발　하게된다.

❖ 春夏月(춘하월)이니 목화(木火)로 연결되는데, 丙丁日生(병정일생)이니 화일주(火日主)라 화기(火氣)가 왕하고, 심하면 炎上格(염상격)으로 연결되니 스스로를 제어하기 힘들어 신경질이 극심하고, 그로 인한 질병에 시달리게 된다.

☞ 화기(火氣)가 왕(旺) 하니 수기(水氣)가 맥을 못 추어 여성에게는 부인병과도 연결되기가 십상이고, 피가 건조해지는 건혈현상이 심해 그로 인한 질병이 유발된다.

丁	丙	丙	己
卯	辰	寅	巳

⇐ 병화(丙火) 일주 사주다.
　　지지(地支)에 목국(木局)을 놓고 있다.

372	壬癸日生　春冬月은　經調不順　風冷이요 濕冷甚해　痛症인데　봄겨울에　尤甚이라. 임계일생　춘동월은　경조불순　풍랭이요
풍랭, 습랭	습랭심해　통증인데　봄겨울에　우심이라 .

❖ 壬癸日生(임계일생)이라 수(水)일주인데, 春,冬月(춘,하월이라 함은 봄과 겨울인데, 經調不順(경조불순)은 여성의 생리불순,냉풍(冷風)이니 차가운 겨울바람과 같다. 여기에서 첨가 할 것은 목(木)도 목(木) 나름이다.

☞ 濕木(습목)일 경우 당연히 수목(水木)응결(凝結)로 인해 물이라 냉기(冷氣)가 감도는데, 거기에 바람마저 가임(加臨)되니 꽁꽁 얼은 것과 같아지고, 혈액순환이 안 되니 여성에게 제일 먼저 생리에 이상이 오고 배가 아프기 시작하며 통증(痛症)이 유발된다.

丁	壬	癸	癸
未	子	亥	亥

◀ 임자(壬子) 일주 사주다
.지지(地支)에 수국(水局) 이루고,
　수기(水氣)가 너무 왕(旺) 하다.

◉ 원래 여성의 경우 사주에서 조후(調喉)가 잘 이루어지지 않으면 거의 생리통으로 고생하고 있다 봐도 무방하다. 그리하여 임신해도 나올 때도 아닌데 아기가 나오고, 유산되는 경우가 많아 고생하였다. 원인은 조후가 잘 이루어지지 않으니, 더운 것이 심해 혈액순환이 안 되어 건혈로 인해 영양의 공급이 잘 안되고, 추우면 너무 얼어 있어 활동을 못하니 그러하고, 이래저래 고생이 심하였다. 특히 계절적으로 봄과 겨울이면 심해 걱정 많았다.

◀ 계수(癸水) 일주 사주다.
금수(金水)가 냉(冷)한 사주다.

辛	癸	甲	戊
酉	酉	子	申

| 373

대하증 | 庚辛日生
呻吟함이
경신일생
신음함이 | 夏冬月은
있게되니
하동월은
있게되니 | 子宮月經
몸調節에
자궁월경
몸조절에 | 帶下症에
注意하소.
대하증에
주의하소. |

⬇ 庚辛日生 夏冬月(경신일생 하동월)-------庚申日生이라 함은 겨울이라 하,동절(冬節)이니 여름과 겨울이라, 여름일 경우는 금일주(金日主)가 여름을 만나니 화기(火氣)가 많음이다.

◀ 경금(庚金) 일주 사주다.
여름인 사(巳)월에 출생(出生) 하였다.

丙	庚	乙	壬
戌	寅	巳	戌

⬆ 화기(火氣)는 목(木)도 포함 될 수 있으므로 재살(財殺)이 태왕한 경우다. 음(陰)이 양(陽)의 기운에 억눌려 꼼짝 못하는 경우가 되고, 겨울이면 음기(陰氣)가 강하니 꽁꽁 얼어붙는 것이라 조후(調喉)가 될 리 없어 몸이 냉(冷)하기만 하고, 몸이 냉하면 허리가 부실해져 자연 통증으로 고생 한다. 금(金)일주에 재관(財官)이 많으니 화기(火氣)가 충만이라, 자녀인 식상의 수(水)가 필요하다. 고로 자녀를 낳으면 자연 생리불순, 부인병이 나아진다.

☞ 금(金)일주의 경우, 관(官)인 화(火)가 병(病)이므로 남편이 꽃이라 바람 피우는 경우가 많으니, 그로 인해 좋지 않은 병(病)도 예전에는 종종 있었

다. 이런 경우 집에다 수족관을 놓아 화기(火氣)를 가라앉히는 것도 방법이다.

<table>
<tr><td rowspan="2">374

신경쇠약, 천식</td><td>寅卯夏月</td><td>辛日生人</td><td>神經衰弱</td><td>두렵고요</td></tr>
<tr><td>甲乙日生</td><td>火旺格은</td><td>喘息으로</td><td>呻吟한다.</td></tr>
<tr><td></td><td>인묘하월</td><td>신일생인</td><td>신경쇠약</td><td>두렵고요</td></tr>
<tr><td></td><td>갑을일생</td><td>화왕격은</td><td>천식으로</td><td>신음한다.</td></tr>
</table>

⬇ 寅卯夏月 辛日生人(인묘하월 신일생인)ㅡㅡㅡㅡㅡ인(寅),묘(卯), 하월(夏月)
이면 여름이라 신금(辛金)일주이니, 왕(旺)한 양(陽)의 기운을 감내하지를 못
한다. 목화(木火)는 신경(神經)과 정신(精神)이니 다자무자(多子無子)의 원리
에 의하여 오히려 신경쇠약(神經衰弱)이 기승을 부리고 甲乙日生 火旺格(갑,
을일생 화왕격)이라 함은 목화(木火)가 왕(旺) 하여 금(金)은 맥을 못 추니
자연 호흡기 계통이라 천식(喘息)으로 고생을 하게 된다.

◀ 신사(辛巳) 일주 사주다
지지(地支)에 목화(木火)국(局)을 이루고 있다.

庚	辛	丁	己
寅	巳	卯	未

⬆ 금(金)기운이 약하고 목(木), 화(火)가 왕(旺) 하다.

지지(地支)에 화국(火局)을 이루고 있다.

己	甲	乙	丙
巳	午	未	申

⬆ 목(木)이 설기(泄氣)가 심해 기진맥진이다. 기운(氣運)이 약해지다 보니
양(陽)이 음(陰)과 같아진다. 거기에 식상(食傷)이 많다보니 먹고 마시고 놀
기 좋아하는데 그것의 원인은 인정(仁情)에 끌려 정이 약하다보니 거절을 못
하다보니 신세가 망가지는구나.

☞ 목(木)은 예능(禮能)에도 능한 지라 천간(天干)에 떠있어도 뿌리가 없으니
   부초(浮草)와 같은 재주로다. 술은 건조하니 마셔도 잘 취하지 않는구나,
   술 좋아하고 종류도 가리지 않는다.

375 자궁 수술	食傷太旺 傷官食神 식상태왕 상관식신	刑沖殺은 逢刑穿은 형충살은 봉형천은	나팔官에 子宮手術 나팔관에 자궁수술	姙娠이요 있어본다. 임신이요 있어본다.

⬇ 여자의 사주에 食傷 太旺(식상이 태왕)하면 자손이 많음이다. 이것 역시 다자무자라, 가뜩이나 팔자 사나운데 거기에 刑沖殺(형, 충살)이라 함은 자식의 덕이 없음인데, 여자에게 있어 식상은 자식이자 여자의 생식기와 연관이 되는지라 형충(刑沖)이므로 이상 있는 것이라, 자손을 출산해도 정상적인 출산이 아니니 자궁외 임신이라 자손을 출산산하기 힘들고, 설사 출산 한다 해도, 자손 덕이 없음으로 인해 자손에게 버림받는 팔자가 된다.

⬅ 무인(戊寅) 일주 사주다.
寅申沖(인신충)이다.
자손궁에 형충(刑沖)이니 온전할 리 있겠는가?

庚	戊	庚	癸
申	寅	申	亥

⬆ 출생 시부터 문제가 생기거나, 후에도 항상 그런 요소를 안고 있다는 설명이다. 설사 순산한다 해도 수술을 해야 자손을 본다.

☞ 이에 대한 경중(輕重)은 사주의 전체적인 것을 종합해 판단 내리도록 해야 할 것이다.

❖ 여자들이 제일 듣기 싫어하고 꺼리는 말이다.
나는 이런 경우에 해당이 안 될 것이다. 물론 당연한 일이다. 허나 당신도 예외일 수는 없다. 요즈음은 세상이 하도 다변화 하다 보니 이런 저런 생각지도 않은 일들이 많이 발생한다.
실제로 있었던 일이다. 사주 상에는 아무런 하자가 없는 사람인데, 어느 날 갑자기 이런 일을 당한 것이다. 임신 중에 어쩌다 늦게 길을 가다가 봉변을 당한 것이다. 유산은 물론 심각한 위험상황으로 인해 여성의 중요 부위를 다친 것이다. 결과는 본문의 내용으로 이어지게 되니 아니 밤중에 홍두깨라는 말이 나온다.

376 득 병 위 명	四柱官食　　同臨合身　　更逢刑殺　　하게되면 不義胞胎　　流産하다　　得病危命　　하게되네. 사주관식　　동임합신　　갱봉형살　　하게되면 불의포태　　유산하다　　득병위명　　하게되네.

❖ 여자의 사주에서 官食 同臨合身(관식 동임합신관식)――― 官(관)과 食傷(식상)이 동림(同臨) 한다는 것은 같이 있다는 말인데, 남자와 자손이 같이 있으므로 임신(妊娠)이라 지지(地支)에 합(合)을 이룸을 설명하는데, 형살(刑殺)을 만난다고 하였으니 수술이라, 임신중애 수술이면 유산(流産)이 되는 것이고, 또한 병(病)과도 연관 지어지는데, 임신중독증(妊娠中毒症)도 생각해 볼 수 있고, 유산으로 인하여 다른 병으로 연결 될 수 있고, 심하면 생명에 지장을 줄 정도로 긴박한 상황도 예견 할 수 있는데, 이 경우는 일주가 강한가?, 또는 약한 가? 로 구별 해 판단해야 할 것이다.

일주(日主)가 약하면 영향을 자연 많이 받을 수밖에 없다. 사주의 예로 설명해보자.

○	丁	○	○
亥	未	戌	丑

◀ 정화(丁火) 일주다.
해(亥)중 임수(壬水)가 관(官)이다.
미(未)중　기(己)토가 자손(子孫)이다.

☞ 亥, 未 木局(해, 미 목국)하여 官과 子孫이 合을 이룬다.

⬆ 지지에서 축술미(丑戌未) 형살(刑殺)을 이루어 자손에 문제 생긴다. 정임(丁壬) 합(合)으로 움직이면 해미(亥未) 목국(木局)으로 합(合)을 이루니 연애하면 미(未)중 기(己)토인 딸이 생겨 임신(妊娠)되는데, 축술미(丑戌未) 형살(刑殺)이라 미술(未戌), 축미(丑未) 충(沖)이 형성, 생기면 자연 병원(病院)으로 직행 태아를 유산시켜야 한다.

◆ 유산도 자주 반복 되다보면 몸도 망가지고, 병도 얻게 된다. 누구의 탓일까? 결국 자신을 망치는 일이다.

377	傷食太旺	身弱者는	아기낳고	得病이요
	庚辛丙丁	失中和는	高血壓이	걱정된다.
	상식태왕	신약자는	아기낳고	득병이요
고혈압	경신병정	실중화는	고혈압이	걱정된다.

⬇ 여성 사주에서 식상(食傷)이 왕(旺) 하여 사주가 신약(身弱)인데, 자손을 낳으면 어떻게 될까? 일주가 식상이 왕 하여 설기가 심한 상태인데, 거기에 자손을 출산하니 일주가 더욱 약해지는 형상이라, 자손이 많을수록 병 날 확률이 더 높아진다. 예전에는 자손 낳고 몸조리 잘 못해 병을 얻는 경우가 무척 많았다. 수(水)일주의 경우 자손이 목(木)이라, 식상(食傷)인 목(木)이 많은데, 거기에다 자손 목(木)이 가세하니 수기(水氣)가 더더욱 부족이라, 혈액순환이 되지가 않으니 몸이 붓고, 피 부족으로도 고생 한다.

辛	壬	癸	乙
亥	戌	未	卯

◀미월(未月) 임술(壬戌) 일주의 사주. 지지에 목국(木局), 미술(未戌) 형(刑)이다.

⬇ 庚辛(경신)일주는 금(金)이라, 금일주(金日主)가 失道(실도) 한다는 것은 아주 많거나, 적거나 두 경우인데, 금일주(金日主)가 신약(身弱)할 경우 예를 들어 지지(地支) 화국(火局)을 이룬다면 전력이 강해 동선(銅線)이 터지는 경우니 고혈압이요, 화(火)일주에 화(火)가 많다거나, 적으면 정신을 잃어 기력이 쇠하고 금수(金水)가 말라 적으므로 저혈압이 된다. 다자무자라 없는 것이나 진배없다.

丙	庚	乙	壬
戌	寅	巳	戌

◀ 경금(庚金) 일주의 사주. 지지에 화국(火局)을 이루고 천간으로 병경(丙庚)충(沖)이다.

▶ 보편적으로 일주가 강한 경우를 보자. 金이 많다고 하면 음기가 강한 것이요, 양인 木火(목화)가 맥을 못 추는 경우인데, 정신과 신경이 끊어지는 것이니 졸도를 하는 것이고, 火인 양이 강할 경우는 金水(금수)인 陰(음)이 맥을 못 추니 공급이 안 되어 부족으로 졸도를 하거나 쓰러지는 것이다. 고혈압은 혈압이 정상적인 수치보다 높음으로 인하여 발생하는 것. 저혈압은 반대로 수치가 모자라 일어나는 현상이니 지나쳐도, 부족해도 생기는 병이다.

378	寅卯月에	己亥卯日	秋冬月에	丙丁日弱
	七八九月	甲乙日弱	少時視力	弱해진다.
소시시력	인묘월에	기해묘일	추동월에	병정일약
	칠팔구월	갑을일약	소시시력	약해진다.

⬇ 寅卯月에 己亥卯日 (인묘월에 기해묘일)----- 인묘(寅卯)월(月)이면 봄인데 기해(己亥), 기묘(己卯) 일생이라 기토(己土) 일주가 목(木)월에 출생한 경우인데, 사주가 신약한 경우가 되겠다. 秋冬月에 丙丁日 (추,동월에 병,정일)이니 화(火)일주이고, 역시 극(剋)을 받거나, 극(剋)을 하는 경우니 자연 신약(身弱)이다,

| 癸 | 己 | 壬 | 壬 |
| 卯 | 亥 | 寅 | 寅 |

◀ 기해(己亥) 일주 사주다.
지지에 목국(木局)이 형성 되어있다.

| 乙 | 己 | 甲 | 壬 |
| 亥 | 卯 | 辰 | 寅 |

◀ 기묘(己卯) 일주 사주다.
지지(地支)에 목국(木局)이 형성.

⬇ 七八九月(칠,팔,구월)이니 가을이요, 금(金)인데 목(木)일주이니 극(剋)을 받으므로 자연 또 신약(身弱)이고, 신약 일 경우 소시 적이라 어렸을 때를 설명함인데, 왜 시력(視力)이 약해진다 하였을까?

☞ 기토(己土)일주일 경우를 보자, 기(己)토인 자식이 약(弱)하니 어머니인 화(火)가 사력을 다해 자식인 기토(己土)를 생(生)해 주려 애를 쓰게 된다. 그러다보니 기력이 쇠해지는데 화(火)➡시력(視力)이라 약해진다는 설명이다.

◀ 기토(己土) 일주 사주다.
유월(酉月)생인 경우다.
일(日)과 시(時)에 기토(己土)가 있다.

| 己 | 己 | 己 | 壬 |
| 巳 | 亥 | 酉 | 戌 |

⬆ 기토(己土) 일간이 시(時)와 월(月)의 기토(己土)의 도움을 받을 것 같으나 결코 도움을 충분히 받지 못한다. 시지의 사(巳)중 병화(丙火)가 있으나 일지(日支)와 충(沖)이 된다. (병경(丙庚)충(沖)이 된다.)

⬇ 병정(丙丁) 화일주(火日主)인데 火剋金(화극금)을 하도 하다 보니 기운이 약해지고 오히려 금(金)에게 역(逆)으로 당하게 된다, 즉 해도 해도 끝이

없는 경우가 되는 것이다. 가뜩이나 화(火)인 시력(視力)이 약한데, 금(金)을 극(剋)하여야 하고 겨울인 수(水)에 극(剋)을 당하니 이래저래 기운이 빠지는 일 밖에는 없으니 자연 화(火)인 시력이 약해진다.

丙	丙	己	辛
申	辰	亥	亥

◀ 병화(丙火) 일주 사주다.
지지에 수국(水局)이 형성.

◉ 병화(丙火) 일주가 겨울에 출생. 본인이 극(剋)을 받으므로 인해 자손인 기토(己土)를 생(生)할 여유가 없다. 그나마 조금 있는 힘을 기토(己土)에게 쏟아 부어도 병화(丙火)는 기력 쇄진이다. 가을과 겨울 차이다.

己	丙	丙	庚
亥	辰	戌	申

◀ 병화(丙火) 일주인데 가을이다.
금국(金局)이 형성이 되나 또 충(沖)도 있다.

◉ 극(剋)을 하랴, 생(生)을 하여주랴, 또 극(剋)을 받으랴, 참으로 바쁘고 바쁜 인생. 도와주는 이 없고, 모든 것을 내가 다 처리해야 하는 슬픈 운명이다.

戊	丙	丙	丙
子	申	申	辰

◀ 병신(丙申) 일주 사주다.
극(剋)을 받는 쪽에서
반대로 극(剋)하는 쪽으로 변하였다.

▼ 갑을(甲乙) 목(木)일주가 가을에 출생 하였으니, 가을은 금(金)이라 극(剋)을 받으니 신약(身弱)해서 더욱 힘든데, 금(金)을 극하기 위해 화(火)의 도움을 받아야 하니 화기(火氣)가 기력이 약해 질수 밖에 없다. 자연 시력이 약해질 수밖에 없다.

庚	乙	乙	庚
辰	卯	酉	戌

◀ 乙木(을목) 일주 사주다. 약간 상황이 복잡.
金木(금목) 相戰(상전)이고,
戌(술)중 丁火(정화)가 있으나 ???

乙	甲	辛	癸
丑	申	酉	卯

◀ 갑목(甲木) 일주 사주다.
유월(酉月)생인데 금국(金局)에, 기운이 딸린다.

◉ 상황이 다른 경우(사주가 신강 할 경우)

丙	乙	庚	丁
丑	卯	戌	卯

◀ 을목(乙木) 일주 사주다.
가을인 술월(戌月)에 출생 하였다.

甲	甲	丙	丙
戌	午	申	寅

◀ 갑목(甲木) 일주인데 가을에 태어났다.
오히려 금(金)이 맥을 못 추고 있다.

이 경우는 그런 데로 견디기가 충분하다. 목화(木火)인 양(陽)의 기운이 어느
정도 견딘다.

◉ 이와 같이 사주가 어느 정도 견딜 여력이 있는 경우는 여기에서 제외가 되
는 것이다. 그만큼 사주가 강하다는 것은 상황에 따른 변화도 충분히 견딘다
는 것이다.

세금체납의 경우 있으면서도 안 내는 경우도 있고 없어서 못 내는 경우도 있
을 것이다. 있어도 안 내는 것은 그만큼 감추어둔 재산이 있다는 것인데 오히
려 이럴 때 큰소리가 나온다. 당연시하며 그럴 수도 있는 것 아니냐! 내면 될
것 아니냐! 고 항변 아닌 항변을 한다. 그 정도는 충분히 낼 능력은 된다는 말
이다. 실로 없는 사람은 사정을 한다. 내고 싶어도 뭐가 있어야 낼 것이 아니
냐며 말이다. 사주의 강함과 약함의 차이다. 여기서도 암장 이야기가 나온다.
밀린 세금도 안내면서 지랄하는 인간들 사주는 어떨까? 暗藏(암장)으로 財庫
(재고)를 갖고 있는 것이다.

<table>
<tr><td rowspan="2">379

편도선</td><td>秋月木日</td><td>扁桃腺弱</td><td>頭痛頻煩</td><td>있게되고</td></tr>
<tr><td>夏月木日</td><td>태운몸도</td><td>扁桃腺弱</td><td>亦是있네.</td></tr>
<tr><td></td><td>추월목일</td><td>편도선약</td><td>두통빈번</td><td>있게되고</td></tr>
<tr><td></td><td>하월목일</td><td>태운몸도</td><td>편도선약</td><td>역시있네.</td></tr>
</table>

▶ 秋月 木日(추월, 목일)─────목(木)일주가 가을에 출생하였다 함은, 금의 극(剋)을 받음이라 목(木)이 약해지므로 편도선이 약해지고, 신경(神經)이 약화되니 자연 두통(頭痛)도 따라오게 된다. 관(官)이 왕(旺)한 경우를 설명하는 것이다.

庚	乙	甲	乙
辰	酉	申	丑

◀ 을목(乙木) 일주 사주다.
지지(地支)에 금국(金局)을 이루고 있다.

⬇ 목일주(木日主)가 여름에 태어났으니 목화(木火)가 왕한 사주라 금(金)의 기운이 약해지게 되므로 기관지 계통이 약한데, 목일주(木日主)가 화(火)가 많아 설기(泄氣)가 심하니 자연 기운이 약해지고, 기관지와 편도가 약해지는 경우다. 사주에 목화(木火)가 많으면 알레르기 체질로, 특히 봄 되면 꽃가루에 시달리게 되는데 호흡기가 겸해지므로 매우 조심해야 한다.

丙	甲	壬	丁
寅	午	寅	卯

◀ 갑목(甲木) 일주 사주다.
인월(寅月) 출생, 설기(泄氣)가 왕한 경우.
지지가 목(木)과 화(火)로 왕 하다.

甲	甲	壬	丁
子	辰	寅	卯

◀ 갑목(甲木) 일주 사주다.
인(寅)월 출생, 수목(水木)이 왕하다.
설기가 부족하여 생긴다.

◉ 화일주(火日主)로서 화기(火氣)가 지나치게 강(强)하면, 금(金)인 피부(皮膚)가 약(弱)해지므로 관리에 더욱 신경 써야 하는데, 여름에 지나친 일광욕은 피하도록 해야 한다.

甲	丙	丙	己
午	辰	寅	巳

◪ 병(丙)화 일주 사주다. 인(寅)월 생이다. 목화(木火)가 왕한 사주다.

◆ 목화(木火)가 왕(旺)한 사주인데, 금(金)은 사(巳)중의 경금(庚金)이 있는데 寅巳刑(인사형)이다.

380 기관지병	春夏月에 壬寅午戌 춘하월에 임인오술	庚辛日生 財殺旺도 경신일생 재살왕도	氣管支병 氣管支에 기관지병 기관지에	있게되고 病이있소. 있게되고 병이있소.

▣ 庚辛(경신)이라 함은 금일주(金日主)고, 春夏月(춘하월)이라 하였으니 목화(木火)가 왕(旺) 한지라 금기운(金氣運)이 쇠하므로 기관지가 약하게 되는데, 이것을 연령에 비유해 보면 어려서는 천식, 백일해이고, 차차 자라면서 축농증도 발생할 수 있다. 치질(痔疾)이나 맹장(盲腸)도 나타날 수 있고 지지(地支)에 화국(火局)을 이룰 경우 축농증의 발병 확률이 매우 높다.

壬	壬	壬	O
寅	午	戌	O

◪ 임수(壬水) 일주인데, 지지(地支)에 화기(火氣)가 강하니 물이 말라버릴 판이다.

⬆ 자식인 임수(壬水) 일주가 갈급증(渴急症)을 호소하니, 어머니인 금(金)이 나 몰라라 할 수는 없는 일 아닌가?

☞ 금생수(金生水) 하다 보니 어미인 금(金)이 약해져 기관지(氣管支)에 병(病)이 생긴다.

❖ 폐, 기관지가 약한 사람들은 악기를 연습하라. 색스폰처럼 부는 악기 클라리넷도 괜찮고 피리, 하모니카도 좋다. 심폐기능이 강화된다.
운동은 수영도 권할 만하다. .

<table>
<tr><td rowspan="2">381

유종(乳腫)병</td><td>傷官食神</td><td>逢刑하면</td><td>乳腫病이</td><td>念慮되고</td></tr>
<tr><td>處女時節</td><td>發育할때</td><td>그乳房이</td><td>縮小하다.</td></tr>
<tr><td></td><td>상관식신</td><td>봉형하면</td><td>유종병이</td><td>염려되고</td></tr>
<tr><td></td><td>처녀시절</td><td>발육할때</td><td>그유방이</td><td>축소하다.</td></tr>
</table>

➡ 여성에게 식신, 상관은 자녀와 연관이 지어지는데, 逢刑(봉형)이라 함은 형충(刑沖)을 의미하는 것으로, 유종(乳腫) 즉 유방암이 염려되고 그 자체가 발육(發育)에 이상이 생기거나, 제대로 그 기능을 발휘하지 못하는 경우가 많다.

○	甲	丙	○
午	寅	子	○

⬅ 갑(甲)목 사주다. 식상(食傷)은 병(丙)화다. 지지(地支)에서 자오(子午) 충(沖)이다.

甲	丙	丙	己
午	辰	寅	巳

⬅ 병(丙)화 일주 사주, 식상(食傷)이 약하다. 기토(己土)가 있으나 인사(寅巳) 형(刑)이다.

◉ 운(運)에서 식신, 상관을 형충(刑沖) 할 때는 산부인과로 가서 여러 가지를 검사 받아보는 것이 좋다.

☞ 자궁(子宮)의 이상 유무와 주기적인 출혈의 상태도 검사받아 보는 것이 항상 매사 불여튼튼이다.

❖ 여성의 유방 크기와 탄력.

여성의 유방 사이즈에 비례해 c컵,d컵--- 등으로 표시한다. 건강한 사람의 경우는 탄성이 강하지만, 부실할 경우 처지는 경우도 생긴다. 사주에서 어떻게 판단을 하는가? 일간을 전후로 하여 인성과 식상이 고루 연결되면 건강으로 보고 오행이 고루 분포되어 있으면 보통, 신약으로 식상이 약하고 재관이 강하면 약한 것으로 판단을 한다.

382 현기증	火日主에 多逢水나 水日主에 多逢火는 가끔가끔 上氣하여 眩氣症이 일어난다. 화일주에 다봉수나 수일주에 다봉화는 가끔가끔 상기하여 현기증이 일어난다.

❖ 眩氣症(현기증)에 대한 설명인데, 수화상전을 설명한다.

☞ 水火相戰(수화상전)이란? 수기(水氣)와 화기(火氣)가 서로 충돌하여 균형을 이루지 못하는 것을 설명하는데, 화일주(火日主)일 경우 수기(水氣)가 많아 화기(火氣)가 약할 경우, 수일주(水日主)인데 화기(火氣)가 많아 수기(水氣)가 맥을 못 추는 경우다.

☞ 사주에서 수화(水火)가 균형을 이루어 수화기제로서 아주 좋은데 그 균형이 허물어지면 수화상전으로 인하여 현기증이 유발된다.

상기(上氣)란 기(氣)가 위로 상승(上乘)하여 정신이 혼미해지는 것을 말하는데 이것이 바로 현기증(眩氣症)이다.

戊	丙	戊	庚
子	辰	寅	申

◀ 병화(丙火) 일주 사주다.(수화상전) 지지에 수국(水局) 형성, 화기(火氣)가 약하다.

己	丙	戊	甲
亥	戌	辰	子

◀ 병화(丙火) 일주 사주다.(수화상전) 지지에 수국(水局) 형성, 화기(火氣)가 약하다.

壬	壬	甲	甲
寅	戌	戌	午

◀ 임수(壬水) 일주 사주다.(수화상전) 지지에 화국(火局) 형성, 수기(水氣)가 약하다.

丙	壬	丁	壬
午	戌	未	戌

◀ 임수(壬水) 일주 사주다.(수화상전) 지지에 화국(火局)이고, 형살(刑殺)이다.

383	甲乙日生　　土金太旺　　肝臟弱해　　걱정되고
	丙丁日生　　木火太旺　　心臟病에　　呻吟이요.
	갑을일생　　토금태왕　　간장약해　　걱정되고
심 장 병	병정일생　　목화태왕　　심장병에　　신음이요.

❖ 甲乙日生(갑을 일생)이면 목(木)일주인데, 토(土)와 금(金)이 태왕(太旺)하다는 것은 재살(財殺)이 많은 것인데 일주인 목(木)은 간장(肝腸)과 연결되니 간장이 약해 질 수밖에 없다. 재살이 많으니 신약(身弱)해진다.

◀ 을(乙)목 일주 사주다.(금목상전) 지지에 금국(金局)을 이루고 있다.

庚	乙	甲	乙
辰	酉	申	丑

⬆ 목(木)일주가 재살(財殺)이 많아서 신약(身弱)하면 간장병으로 연결 하고, 화(火)일주가 목화(木火)가 과(過)하면 심장병이다.

☞ 항상 병은 과다불급으로 인해 생기는 것이다. 화(火)일주에 화(火)가 많은데 심장병이 있나 없나 알려면 그 사람의 눈을 보면 안다. 일단 눈이 크면 확률이 높다. 그 다음은 공식에 맞추어 추명하면 된다.

⬇ 병정(丙丁)이라 화(火)일주인데 목화(木火)가 왕(旺)하다 함은 화기(火氣)가 많은 것인데, 화(火)는 심장이라 너무 많아도 걱정이요, 적어도 걱정인데 너무 많으면 항상 자기 성질에 못 이겨 병(病) 생기고, 심장병으로 이어진다. 太過(태과),不及(불급)은 항상 이럴 때 쓰인다.

戊	丙	甲	癸
戌	午	寅	未

◀ 병화(丙火) 일주 사주다. 지지 화국(火局)으로 화기(火氣)가 강하다.

◉ 사람의 눈은 기(氣)가 분출이 되는 곳이다. 인체에서 제일 높은 곳에 위치한 기의 발생지인 것이다. 상을 볼 적에 그 사람의 눈을 보고 여러 가지 판단을 하는데 눈의 크기가 유달리 큰 사람이 경우는 스크린이 많으니 화기(火氣)가 발달되어 있다. 눈이 큰 사람은 심장이 약하다. 보통 눈이 크면 겁이 많다 하는데, 이것도 다 이런 연유에 근거한다. 그렇다고 무조건 겁쟁이는 아니다. 사주의 강약을 우선 살피고 결론을 내려라.

384 폐장혈질	戊己日生　水木太旺　脾胃病이　있게되고 庚辛日生　木火旺은　肺臟血疾　있게된다. 무기일생　수목태왕　비위병이　있게되고 경신일생　목화왕은　폐장혈질　있게된다.

⬇ 戊己日生(무기일생)이니 토(土)일주라, 수목(水木)이 왕(旺) 하다 함은 재(財)와 관(官)이 왕 함이라 토(土)인 비장, 위장이 힘을 못쓰는 것이라 자연 병(病)이 생기게 되는데 庚辛日生(경신일생)이면 금(金)일주라 목화(木火)가 왕(旺)하니 재(財)나 관(官)이 왕 함이라, 금(金)일주가 이상이 생기는데 금은 폐(肺)와 대장(大場)이라 각각 그 기능에 이상이 생기는 것이다. 목화(木火)가 왕 하니 금(金)은 자연 뜨거운 열기에 견디기 힘들어진다.

◆ 금(金)은 경신(庚辛)인데

◉ 경(庚) 金─────────대장　　　☛ 추명 시 확실한 구분이 필요하다.

◉ 신(辛) 金─────────폐

⬇ 경금(庚金)을 한 번 보자.

　대장(大場)이 열 받으면 어떻게 되겠는가? 대장(大場)은 인체에서 소화기능을 담당하는 중요한 기관의 일부분으로 소장(小腸) 즉 작은창자의 끝부분에서 부터 항문까지 이르는 부분을 설명하는데, 주 기능은 식물성 섬유의 소화와 흡수작용, 장(腸)에서 처리된 찌꺼기를 항문(肛門)을 통하여 내보내는 역할도 한다. 그런데 이 부분이 열을 받아 녹아내리는 형국이니 자기의 기능을 제대로 발휘할 수 없어 배설(排泄)이 곤란하게 된다. 이리되면 결국 이어지는 현상은 변비(便祕)로 이어지게 되고, 이것이 심해지면 치질(痔疾)로 연관된다.

◆ 신금(辛金)은 주로 폐(肺)를 설명한다.

　뜨거우니 불이 두 개인 炎(염)자를 연상해보자 폐렴(肺炎)으로 이어진다. 어린아이일 경우 기침으로부터 병(病)이 시작이 된다. 폐(肺)에 염증(炎症)이 생기니 폐렴(肺炎)인데, 백일해, 천식을 유난히 조심해야 한다. 또 결핵(結核)으로도 연결 되는데 거의 없어졌다가 다시 생겨나는 모양이다. 금(金)은 또한 피부(皮膚)와도 연결되는데 화기(火氣)가 강하니 금(金)인 피부가 자꾸 말라버린다. 피부에 수분이 적으니 자연 건조해져서 건성 피부가 되는 것이다.

385	壬癸日生	火土旺은	腎臟子宮	身病있고
	庚辛日生	木火旺은	臟窒病도	두렵더라.
장 질 병	임계일생	화토왕은	신장자궁	신병있고
	경신일생	목화왕은	장질병도	두렵더라.

丙	壬	丁	壬
午	戌	未	戌

◀ 임수(壬水) 일주 사주다
재(財)와 관(官)이 왕(旺)한 사주다.

🔼 壬癸 日生(임계일생)이라 수(水)일주가 재(財)와 관(官)인 화토(火土)가 왕(旺) 하니 재살(財殺)이 많다.

戊	癸	辛	乙
午	未	巳	未

◀ 계수(癸水) 일주 사주다.
지지에 화국(火局)이 형성 되어있다.

🔼 화(火)가 많으면 불에 물이 증발이 되어 날라 가는 것이고,

甲	壬	丁	壬
辰	戌	未	戌

◀ 임수(壬水) 일주 사주다.
지지에 관(官)인 토(土)가 왕(旺)하다.

🔼 토(土)가 많으면 둑에 물이 갇혀지는 형상이라 물의 흐름이 중단 된다.

☞ 수(水)는 신장, 자궁 이라 신장결석에 자궁질환으로도 볼 수 있다.

☞ 庚辛 日生 木火 旺(경신일생 목화 왕)은 장질병도 두렵다고 하였는데 384 번을 참조하면 될 것이다.

戊	辛	乙	辛
戌	卯	未	酉

◀ 신금(辛金)일주 사주다.(金木相戰)
지지에 목국(木局)이 형성 되고 있다.

🔼 금(金)일주가 재(財)인 목(木)과 상전(相戰)하고 있을 때 금(金)은 결핵, 기관지, 천식이고 목(木)은 임파(淋巴)선이라 결국 임파선 염(炎)으로 보면 될 것이다.

386 안혼목운	丙丁日生 金水太旺 壬癸日生 多逢火旺 眼昏木暈 靑盲이니 保眼注力 하십시오. 병정일생 금수태왕 임계일생 다봉화왕 안혼목운 청맹이니 보안주력 하십시오.

❖ 병정(丙丁)일생이라 화(火)일주인데, 금수(金水)가 태왕 하니 재살(財殺)이 많은 것이라, 임계(壬癸)일생이 화(火)가 왕(旺) 하니 시력(視力)에 이상이 생기는 현상을 말한다.

己	丁	庚	庚
酉	巳	辰	申

◀ 정화(丁火) 일주 사주다.
금수(金水)가 태왕한 사주다.

癸	壬	甲	丙
卯	寅	午	午

◀ 임수(壬水) 일주 사주다.
지지 화(火)기운이 너무 강하다.

☞ 眼昏木暈(안혼목운) : 눈眼),저물昏),해와 달무리暈)

☞ 눈에 이상이 오는 것. 뿌옇다.

☞ 靑盲(청맹): 눈 뜨고도 못 보는 팔자를 말한다.

☞ 水火相戰(수화상전)인 팔자가 눈이 멀쩡한데도 앞이 안 보인다.

☞ 화(火)는 시야(視野)요, 수(水)는 암흑(暗黑)이다. 다른 부분으로 본다면 판단력이 흐려진다, 구분을 못한다. 똥오줌 못 가린다.

☞ 통변 시 육친, 오행성향에 해당부분을 응용한다. 단순히 시력만 논하는 것은 일차적 통변이요, 응용하는 것은 이차적 통변이다.

❖ 촉이 더디다.
감각이 둔하다. 센스가 둔하다, 느리다, 어설프다—————
순간적인 센스와 임기응변, 위기를 극복하는 능력도 포함이다.
촛불시위에 대처하는 방법에 문제가 있다면 당사자들이 촉이 더디고 감각이 둔하다는 말이다. 위기대처능력, 극복능력, 해결방법 등 아마추어라는 말이다.

387	春生亥子	夏卯未日	秋生寅戌	冬丑辰日
	神經痛痛	腰痛있어	痛症呻吟	많이한다.
	춘생해자	하묘미일	추생인술	동축진일
통증신음	신경통통	요통있어	통증신음	많이한다.

⬇ 급각살(急脚殺)에 대한 설명이다.

사주에 급각살이 있는 사람은 신경통이나 요통이 있다.

☞ 인묘진(寅卯辰) ────── 봄 ➡ 亥, 子

☞ 사오미(巳午未)────── 여름 ➡ 卯, 未

☞ 신유술(申酉戌)───────가을 ➡ 寅, 戌

☞ 해자축(亥子丑)───────겨울 ➡ 丑, 辰

388	女命經驗	統計하여	神妙之法	拔萃하니
	選妻擇婦	寶法이라	길이길이	繼傳하소.
	여명경험	통계하여	신묘지법	발췌하니
신묘지법	선처택부	보법이라	길이길이	계정하소.

여성의 사주에서 경험을 통계하여 신통하고 묘한 비법을 발췌하니 아내를 선택하고, 남편을 선택할 때의 보법이니 길이길이 계승하여 전하시오.

❖ 善男(선남)善女(선여) 선택하는 기준.

사주 상에서 찾는 선남, 선녀는 실생활에서도 선남, 선녀가 되어야 진짜 선남, 선녀다. 틀은 범 틀 인데 하는 행사가 쪽 제비면 별 볼일 이 없는 것이다. 과연 어떻게 분별을 할 것인가/

◉ 善男(선남), 선여의 기준은 과연 무엇일까?

정의는 어떻게 내려야 하는 것일까? 필요에 의한 기준이다. 보는 관점에 따라 달라진다. 시대의 흐름에 따라 변하는 것이 민심이다. 대통령도 바꾸는 것이 민심이다. 사람의 판단 기준과 가치가 달라지는 것이다. 제 눈에 안경이다. 애꾸는 아내를 가진 사람은 말한다. 항상 윙크를 하고 있으니 얼마나 좋은가?

하고 말이다. 벙어리 남편을 가진 사람은 말한다. "쓸데없는 말은 일체 하지
않으니 얼마나 진지한 사람 인 가?" 고 말이다. 앞을 못 보는 시각장애를 둔

아내는 말한다. "얼마나 행복한 가! 항상 나의 손만을 의지하며 살아가는 남편
이 항상 옆에 있으니 항상 사랑하는 마음 떠날 날이 없으니 이 어찌 아니 좋
을 손가?"하고 말이다. 나이 많은 신랑과 아내, 다 장단점이 있는 것이다. 필
요 없는 사람도 나에게는 귀인과 같은 존재요, 남은 귀인이라지만 나에게는
아무 쓸모가 없는 경우도 있는 것이다.

서로가 각자의 필요에 의한 선택이다. 그저 돈만 있으면 된다며, 내일 당장 죽
을 사람도 좋다는 웃지 못 할 농담도 하지만, 요즈음은 그저 금전이다. 물론
중요하지만 늙어서 생각하면, 아니 죽음을 앞두고 생각하면 그래도 금전이다
하는 사람도 꽤 많을 것이다. 비중이 크기 때문이다.

❖ 진정한 선택이란?
자신만의 진정한 바램이요, 추구하는 이상이다. 남은 무어라 한들 나만 좋으면
그만이다고 하는 생각도 일리는 있지만 사람은 사회적인 동물이다. 보편타당
성도 생각하는 여유를 갖고 살아야 한다. 기준을 제시할 경우는 항상 易地思
之(역지사지)도 염두에 두어야 한다. 무조건 원만함만 강조하는 것도 무리다.

제 7 장 大運(대운)

정의: 대운이란 운 중에서
제일 커다란 운을 말하는 것으로
천간과 지지를 통틀어 합하여 10년을 말한다.

大運(대운)

389 사주 팔자	四柱八字　　組織이요　　大運歲運　　運行이라 四柱自轉　　運行空轉　　自空轉이　　돌고돈다. 사주팔자　　조직이요　　대운세운　　운행이라 사주자전　　운행공전　　자공전이　　돌고돈다.

❖ 사람에게 있어서 사주란 선천적(先天的)으로 타고나는 개인의 조직인데 대운(大運)이나 세운(歲運)은 그 사주에 미치는 영향으로 운(運)이 연결이 되는 것으로, 타의(他意)에 의해 작용받기도 하고, 스스로의 작용에 의해 영향을 미치기도 한다. 길흉(吉凶)이 반복 되는데 때로는 짧게, 때로는 길게도 작용된다. 공전(公轉), 자전(自轉)이라 함은 항상 돌고 돈다는 것을 설명함이다.

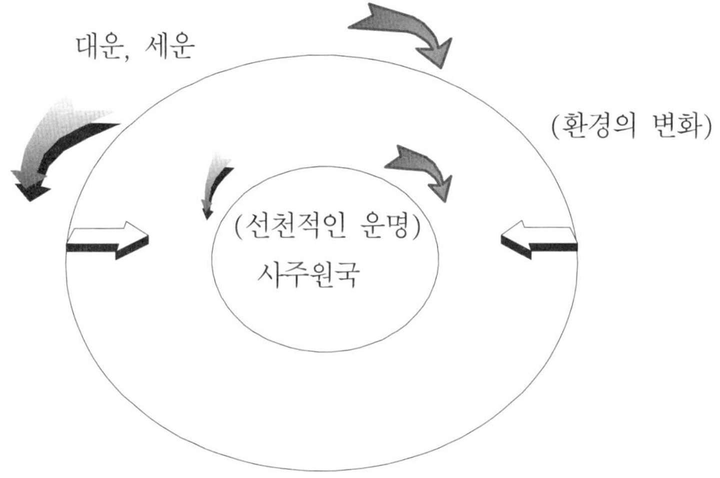

390 제 본성	運이없는　　좋은八字　　그어찌나　　發揮하며 運좋으나　　나쁜八字　　제本性은　　못넘는다. 운이없는　　좋은팔자　　그어찌나　　발휘하며 운좋으나　　나쁜팔자　　제본성은　　못넘는다.

▶ 팔자는 좋은데 운이 없어 그 역량을 발휘하지 못함은 서운한 것이요, 반대로 팔자는 별 볼일이 없는데 운이 좋으면 그것을 잘 받아먹기는 하나 그 본성은 속일 수 없어 결국은 제 팔자대로 간다는 설명이다.

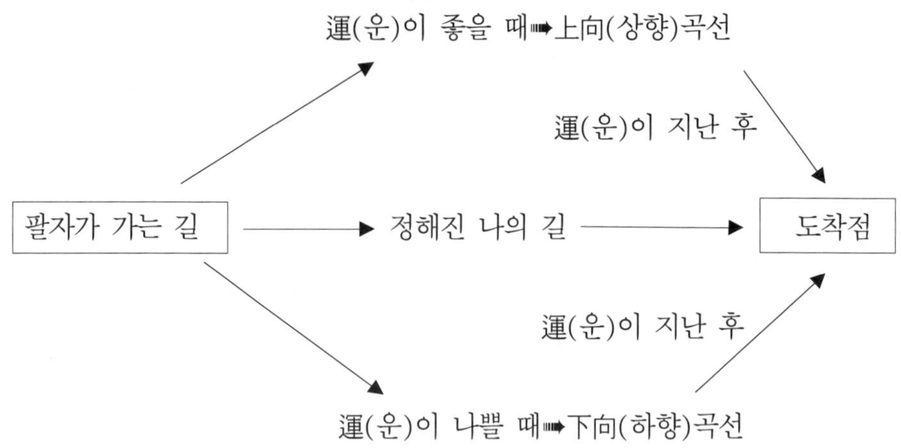

◪ 사주가 좋아도 운이 없다 함은 될 듯, 될 듯 이루어지지 않음이요, 능력과 재능을 겸비해도 그것을 발휘하지 못하고 썩히는 경우라, 용으로 昇天(승천) 하지 못하고 이무기로 一生(일생)을 마치는 경우다.

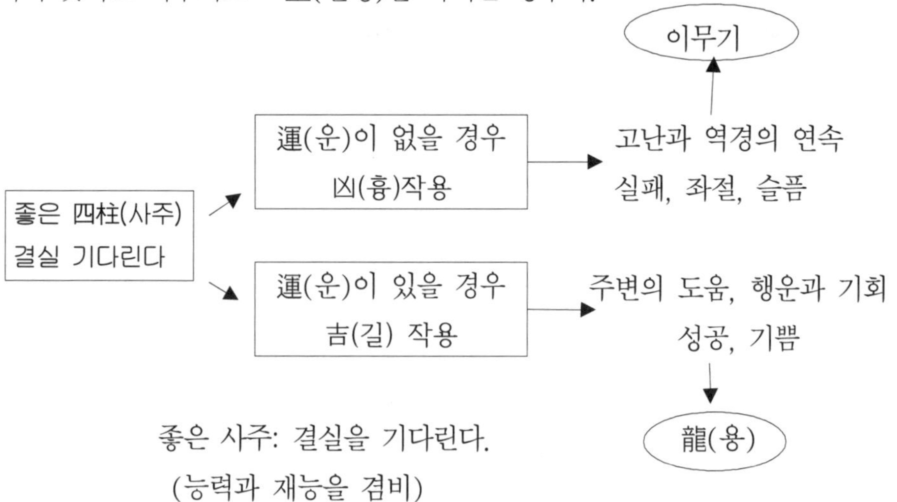

좋은 사주: 결실을 기다린다.
(능력과 재능을 겸비)

◪ 팔자가 사나운데 운(運)이 좋다함은 마치 복권에 당첨이라도 하였지만, 흥 청망청 다 탕진하고 결국 다시 원위치로 돌아오는 것이나 진배없다.

☞ 이런 사람은 제아무리 그것을 간직하려 해도 이리저리 휩쓸리다 보면 결국 도로 공염불이 되는 것이다.

<table>
<tr><td rowspan="2">391

빈곤, 잔질</td><td>官殺弱格　身旺者는　財官殺運　大發하고
身衰官旺　官殺運은　貧困殘疾　못면한다.
관살약격　신왕자는　재관살운　대발하고
신쇠관왕　관살운은　빈곤잔질　못면한다.</td></tr>
</table>

◙ 官殺弱格(관살약격)이라 함은 관(官)이 약한 것인데, 身旺者(신왕자)로, 신왕한 경우이니 財官殺運(재관살운)이 와야 중화(中和)가 이루어지고, 신왕하므로 내가 얼마든지 받아들일 수 있으므로 최고로 좋다.

◙ 身旺官衰(신왕관쇠)로 관(官)이 용신(用神)이어야 성립된다.

◀ 경금(庚金) 일주 사주다. 신강사주로써 오미(午未) 화국(火局)➡관(官) 용신(用神)이다.

癸	庚	辛	癸
未	午	酉	丑

◙ 관(官)이 약(弱)하니 화(火)인 관운(官運)이 제일 좋다. 목화(木火) 양(陽)이 들어와야 균형(均衡)을 이룬다.

◙ 身衰官旺 官殺運(신쇠관왕 관살운)----일주가 신약(身弱)하고 관(官)이 왕(旺) 할 경우, 관살(官殺) 운이 오게 되면 가뜩이나 일주가 약한데 더더욱 견디기 힘들어진다. 그로 인한 현상은 빈곤에 시달리고, 잔병이 많아져 건강을 해치게 된다. 사업을 할 경우, 관재(官災), 송사(訟事)로 인해 시달린다.

丙	庚	丁	丙
戌	午	酉	午

◀ 경금(庚金) 일주 사주다.

◙ 관(官)인 화(火)가 왕(旺) 해 관왕(官旺)신쇠(身衰)의 형국이다.

❖ 재물로 흥한 자는 재물로 망하고, 권력으로 득세한 사람은 권력으로 쇠몰하는 것이다. 무엇이든 이치가 그러하다. 길이 있으면 흉이 있는법. 오르막이 있으면 내리막이 있는 것이다. 관을 흠모하는 사주는 관으로 어려움을 당하고, 재물을 흠모하는 자 역시 재물로 인해 나락으로 떨어지는 것이다. 권불십년이요 부자 3대라는 말이 헛말이 아니다.

<table>
<tr><td rowspan="2">392

진법무민</td><td>身衰官殺</td><td>印運좋고</td><td>財官殺運</td><td>大忌하고</td></tr>
<tr><td>原命殺衰</td><td>制殺運은</td><td>盡法無民</td><td>削官되오.</td></tr>
<tr><td></td><td>신죄관살</td><td>인운좋고</td><td>재관살운</td><td>대기하고</td></tr>
<tr><td></td><td>원명살쇠</td><td>제살운은</td><td>진법무민</td><td>삭관되오.</td></tr>
</table>

▪ 身衰官殺 印運좋고(신쇠관살 인운좋고)－－－－－－사주가 신약(身弱)하고 관살(官殺)이 많을 때는 인수(印綬) 운(運)이 좋다고 하였는데, 인수(印綬)는 관(官)의 기운을 설기시키고, 官印相生(관인상생)으로 연결되니 인수(印綬)는 좋다. 일주를 도와 기운을 북돋워주니 좋은 것이다.

乙	辛	壬	丙
丑	卯	辰	寅

◀ 신묘(辛卯) 일주 사주다. 지지에 재(財)인 목국(木局)이 형성되었다.

丙	庚	乙	丙
子	午	未	辰

◀ 경금(庚金) 일주 사주다. 관(官)인 화(火)의 기운이 왕 하다.

⬆ 재관(財官) 운(運)은 일주를 더욱 피곤하게 만드니 싫어한다.

재운(財運)은 관(官)을 더욱 왕 하게 만드니 나만 더 힘들어진다.

丙	丙	癸	庚
申	午	亥	子

◀ 병오(丙午) 일주 사주다. 지지(地支)에 수국(水局)을 이루고 있다.

◆ 관살(官殺)이 많은 사주다. 지지에 오(午)화를 놓아 득지(得地)는 하였다. 실령(失領), 실세(失勢)한 사주다. 여기서 보면 어느 운(運)이 가장 좋을까? 인수운인 인묘(寅卯)중 특히 인(寅)년이 오면 월지(月支)인 해(亥)수와 합(合)이 되어 인해(寅亥)합➠목(木)을 이루고 일지(日支)인 오(午)화와는 인오(寅午)➠화국(火局)을 이룬다.

☞ 인해(寅亥) 합(合)을 하여 목국(木局)을 이루면 수생목(水生木)➠목생화(木生火) 하여 일주인 본인에게 크나 큰 기쁨이요, 힘이 되니 참으로 즐거운 것이다. 항상 나를 핍박하던 관(官)인 수(水)가 인(寅)운을 만나면서 언제 그랬느냐는 듯이 오히려 나에게 갖은 도움을 다주며 편의를 보아주니 완전히 귀인이 되는 것이다.

☞ 관(官)이 왕한 사주에서 인수(印綬) 운(運)이 오면 중간에서 해결사 역할을 하며 그동안의 소원하였던 모든 것을 다 시원스레 해결 해준다.

☞ 반대로 재살(財殺)운의 경우를 살펴보자. 왜 재살 운이 오면 나쁜 것일까? 병화(丙火)의 재(財)는 금(金)이다. 금(金)인 신유(辛酉)가 재(財)가 된다. 병화(丙火)는 낮이요, 해가 중천(中天)에 있는 것이다. 아직 할 일이 많은데 신유(辛酉)가 오면 해가 서산(西山)으로 지는 것이다. 갈 길은 먼데 해가 서산으로 지니 이것은 낭패다.

☞ 관운(官運)인 수운(水雲)이 온다고 하여보자. 수(水)는 시간으로는 밤중이요, 겨울이다. 갑자기 하늘이 깜깜해지는 형상이다. 따듯하던 방이 갑자기 보일러가 나가고 냉골이 되면서 아직 불 킬 준비도 아니 하고 있는데 갑자기 정전인 것이다. 사방이 암흑세계로 바뀌는 것이다. 이것이 재(財)와 관(官)의 차이다.

☞ 제살(制殺) 운(運)이라 하였는데 살(殺)을 즉 관(官)을 꼼짝 못하게 하는 것이란 설명인데, 그것이 과도하면 어찌되는가? 식상(食傷)은 관(官)을 제어하는 데에는 탁월한 기능이 있다.

☞ 관(官)이란 직장이요, 룰인데 하극상(下剋上)의 기질이 강하다보니 위, 아래도 모르고 인사도 없고 출퇴근 시간도 제 멋대로 이고 이것은 답이 아닌 것이다. 결국 직장도 그만두고 성질이나 부리고 엉뚱한 곳에 화풀이요, 입에서 나오는 소리는 상소리에 저질이다. 이의 예를 들어보자.

<table>
<tr><td>丙</td><td>甲</td><td>壬</td><td>丁</td></tr>
<tr><td>寅</td><td>午</td><td>寅</td><td>卯</td></tr>
</table>

◀ 갑목(甲木) 일주 사주다. 지지에 화국(火局)이 형성 되어있다.

⬆ 어려서부터 가정환경으로 인하여 잘못된 길을 걷고 있는 사주다.

<table>
<tr><td>壬</td><td>乙</td><td>丁</td><td>丙</td></tr>
<tr><td>午</td><td>未</td><td>酉</td><td>午</td></tr>
</table>

◀ 을미(乙未) 일주 사주다. 지지에 화국(火局)이 형성되고 기운이 강하다.

⬆ 이 사주에서의 관(官)은 유금(酉金)인데, 식상인 화(火)가 지나치게 강하여 관(官)인 금(金)을 녹이고 있다. 오나가나 불기둥이라 얼굴만 내밀면 녹아나는 형국이다. 법(法)이 필요 없다. 내 말이 법이요, 주먹이 법이다.

<table>
<tr><td rowspan="2">**393**

탐재괴인</td><td>印星旺한</td><td>그八字는</td><td>官殺運이</td><td>제일좋고</td></tr>
<tr><td>印星弱格</td><td>財運오면</td><td>貪財壞印</td><td>大敗하네.</td></tr>
<tr><td></td><td>인성왕한</td><td>그팔자는</td><td>관살운이</td><td>제일좋고</td></tr>
<tr><td></td><td>인성약격</td><td>재운오면</td><td>탐재괴인</td><td>대패하네.</td></tr>
</table>

➡ 인수(印綬)가 왕(旺)하면 자연 일주는 자동으로 신왕(身旺)한 사주다.

사주가 신왕일 경우 용신(用神)을 사용함에 있어서 여러 경우가 있는데 그 중제일 먼저 재(財)를 생각을 해 볼 수 있다. 여기서 짚고 넘어갈 것은 신왕(身旺)과 신강(身强)의 구별이다.

☞ 신왕(身旺)하다➡인수가 많아 보태주어서 일주가 저절로 강해지는 것이고,

☞ 신강(身强)이라➡ 비견, 겁이 많아 일주가 스스로 자력으로 강해지는 것.

인수가 많아 강해질 경우는 일차적으로 인수의 기운을 약화시키는 재(財)를 생각을 하게 되는데 여기서는 관살(官殺) 운을 제일 좋아 한다고 하였는데 이유는 무엇일까? 우선 신왕(身旺)이던, 신강(身强)이던 일주가 강해진 것은 사실이다. 일주가 강해짐으로 지나친 기운을 억제하여야 하는데

☞ 일주의 기운을 제일 먼저 약화(弱化)시키는 것은 관살(官殺)이다.

☞ 용신을 사용할 경우 일단은 관살(官殺)을 용신(用神)으로 사용하고, 그 다음 으로는 재(財)를 용신(用神)으로 사용을 한다. 이도 여의치가 않을 경우는 식상(食傷)을 용신(用神)으로 사용을 하게 된다. 그러나 이도 저도 다 여의치 않을 경우는 할 수 없이 종(從)하는 경우가 성립되어 종격(從格)의 사주로 변화하게 된다.

➡ 인수(印綬)가 왕(旺) 할 경우 용신(用神)은 어떻게 정하는 것이 좋을까?

☞ 인수가 왕 하니 재살(財殺)이 용신이 될 경우가 있고, 관(官)도 용신이 될 경우도 있고, 식신, 상관이 용신이 될 수도 있는데 여기의 설명은 재(財)나 관(官)이 용신(用神)일 경우다.

癸	戊	甲	己
亥	午	戌	未

◀ 무토(戊土) 일주 사주다.

지지에 인수인 화국(火局)이 형성 되어있다.

⬆ 인수인 화기(火氣)가 왕(旺) 하여 무토(戊土)가 더욱 더 건조해져 가색(稼

稿)의 공(功)을 기하기 더 어려워지고 있다. 가뜩이나 건조한 기운이 있는데 화기가 더욱 더 왕 하니 가색의 공을 이루기 위해 화기를 억제할 수기가 필요하다. 수(水)기운은 재(財)인데, 시주에 재(財)가 건재하여 충분히 조습(操習)을 관리할 만하다. 용신(用神)이 재(財)인 경우다.

➡ 만약에 식신(食神)이나 상관(傷官)이 용신(用神)일 경우는, 관(官)이 오게 되면 관식투전(官食鬪戰)이 되어 용신을 어렵게 하므로 성립 안 된다. 오라는 딸은 아니 오고 미운 애꾸눈 며느리만 오는 형상이다. 결국 살아야 할 놈은 살지 못하고 죽어야 할 놈이 기세등등하여 활보하는 형상이다.

➡ 인수가 약한 격에 재운(財運)이 올 경우 어찌 될 것인가?
가뜩이나 인수(印綬)가 약한데 재운(財運)이 온다면, 재(財)는 인수(印綬)를 극한다. 재(財)를 만나니 자연 탐할 수밖에 없고, 그러다보니 오히려 재(財)에게 당하여 결국 인수는 망하는 형상이 된다. 이를 가르쳐 탐재괴인이라 아니하던가? 인수가 약한 경우, 왜 재(財)를 탐하면 망하게 될까?

➡ 인수란 기획, 배움, 인내, 지구력등 많다, 총각이 연애를 한다고 하자.
이 사람은 인수가 약한 사주다. 재운이 왔다. 결혼 정년기의 총각에게는 신부 이상 더 어디 있겠는가? 선을 보라고 중매가 들어온다. 기분 좋게 나가지만 번번이 퇴자다. 이유는 여러 가지다. 인수는 외모로, 치장이라 인수의 기운이 약하니 옷을 입어도 촌스럽다, 시대에 뒤진다. 여자가 조금 늦었다고 기다리지 못하고 바로 나온다. 매너도 없이 말이다. 인내력이 없고 지구력도 약하다. 조금만 참고 기다리면 여자가 죄송해요 하면서 달라붙을 터인데, 배운 것도 많지 않으면서 자존심은 있어, 이렇게 전개된다.

➡ 사업하는 경우를 살펴보자. 인수가 약하니 우선은 기획하고, 일에 대한 사업성의 검토와 창의력도 부족하다. 그저 사람만 많이 다니면 장사가 잘 되는 줄 알고 개업했다가 연령을 잘못 맞추어 실패한다. 권리금만 잔뜩 주고 말이다. 길거리 다니는 사람이 다 돈으로 보여 시작 했는데, 다 다른 곳으로 들어가고 내 가게에 오는 손님은 별로다. 재(財)란 처(妻)요, 부친(父親)도 된다. 마누라는 집에 들어가면 바가지요, 못살겠다고 난리이고, 늙으신 부친은 자식 놈 사업밑천 대주다 집안 말아먹는다고 난리다. 인수는 문

서요, 집도 되니까 게다가 은행에 담보로 들어간 여러 가지도 난리고, 신용상 문제도 발생된다. 다 인수가 약한 탓이다. 재운이 온다고 무조건 좋은 것은 아니다.

394 흉화위길	木日亥子 水旺木漂 목일해자 수왕목표	印星旺은 救出되어 인성왕은 구출되어	土財運에 凶化爲吉 토재운에 흉화위길	反興하니 遇王候라. 반흥하니 우왕후라.

▣ 木日 亥子 印星 旺(목일 해자 인성 왕)－－－－목(木)일주가 해자(亥子) 수(水)인 인수(印綬)가 왕하여 일주가 강해진 경우인데, 토(土)인 재운(財運)을 만나면 반대로 흥해진다는 설명인데, 이유인즉 목(木)이 수(水)가 왕하니 나무가 물위를 떠도는 형상이라 정처 없이 표류하고 있는데, 둑이 있어 가로 막히니 표류(漂流)를 아니 하고 정착(定着)함을 생각해보게 된다.

甲	甲	己	辛
戌	子	亥	亥

◀ 갑자(甲子) 일주 사주다. 지지(地支)에 수기(水氣)가 왕양하다.

⬆ 월간(月干)에 기토(己土)가 있으나 왕양한 물이 이미 약한 둑을 터져가고 있다. 시지(時支)의 술(戌)토가 있으니 보완이 시급한 것이다. 토(土)운(運)이 도래해야 이 상황을 타개한다.

◉ 목(木)인 나무 입장에서 보면 수기(水氣)가 많아 왕(旺) 해지기는 했어도 정작 본인은 떠다니기만 하지 자기의 할 일은 못하고 놀고 있는 것이나 진배가 없다. 겉으로 보기에는 개 팔자인 것 같아도 백수다. 나무는 흙에 뿌리를 내리고 살아야지 물이나 공급받고 사는 수경재배의 산물은 아니다. 그것은 풀포기나 다름이 없다. 이런 상황이니－－－

▣ 토(土)인 재(財)를 만나면 일자리가 생기고, 내가 활동을 하니 제 구실을 함이라 흉(凶)이 길(吉)로 변한다.

395	印星行運	死絶鄕에	다시財運	幷臨하면
	船行風息	氣運끊겨	生不如死	하게되네.
선행풍식	인성행운	사절향에	다시재운	병임하면
	선행풍식	기운끊겨	생불여사	하게되네.

➡ 印星行運 死,絶鄕(인성행운 사, 절 향)ㅡㅡㅡㅡㅡㅡㅡ인성(印星)이라 함은 인수인데, 그것이 용신(用神)으로 작용하면서 운에서 死宮(사궁), 墓宮(묘궁), 絶宮(절궁) 그리고 재운(財運)을 만나게 되면, 船行風息(선행풍식)이라 배가 가다 바람이 끊기니 배가 못가는 형상이 된다. 예전에는 풍향에 의하여 배가 운행이 되었으므로 이런 표현이 나온다. 生不如死(생불여사)라 함은 생사를 구별하기 힘든 상황이라 그야말로 죽기 아니면 까무라치기다.

O	丙	壬	壬
O	寅	子	申

◀ 병인(丙寅) 일주 사주다.

➡ 여기에서의 用神(용신)은 인(寅)목이 된다. 수기(水氣)가 왕 하여 병화(丙火) 일주가 금방이라도 꺼질 것만 같다.

➡ 재운(財運)을 만나면 申(신)-金剋木(금극목)에 寅申 冲(인신 충)이 된다.

➡ 절지(絶地)를 만나면ㅡㅡ병화(丙火)의 절지(絶地)는 수(水)가 되는데, 가뜩이나 춥고 배고픈데 다시 수(水)운을 만나면 그야말로 진퇴양란이다. 날 잡아 잡수하고 손을 드는 방법 외는 없다.

➡ 사궁(死宮)을 만나면 어떻게 될까?
여기에서 용신 인(寅)목의 사궁(死宮)은 화(火)가 되는데, 화(火)가 오게 되면 용신(用神) 인(寅)목이 죽는다는 말인가?

☞ 여기에서는 이것을 잘 살펴 보아야한다. 무조건적인 포태법의 해석은 금물이다. 일주 병(丙)화가 인(寅)목 어머니가 용신인데, 화운(火運)이 들어오니 쇠약(衰弱)했던 기운이 왕(旺)해져 정신 차리고 그동안 신세만 지던 처지에서 독립한다고 큰소리치게 된다.

▣ 사궁(死宮)이란 계절로 보면 다음 계절이 되는데, 화(火)의 경우 다음 계절이 금(金)이니 음(陰)과 양(陽)이 서로 바뀐다. 화(火)인 태양이 해가 지는 것이다. 서산으로 해가 지는 것으로 이 경우는 死宮(사궁)이 나쁜 것이다.

○	戊	○	○
○	午	丑	子

⬆ 무토(戊土), 일주다 .축월(丑月) 생이니 동지섣달의 꽁꽁 얼어붙은 음지(陰地)전답(田畓)이 되어버렸다.

⬆ 여기에서는 오화(午火), 인수(印綬)가 용신(用神)이다.

☞ 화(火)가 용신(用神)인데 화(火)의 사궁(死宮)은 금(金)이다.

☞ 서산으로 해가 넘어가니 화(火)가 토(土)에게 생(生)을 해주어야 하는데 해가지니 기운(氣運)이 없어진다. 생(生)을 해주기 이전에 내 몸 부터 관리하기 힘들어진다.

☞ 화(火)가 용신일 경우는 사궁(死宮)이 오면 맥을 못 추는 것이다. 여기에서 포태법(胞胎法)에 너무 의존을 하다보면 실수하게 되는데 그 이전에 生剋制化(생극제화)를 먼저 살펴야 할 것이다.

❖ 정치인이란?

국민을 위한 국민의 종인가? 심부름 꾼 인가? 전달자인가? 위하는 사람인가? 받들어 모시는 어른과 같이 존경심을 갖고 대하는 것일까? 진심으로 국민을 위하고 국익을 앞세워 봉사하는 존재일까? 묻는다면 대다수는 말한다.

다 아니다. 거짓말이다. 그들은 그것이 직업이다. 프로 정신에 입각해 모든 것을 행하는 일종의 집단과도 같은 무리다. 라고 할 것이다.

그렇다. 그들이 직업란에 쓰는 것이 무엇인가? 정당인, 정치인―――――

스스로 자인하지 않는가? 그렇다. 직업이다. 기력이 있을 때 힘이 있을 때 잘 나가고, 힘없으면 쳐지는 것이다. 다른 직종도 마찬가지다. 흉볼 것도 없고 무어라 탓 할 필요도 없다. 당신이 그러한 직종에 종사한다면 당신도 예외 없이 그러한 행동을 하고, 처신에 정당성을 부여 할 것이다. 중요한 것은 항상 오르막이 있으매 내리막도 있음을 알아야 한다는 것이다.

<table>
<tr><td rowspan="2">396</td><td>財多身弱　　놓은者는　　肩劫印運　　富豪되고
財星弱格　　身旺者는　　食傷財運　　富者된다.</td></tr>
<tr><td>재다신약　　놓은자는　　견겁인운　　부호되고
재성약격　　신왕자는　　식상재운　　부자된다.</td></tr>
<tr><td>식상재운 부자</td><td></td></tr>
</table>

▶ 財多身弱(재다신약)－－－－－－－재다신약의 사주는 재(財)가 많음으로 인하여 발아래 재(財)가 깔려 있어도, 내가 힘이 미약하여 그것을 취하지 못하는 운명(殞命)이라 ,비견, 겁운, 인성운이 와야 다스리고 취할 수 있다.

▶ 재성이 약하고 나의 기운이 강할 경우는, 식욕은 왕성한데 먹을 것이 부족이라, 기운이 넘치니 열심히 일을 하여 재물을 모아야 할 것인데,운에서 도래하는 것은 식상운과 재성운이라, 그 때는 호운(好運)으로 부자가 된다.

◀ 병화(丙火)일주다.
지지에 오(午)화로 통근(通根)을 하고 있으나 재(財)인 금기(金氣)가 강해 財에 치이고 있다.

O	丙	庚	癸
O	午	申	酉

🔼 月令(월령)에 신(申)금이 있고 月干(월간)에 경(庚)금이 투출(投出)하여 년지(年支)와 년간(年干)의 계수(癸水) 또한 합세를 하니 금수(金水)기운인 음(陰)의 기운이 매우 강하다.

☞ 병화(丙火)의 입장에서는 인수와 비견,겁인 목화(木火) 즉 양(陽)의 기운이 절실히 필요하다.

◀ 병(丙)화 일주가
지지 오(午)화에 통근(通根) 하고 득지(得地), 득세(得勢) 신왕으로 화(化)하였다.

O	丙	庚	O
未	午	申	午

🔼 재(財)의 경우, 신(申)금에 경금(庚金)이 투출(投出)하여 용신(用神)으로 충분하고, 운(運)에서만 뒷받침 된다면 身旺財旺(신왕재왕)으로도 될 수 있는 것이다. 신왕(身旺)하고 재(財)가 약(弱)한 경우다.

☞ 여기에서 추가로 살펴본다면 병화(丙火)일주가 得令(득령)은 못하였으나 신왕하여 금(金)이 용신(用神)인데, 7월의 가뭄 인 셈이다. 흐름으로 보아 식상(食傷)운, 재운(財運), 관운(官運) 까지도 좋다.

☞ 병(丙)의 식상은 토(土)인데 용신인 금(金)을 생하여 주므로 좋고,

➡ 조토(燥土)는 生金(생금)하지 못하므로 오히려 병화(丙火) 일주의 기운만 도기(盜氣)하므로 오히려 흉(凶)하고, 재운(財運)은 용신의 부족한 기운을 보태주니 좋다.

☞ 관운(官運)이 오면 용신(用神)을 극(剋)하는 화(火)기운을 제어하여 주니 이 또한 좋은 것이고, 재(財)가 용신(用神)이므로 재(財)가 財生官이 가능한 경우는 관운(官運) 까지도 무난하다고 볼 수 있는데, 그것은 재생관이 성립되어야 가능한 것이다.

☞ 이 사주에서는 재(財)인 금이 충분히 관(官)을 생 할 수 있으므로 괜찮다. 재(財)가 부실하여 생(生)➡관(官)이 여의치 않다면 官運(관운)은 좋지 않은 것이다.

❖ 밀어도 팍팍 밀어야 한다? 개는 밀지 말고─────=

능력도 없는데 끌어주고 당겨주면 무엇할 것인가?

공부도 못하는 자식, 재능도 없고, 특이한 사항도 없는데 부모된 입장에서 억지 춘향식으로 상급 학교에 진학을 한 들 무엇 할 것인가?

이미 문제아는 아무리 부모의 뜻대로 한다한들 그 뜻을 알 것인가?

실로 똑똑하고 하려고 노력하는 자식은 부모가 힘쓰는 이상으로 그 노고를 알고 더 노력을 한다. 허나 안 될 떡잎은 싹이 노란 자식들은 부모의 노력을 비웃기라도 하듯 사고만 친다. 고등학교시절 이미 임신을 하여 떳떳이 자식을 낳고 모든 사안을 부모에게 위임하듯 맡기고 동거생활을 하는 자식이 있는가 하면 잠 못 자고 알바하며 형설의 공을 이루는 자식도 있다.

못된 자식은 가정을 파탄으로 이끌고, 착한 자식은 부모의 마음을 감싸주며 위로하며 그 노고에 감사하는 것이다. 재생관도 이러한 원리를 생각하며 판단해야 한다.

397	財多身弱	更逢財運	破家亡身	하게되고
	比肩劫旺	財少者는	財運오면	大禍난다.
	재다신약	갱봉재운	파가망신	하게되고
갱봉재운	비견겁왕	재소자는	재운오면	대화난다.

❖ 財多身弱 更逢財運 破家亡身(재다신약 갱봉재운 파가망신)————재다신약 인 사주에서 또 다시 재운(財運)을 만난다면 패가망신(敗家亡身) 한다는 설명.

☞ 일주가 재(財)가 많아 신약(身弱)인데, 또 다시 재운(財運)이 와서 나의 기운을 약하게 하니 재(財)에 연관된 부분을 살펴서 추명하면 된다.

➡ 재(財)는 일단 금전(金錢)과 여자(勵磁)로 보게 되는데, 패가망신에는 여 자와 금전이 우선이라 산토끼 잡으려다 집토끼 놓치는 것이요, 지나친 금 전 욕심으로 인한 운용의 실패로 인하여 낭패를 보게 되니 가정이 흔들리 고, 가세가 기우는 것이다.

☞ 결국 사람으로 인한 폐해요, 재물로 인한 폐해가 되어 패가망신이란 단어 가 쓰이는 것이다.

| O | 丙 | 庚 | O |
| 午 | 申 | 申 | 酉 |

⬆ 병(丙)화 일주가 가을에 출생 하였는데, 일지와 년지에 금국(金局)을 이루고

⬆ 월지(月支)에 경금(庚金)이 투출하여 금(金)의 기세가 대단하다. 병(丙)화 의 입장에서는 어떻게 쉽게 다루기 힘들다.

☞ 재(財)의 기운이 강하다 보니 오히려 내가 재(財)의 기운에 휩쓸려 나의 뜻을 제대로 펴기 힘들어진다. 갈 길이 멀어 재촉 하는데 차가 고장 나서 더 곤혹스러워지는 것이다.

➡ 반대로 비견과 비겁이 왕 하여 기운을 발산할 곳이 없다면 어떻게 될까? 이 경우는 앞서의 경우와 반대의 경우가 되는 것이다. 사주에 재(財)가 약 한데 재(財)를 다스리는 견,겁이 눈을 부라리고 있는데 먹이인 재운(財運) 이 또 온다면 먹을 음식은 없는데 입이 열 개라, 밥 한 그릇을 놓고 열이 다투는 형상이 되니, 차마 눈뜨고 못 볼 광경이 연출되는 것이다.

▐▶ 아내와는 이별수요, 재물도 밑 빠진 독에 물붓기라 남아나지 않게 되니 모든 것이 나에게 등 돌리는 형상이다. 이를 가리켜 群劫爭財(군겁쟁재)라 하지 않는가?

☞ 이것은 남자의 경우고, 여자의 경우는 어떨까? 여자의 경우 재물은 같이 해석하고, 재(財)는 시댁(媤宅)이요, 시어머니라 불화(不和)가 생기니 가정사가 문제가 생기는 것이다. 화근(禍根)은 시댁이 되는 것이다.

庚	癸	癸	癸
申	丑	亥	亥

◀ 미혼(未婚)일 경우는 어떻게 볼 것인가? 결혼이 늦어지는 것이다. (노처녀의 사주)

⬆ 기본적으로 군겁쟁재(群劫爭財)는 천간(天干)에 해당하는 사항이지, 지지(地支)에는 해당 안 된다.

❖ 부부간에 다툼이 일어나면 당신은?

財星(재성)과 肩劫(견겁)의 爭霸(쟁패)는 官(관)과도 그 여파가 이어진다. 금전으로 인한 재성의 쟁패는 이성과도 연결이 이어진다. 왜? 財星(재성)은 항상 官(관)을 생하는 기본적인 생리 때문이다.

신용불량으로 인해 의도적인 이혼, 형식적인 이혼을 하다보면 그것이 정리되고 나면 절로 그대로 현실로 이어진다. 순진한 사람들은 여기서 당한다. 이권 때문에 부부간에도 서로 다투다 보면 이혼으로 이어지고, 딸은 엄마를 따라가고, 아들은 아버지를 따라가기 마련인데 그것마저도 금전을 움켜진 쪽에서 다 가져간다. 그리고 허전한 빈자리를 메우기 위해 엉뚱한 행동을 하거나 불륜의 늪으로 빠져 결국은 패가망신을 한다. 부모의 행동은 자식에게는 학습이다. 자식이 부모를 따라 못된 짓거리를 행한다. 뭔지도 모르면서 말이다.

398	劫星만난	偏財星은	比劫運에	殃禍百端
	損妻喪妾	多辱보며	片瓦未留	하게되네.
	겁성만난	편재성은	비겁운에	앙화백단
편와미류	손처상첩	다욕보며	편와미류	하게되네.

➡ 사주에 비겁(比劫)이 많아 재성(財星)이 약(弱)한데, 편재(偏財)가 있어 항시 괴로운데 또다시 비겁(比劫)운이 온다면 어떻게 될까?

⬇ 殃禍百端(앙화백단)−−−매사 모든 일이 실마리가 되어 갖가지 재난과 고난이 생기는 것을 일컫는다. 비겁으로 인해 재에 관련된 많은 재앙이 생긴다는 설명. 되는 일이 하나도 없고 아내를 잃거나, 이별을 하게 되고, 갖은 고초를 다 겪으며 집이 기왓장 하나도 없이 홀랑 말아먹는 상황이 발생한다는 것.

乙	甲	戊	己
亥	寅	辰	卯

⬆ 갑목(甲木) 일주 사주다

⬆ 여기에서 재성(財星)을 살펴보자. 목일주(木日主)이므로 재성은 자연 토(土)가된다. 월지, 월간, 년간 하여 토(土)가 셋이다. 그런데 년, 월, 천간의 무기(戊己) 토(土)는 월지의 진토(辰土)가 일(日)과 년(年)의 인묘(寅卯)와 方合(방합) 하여 木局(목국)을 형성하였다. 그러고 보니 재(財)인 무기(戊己) 토(土)는 어디 근거할 곳도, 맥을 못 춘다. 재(財)로서의 역할을 못하고 허공에 떠있는 역할 뿐이다.이런 사주의 성향을 보면 ➡ 초년(初年)에는 부족함이 없이 잘살다가, 부모가 돌아가시고 나면서부터 재물(財物)이나 모든 것이 나와의 연(緣)이 멀어져 점점 갈수록 못사는 팔자가 되는 것이다. 이런 사주가 또다시 비겁을 만난다면 재(財)는 나의 부친인데, 또한 처(妻)가 되기도 한다.

➡ 기토(己土)는 정재요, 무토(戊土)는 편재라 첩(妾)인데, 재물(財物)로도 연관(聯關)이 되고 그런데 모든 것이 하루아침에 다 없어지듯 날아가 버리고 만다. 결국 빈손이 되고 만다. 이것이 比劫(비겁)의 특성이다.

➡ 사주가 身弱(신약)할 경우 나에게 힘이 되고 도움이 되지만, 지나치게 강하거나 旺(왕) 하여 기운이 남아돌 때는 엉뚱한 행동을 하듯, 사주에서 견, 겁이 강하면 이와 같이 비겁 운에는 凶事(흉사)가 생기는 것이다.

399	身旺食神	生財하면	食傷運에	大發하고
	身旺食衰	偏印運은	倒食되어	貧困하네.
	신왕식신	생재하면	식상운에	대발하고
도식 빈곤	신왕식쇠	편인운은	도식되어	빈곤하네.

➡ 신왕한 사주에서 식신생재가 이루어지면 식상운에 대발(大發)한다고 하였는데, 식신생재가 이루어지면 식상 운보다도 재운에서 더욱 대발 하는데,

➡ 식상은 능력발휘요, 투자요, 기본 틀을 닦아 놓는 것이고, 재(財)에 이르러 결실을 이루고, 현실적으로 보상을 받는다.

○	壬	○	○
○	寅	子	子

⬆ 임수(壬水)일주 신왕한 사주다.

⬆ 지지(地支)의 인(寅)목이 식신(食神)인데, 동지 달에 태어나 추운 사주인데, 따뜻한 온기가 그리운 사주다.

☞ 인(寅)목은 생재(生財)가 확실하므로 화운(火運)인 재운(財運)이 와야 대발하는 것이다. 목(木)운 역시 왕한 수(水)의 기운을 적절히 조절해주므로 좋으나, 그보다 더 확실한 것은 화(火)인 財運(재운)이다.

➡ 물의 온도로 치면 목(木)은 미지근한 물이요, 화(火)는 따뜻한 물이다.
추운 날 밖에 나갔다오면 씻을 때는 뜨거운 물이 최고다. 언 몸을 녹여주니 말이다.

☞ 신왕한 사주에서 식신과 상관이 용신인데 편인(偏印) 운이 오면 도식(盜食) 되어 빈곤하다고 하였는데 왜 그럴까? 사주가 왕한데, 편인운이 오면 왕한 사주가 더욱 왕 해지니 자꾸만 비만이라 운동을 하여 체중감량 해야 하는데, 먹고 살만 찌니 그것 참으로 큰 일 이로구나.

➡ 倒食(도식)─────알기 쉽게 표현 한다면 밥그릇을 엎어 놓는 것이다.
생각은 많은데 몸이 따르지 않으니 답답한 일이다. 그저 먹고 하는 일이라 생각 하라. 몸이 약하면 쉬기도 하고 몸보신도 해야 하나 몸이 건강한데 놀고 있으니 아까운 쌀만 축내고 있구나. 신왕이라 식신이 필요한데, 편인 운이 와서 식신을 극하니 죽을 맛이다. 용신인 식신을 극하니 더욱 힘들어진다.

➡ 식신이 천간에 있던, 지지에 있던 인수가 식신을 극하는 것을 설명한다. 식신이 용신이 아닐 경우 도식이라는 표현을 안 쓴다. 상관관계를 잘 살펴야 한다.

O	壬	O	O
O	寅	子	子

용신인 인(寅)목에 대하여 인수인 금운(金運)이 온다고 하여보자 어찌되겠는가?

⬆ 금운(金運)이라고 하면 용신인 목(木)을 극(剋)하므로 좋을 것 하나도 없게 된다. 특히 신금(申金)운이 오면 寅申沖(인신충)하여 식신이요, 용신인 인목(寅木)을 극(剋)하여 인목(寅木)이 견디기 힘들어진다. 그리고 금(金)은 금생수(金生水)하여 가뜩이나 포화상태인 수(水)의 기운을 더 살찌게 하고, 추워서 난리인데 더 춥게만 한다. 물이 넘치기 일보직전인데 태풍이 불어오면서 비까지 몰고 오는 형상이 되어버린다.

◆ 원래 날이 추워지면 소변이 더 잦아지는 법이다. 오라는 딸은 아니 오고 보기 싫은 애꾸눈 며느리가 오는 형상이다. 이런 형태의 사주가 금운(金運)에 무엇인가 새로운 것을 시작한다면 어떻게 될까?
인수(印綬)운이라고 좋다고 시작은 한다만 금운(金運) 다음에 수운(水雲)이라 비견,겁의 운이라 돕는 것이 아니라 전부다 나의 것을 빼앗아가기가 바쁘다.

➡ 동업(同業)은 절대금물이요, 도와준다 하여 믿고 들여 놓았더니 뒷구멍 으로 다 빼먹는구나. 가까운 사람일수록 조심해야 한다.

❖ 同業(동업)이란? 왜 다들 말릴까?
어차피 태양은 하나다. 끝에는 말이다. 쌍두마차도 달릴 때 이야기고————
사주 상 무엇을 제일 먼저 살펴야 하는가? 사주에 공명심이 어느 정도 인가를 살펴야 한다. 많은 사람일수록 먼저 손을 쓴다. 公明心(공명심)은 어떻게 판단을 하는가?

<table>
<tr><td rowspan="2">400

식상운 대발</td><td>假傷官格</td><td>놓은者는</td><td>食傷運에</td><td>大發하고</td></tr>
<tr><td>眞傷官格</td><td>만난사람</td><td>印星運에</td><td>大發한다.</td></tr>
<tr><td></td><td>가상관격</td><td>놓은자는</td><td>식상운에</td><td>대발하고</td></tr>
<tr><td></td><td>진상관격</td><td>만난사람</td><td>인성운에</td><td>대발한다.</td></tr>
</table>

☞ 우선 가상관격과 진상관격에 대한 설명이 필요할 것 같다.

▣ 가상관격(假傷官格)-----상관이 상관으로써의 역할을 제대로 못함을 이르는 말인데 상관이 실령(失令)하여 정관을 극해야 하는데 힘이 없어 제대로 상계하지를 못하고 극하는 척만 한다하여 가짜로 극함을 말하는데

☞ 월지(月支)에 있는 상관(傷官)도 원국에서 차지하는 비중이 약해 힘이 없으면 이럴 경우 진상관이 변하여 가상관이 되었다는 표현을 한다. 식상이 부족한 경우를 말한다. 신약사주에서 식상이 용신일 때다.

▣ 진상관격(眞傷官格)-----상관(傷官)이 월지(月支)에 있으면서 기운이 왕하여 제대로 정관(正官)을 극(剋)하는 경우인데, 식상이 많은 경우다. 신약사주에서 식상이 태왕 할 때 자왕모쇠(子旺母衰)의 현상이 나타남. 가상관격을 놓은 자는 식상운에 발(發)한다 하였는데 이유는 무엇일까?

☞ 가(假)상관이므로 일단 식상의 기운이 약하다. 거기에 식상이 용신이므로 자연 식상 운에는 발할 수밖에 없다.

○	乙	○	○
亥	亥	午	○

흐름이란 절로 이루어져야 한다.
◀ 을(乙)목 일주인데월지에 오(午)화다. 일지와 시지에 해(亥)수가 자리, 기운이 약하다.

⬆ 을목(乙木) 일주의 입장에서는 인수인 해수(亥水)의 도움을 받아 수생목(水生木)을 하고 그 기운을 목생화(木生火)로 설기(泄氣)해야 식상이 제 기능을 발휘한다. 오화(午火)가 식상인 화운(火運)을 만나면 발(發)하게 되어있다.

○	甲	○	○
亥	午	午	○

⬅ 월지(月支)와 일지(日支)에 오(午)화를 놓고 있어 식상(食傷)의 기운이 강하다.

⬆ 더구나 일주인 갑목(甲木)의 도움을 받으니 더더욱 좋다. 갑(甲)목의 입장에서 보면 목생화(木生火)로 기운이 소진(消盡)되어 있으므로 자기의 몸 관리

에 신경 써야하는데, 자양분의 공급원인 수(水)가 필요하다.

O	丙	戊	O
O	戌	戌	辰

◀병(丙)화일주가 토(土)에 기운이 쇠진이다. 식신 토(土)는 기운이 왕해 상관으로 변하였다.

⬆ 상관의 입장에서 보면 세상이 전부 상관차지다. 일주인 병화(丙火)의 입장에서 보면 죽을 맛이다. 꽃을 피우려하는데 벌써 가을이 왔으니 잘못하다가는 자신의 존재가 위태로울 판이다.

☞ 오매불망(寤寐不忘) 기다리는 것은 오로지 따뜻한 봄뿐이다. 그래야 다시금 꽃을 피우고 자신의 위용을 뽐 낼 수가 있으니 말이다. 봄이면 寅卯辰月(인묘진 월)이 아닌가?

☞ 인월(寅月)을 대입하여보자. 寅戌火局(인술화국)을 이루어 내 고향동산을 만들어주니 얼마나 좋은가? 그야말로 목화통명(木火通明)을 이룰 수 있다.

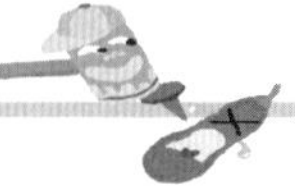

❖ 눌러야 들어간다.

두더지 잡기다. 머리가 나올 때 마다 망치로 두들겨 패는 것이다. 각각의 대립하는 기운이 약이 되는 것이다. 중화의 원리다. 모자라는 것을 보태주어 완화작용을 하기도 하지만 강한 버르장머리를 고치는 것은 기운을 삭제하고 안 되면 강제로 눌러 버리는 것이다. 일종의 억부 용신이다. 강압성이 동반된다.

국민들이 엄청난 힘을 보이며 의사를 전하는데도 소식이 없는 경우와 같다. 앞서 설명한 사랑의 매가 필요하다.

401	假傷官格	印星運은	破了傷官	身厄하고
	眞傷官格	食傷運은	氣盡脈盡	更多悲라
기진맥진 갱다비	가상관격	인성운은	파료상관	신약하고
	진상관격	식상운은	기진맥진	갱다비라

➡ 假傷官格 印星運(가상관격 인성운)－－－－－가상관격 인성운이라 함은 가상
관격인데 인수운이 오는 것이라, 신약에 식상이 용신이라 필요로 하고 있
는데 식상을 극하는 인성운이 오니 破了傷官(파료상관)이 되어 신변에 횡
액이 생긴다는 이야기다.

➡ 파료상관(破了傷官)－－－－식상용신에 인수운을 만나서 용신인 식상이 파
괴되어 상황이 끝난다는 것을 말하는데 도식과 같은 의미로 생각을 하면 된다.

| 甲 | 癸 | ○ | ○ |
| 寅 | 丑 | 酉 | 巳 |

⬅ 항상 일(日)과 시(時)를 잘 보아야한다.

◀ 癸水(계수)일주의 사주다. 월지에 유금(酉金)을 놓고 년, 월, 일 하여 巳酉
丑(사유축)으로 金局(금국)을 이루고 있다. 년(年) 金局(금국)을 이루고
있다. 일주의 입장에서는 금생수(金生水)를 너무 잘 받아 포화상태(飽和狀
態)다. 배가 부르니 소화도 시킬 겸 운동을 해야 하는데 시주(時柱)에 甲
寅(갑인)으로 수생목(水生木)이 아주 잘 짜여져 있다.

☞ 위로부터 금생수(金生水) 받아 수생목(水生木)으로 이어지니 용신(用神)은
자연 甲寅(갑인)➡상관(傷官)이 용신(用神)이다.

☞ 인수가 국(局)을 형성하였으므로 이러한 사주는 선생님도 확실한 선생님의
사주다. 인수가 국(局)을 이루므로 큰 학생을 가르친다.

☞ 여기에서 조심할 것은 申(신)운이 온다면 문제가 생긴다. 용신인 인목(寅
木)과 寅申沖(인신충)하여 용신이 박살이 난다.

➡ 원서에 보면 破了傷官(파료상관)운에는 損壽元(손수원)이라 하였다.
이 말의 이미는 용신인 상관이 파괴되어 끝을 볼 적에는 수명을 줄인다 하였
으니 결국에는 命(명)을 재촉한다는 이야기라 생을 마감한다는 이야기다.

➡ 진상관격에 대한 설명인데, 인수가 용신인 진상관격에서는 식상운이 오면 기진맥진으로 更多悲(갱다비)라 슬픈 일만 연속하여 자꾸 생긴다는 설명인데, 인수는 식상을 극하는데 가뜩이나 식상이 많아 기운이 쳐지는데, 또 식상운이 오면 엎친 데 덮치는 격이라 도저히 감당 못하고 뒤로 자빠지게 된다.

O	丁	戊	O
卯	丑	辰	辰

⇐ 월지(月支), 일지(日支), 년지(年支), 월상에 식상(食傷)을 무더기로 갖추고 있다.

⬆ 식상이 너무 강해 진상관격이다. 너무 기운을 쏟다보니, 기운을 보충해야 하는데 생해주는 목(木)을 찾아야한다. 묘목(卯木)이라 생해주는 기운이 약하다. 최소한 갑목(甲木)이나, 인목(寅木) 정도는 되어야 하는데 운(運)에서나 기다려야 할 것 아닌가?

❖ 죽어라, 죽어

사랑하면서도 미울 때 화가 치밀면 나오는 소리 중 하나다. 진짜로 죽어버리면 골치 아픈 사연으로 변한다. 오라는 아들은 안 오고 미운 애꾸눈 며느리가 오는 격이다. 전쟁에서 패잔병으로 겨우 목숨을 유지하고 있는데 먼저 잡힌 동료들이 전우들의 위치와 상태를 적에게 알려 모두 전멸하는 경우다.

뇌물사건으로 수사를 받는데 같이 주고받은 사람들이 다 불어 버린다. 자신은 오리발을 내밀지만 어디 그것이 가능한 일인가? 언제인가는 밝혀질 일인데. 똥고집으로 버티지만 시간이 흐르면 다 밝혀지는 사안이다. 運(운)이란 항상 돌고 돌아 오기마련이다.

<table>
<tr><td rowspan="2">402

가자여세</td><td>傷官用印</td><td>財運大敗</td><td>傷官用劫</td><td>官殺大忌</td></tr>
<tr><td>傷官用財</td><td>比劫運은</td><td>家資如洗</td><td>하게된다</td></tr>
<tr><td></td><td>상관용인</td><td>재운대패</td><td>상관용겁</td><td>관살대기</td></tr>
<tr><td></td><td>상관용재</td><td>비겁운은</td><td>가자여세</td><td>하게된다</td></tr>
</table>

➡️ 傷官用印(상관용 인격)이라 함은 傷官(상관)이 많아 인수가 용신인데, 거기에 財運(재운)을 만난다 하였으니 식상이 재(財)를 생해주니 재(財)의 기운은 더 왕성해 지고 재(財)는 인수를 剋(극)하니 용신 인수는 힘 한 번 제대로 쓰지 못하고 그냥 꺼꾸러진다. 용신인 인수의 입장에서 앞뒤에서 공격을 받는 것이나 진배없다. 식상을 제어하자니 나의 기운이 나가는 것이요, 재(財)가 식상의 생을 받고 기운이 왕 해 나를 공격하니 방어하기도 바쁜 것이다. 결국 大敗(대패)라는 말이 나온다.

➡️ 傷官用劫格(상관용겁격)이라 함은 상관(傷官)이 있으면서 비견과 비겁이 용신 이라는 설명인데, 관살운이라 함은 관운(官運)이 오는 것인데, 용신이 극(剋)을 받으므로 용신이 쇠퇴하여 제일 나쁜 것도 나쁜 것이지만, 관(官)은 일단 일주를 극(剋)하므로 그 또한 싫어하는 것이다.

➡️ 傷官用財(상관용재격)에서 재(財)는 용신(用神)이라 비겁 운은 용신(用神)인 재(財)를 극(剋)하므로 제일 싫어한다.

☞ 비겁(比劫)이 용신인 재(財)를 극(剋)할 때는 재물(財物)이 없어지는 것이라 씻겨 내려간 흔적도 없이 사라진다.

➡️ 원래 용신(用神)이 형충(刑沖)을 받으면 용신 자체가 깨지는 형상이라 희망이 사라지고 기대가 물거품이 되는 것이니 무슨 낙으로 생을 영위할 의욕이 생긴단 말인가?

⬇️ 위의 내용을 첨가하여 잠깐 정리를 하여보자.

☞ 인수(印綬) 용신(用神)➠재운(財運)에 대패(大敗)하고

☞ 비겁(比劫) 용신(用神)➠관살(官殺)운에 대패(大敗)하고

☞ 식상(食傷) 용신(用神)➠인수(印綬)운에 대패(大敗)하고

☞ 재(財)용신(用神)➠비견(比肩),겁(劫)운에 대패하고

⬆️ 결론 ➠용신(用神)을 극(剋)하는 운(運)에는 장사가 없다.

403	羊刃格을　놓은者는　偏官運이　第一이요
	羊刃格이　再臨하면　剋妻剋夫　破財하네
극처극부	양인격을　놓은자는　편관운이　제일이요
	양인격이　재임하면　극처극부　파재하네

❖ 羊刃格(양인격)은 陽日主(양일주)가 월지(月支)에 양인(羊刃)을 놓음으로 성립 되는데, 천간(天干) 비겁이 유기하고 있어도 양인격은 성립된다.

➡ 일지(日支)에 양인(羊刃)을 놓고 있어도 日刃格(일인격)이라 하여 월(月)에 양인(羊刃)을 놓은 것과 동일하게 취급하고 있다.

☞ 양인(羊刃)격이므로 일주가 강해 신왕(身旺)하므로 강한 기운을 억제하는 관살(官殺)운이 좋다. 그리고 사주가 신왕하면서 식상(食傷)이 용신(用神)일 경우가 있는데 이때는 전체적인 것을 잘 가감(加減)해서 판단해야 한다.

庚	甲	O	O
午	辰	卯	O

⇐ 甲木(갑목) 일주가 得令(득령), 得支(득지)
신왕(身旺)해진 경우다.

⬆ 의당 왕한 목(木)의 기운을 제어(制御)하려면 당연히 경금(庚金)이 필요할 것이다. 그러나 경(庚)금은 甲庚沖(갑경충)이요, 時(시간)에 홀로 너무나 약하다. 이럴 때는 時支(시지)의 오(午)화를 용신(用神)으로 정하는 것이 올바른 것이다.

➡ 비견(比肩)과 비겁(比劫)이 왕 할 경우 관(官)을 용신으로 한 것이 아니라, 식상(食傷)을 용신으로 택한 것이다.

☞ 양인격이라 해도 관운(官運) 보다는 식상(食傷)운이 용신(用神) 되는 경우가 있으니, 전체적인 상황을 정확히 파악해 판단해야 한다.

⬇ 예외적인 경우로 양인(羊刃)격이라 해도 신약(身弱)할 경우도 있다.

◀ 庚金(경금) 일주 사주다

O	庚	丁	丙
未	午	酉	午

⬆ 월지에 양인(羊刃)을 놓아 양인(羊刃) 격이지만, 사방이 화(火)로 둘러싸여 있다. 양인격이지만 신약(身弱)한 사주다. 이럴 경우 관운(官運)인 화운(火

運)이 오면 어떨까? 가뜩이나 관(官)➡화(火)의 기운이 왕 한데, 또 다시 관운(官運)이 온다면 경(庚)금은 그만 녹아버리고 말 것이다.

▶ 신왕(身旺)한 사주에서 또다시 양인(羊刃)운이 온다면 어떻게 될까?
　 羊刃(양인) 이라는 자체는 겁재(劫財)이니 그에 따른 특성이 나타난다.
☞ 나의 것을 강제로 빼앗아 가는 것이나 마찬가지다. 칼만 안 들었지 강도나 마찬가지다. 나의 소유물을 허락 없이 모조리 가져가는 것이다. 눈뜨고 도둑 맞는 형상이 아니고 무엇인가?
☞ 재(財)에 해당하는 모든 사항이 나의 손에서, 나의 범주에서 멀어져간다.

◀ 임자(壬子) 일주 사주다.
　 日(일), 時(시)에 있다.
　 견겁(肩劫)이 왕한 사주다.

庚	壬	壬	庚
子	子	午	申

⬆ 재(財)인 오(午)화가 자오충(子午沖)으로 이미 절단 난 상태다.
　 여기에 또 절단 난다면?

❖ 차면 넘치고, 깨지면 다치는 것이다.
물난리는 여름에 많이 발생한다. 한파사고는 겨울에 많이 발생하고 당연한 일이다. 간혹 철에 어울리지 않게 발생하는 경우도 있지만 드문 경우이고, 그 역시 심각한 변수다. 문제가 생기는 것은 대체적으로 감이 오기 마련이다. 아, 덥구나 더워! 비라도! 하면 물과 연관이 되는 것이다.
아! 춥다 하면 따듯한 온기가 그리워지고 겨울이니 화재로 이어진다.
기운이 강해도 양인이면 조심해야하고, 편관이 좋다 해도 편관도 편관 나름이다. 그 자체가 갖고 있는 특성이 있기 때문이다. 물론 좋기는 한데 조심해서 살펴야 한다. 덤벙대다가는 낭패다. 배고프다고 음식을 마구 먹었는데 보통 매운 맛이 아니라 눈물, 콧물이 흐른다. 요런 것이 편관의 특성이라는 것이다.

<table>
<tr><td rowspan="2">**404**

재앙비경</td><td>形合格을</td><td>만난者는</td><td>寅運申運</td><td>싫어하고</td></tr>
<tr><td>戊己巳運</td><td>大忌하니</td><td>災殃非輕</td><td>橫厄이라</td></tr>
</table>

형합격을	만난자는	인운신운	싫어하고
무기사운	대기하니	재앙비경	횡액이라

◪ 형합격(刑合格)이란 무엇일까?

⯈ 형합격이란 刑(형)을 하여 합(合)을 이루는 것을 말하는데, 본문에서는 인 (寅)운, 신(申)운을 싫어한다 하였는데 이유는 무엇일까?

⯈ 지지(地支)에 인목(寅木)이 있으므로 형(刑)이 되려면 巳,申(사,신)이 있어 야 三刑殺(삼형살)로 刑(형)이 이루어진다.

☞ 사(巳)-(무(戊),경(庚),병(丙))--인(寅)목에서 볼때—재(財)관(官)인(寅)

☞ 신(申)-(무(戊),임(壬),경(庚))--인(寅)목에서 볼때—재(財)관(官)인(寅)

☞ 인목(寅木)의 지장간-------무(戊) ,병(丙), 갑(甲)

☞ 사(巳)운이나 신(申)운을 만나면 인사형(寅巳刑), 인신충(寅申沖)으로 형 (刑)합(合)격(格)이 깨져버린다. 성립 안 된다.

⯈ 형합격(刑合格)이란 外格(외격)으로 계(癸)일간이 갑인(甲寅) 시(時)를 만 난 것을 말한다.

☞ 계일(癸日)이라 하면 음(陰)이므로 지지(地支)에 음(陰)이 6이라, 여섯 가 지가 있는데 그중 셋(亥, 卯, 酉)만 인정을 하고 나머지 셋(巳, 未, 丑)은 破格(파격)으로 분류한다.

甲	癸	O	O
寅	亥	O	O

甲	癸	O	O
寅	卯	O	O

甲	癸	O	O
寅	有	O	O

甲	癸	O	O
寅	巳	O	O

甲	癸	O	O
寅	未	O	O

甲	癸	O	O
寅	丑	O	O

◐ 여기에서 약간 참고 해야 할 사항이 있다.

☞ 형합격(刑合格)을 만난자는 사신(巳申)운(運)을 싫어하고,
☞ 무(戊)기(己)병(丙)운 대기하니 재앙비경 횡액이라.

◉ 형합격은 사(巳)중 지장간　　戊————정관
　　　　　　　　　　　　　　　庚————인수
　　　　　　　　　　　　　　　丙————정재　⟹ 성립 되는데

☞ 刑合格(형합격)————인목(寅木)이 사(巳)를 불러와서 인사형(寅巳刑)이
　되면서 사(巳)중 무(戊),경(庚),병(丙)을 불러오니 형합격(刑合格)이라고
　하는 것이다. 화근(禍根)을 만든다.
☞ 계미(癸未), 계축(癸丑), 계사(癸巳)일주는 관(官)이 있어서 형합격(刑合
　格), 破格(파격)이라 하는 것이다.
☞ 사주에 사(巳)나 신(申)이 없어야 한다. 또한 관살운인 토(土) 즉 무(戊),
　기(己)운을 싫어하게 되는데 재앙(災殃)이 많으니 어찌할 것인가?
☞ 토(土)인 관살과 사(巳)가 있거나, 인(寅)이 있으면 파격(破格)이다.

❖ 형합격이란?
순진한 여성이 어처구니없이 강간을 당했다. 가해자인 남성 쪽에서는 합의를
종용하며 용서를 빈다. "제가 책임지겠습니다!" 어쩔 것인가! 양가의 합의하에
결국 혼인을 한다. 刑合格(형합격)이란 이런 면이 강하다. 항상 문제될 소지가
있다. 그것이 금방 잊혀 질 사안은 아니다.

405	日貴格을	이룬者는	刑冲운을	싫어하고
	日德格을	놓은者는	空亡刑冲	싫어한다
	일귀격을	이룬자는	형충운을	싫어하고
일귀격, 일덕격	일덕격을	놓은자는	공망형충	싫어한다

➡ 日貴格(일귀격)을 이룬 자는 형(刑), 충(沖)운을 싫어한다고 하였는데,

◉ 일귀격(日貴格)이란 무엇일까?

☞ 일(日)은 일간(日干)을 말함이요, 귀(貴)라 함은 天乙 貴人(천을귀인)을 설명하는 것인데 ☞ 지지(地支)에 천을귀인을 놓음으로서 성립된다. 이에 필요한 요건은 일단 신왕함을 요하고, 형충(刑沖)이 없어야 좋다.

➡ 일덕격(日德格)은 일지(日支)에 복덕(福德)을 놓았다 하여 붙여진 이름인데, 이 또한 일귀격(日貴格)과 마찬가지로 형충(刑沖)을 싫어하고 공망(空亡) 또한 있으면 싫어한다. 이 격(格)을 갖춘 자는 이공계통으로 진출하면 성공할 수 있어 대길(大吉)하다.

◉ 天乙貴人(천을귀인) 이란?

玉堂天乙貴人(옥당천을귀인)이라고 한다.

일간	甲,戊,庚	乙, 己	丙, 丁	辛	壬, 癸
천을귀인	丑, 未	子, 申	酉, 亥	午, 寅	巳, 卯

➡ 사주에서 길(吉)로 작용 할 때 만 천을귀인(天乙貴人)이 작용하는 것으로 본다. 요즈음 시대적인 상황으로 치면 정부의 중앙부처로써 청와대나 정부 종합청사 또는 이에 준하는 요직에 근무하는 것을 말한다.

◀ 같은 직에 근무하더라도 천을귀인(天乙貴人)이 있으면, 승진(昇進)이나 기타 모든 면에서 앞서고 특별대우를 받는다. 천을귀인(天乙貴人)을 놓은 자는 생김새도 귀공자 타입이요, 이국적인 마스크도 갖추게 된다. 예전으로 본다면 왕손이요, 양반집 도령이요, 규수 타입이다. 사주의 강약에 따라 약간 가감이 필요할 것이다.

➡ 甲,戊,庚(갑,무,경)일주의 경우---丑,未(축,미)가 천을귀인(天乙貴人)이다.
❖ 과연 가능할까? 축월(丑月) 출생, 갑목(甲木)이다.

O	甲	O	O
O	O	丑	O

⬅ 겨울이라 얼어 있는 나무다
. 축(丑)은 또한 갑(甲)목 에게는 관고(官庫)다.

O	庚	O	O
O	O	丑	O

⬅ 월지(月支)에 축(丑)이 있는데 자고(自庫)다.
땅이 얼어 캐내지를 못하고 있다 과연 가능할까?

O	戊	O	O
O	O	丑	O

⬅ 땅이 얼어, 완전 시베리아다.
이 경우 가능 할 런지? 다 제구실 못한다.

⬇ 반대의 경우를 살펴보자.

O	戊	丁	O
丑	子	未	午

戊土(무토) 일주인데,
⬅ 월지(月支)에 미(未)인 燥土(조토)를
놓고 있고 오미(午未) 火局(오,미 화국)을 이루어

⬆ 건조하기 그지없다. 다행히 時支(시지)에 축(丑)토가 있어 일지의 자(子)
수와 합(合)을 이루어 水局(수국)을 형성함으로 갈증을 달랠 수 있다.

☞ 같은 천을귀인(天乙貴人)이라도 이같이 차이가 난다. 이처럼 사주에서 제
역할을 할 때 실로 귀인(貴人)의 역할을 한다.

⬅ 무토(戊土) 일주 사주다.
일지(日支)의 자수(子水)가 처(妻)인데 .
사방으로 꽁꽁 막혀 있다

O	戊	O	O
未	子	未	O

⬆ 물이 둑에 갇혀 고여 썩고 있다. 결국에는 증발되어 물의 흔적조차 없을
것이다. 일주의 입장에서 보면 관고(官庫)를 깔고 있으니 자식(子息)이 처
(妻)를 죽이는 상황이다.

☞ 남편까지 합세하니 자손을 낳다가, 산후증(産後症)으로 처첩(妻妾)산망(産
亡)이라는 결론에 도달한다.

⬇ 또 다른 경우를 보자.

O	乙	O	O
O	O	子	O

⬅ 을목(乙木) 일주 사주다

. 월지(月支)에 자수(子水)를 놓아
수생목(水生木)은 잘 받고 있다.

⬆ 겨울의 추운 날씨라 생은 받아도 음지의 나무요, 부목(浮木)이다. 북풍한 설에 추위에 시달려 나무가 자라지 못하고 오로지 따뜻한 봄만 기다리고 있다.

O	乙	O	O
O	O	申	O

⬅을(乙)목 일주, 지지에 신(申)금을 놓고 있다.
금극목(金克木)을 당하는데,
어떻게 당하고 있을까?

⬆ 작은 나무가 서리를 맞고, 만고풍상에 연약한 가지가 찢어진다.

O	己	O	O
O	O	申	O

⬅ 기(己)토 일주

,월지에 상관인 申金(신금)이 있다.
월(月)➡상관, 부모 대에 업(業)을 파하였다.

O	己	O	O
O	O	子	O

⬅ 기(己)토 일주, 월에 자(子)수를 놓고 있다.
음지(陰地)고, 땅이 꽁꽁 얼어있다.
쓸모없는 땅이 되고 말았다.

⬇ 반대로 길(吉)이 되는 경우를 살펴보기로 하자.

O	己	O	O
子	丑	午	未

⬅ 기토(己土)일주, 지지에 오미(午未)화국과
자축(子丑) 수국(水局)으로 양분 되어있다.

⬆ 위의 설명에서 무(戊)토의 경우와 마찬가지다. 오뉴월의 가뭄에 단비가 내리는 형상이다. 귀인의 작용이다.

⬇ 일덕격(日德格)의 종류

甲　丙　戊　庚　壬

寅　辰　辰　辰　戌

⬍ 일덕(日德)자체가 형(刑),충(沖),공망(空亡)이면 귀인의 역할이 무산된다.
6종류로 이 일주(日主)의 소유자는 이공계에 해당하는 사주다.

▶ 중요한 것은 일단 용신을 갖고 논해야지, 옥당 천을귀인(天乙貴人) 그 자체에 얽매여서는 안 된다.

<table>
<tr><td rowspan="2">406</td><td>甲日金神</td><td>만난 者는</td><td>火運逢之</td><td>大發하고</td></tr>
<tr><td>己日金神</td><td>만난 者는</td><td>金水運에</td><td>富貴된다.</td></tr>
<tr><td rowspan="2">금신 만난 자</td><td>갑일금신</td><td>만난 자는</td><td>화운봉지</td><td>대발하고</td></tr>
<tr><td>기일금신</td><td>만난 자는</td><td>금수운에</td><td>부귀된다.</td></tr>
</table>

♣ 금신격(金神格)이란?

☞ 甲己日生(갑기일생)이 巳,酉,丑(사유축)시(時)일 때 격(格)으로 성립되는데, 사유축(巳酉丑)은 금국(金局)이라 金神(금신)이라고 불리워지고, 주중에 금(金)이 많으면 자연 화(火)가 필요하게 되고, 화(火)가 많으면 금(金)이 또한 필요하게 된다.

☞ 甲日日主(갑일일주)면 목(木)일주인데, 金神格(금신격)이라 하였으니 金剋木(금극목)을 당하니 보호하여 줄 화(火)가 필요한데, 火運(화운)을 만나니 이 어찌 아니 좋은가? 그러나 여기에도 문제가 있다.

<table>
<tr><td>O</td><td>甲</td><td>O</td><td>O</td></tr>
<tr><td>酉</td><td>午</td><td>午</td><td>O</td></tr>
</table>

지지(地支)에 화(火)기운이 왕(旺) 하다.
◀ 갑목(甲木)일주에 유시(酉時)로 금신격인데, 이럴 경우는 화(火)가 오히려 화근이다.

⬇ 항상 용신(用神)에 초점을 맞추어 해석해야 한다.

기일(己日)이면 토(土)일주인데 금수(金水)운에 부귀를 누린다했는데 왜? 기(己)일이면 지지에 올수 있는 것은 축(丑),묘(卯),사(巳),미(未),유(酉),해(亥)이다. 이중 금신격에 해당하는 지지는 사유축(巳酉丑)이다.

<table>
<tr><td>O</td><td>己</td><td>O</td><td>O</td></tr>
<tr><td>巳</td><td>酉</td><td>丑</td><td>O</td></tr>
</table>

◀ 己土(기토)일주
지지에 유금(酉金)을 놓고 있다.
지지에서 金局(금국)을 이루고 있다 보자.

⬆ 이때는 설기(泄氣)가 심해 오히려 금수(金水)운이 오면 더욱 곤혹스러워진다. 오히려 목화(木火)운이 와야 더 좋다. ☞ 축(丑)월의 기토(己土)라 오히려 신약(身弱)해진 경우다.

☞ 시(時)가 사시(巳時)라 해가 중천에 떠 있다. 사(巳)중 병화(丙火)가 용신
이다. 무조건적 금수(金水)운이 좋다는 것은 해석 시 유의 해야 한다.

➡ 마찬가지로 항상 용신이 무엇인가를 먼저 구별해야 한다.

407	魁罡格을	놓은者는	刑冲運을	大忌하고
	時墓格과	雜氣財官	刑冲運에	大發하오
	괴강격을	놓은자는	형충운을	대기하고
시묘격	시묘격과	잡기재관	형충운에	대발하오

☯ 魁罡格(괴강격)은 왜 刑冲(형충) 運(운)을 싫어할까?

➡ 格(격)이란 그 자체가 刑冲(형충)을 받으면 일단은 그 格(격)이 무너지게
된다. 반대로 그것을 원하는 격도 있다. 꼭 괴강 격뿐만 아니라 다른 격도 마
찬가지이다. 그래서 피하고 싶어 하는 것이다. 그런데 또 문제가 있다. 刑, 冲
을 하면서 용신을 도와주는 경우가 있는데, 이때는 오히려 刑冲(형충)을 반기
게 되는 것이다. 항상 陰(음)이 있으면 陽(양)이 있는 것이요, 陽(양)이 있으
면 陰(음)이 있는 이치다. 항상 한 쪽으로의 치우침은 자칫 실수를 낳는다.

➡ 魁剛(괴강)격이란 이름 자체가 괴강이 되어 魁罡格(괴강격)이라 하는데 그
특징은 한 번 실패하게 되면 다시 또 再起(재기)하기가 힘들고, 유한 성격
이 못되어 독립 직종이나 武官(무관), 法官(법관) 등이 어울린다.

◉ 괴강(魁剛) 일주   庚　庚　壬　壬
                    , 辰　戌　辰　戌

◐ 時墓格(시묘격)과 雜氣財官格(잡기재관격)은 刑, 冲 運(형, 충 운)에 발한
다고 하였는데 왜 그들은 형충(刑冲)을 원할까?

⬇ 시묘격(時墓格)이란?

일간을 기준하여 보았을 때 시주(時柱)에 묘궁(墓宮)이 있다하여 붙여진
이름 인데, 묘궁(廟宮)이라 함은 病死宮(병사궁)을 설명한다.

⬇ 잡기재관격(雜氣財官格)이란?

이격은 수(水)일주나 목(木)일주에 해당되는 사항이다. 수목(水木) 일주가 월
지에 진술축미(辰戌丑未)를 놓음으로 성립되는 격이다. 사주가 신왕해야 한다.

☞ 水日主(수일주)에게는 관(官)이 되고-----토극수(土克水)

☞ 木日主(목일주)에게는 재(財)가된다.-----목극토(木剋土)

☞ 辰戌丑未(진술축미)는 오행별로 보면 각각의 창고이다. 물건을 저장하고 보관하는 보고(寶庫)이다.

▣ 물건이라 함은 오행별로 각각에 해당하는 사항이 될 것이다.

☞ 모든 것의 효용성은 그것이 밖으로 나와 실질적으로 제대로 활용이 될 때 진가를 발휘한다. 그러므로 창고에 썩는 것이 아니라, 창고 밖으로 끄집어 내어 그것을 사용함으로 전체가 혜택을 보는 것이요, 일주인 자신에게 보탬이 되는 것이다. 그러므로 창고는 문이 열려야 하는데 문이 열리려면 형(刑)이나 충(沖)으로 하여 깨부수어야 하는 것이다.

⬇ 잡기재관격은 그래서 형충(刑沖)을 기다리고 좋아한다. 그러나 창고 문도 지나치게 열려 닫히지 않으면 이 또한 걱정이다. 적당히 사용하고 보관하는 기능을 잃어버려서는 안 되는 것이다. 지나치면 창고가 바닥이 나서 역할을 상실한다.

O	甲	丙	O
卯	戌	戌	戌

⬅ 갑목(甲木) 일주인데 잡기재관격이다. 辰運(진운)이 와서 충을 한다면 어떻게 될까?

⬆ 旺者沖發(왕자충발)로 이어진다. 벌집을 쑤시는 꼴이 된다. 공연히 건드려 나만 피해를 본다. 차라리 이럴 때는 그냥 내버려 두는 것이 좋다. 甲木(갑목) 일주가 木生火 하여 火生土로 이어진다. 일주가 열심히 일해서 재물을 모으기도 하고, 쓰기도 해야 하는데, 받은 어음이 부도요, 도둑맞고, 횡령 당한다.

辛	壬	甲	甲
亥	辰	戌	寅

⬅ 임진(壬辰) 일주 사주다. 잡기재관격이다. 일지, 월지가 충(沖)으로 창고가 항상 열려 있다.

⬆ 흠이라면 일주가 기운이 약(弱)한 것이 흠. 금수(金水)운이 좋은데 그 중에서도 선별해야 한다. 무조건 좋다고 하다 낭패 보는 경우가 생긴다.

◉ 시묘(侍墓)격도 마찬가지다. 무조건 형충(刑沖)을 좋아하는 것만이 아니다. 시묘격은 시(時)에 진술축미(辰戌丑未)를 놓은 것이다.

◀ 갑진(甲辰) 일주 사주다. 월(月)과 시(時)에 둘이 겸해 있는 사주다.

甲	甲	戊	丙
戌	辰	戌	午

⬆ 창고의 문이 양쪽으로 열게 돼있는 문인데 두 개가 다 열려있다. 식상관이 지나치다. 재(財)가 식상으로 화(化)하였다. 이 역시 일주가 약 한 것이 흠이다. 창고가 열려있는데 또 다시 열려고 한다면 어찌 될 것인가?

☞ 도둑이 집안에 들어와서 물건을 다 훔쳐갔는데 또 도둑이 들어오는 격이다. "에이 아무것도 없잖아, 공연히 헛수고 했네! 하면서 홧김에 해 할 수도 있는 것이다. 재물이나 물건이 아니라 인명까지도 상할 수 있다. 이미 상(傷)해져 있는 데 또————??

❖ 順理(순리)

업무가 과중해 피곤하면 잠시 휴식을 갖는 것이 좋다. 육체적인 피로감이나, 정신적인 안정을 위해서도, 일의 능률을 생각한다면 필수적인 사안이다.

시간이 급하다고 바쁘다고 서두르거나 앞당기다 보면 낭패다.

일은 급한데 멀뚱멀뚱 천장만 바라보고 있다면 몽둥이 찜 질이 약이다.

완급조절을 이야기하는 것이다. 일차적인 통변 보다, 이차적인 완급조절을 택하여 통변에 맛을 가하는 것이 흐름을 이어가고 정확성을 기한다.

<table>
<tr><td rowspan="2">408

시상일귀　관쇠</td><td>時上偏財　成格者는　比劫運에　傷妻損妾</td></tr>
<tr><td>時上一貴　官衰하면　財官運에　發福한다
시상편재　성격자는　비겁운에　상처손첩
시상일귀　관쇠하면　재관운에　발복한다</td></tr>
</table>

➡ 時上偏財格(시상편재격)이라 함은 時上(시상)에 偏財(편재)가 있는 것인데, 시상(時上)은 말년인데 처(妻)가 분명 있을 터인데, 또 다시 여자가 머리를 조아리고 있으니 문제 될 가능성이 농후하다.

庚	丙	甲	乙
寅	申	申	卯

⬅ 시상에 편재가 있는데, 과연 어떨까? 재인(宰人) 兼存(겸존)이라, 금목상전이다.

⬆ 初年(초년)에는 학업에도 열중하고 부모의 뜻에 순응을 잘 하였는데, 차차 나이가 들면서 재(財)에 집착하는 성향이다. 다른 부분 해석은 뒤로 미루고 여성 편력을 보자. 日支(일지)와 時支(시지)가 인신충(寅申沖)이다. 시간(時干)에 편재(偏財)인 경금(庚金)이 있다.

◉ 견,겁운에 상처(喪妻) 손처 한다고 하니 원래 시상편재격이라 하였으니 재(財)가 필요한 사주인데 견,겁이 설치니 재(財)가 견디지 못하는구나. 부인과 이별수요, 첩도 도망가고, 재물도 없어지고, 재수 또한 없고, 투자한 것 하나도 건지지 못하고 손에 땀만 철철 흐른다.

戊	甲	乙	癸
辰	午	卯	卯

⬅ 갑목(甲木) 일주 사주, 신왕(身旺)한 사주, 재(財)가 용신이다. 운(運)에서 비겁(比劫) 운이 온다면?

⬆ 신왕(身旺), 재왕(財旺)으로는 좋은데, 목극토(木剋土)로 재(財)가 맥을 못 춘다. 일주(日主)가 지나치게 왕(旺)한 경우다.

☞ 時上一位貴格(시상일위귀격)이란 신왕한 사주에서 시(時)에 편관(偏官)이 있고, 편관(偏官)이 용신(用神)인 경우를 말하는데, 이격은 관(官)이 약하면서 재관(財官) 운(運)이 오면 發福(발복) 한다.

丙	庚	○	○
戌	申	酉	○

◀ 병화(丙火) 관(官)이 용신(用神)이다. 일주(日主)가 강(强)하다 보니, 관(官)인 병화(丙火)가 매우 약하다.

⬆ 금수(金水)가 강하니 자연 목화(木火)운이 오면 발(發)하게 되어 있는 사주다. 丙庚星(병경성)이라 음성은 좋은데, 관(官)인 결실이 약하여 어찌 보면 용두사미식으로 변해버린다.

☞ 보기에는 허우대도 괜찮고, 틀도 좋은데 알고 보니 속 빈 강정의 형태다. 매사 모든 일을 지나치게 자기위주로 항상 결과가 지지부진이다. 재관(財官)운이 와야 좋고 아내, 부모 말 들어서 손해 보는 것 없다. 올바른 충고를 받아들일 줄 아는 아량이 아쉽다.

❖ 財星(재성)의 通辯(통변).

시기에 맞는 통변이 그리워진다. 다 늙어 기력이 쇠한 사람에게 양귀비가 온들 무슨 낙이 있을 것인가? 다정다감한 말 한마디 던져주는 친구가 더좋은 것이다. 육체적인 사안으로만 색안경을 쓰지마라. 전신적인 위안을 주는 사람으로 해석을 하자. 연령 불문이다. 자식도 손주도 다 그 행하는 모습이나 옆에 있어만 주어도 행복지수는 만땅이 된다. 주책없이 이성이 생기네요? ㅋㅋㅋㅋ 여성에게 재성은 금전 아니다. 억만금을 주어도 바꿀 수 없는 남편이다. 재성인데 어떻게 금전과 비교해보라, 그보다 더 큰 재물이 어디 있는가? 돈 주고도 못산다. 사랑하는 남편이라면 말이다. 더구나 노년이 아닌가?
재물인 재화와 인간적인 관계로 비교하는 경우도 있다는 것을 참작하시기를 바라는 뜻이다. 존귀한 사랑이란 말이다.

409 육음조양	子丑遙巳　　拱祿拱貴　　飛天祿馬　　六乙鼠貴 六陰朝陽　　이격들은　　塡實絆運　　減福한다. 자축요사　　공록공귀　　비천록마　　육을서귀 육음조양　　이격들은　　전실반운　　감복한다.

▶ 子丑遙巳(자축요사)라 함은 자요사격, 축요사격을 설명하는데, 공록공귀는 공록격과 공귀격이요. 飛天祿馬(비천록마)는 비천록마격이고, 六乙鼠貴(육을서귀), 六陰朝陽(육음조양)은 육을서귀격과 육음조양격을 설명한다.

☞ 塡實絆運(전실반운)이라 함은 塡(전):메울 전: 없어야 할 것이 있을 때를 설명하는 것이고 전실이라 함은 깨어져서 없어짐을 설명하는 것이다.

☞ 絆合(반합):철저하게 묶여서 꼼짝을 못함을 설명한다.

◆ 두 몸이 한 몸 되는 것으로 보아도 좋다. 사주에서 天干(천간)에 나타나는 경우를 羈絆(기반)이라고 하는데 남녀로 비기면 배가 맞아서 도망가는 것으로 본다. 좋게 말하면 살림 차려 내 보내는 것이 되고, 그래서 기반(羈絆)이 되어 합거(合去)가 되는 것은 用神(용신)으로 사용을 하지를 못한다. 이미 나의 편이 아니다.

○	甲	癸	戊
午	午	○	○

◀ 갑오(甲午) 일주 사주다. 천간(天干)에 무계합(戊癸合)이 보인다.

⬆ 어머니가 계수(癸水)다. 무토(戊土)와 합(合)이다. 다 못 믿는다. 이미 화(火)의 기질이 잠재.

▶ 자요사격(子遙巳格)－－－－－구성요건은 갑자(甲子)일, 갑자(甲子)시로 형성된다. 시지(時支)의 자(子)수의 암장(暗藏)인 계(癸)수에 보이지 않는 사(巳)의 암장 무(戊)토가 무계(戊癸)로 합(合)하기 위해 멀리 있다.

그리움에 견디지 못해 스스로 끌려 引合(인합)되어 들어오니 사(巳)의 암장에 있던 병(丙)화가 너만 하니 나도 한다, 하면서 신(辛)금을 유인해 병신(丙申)합을 이루니 신(辛)금은 갑목(甲木) 일주에게는 정관(正官)이고, 병(丙)화는 식신(食神)이 되는데, 갑자(甲子)일에 갑자(甲子)시라 지지가 한겨울의 차가

운 물이라 水木凝缺(수목응결)의 상태이었는데, 이 곤란함을 해결해주니 甲木
(갑목) 일주에게 유익하게 작용이라 격(格)이 성립된다.

甲	甲	○	○
子	子	○	○

◀ 갑자(甲子) 일주, 갑자(甲子)시 생이다. 금(金)인 관살이 없고, 축(丑)오(午)를 꺼린다.

⬛ 축요사격(丑遙巳格)------구성요건은 辛丑日(신축일)에 己丑時(기축시)이고, 癸丑日(계축일)에 癸丑時(계축시)로 형성된다. 축(丑)의 지장간인 癸, 辛, 己 (계,신,기) 에서 계(癸)수와 신(辛)금에 巳의 지장간인 戊, 丙, 庚 (무, 병, 경) 중 戊土(무토)와 丙(병)화가 合(합)하는데, 탐이 나서 멀리서 그리워하다 못 참고 스스로 들어와서 合을 하니 戊,癸合(무계합) 丙辛合(병신합) 하니 그것이 일주에게 크나 큰 힘이라 유익하게 작용, 격(格)이 성립된다.

◉ 계수(癸水) 일주의 경우----사(巳)의 지장간인

☞ 무(戊)➡정관(正官)

병(丙)➡정재(正財)

경(庚)➡정인(正印)으로 성립된다.

⬆ 결국 財官印(재관인) 三奇(삼기)가 성립되어 유익하게 되고

◉ 신금(辛金) 일주의 경우----사(巳)의 지장간

☞ 戊----정인(正印)

☞ 丙----정관(正官) 으로 성립되어

⬆ 결국 관인(官印)이 성립, 二德(이덕)이 되어 유익하게 되고, 결정(結晶)으로 각자에게 귀한 보물의 역할을 한다.

☞ 拱祿拱貴(공록,공귀)라 함은 공록격과,공귀격이 되고 飛天祿馬(비천록마)는 비천록마격이고, 六乙鼠貴(육을서귀)는 육을서귀격이고, 六乙鼠貴(육음조양)은 육음조양격을 설명한다.

▶ 공록격(拱祿格)−−−−−−−−지지 사이에 정록을 비워두고 있다 즉 지지의
사이에 정록이 들어가면 지지의 순서가 차례로 이어진다는 설명.

☞ 자(子)와 인(寅)은 그 사이에 축(丑)이 들어 갈 수 있는데, 그 축(丑)이
일주에게 正祿(정록)이 될 때 正祿(정록)을 끼고 있다 말하는 것이다.

☞ 진(辰)과 오(午)일 경우 그 사이에 사(巳)가 들어 갈수 있다. 이 때 일주
의 입장에서 사(巳)가 정록(正祿)이 될 경우 정록을 끼고 있다고 보는
것이다.

◀ 해자축(亥子丑)으로

자수(子水)가 둘이나 들어간다.
일주가 강한데 자(子)수가 들어와 비겁이 된다.
신강(身强)하니 겁재(劫財)로 탈바꿈 한다.

癸	癸	O	O
亥	亥	丑	O

⬆ 子　子 ➡ 그런데 문제가 있다. 소리 소문 없이 들어온다.

☞ 일주가 강할 경우는 필요 없다. 너무 많으니 필요가 없다. 오히려 화근이
되는 것이다. 일주가 약해서 록(祿)이 필요한 사람에게는 그야말로 금상첨
화(錦上添花)이다. 이처럼 일주가 강할 경우는 필요가 없다.

☞ 사주원국 자체에 정록(正祿)이 있거나 정록을 끼고 있는 지지가 형충(刑
沖)을 당하면 파격(破格)으로 취급한다.

▶ 공귀격(拱貴格)−−−−−−−−일주의 천을귀인(天乙貴人)에 해당하는 지지를
끼고 있다하여 붙여진 이름이다. 사주원국 자체에 천을귀인(天乙貴人)이 있거
나, 끼고 있는 지지가 형충(刑沖)을 맞아도 성립 안 된다.

	甲	O	O
寅	子	O	O

　　　(丑)

◀ 축(丑)이라는 천을귀인이 끼어든다.
이 경우는 어떻게 될 것인가?
축(丑)이 자축(子丑) 수국(水局)으로 변질된다.

⬆ 축(丑)은 관고(官庫)다. 수국(水局)으로 변하니 양지의 나무가 음지의 나
무로 변화되고, 관고(官庫)이므로 여자에게는 남편의 무덤이요, 남자에게는 자
식의 한(恨)이 된다. 이 경우는 공귀격이 아니다. 귀찮은 존재. 그러면 어느
경우에 귀한 보물의 역할을 할까?

O	庚	O	O
酉	申	午	O

◀ 오(午)와 신(辛)사이에 미(未)가 끼어든다. 천을귀인(天乙貴人)이고, 재고(財庫)가 된다.

⬆ 용신은 화(火)다. 일주가 금수(金水)인 음(陰)이 강한데 용신(用神)인 화(火)를 도와주니 그야말로 금상첨화(錦上添花)이다.

들어와서 화국(火局)을 형성하니 이처럼 고마울 수가 ———진정한 공귀격이다.

▶ 공재격(拱財格)——————일간(日干)의 재고(財庫)를 끼고 있다하여 붙여진 이름인데, 일단 일주가 강해야 성립되고 재고(財庫)가 이미 주중에 있거나, 재고를 끼고 있는 지지(地支)가 형충(刑沖)을 당해도 성립 안 된다. 즉 파격(破格)이 된다.

▶ 비천록마격(飛天祿馬格)—————비천이란 암충(暗沖)을 설명하는데, 암충(暗沖)이란 지지에 똑같은 글자가 셋 이상일 때 성립된다. 그리고 록(祿)이란 정관을 말하고, 마(馬)는 정재를 설명하는데 정인도 포함이 된다.

O	癸	O	O
亥	亥	亥	亥

⇐ 계해(癸亥) 일주다.

지지에 해(亥)수가 널려있다.

⬆ 해(亥)가 사(巳)를 충(沖)하여 온다. 사(巳)중의 무(戊), 경(庚), 병(丙)이 각각 정관(正官), 정재(正財), 정인(正印)에 해당된다. 정(正)이란 어디에 있던 일단 나의 것이다. 정관(正官)은 나의 남편이요, 자식이요, 정재(正財)는 나의 아내요, 재물(財物)이고, 정인(正印)은 나의 어머니요, 명예이다.

☞ 정(正)이란 올바른 것이므로 나의 것이요,나의 복(福)이요, 노력의 산물이다. 다시 한 번 정리한다면 ☞ 암충(暗沖) 된 장간(藏干)이 정재(正財), 정관(正官), 정인(正印) 또는 정재(正財), 정관(正官) 그리고 정인(正印), 정관(正官)이 될 때 성립이 되는데 60갑자 중에서 암충된 장간이 이덕(二德)에 해당되는 일주는 6일이 있는데 그 면면을 살펴보면

癸　辛　庚　壬　丁　丙　　　　⇐ 왼쪽의 여섯 일주가 해당된다.
亥　亥　子　子　巳　午

☞ 암기 방법--금(金), 수(水) ,화(火)로 생각하면 된다.

☞ 지지(地支)로 보면 수(水)와 화(火)로 보면 된다.

◘ 원리적인 측면으로 보는 방법.

▶ 음극즉시양(陰極則始陽), 양극즉시음(陽極則始陰)이요,

☞ 외양내음(外陽內陰)이요, 외음내양(外陰內陽)이다.

☞ 사,오(巳,午)는 양으로 ,음인 해, 자(亥,子)를 충기(冲起) 시킬 수 있고,

☞ 해,자(亥,子)는 음으로, 양인 사, 오(巳,午)를 충기(冲起) 시킬 수 있는데,

☞ 지지에 암장되어 있는 천간이 일주에 대하여 祿馬가 될 수 있는 것은 巳, 午,亥,子(사,오,해,자)이다. 冲起(충기)라 함은 충을 하여 즉 깨트리어서, 그 안에 있는 貴物(귀물)을 유용하게 사용함이라.

▶ 六乙鼠貴格(육을서귀격) 이란?

乙木(을목) 일주가 水(수)와 木(목)을 많이 갖추고 子時(자시)인 경우.

丙	乙	O	O
子	O	O	O

◀ 乙木(을목) 일주 사주다.
時支(시지)의 子中(자중) 癸水(계수)와
巳(사)중의 戊土(무토)가 合(합)을 한다.

▶ 巳(사)중의 庚金(경금)은 乙木(을목)에게는 正官(정관)이다.
丙(병)은 乙木(을목)에게는 子息(자식)이다. 고로 乙木(을목)은 子水(자수)로 인하여 남편과 자식을 不勞所得(불로소득)한 형상이다.

☞ 남자의 경우는 庚金(경금)은 자식이 되는 것이고, 戊土(무토)는 아내가 되는 것이므로 小室(소실)과 아들을 두게 된다. 문제는 暗藏(암장), 몰래한 사랑이다. 남,여 불문이다.

▶ 六陰朝陽格(육음조양격)이란?

☞ 辛金(신금)일주가 金水(금수)를 갖추고 子時(자시)에 태어난 경우다.

戊	辛	O	O
子	O	O	O

◀ 辛金(신금) 일주 사주다.
時支(시지)에 子水(자수)를 놓고 있다.

⬆ 子(자)중 癸水(계수)에 巳(사)중 戊土(무토)가 戊癸合(무계합)을 이룬다.
丙(병)은 正官(정관)이요, 戊(무)는 正印(정인)이다. 고로 子水(자수)로 인하

여 正官(정관)과 正印(정인)을 얻은 것이다. 辛金(신금)의 딸인 子水(자수)가 巳(사)중 戊土(무토)와 연애를 하니 辛金(신금)엄마가 외롭다고 자기도 巳(사)중 丙(병)과 丙申(병신)합 해버린다. 그리하여 모녀가 같이 바람난다.

410 합록격	戊日庚辛	合祿格은	甲丙寅卯	其運忌고
	壬騎龍背	싫어함은	戊子運이	아니더냐
	무일경신	합록격은	갑병인묘	기운기고
	임기용배	싫어함은	무자운이	아니더냐

❖ 합록격(合祿格)이란?

합록격이란 무일(戊 日),신시(申 時)를 이르는 말인데 戊土일주가 申時라고 하면 庚申 時가 된다. 그러므로 戊 日, 庚申 時(무 일, 경신 시)가 된다.

☞ 戊土 일간이 지지에 놓을 수 있는 것은 무엇일까? 지지에 올 수 있는 것은 6종류가 되는데 살펴보기로 하자.

戊　戊　戊　戊　戊　戊　　　　　　　　戊　戊
子　寅　辰　午　申　戌　여기에서　午　寅　을 제외한다.

▶ 합록격에서는 금(金)이 용신이므로 木火(목화)운은 흉운(凶運)으로 본다.

戊土(무토) 일주의 申時(신시)이므로 庚辛(경신)時(시)를 직접 한 번 보자.

戊土(무토)일간 申時(신시)인데,

◀ 時支(시지)의 申(신)을 따라서 巳(사)가 巳申(사신)合(합)으로 따라 들어온다.

| 庚 | 戊 | O | O |
| 申 | O | O | O |

⬆ 戊土(무토)의 입장에서 보면 巳火(사화)는 정록(正祿)인데 록(祿)이 따라서 들어오므로 합록격이 성립이 된다.

▶ 합록격이 성립이 되면 자연 用神(용신)은 金(금)이 되므로 木火(목화)인 甲(갑), 丙(병), 寅(인), 卯(묘) 運(운)이 모두 나쁠 수밖에 없다. 用神(용신)이 金(금)이 안 될 때는 해석에 유의, 각각 용신과 대비하여 살펴보자.

☞ 갑(甲)————갑목(甲木)은 경금(庚金)에 충(沖)이고 절지(絶地)가 된다.

☞ 병(丙)————병화(丙火)는 경금(庚金)을 충(沖)하고, 金을 극(剋)하고

☞ 인(寅)--- 인목(寅木)은 신금(申金)에 충(沖)이고, 용신(用神)인 金(금)에 절지(絶地)이고

☞ 묘(卯)ーーーー묘목(卯木)은 용신(用神)인 金(금)에 절지(絶地)가 되고

➡ 결국 용신이 沖(충)을 당하고, 剋(극)을 받고, 絶地(절지)가 되어버리니 모두가 흉운(凶運)에 해당한다. 그리고 木火(목화)에서 빠진 乙丁巳午(을정사오)에 대한 추가 설명을 하여보자.

☞ 乙(을)ーーーーーーーーー을경합(乙庚合) 해버린다.

➡ 임기용배격(壬騎龍背格)ーーーーーーー직역을 하면 壬水(임수)가 용(辰)의 등에서 말을 탄 형상이라는 의미. 곧 壬辰(임진)일주를 칭한다.

☞ 壬辰(임진)일주가 지지에 辰(진)이 많으면 戌(술)을 충(沖)해 와서 戌(술)의 地藏干(지장간)중에서 丁(정)과 戊(무)를 취하는데 丁(정)은 正財(정재)가 되고, 戊(무)는 壬水(임수)일주에 偏官(편관)이 되어 각각을 취한다.

☞ 일주를 살펴보면 壬辰(임진)은 辰(진)이 용이라, 天干(천간)에 壬水(임수)를 놓고 있으니 하늘에서 비가 내려야 造化(조화)를 부리고, 升天(승천)을 하는 것인데, 戊子運(무자운)을 싫어한다는 것은 戊土(무토)가 壬水(임수)를 극하니 조화를 부릴 수 없고, 옆에서는 子辰合(자진합)을 하여 水局(수국)을 이루니 이무기가 되자고 죽기 살기로 매달리니 싫어 할 수밖에.

411 정란차격	四柱格에	井欄叉는	東方運을	싫어하고
	壬癸運과	寅午戌운	至極하니	기뻐한다
	사주격에	정란차는	동방운을	싫어하고
	임계운과	인오술운	지극하니	기뻐한다.

◑ 사주에 井欄叉格(정란차격)을 갖춘 자는 동방 운을 싫어한다고 하였는데 어째서일까? 우선 정란차격을 먼저 살펴보도록 하자.

⬇ 정란차격(井欄叉格)이란?

◈ 庚金(경금)일주가 지지에 申子辰 水局(신자진 수국)이 되어 지지 전체가 水局(수국)을 이룸을 설명하는데

◉ 정(井)자를 사용함은, 金生水(금생수)하여 地支(지지)에 물이 항상 고여 있음이라 우물에 비유를 한 것이고,

◉ 란(欄)은 水가 많음이라 음극을 설명한 말이고,

◉ 차(叉)란 바꾸는 것 교체를 의미하는데 陰極則始陽(음극즉시양)이라 水(수)인 陰(음)과 陽(양)의 交叉(교차)라 井欄叉格(정란차격)이라 칭한 것이고, 庚金(경금)일주가 지지에 全(전) 水局(수국)이라 從我格(종아격)과 같고 자연 金水(금수)운을 희(喜)하고 木火(목화), 土(토)는 자연 기(忌)하게 되는 것이다.

O	庚	O	O
子	申	子	辰

庚金(경금) 일주인데 地支(지지)에 申子辰(신자진)水局(수국) 이루고,
◀ 지지 전체가 水局(수국)을 형성하고 있다.

⬆ 金水冷寒(금수냉한)이라 사주가 冷(냉)하다.

☞ 從我格(종아격)의 사주이므로 財官(재관)운은 아주 흉하다. 木火(목화)운이 오면 힘들어진다. 壬癸(임계)운과 寅午戌(인오술) 運이 오면 지극하니 기쁘다 하였는데, 壬癸(임계)운은 이해가 가나 寅午戌(인오술)운은 조금 문제가 있는 것 같다. 從我格(종아격)이 아니라면 水(수)기운이 강하여 지극(至極)을 기뻐할 수도 있으나 문제는 從我格(종아격)이다.

☞ 木(목)운은 東方(동방)이요, 火運(화운)은 南方(남방)인데 庚金(경금) 일주에는 財官(재관)이 아닌가?

본문의 설명을 다시 한 번 보고 이상한 부분을 확인해보자.

➡ 旺子冲發(왕자충발)로 공연히 벌집만 쑤시는 格(격)이다.

☞ 申(신)--------寅(인)-----冲
☞ 子(자)--------午(오)-----冲
☞ 辰(진)--------戌(술)-----冲

➡ 이와 같은 성향의 사주 소유자는 財官(재관)이 凶(흉)이니 무엇을 해야 하는가? 육영사업이나, 사회사업, 헌신적인 베품에 종사하여야 하니 일반적인 업종으로는 학원, 교육, 후배양성에 종사하는 것이 길하고, 간혹 종교에 귀의하여 포교, 봉사사업에 종사하는 것도 좋다.

412 이록공명	四柱歸祿　놓은者는　刑冲比劫　忌運하고 大運逢之　食神하면　利祿功名　하게된다. 사주귀록　놓은자는　형충비겁　기운하고 대운봉지　식신하면　이록공명　하게된다.

⬇ 귀록격(귀록격)이란? 귀록이란 자체는 일록거시(日祿居時), 일록귀시(日祿歸時)를 가르치는 말인데 줄여서 보통 歸祿(귀록)이라고 칭한다.

☞ 時支(시지)에 正祿(정록)을 놓고 있으므로 이것이 用神(용신)일 경우가 좋다. 用神(용신)은 보통 日(일)이나, 時(시)에 있는 것이 좋은데, 時(시)에 있으면 더더욱 좋다. 그런데 약간의 단점이 노출되는 부분이 있는데 그것은 늦게 發福(발복)을 하거나 늦게 철이 든다. 일찍 운이 좋아 발복할 경우는, 그것이 오래 지속되고 末年(말년) 까지도 이어지니 運(운)의 흐름에 따라 판단이 중요하다.

☞ 時支(시지)에 용신이 있을 경우 늦게 발복하던, 일찍 발복하던 末年(말년)의 걱정은 크게 줄어든다. 다만 그 이전의 사항은 전체적 판단에 –

○	甲	○	○
寅	辰	酉	申

◀ 甲木(갑목)일주의 사주인데, 時支(시지)에 正錄(정록)을 놓고 있다. 金水(금수) 陰(음)의 지배를 받고 있다.

⬆ 일주가 용신은 자연 時支(시지)의 寅木(인목)이 된다. 木火(목화)인 陽(양)을 필요로 하는데, 우선은 보이는 것이 인(寅)이 용신이므로 寅申冲(인신충), 寅巳刑(인사형)이 좋지가 않으므로 申(신)운이나, 巳(사)운이 오면 凶(흉)운이다. 본문의 내용 중 刑冲(형충)은 살폈고 그 다음은 비견, 겁을 보자.

▶ 肩(견), 劫(겁)운이 오면 오히려 吉(길)로 반가운 일이다. 官(관)의 기운에 눌려있는 형상이라 힘의 보완이 항상 필요하다. 여기에 필요한 것은 왕한 官(관)인 金(금)의 기운을 억제하는 火運(화운)이 필요하다. 고로 食傷(식상)운이 필요하다. 식상은 용신인 木(목)의 기운을 설기시키지만 官(관)의 기운을 억제하니 필요한 것이다. 용신의 丙(병)인 金(금)을 제거하니 좋다.

▶ 利祿功名(이록공명)———록(祿)-근본을 이롭게 하여, 그로 인해 명예와 뜻을 이루는 것이 된다.

413	甲趨乾格	만난者는	寅巳運을	大忌하고
	壬趨艮格	만난者는	申亥運을	싫어한다.
	갑추건격	만난자는	인사운을	대기하고
갑추건격	임추간격	만난자는	신해운을	싫어한다.

⬇ 甲趨乾格(갑추건격)이란?

☞ 甲(갑)일간이 亥時(해시)에 태어난 사주를 말하는데, 좋기는 한데 알고 보니 인사(寅巳)운을 만나는 것을 싫어한다? 왜 그런 말이 나올까?

○	甲	○	○
亥	○	○	○

⬅ 甲木(갑목)이 亥時(해시)에 출생이면 밤중이고, 陰木(음목)이 된다.

⬆ 인(寅)운을 만나면 어떻게 될까? 寅木(인목)을 만나면 물에 떠있는 甲木(갑목)의 입장에서는 建祿(건록)인 寅(인)을 만나니 착근되고, 음지였던 甲木(갑목)이 陽地(양지)가 되고 꽃도 피우게 되니 그야말로 금상첨화가 된다.

➡ 그러면 사(巳)운을 만나면 어떨까? 巳運(사운)을 만나면 亥(해)수는 巳亥沖(사해충)으로 그로키 상태가 된다. 그런데 왜 寅,巳 (인사)運을 같이 설명을 했을까? 여기에서의 설명은 暗祿格(암록격)을 잘 살펴보아야 할 것이다. 그 자체가 깨져버린다는 것이다.

➡ 壬趨艮格(임추간격)은 어떤가?

◆ 壬日(임일) 일주가 艮(간)방이므로 寅(인)시에 태어난 것을 말한다.
갑추건격과 임추간격은 암록격과 합록격으로 생각을 하면 쉽게 이해가 될 것이다. 각각 申(신)과 亥(해)를 대입해보도록 하자.

☞ 壬(임)수가 寅(인)을 만나면 水生木(수생목)으로 泄氣(설기)가 된다.
여기에 亥水(해수)가 들어가면 祿根(록근)이 되므로 좋다는 것이다.
申(신)운을 만나면 寅申沖(인신충)으로 나쁘니 당연한 것이고, 결국은 무조건 나쁘다는 설명은 아닌 것이다. 여기서도 格(격)이 깨어지니 싫어한다는 것으로 해석을 하면 될 것이다.

여기서의 설명은 外格(외격)에 대한 설명인데, 중요한 것은 ➡용신을 위주로 하여 전체를 보는 것이 중요하다. 이것이 사주추명의 원칙이다.

<table>
<tr><td rowspan="2">414

구진득위</td><td>句陳得位　財殺吉運　刑冲空亡　싫어하고
玄武當權　亦忌刑冲　財殺官運　좋아한다.</td></tr>
<tr><td>구진득위　재살길운　형충공망　싫어하고
현무당권　역기형충　재살관운　좋아한다.</td></tr>
</table>

❖ 구진득위(句陳得位)와 현무당권(玄武當權)이라는 용어가 나오는데 이는 종재격과 종살격 즉 從(종)하는 것과 연관하게 되면 쉽게 이해 갈 것이다.

▶ 句陳得位格(구진득위격)이란 句陳(구진)즉 戊土(무토)를 이야기 하는데, 구진(句陳)이 득위(得位) 하였다고 하는 것은 토(土)일주가 종재격(從財格)이나 종살격(從殺格)에 해당하고 있는 것을 말한다.

▶ 玄武當權格(현무당권격)이란 壬癸(임계)➡水(수)일주가 강왕하여져서 당권 즉 권세를 잡음이라, 從財格(종재격)이나 從殺格(종살격)에 해당하는데 어떻게 권력을 쥘 수 있을까?

<table>
<tr><td>庚</td><td>壬</td><td>甲</td><td>丙</td></tr>
<tr><td>戌</td><td>寅</td><td>午</td><td>午</td></tr>
</table>

◀ 임인(壬寅) 일주 사주다.
지지에 火局(화국)이 형성 되어있다.
從財格(종재격)이다.

⬆ 실질적인 본인은 약하나 강한 기운에 종(從)하여 그 권력과 힘을 내가 마음대로 그대로 쓸 수 있으니 강해져서 왕(旺)한 자가 되는 것이다.

☞ 玄武(현무)란 壬,癸(임,계)수(水)를 별칭 한 것이다.

▶ 財殺(재살)은 길하고 刑, 冲,空亡(형,충,공망)을 싫어한다고 하였는데 재,살(관)에 종하였으니 자연 財殺(재살)을 좋아할 수밖에, 이제는 김씨가 아니고 시집간 박 씨의 식구가 되었으니 죽으나 사나 박 씨 집안 편을 들고 잘되기를 기원하는 수밖에 그리고 형,충,공망을 싫어하는 것은 어느 경우나 다 당연한 일이고 특별한 경우는 기다리기도 하나 일반적인 경우를 설명하는 것이다.

▶ 종재격의 경우는 財(재)에 從(종)하므로 財(재)가 기준이 되므로 食傷(식상)운과 財運(재운), 그리고 官運(관운)이 좋고 ▶從殺格(종살격)의 경우는 官(관)에 從(종)하므로 官(관)이 기준이 되므로 財(재)와 官運(관운)만이 좋다. 식상운은 官(관)을 剋(극)하므로 안 좋고 印綬(인수)운은 官(관)을 설기 시키면서 일주에 힘을 보태므로 오히려 역효과가 난다.

415	潤下格에	土運不吉	從革格에	金運좋고
	稼穡格에	東北運은	敗家하니	두고보소
윤하격	윤하격에	토운불길	종혁격에	금운좋고
	가색격에	동북운은	패가하니	두고보소

⬇ 潤下格(윤하격)이란?

水(수)일주가 地支(지지)에 全水局(전수국)을 이룸을 말하는데, 水(수)기운이 왕하여 복종을 좋아하지, 불복을 싫어하는지라 작은 힘으로 下剋上(하극상)식으로 水(수)인 본인을 剋(극)하려는 土(토)를 싫어 할 수밖에, 그러니 자연 土流(토류)가 되고 운이 안 좋을 수밖에 없다.

O	壬	O	O
子	申	子	子

◀ 지지에 全水局을 형성하여 윤하격이다. 土(토)인 官運(관운)이 온다고 하여보자, 흙은 물이 강왕

⬆ 한 기운에 휩쓸려 흔적도 없이 사라질 것이고 맑고 깨끗한 물에 흙탕물만 일으키니 물이 오염된다. 물은 겨울이요, 눈이요, 설경이요, 추위요, 한파요, 흐름이요, 그런데 여기에 火運(화운)이 와 水(수)의 기운을 녹인다고 하자 어찌되겠는가? 눈이면 녹아내려 눈사태가 날 것이요, 물이면 증발하여 가뭄에 시달리고, 밤이면 갑자기 낮으로 바뀌어 세상이 혼돈이다.

庚	壬	庚	庚
子	子	辰	申

◀ 壬子(임자) 일주 사주다. 지지에 全(전) 水局(수국)을 이루고 있다.

⬇ 從革格(종혁격)이란?

金日主(금 일주)가 地支(지지)에 全金局(전금국)을 이룸이라, 살아도 金(금)이요, 죽어도 金(금)이라 편협되어 金運(금운)을 제일로 좋아하고, 좌우편인 土(토)와 水(수)도 환영한다.

O	辛	O	O
丑	酉	丑	巳

지지에 全(전)金局(금국)을 이루어 종혁격이다. 여기에서도 주의 할 것이 있다.

⬆ 金運(금운)을 좋아한다고 무조건 다 좋지만은 아닌 것이다. 약간의 걱정도

있다. ☞ 辛金(신금)은 주옥이요, 보석인데 庚金(경금)이 온다고 하여보자. 깨끗한 쇠에 잡철이 섞이니 품위가 한 단계 내려가 버리고 만다. 잡철이요, 순도가 떨어지는 보석이 되는 것이다.

◀ 庚辛(경신) 일주 사주다.
지지가 全(전) 金局(금국)으로 형성되어있다.

乙	庚	甲	己
酉	申	戌	酉

⬆ 木火(목화)운이 안 좋은 이유는 木運(목운)은 기운을 설기하니 이빨이 빠지고 火運(화운)은 나를 불로써 녹이려고 덤벼드니 이 또한 안 좋은 것이다. 財,官(재,관)운이 되는 것이다.

◉ 稼穡格(가색격)이란? 土日主(토일주)가 지지에 全 土局(전 토국)을 형성함이라 土(토)중에서도, 濕土(습토)가 형성 되어야지 燥土(조토)가 된다면 이 또한 낭패라 東北 運(동북 운)에 敗家(패가)한다고 하였는데, 동북이라 함은 水,木(수,목)운인데 土(토)에게는 財(재)와 殺(관)이라 財殺(재살)운을 싫어함이라 굳어진 땅에 물이 스며들면 갈라지니 이것이 좋을 리가 없고, 木運(목운)을 싫어함은 ☞ 나무가 뿌리를 내리려 흙을 파고드니 이 어찌 좋겠는가? 모두가 土(토)에게는 흉물이라 그런데 그것이 財官(재관)이니 어찌 집안이 성할까?

O	戊	O	O
未	辰	辰	未

⬅ 지지에 전체가 土(토)로 형성 되어있다.

⬆ 水(수)인 財(재)가 들어오면 자기 몸 깨어지는 줄 모르고 여자와 돈에 패가망신살이요, 官(관)인 木(목)이 들어오면 감투싸움에 정신없어 집안은 돌보지를 않게 된다. 선거판에 끼어들어 집안 말아먹는 형상이 된다.

<table>
<tr><td rowspan="2">416

곡직격</td><td>曲直格을</td><td>만난사람</td><td>東北運에</td><td>제法이요</td></tr>
<tr><td>炎上格을</td><td>놓은사람</td><td>어찌木運</td><td>마다하랴</td></tr>
<tr><td></td><td>곡직격을</td><td>만난사람</td><td>동북운에</td><td>제법이요</td></tr>
<tr><td></td><td>염상격을</td><td>놓은사람</td><td>어찌목운</td><td>마다하랴</td></tr>
</table>

▶ 曲直格(곡직격)이란 木(목)일주가 지지에 全(전) 木局(목국)을 이룸인데 木火(목화)운 즉 東北 運 (동북운)이 吉(길)운이 된다.

ㅇ	乙	ㅇ	ㅇ
亥	卯	未	亥

◀ 乙木(을목) 일주 사주다.
陰(음)과 陽(양)으로 살펴보자.

⬆ 亥,卯,未(해,묘,미)하여 木局(목국)을 형성하고 있다. 木(목)은 陽(양)인데, 陰(음)인 水(수)가 들어오면 中和(중화)가 어려워진다.

☞ 金水(금수)가 陰(음)이요, 木火(목화)가 陽(양)이므로 中和(중화)라 함은 양과 음이 고루 갖추어져야 할 것 같으나 曲直格(곡직격)은 陽(양)으로의 통일된 중화가 필요한 것이다. 그러므로 陰(음)이 필요가 없다.

☞ 오히려 중화를 그르치는 것이다. 여기서 주의 할 것은 甲木(갑목)이 올 경우다. 甲(갑)목이 木(목)이라 좋을 것 같으나 甲(갑)운을 만나면 乙木(을목)인 본인이 밀려 치이게 된다. 劫財(겁재)의 특징이 나타나는 것이다.

▶ 炎上格(염상격)이란 火(화)일주가 지지에 전(全) 화국(火局)을 이룸이라, 자연 木火(목화)운은 좋고, 금수 운은 凶運(흉운)으로 이어진다.

癸	丙	庚	己
巳	午	午	未

◀ 丙午(병오) 일주 사주다.
지지에 全(전) 火局(화국)을 이루고 있다.

☞ 여기에서의 주된 설명은 陰(음)과 陽(양)의 설명이다.
木火(목화)는 陽(양)이고, 金水(금수)는 陰(음)이다. 陽干(양간), 陰干(음간)은 개념으로서 참고하도록 한다.

417 기명종재	棄命從財 財官殺運 기명종재 재관살운	棄命從殺 大喜하니 기명종살 대희하니	印星運은 順應하는 인성운은 순응하는	大忌하고 理致라오 대기하고 이치라오

▶ 기명(棄命)이란 자기의 명(命) 즉 日干(일간)자체를 포기하는 것으로, 남의 집에 양자로 들어가서 성도 바꾸는 것과도 같은 것이다. 기명종재(棄命從財)라 함은 재에 종하는 것이요, 기명종살(棄命從殺)이라 함은 관(官)즉 살(殺)에 종하는 것을 말한다. 종(從)한다는 것은 따라감이요, 모든 것을 의탁하는 것이 된다.

▶ 종재격(從財格)과 종살격(從殺格)은 당연히 財, 官運을 기뻐하고 인수운과 비겁운은 싫어하게 되는데, ☞ 인수나 비겁이 오게 되면 파격이 되어 공든 탑이 무너지는 것과 같은 형상이다.

☞ 의지할 곳 없는 자식 데려다 키웠더니 이제는 지가 잘나서 컸다고 큰소리 치는 것과 똑같은 형상인 것이다. ☞ 從格(종격)은 굴복을 하여야 미덕인 데,破格(파격)이 되므로 從을 안 하게 되니 문제가 되는 것이다.

▶ 종재격의 사주에서 인수나 비겁 운이 온다면 어떻게 될까?
財(재)에 從(종)하여 편안히 잘 지내던 운명이 갑자기 ☞ 재다신약(財多身弱)으로 바뀌어 버리게 된다. 그리하게 되면 항상 금전과, 여자문제로 인하여 곤란을 겪게 되고 어려움의 연속이다.

▶ 종살격의 사주에서 從(종)하는 것을 거부한다면 어떠한 결과가 올까?
官殺이 많아서 관살에 從을 하였는데, 이를 거부하면 크나 큰 대가를 지불해야 하는데, 그것은 ☞ 왕한 관살의 기운을 직접 감내하여야 하는 것이다.

☞ 결국은 官殺太旺格(관살태왕격)이 되어 殺旺身衰(살왕신쇠)로 처지가 바뀌어 여기저기서 일만 터지게 되는 것이다. 수습하느라고 정신이 없게 된다. 종살격의 경우 식상 운은 특히 더 조심을 하여야 한다. 官殺(관살)이 用神(용신)일 경우 食傷(식상)이 害(해)로운 것과 같은 이치다.

418 병림신위	丙臨神位 己日亥宮 병림신위 기일해궁	遇陽水는 見陰木은 우양수는 견음목은	戊運羊刃 庚金運을 무운양인 경금운을	大吉하고 大喜하오 대길하고 대희하오

❖ 병임신위(丙臨申位) 우양수(遇陽水)라 함은 병신(丙申)일주가 임(壬)수를 만나는 것을 말하는데

◀ 丙申(병신)일주가 壬辰 時(임진 시)이다. 丙火(병화) 일간이 약한데,

壬	丙	O	O
辰	申	O	O

⬆ 지지에 申,辰水局(신,진수국)을이루고 천간으로 壬水(임수)가 透出(투출)되어 여간 곤혹스러운 것이 아니다.

◆ 이럴 경우 어떤 운이 좋을까? 당연히 戊土(무토)운이 좋은 것이다. 戊土(무토)가 土克水(토극수)하여 주니 좋고, 午(오)인 羊刃(양인)이 온다면 丙(병)화가 得地(득지)가 되어 좋으니 戊午(무오)운이 온다면 팔자 피는 것이다.

▶ 己日亥宮 見陰木(기일해궁 견음목)이라 함은 己土(기토)일간에 지지가 亥水(해수)임을 말하고, 견음목이라 함은 乙木(을목)을 가르침이다. 이것을 命式(명식)으로 표시한다면

乙	己	O	O
亥	亥	O	O

◀ 地支(지지)에 亥水(해수)를 놓고 있다.

⬆ 단순히 보면 己土(기토) 일주의 입장에서는 水木(수목)이 왕이라 財殺(재살)이 왕한 상황이다. 일단은 身弱(신약)으로 보이므로 자기 자신의 내실을 다지는 것이 급선무이다.

☞ 천간으로 官(관)이 投出(투출)이 되어있는데 손 안대고 다스리는 방법은 庚金(경금)으로 하여 을경합(乙庚合)을 유도하는 것이다. 그러니 庚金(경금)운이 기다려지는 것이다. 직접적인 내실을 강화하는 것은 火土(화토)운이 오기를 기다려야 하는 것이다.

⬆ 己土(기토)가 어머니라 하여보자. 己土(기토)인 어머니가 혼자 살다가 외로움을 견디지 못하여 연하의 남성인 乙(을)목을 사귀고 있다 하자, 이 사실을 알아차린 딸인 辛(신)금이 면박을 주며 구박한다.

☞ 아들인 庚(경)금이 나서는데 乙庚(을경)합으로 乙木(을목)을 완전히 四面楚歌(사면초가)로 몰아붙인다. 그리하여 어머니는 잘못된 실수를 자식인 庚金(경금)으로 인해 뉘우치고 정상적인 궤도를 운행하게 된다.

419	甲己火土	木運逢之	乙庚火金	火運逢之
	丙辛化水	土運逢之	모두모두	失敗하오
	갑기화토	목운봉지	을경화금	화운봉지
목운봉지	병신화수	토운봉지	모두모두	실패하오

➡ 甲己火土(갑기화토)라 함은 甲己合(갑기합)하여 土(토)로 化(화)하는 것을 말하고, 乙庚化金(을경화금)이란 乙庚合 (을경합)하여 金(금)이 되는 것을 설명하고, 丙辛化水(병신화수)라 丙辛合(병신합)하여 水(수)로 化(화)하는 것인데 化(화)한 五行(오행)을 剋(극)하는 運(운)을 만나면 모두 실패한다는 설명.

☞ 化氣格(화기격)은 일단 從格(종격)의 사주로 보는 것이 편할 것이다.

내가 변하여 다른 오행으로 변하였는데, 그 오행을 극하는 운을 만나면 당연히 어려움을 겪는다. 해안가에서 살다가 모든 것을 다 버리고, 산으로 들어왔는데 도시로 가서 살라하면 어떻게 하는가?

己	甲	○	○
巳	戌	戌	戌

⬅ 甲木(갑목) 일주의 사주, 본인이 의지할 곳 없어 己土(기토)와 합해 土(토)로 변하고 말았다.

⬆ 그런데 옛날의 친구라며 힘이 되어주겠다고 木(목)이 뿌리를 내리니, 나는 이미 흙으로 변하였으니 나를 剋(극)하는 殺(살)이 되어버린다.

☞ 나의 온몸을 부리를 내리며 갈기갈기 찢어놓는구나 아! 이것은 친구가 아니라 원수로구나. ☞ 甲己化土(갑기화토)가 되는 경우다.

➡️ 甲木(갑목)이 化(화)하여 己土(기토)로 변하고, 甲木(갑목)이 土(토)인 財(재)에 모든 것을 송두리째 바치니 從財格(종재격)이다.

⬇️ 乙庚 合 化金(을경 합 화금)이 되는 경우를 보자.

庚	乙	○	○
辰	酉	酉	酉

⬅️ 乙木(을목)일주 사주다. 완전히 사면초가다. 연약한 나무라 평생 칼날에 휘둘려야 할 팔자다.

⬆️ 이럴 바에는 차라리 내가 도끼자루 되어 도끼와 같이 힘을 휘둘러보는 것이 죽는 것보다는 나을 것이다. 마음을 먹고 乙庚合(을경합) 하여 金(금)과 같은 역할을 하게 된다.

☞ 집안에 여자라고는 보기 힘들고 전부 남자니 성격도 남자 같아지고 행동도 남자고, 남자아이들 하고 어울리는 것이 더 재미있단다. 여자가 완전히 성전환수술을 받은 것 같구나. 乙木(을목)이 官殺(관살)에 從(종)하니 從殺格(종살격)이다.

☞ 從殺格(종살격)에는 火運(화운)이 오면 쇠가 녹으니 모든 것이 낭패다. 종재격이나 종살격은 같은 씨족이나, 부족이 아니면 무조건 싫어한다.

◉ 丙辛合➡️ 水(병신합 ➡️ 수)의 경우를 보자.

○	丙	辛	○
子	申	丑	子

⬅️ 丙火(병화)일주 사주다. 어디 발을 디딜 곳이 없다. 오나가나 가시밭길이다.

⬆️ 천간의 申金(신금)과 合(합)을하여 서로가 같이 五行(오행)이 전혀 다른 水(수)로 化(화)한 것이다. 地支(지지)가 전부 물바다다. 丙火(병화) 자신도 불이 물로 바뀐 것이다.

☞ 用神(용신)은 자연 水(수)가 되는데, 土運(토운)을 만난다면 깨끗한 물이 흙탕물로 변화하니, 미꾸라지 한 마리가 온 물을 흐리는 것이 된다. 자연 싫어할 수밖에 없다. 일이 꼬이고 막힌다. 건강 역시 마찬가지다.

<table>
<tr><td rowspan="2">420

정임화목</td><td>丁壬化木
化合함에
정임화목
화합함에</td><td>金運不吉
放害되니
금운불길
방해되니</td><td>戊癸化火
有意未就
무계화화
유의미취</td><td>水運不吉
不吉이라
수운불길
불길이라</td></tr>
</table>

➡ 丁壬➠化木(정임 화목)이라 함은 丁壬 合 化木(정임 합 화목)을 이룸이요, 火(화)가 木(목)으로 바뀌니 金(금)이 이제는 나의 밥이 아니라 나를 못살게 하는 官殺(관살)이 되어버렸다.

☞ 戊癸 化火(무계 화화)라 함은 戊土(무토)가 癸水(계수)와 合(합)을 하여 火(화)로 변함이라 土(토)가 火(화)로 변한 것이니 水(수)인 물이 밥이 아니라 나를 죽이는 官鬼(관귀), 즉 官殺(관살)이 된 것이다.

☞ 어제까지도 나의 소유물이요, 나의 法(법)이 合(합)을 이루어 변화함으로 인해 나의 的(적)으로 변하는 것이다. 삼국시대에 고구려의 밥이던 신라가 나당연합을 하여 고구려를 멸망시키는 것과도 흡사한 형상이다.

☞ 꼭 그렇지는 아니하여도 결코 만만히 볼 수 없는 것이다. 이것이 合(합)을 하여 化(화)를 이룬 代價(대가)다. 좋은 점도 많지만 불편한 점도 있다는 것이다. 원래의 나 자신보다는 훨씬 나은 쪽을 택하는 것이 사는 길이다.

◉ 丁壬 合 化木(정임 합 화목)의 경우를 보자. 丁火(정화)일주다.

◀ 地支(지지)가 나무로 되어 있어 비만이 度(도)를 넘어 감당하기 힘이 든다.

壬	丁	O	O
寅	卯	寅	卯

⬆ 무엇인가 變化(변화)를 추구해야 한다. 옆에 있는 壬水(임수)와 의기투합해 같이 木(목)으로 변화하여 운행하게 된다. 金運(금운)이 오면 金剋木(금극목) 하여 난리 난다. 丁火(정화)가 여자일 경우 남편인 金(금)이 와서 어머니 품속에만 있지 말고, 나와도 같이 있자며 난리다.

➡ 戊癸 合 火(무계 합 화)의 경우를 보자.

○	戊	癸	○
午	午	巳	巳

◀ 戊土(무토)일주인데 지지가 온통 불바다라 견디기 항상 곤혹스러웠는데, 마침 옆에 癸水(계수)가 있어 의기투합하여

같이 불이되기로 하고 동반으로 불로 바뀐다. 그런데 水運(수운)을 만나니 불 먹은 흙이라 물이 떨어지면 쩍쩍 갈라지니 참 큰일이구나. 물이 원수로다.

421 신고만반	四柱病에	藥運오면	日發如雷	神奇하고
	四柱病에	己病運은	辛苦萬般	禍多水라
	사주병에	약운오면	일발여뢰	신기하고
	사주병에	기병운은	신고만반	화다수라

➡ 四柱 病에 藥 運(사주 병에 약 운)——————사주에 丙(병)이 있는데 그 병을 제거하는 藥(약)의 運(운)이 오게 되면, 번개와 같이 대발하는 것이 신기하고, 사주에 병이 있는데, 그 병을 제거하지 아니하고 오히려 그 병을 도와 병의 기운이 더 드세게 하는 운이 오면, 괴롭고 힘든 일이 더더욱 많아 재앙이 되어서 따라든다는 이야기다.

○	丁	○	○
寅	酉	酉	○

◀ 丁(정)화 일주다. 월지와 일지에 金이 있어 일간에게는 여간 괴로운 것이 아니다.

⬆ 결국 金(금)이 丙(병)이 된다는 이야기다. 설상가상으로 申金(신금)이 온다면 어떻게 될까?

☞ 寅申冲(인신충)되어 丁火(정화)의 보급로가 끊기면서 凶(흉)으로 이어진다.

제 8 장 歲運(세운)

- ◉ 세운이란 태세 즉 年(년)의 운을 말한다.

- ◉ 대운과 더불어 원명에 지대한 영향력을 행사한다.

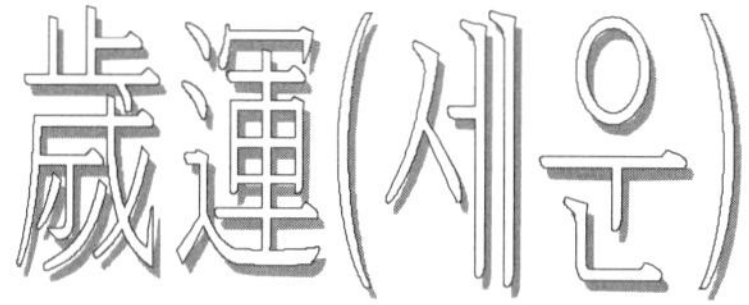

<table>
<tr><td rowspan="2">422

홍주지액</td><td>日支地支　相刑年은　紅柱之厄　두렵고요</td></tr>
<tr><td>日主天干　傷官年도　官災訟事　恐怖로다
일지지지　상형년은　홍주지액　두렵고요
일주천간　상관년도　관재송사　공포로다</td></tr>
</table>

◎ 紅柱(홍주)➡붉은 기둥을 말하는데, 옛날에는 일반 가정집에서는 붉은색의 기둥을 사용하지 못하였다고 했다. 아무리 잘 살아도 99칸을 넘지를 못하였다고 한다.

☞ 紅柱之厄(홍주지액) 이라고 하였으니 관청으로 부터의 부름이라, 결코 좋은 일은 아닌 것이다. 엊그제 있었던 일을 하나 소개하여 보자. 건강 보험료를 일 천 여 만 원을 미납하고 있다가 14억이 되는 집이 경매로 넘어가는 사건 같은 경우도 홍주지액이다.

◈ 天干(천간)의 傷官(상관)년이라 함은 傷官(상관)의 作用(작용)이 그대로 나타나는 것이다.

☞ 官災(관재), 訟事(송사)가 생기는 해는 어떤 해인가? 일단 사주가 강해야 덜 영향을 받고 사주가 身弱(신약)이면 작용이 더 커진다.

☞ 偏官(편관)년이 오면 官災(관재),訟事(송사)가 발생하는 것이다.

☞ 刑沖(형충)이 되는 해가 오면 발생한다.

☞ 천라지망이 되는 해에 官災(관재)가 생긴다. 상관년에 발생하고
　羊刃(양인)년도 官災(관재)가 생기는데 주로 交通事故(교통사고)다.

❖ 음과 양

傷官(상관), 偏官(편관)도 陰(음)과 陽(양)에 따라 약간씩의 차이가 생긴다.

423	四柱財官 旺한格이 財官年을 만나면은 官財訟事 일어나고 產厄危重 많이본다.
산액위중	사주재관 왕한격이 재관년을 만나면은 관재송사 일어나고 산액위중 많이본다.

◘ 四柱財官 旺한格(사주재관 왕한 격)------사주에서 財(재)와 官(관)이 왕 하면 자연 身弱(신약)의 사주로 이어진다.

☞ 결국 財殺太旺格(재살태왕격)이라 財運(재운)이 오면 재운 데로, 官運(관운)이 오면 관운이 오는 데로 그에 해당하는 吉(길)이 아닌 凶(흉)으로 이어진다.

☞ 본문에서 보면 官財訟事(관재송사)라 하였는데 요즈음 본다면 재개발 하는 곳에 딱지를 샀는데 잘못되어 구속되고 돈 날리고 하는 꼴과 같다. 그 외의 여러 경우도 많으니 추명에 참고하시길---------

☞ 財殺太旺(재살태왕)으로 인해 사주가 가뜩이나 弱(약)한데, 또다시 官運(관운)이 오면 신체적으로도 직접적인 연관이 이루어지는데 다쳐도 조금 다칠 수 있는데도 이상하게 더 심하게 다치는 경우고,

☞ 옛말로 친다면 자빠져도 코가 깨진다는 격이다.

☞ 여자에게는 官(관)이 남편이므로 이혼수와도 연관된다.

건강이 안 좋은 사람일 경우는 건강이 더욱 악화되고, 심하면 위급한 상황으로도 이어진다. 똑같은 꿈을 꾸어도 악몽이요, 허탈하고, 가위에 눌린 꿈도 꾸게 된다. 日辰(일진)이 사나울 때 그것과도 연관 지어 생각하면 될 것이다.

❖ 사랑의 보톡스

요즈음 유행하는 보톡스는 어찌 통변을 할 것인가?

일종의 產厄(산액)으로 본다. 꼭 출산으로만 연결하는 것이 아니다. 자초하는 산액인 것이다. 운이 좋을 때는 괜찮지만 운이 안 좋을 때는 마취를 해도 오래가고 잘 깨어나지 않는 경우다. 오리가 보톡스 맞는다고 백조가 되지는 않는다. 평상시 관리를 잘하라, 운동이 최고다.

424	日剋太歲	君臣不和	內外上下	不和하고
	身旺者가	比劫年은	妻厄敗財	많게되오
	일극태세	군신불화	내외상하	불화하고
처액패재	신왕자가	비겁년은	처액패재	많게되오

◆ 日剋太歲(일극태세)라 함은 일간이 太歲(태세)를 극하는 것인데, 태세는 그 해 당해 연도의 기운이라, 주로 천간을 말한다. 日干(일간)이 年干(년간)을 극하는 것이다. 年(년)에 있으니 윗사람인데 아랫사람인 일간이 下剋上(하극상)을 하는 것이라 신하가 임금을 섬기지 아니하고, 자식이 부모를 공경하지 아니하고, 부하가 상관을 우습게 아는 것과 진배없으니 위계질서가 무너지고 항상 不協和音(불협화음)이 생기고 反目(반목)한다.

O	丙	O	庚
O	O	O	午

일간 丙火(병화)가 年干(년간)을 극하고 있다. 지지 오화(地支 午火)도 한 술 더 뜨고 있다.

▶ 身旺者(신왕자)라 함은 일주가 강한 자인데, 견, 겁운이라 하였으니 기운이 더욱 더 강하여지고, 기운이 남아돌아 처치곤란이라 불상사가 생긴다. 불난 집에 부채질을 하는 격이다.

☞ 견, 겁이 왕 하여지니 재에 관한 흉운(凶運)으로 이어진다. 사업이 금전에 더욱 더 쪼들리고 해결의 기미가 보이지를 않고, 집안의 아내도 남편이 지겹고, 구박받는 것도 힘들어, 이제는 더 이상 못살겠다고 보따리를 싸고 위자료를 달란다. 돈 떨어져, 신발 떨어져 모든 것이 전부 거덜나는 형상.

◉ 다른 의미로 한 번 살펴보자.

남자의 입장에서 사주가 강하고, 또 견, 겁운 이라면 아내인 여자의 입장에서 보면 어떨까?

☞ 여자의 입장에서 보면 남편과 같은 새로운 기운이 또 들어오는 운이다. 새로운 남편을 맞을 수 있다는 설명이다. 결국은 바람이 나거나 외도를 하게 되는 것이다. 原命(원명)에 있는 것은 항상 있는 것이요, 헌 것이고 運(운)에서 들어오는 것은 새 것이요, 항상 변동수로 이어진다.

☞ 天干(천간)이 10개이므로, 그래서 10년에 한 번 씩은 들썩들썩한다.

425 막허문서	四柱財旺 書往書來 사주재왕 서왕서래	印星弱에 災殃이니 인성약에 재앙이니	印星年을 莫許文書 인성년을 막허문서	만나면은 해야하오 만나면은 해야하오

◈ 四柱財旺 印星弱(사주재왕 인성약)－－－－－사주에서 財(재)가 왕하면 인수는 맥을 못 춘다. 그런데 인수해가 왔다고 하여 연약한 印綬(인수)에 도움이 될 것 같으나 결코 그리 쉽게 호락호락 하지 않다는 말이다.

☞ 얼핏 생각하면 인수가 弱(약)하니 인수가 또 오면 힘이 보태지어 도움이 될 것이니 좋지 않겠는가? 생각 할 수가 있는데 한 번은 더 짚고 넘어가야 한다는 말이다. 印綬(인수)가 用神(용신)일 경우는 당연히 인수 운이 오면 좋은 것인데, 그것도 확인해 보아야 한다는 것이다.

◀ 甲木(갑목)일주 사주인데 財(재)인 戊土(무토)가 기운이 왕 하다

戊	甲	戊	戊
○	○	○	○

◆ 이 사주에서 인수는 水(수)인데 壬癸(임계)가 된다. 여기 에서는 甲木日主(갑목일주)가 水運(수운)이 온다해 도 水生木(수생목) 받기 힘들다.

☞ 수생목을 하려고 해도 戊(무)토가 미리 土克水(토극수) 해버린다. 運(운)에서 들어오는 것은 밖에서 들어오는 것이라 이미 굳어진 땅에 비가 내려 보아야 고이지, 스미지 않는다는 것이다. 木(목)의 입장에서는 물이 스며야 수분 흡수가 되는 것이지, 고인 것은 소용없다.

◆ 癸水(계수)가 온다고 보자. 癸水(계수)는 들어오자마자 戊土(무토)가 戊癸合(무계 합)으로 잡아먹기가 바쁘다. 사람은 하나인데, 셋이나 달려드니 이것 참으로 난감한 일이다. 甲木(갑목)이 剋(극)하여 말려도 소용 없다.

☞ 甲木(갑목)의 어머니는 癸水(계수) 正印(정인)인데, 癸(계)수의 입장에서 보면 남편인 正官(정관)이 셋이라 자식은 하나요, 남편은 셋이라 癸水(계수)인 어머니가 기운이 왕 하면 다 거느릴 수 있지만, 弱(약)하여 오히려 당하고 있는 형국이라 오직 자식인 甲木(갑목)의 기운이 旺(왕)해 지기만 기다리는 형국. 자식을 버리고 再嫁(재가)하여 다시 자식찾는 애타는

모습이 그려지는 그림이다. 자식의 입장에서 어머니가 그리워도 아버지의
방해로 보지 못하는 것이다. 印綬(인수)는 또한 문서니 문서 운인데 書往
書來(서왕서래)라 문서가 왔다 갔다 해도 결코 내가 취할 수 없는 형상이라,
문서 사기 당하고, 그린벨트 묶이고, 중과세에, 잘못 보증으로 재산 다 날리고,
인감분실이요, 명예 실추되고 개망신이요, 집이 산사태로 무너지고, 수표가 부
도요, 주식이 깡통이 되고, 주식 팔아 손해보고, 공든 탑이 전부 흔들리는 격.

426	四柱財弱	比劫旺에	財年逢之	하게되면
	적은財에	爭奪붙어	禍不單行	싸움많다.
	사주재약	비겁왕에	재년봉지	하게되면
화불단행	적은재에	쟁탈붙어	화불단행	싸움많다.

◈ 四柱財弱 比劫旺(사주재약 비겁왕)---사주에 財(재)가 약하고 比劫(비
겁)이 旺(왕)하면, 춥고 배고픈 사주다. 그런데 財年(재년)을 만난다는 것
은 재운이 오는 것인데, 작은 것이던 큰 것이던 허기를 채우고 요기하는
데는 그런대로 견딜 만 한 것이다. 문제는 ☞ 너무 굶주리다 보니 밥그릇이
부족하다는 이야기다. 입은 많은데 그릇이 부족하니 서로 그릇을 차지하려고
다툰다. 그러다 보면 잘못하여 그릇을 깨기가 십상이다. 群鷄一鶴(군계일학)이
라는 표현이 어울리지 않지만 수적인 표현으로 이것을 돌려보자. 남자는 많은
데 여자의 숫자가 적으니 절로 싸움이 발생한다. 강자가 취하는 논리가 성립
되는 것이다. 그러는 사이 서로가 피해보고 주변의 상황이 말이 아니다. 빈손
에 쥐어지는 것은, 땀만이 손에 고일 뿐 이다.

甲	甲	乙	甲
○	○	○	○

◀ 甲(갑)목 일주 사주인데, 형제가 너무 많다.
홍부네 식구도 이러지는 않을 것이다.
집안에 남자 형제가 너무 많아

⬆ 아직 형도 결혼을 못하고 동생도 결혼을 못하고 있다. 앞차가 밀리다 보
니 계속 차들이 밀려있다. 아는 곳에서 중매 이야기만 나오면 서로 난리다. 전
부가 늦다보니 참으로 가관이다. 혹시나 하고 기다려보니 이성관계가 엄청 복
잡한 상대로다. 결국 서로 어울리지 못하고 끝난다.

427 문전배회	萬若奪財　아니되면　夫婦間에　이탈이니 東西南北　妻를찾아　門前徘徊　하게된다. 만약탈재　아니되면　부부간에　이탈이니 동서남북　처를찾아　문전배회　하게된다.

◇ 財는 일반적으로 크게 ☞ 남성에게는 금전과 여자, ☞ 여성에게 있어서는 금전과 시댁, 또는 시모와의 관계로 많이 본다. 일차적으로 그리 많이 본다는 것이다. 그래서 본문에서 재물이 아닐 경우, 부부간의 관계로 이야기하는 것도 그러한 연유에서다.

☞ 妻(처)의 입장에서는 남편과 같은 사람이 동서남북 사방에 널려 있으니 항상 남자가 근접이 쉬워질 수밖에 없다. 그런데 運(운)에서 새로운 남자가 나타나는 運(운)이니 남편으로서는 전전긍긍하는 수밖에 없다.

◀ 甲木(갑목) 일주 사주다. 월지에 卯(묘)를 놓고 있으니 羊刃(양인)이다.

O	甲	己	O
O	子	卯	O

⬆ 己土(기토)가 妻(처)가 되는데, 合(합)이 되어 좋기는 한데 알고 보니 이건 완전 바늘방석이다. 시누이의 구박이 이만저만 아니다.

☞ 시어머니도 비위 맞추기가 보통 힘든 것이 아니고 사사건건 간섭이다. 살림살이도 다 맡아서 하니 며느리가 할 일이 없다.

◆ 남편도 원래는 甲木(갑목)이라 인정 많았던 사람인데, 시집식구들과 한통속이 되어 괴롭히기만 하는구나.

☞ 子卯(자묘)형에 羊刃(양인)을 놓고 있으니 사람이 확 바뀐다. 같이 살자고 꼬드길 때는 언제고 이제 와서는 내가 언제 그랬느냐다.

☞ 이런데 運(운)에서 甲木(갑목) 운이 오니 여자는 자기를 이해하고 안아주니 그저 고맙기만 하니 마치 연애하는 기분이라, 바깥으로 나돌게 되는 것이다. 이러니 남편은 자기 마누라 찾아다니느라 정신 없구나. 잡히기만 해봐라 ――

428 일점 미약재	四柱一點　微弱財에　財年이나　比劫年은 妻妾愛人　찾아가서　죽인다고　소리친다. 사주일점　미약재에　재년이나　비겁년은 처첩애인　찾아가서　죽인다고　소리친다.

◎ 四柱一點 微弱財(사주일점 미약재)－－－－－일점의 微弱財라 함은 財(재)가 매우 약하다는 표현인데, 이 약한 財(재)에게 힘이 되는 財運(재운)이 오니 자기 분수를 알지 못하고 설치다가는 곤란하다는 설명이다. 財(재)가 너무 약하면, 반대로 생각하여보라 거의 從(종)사주 와 같은 형국이 된다.

☞ 종사주에서는 從(종)을 한 五行(오행)을 쫓아야지 공연히 섣부른 행동하다가는 신세 망친다.

429 상지	四柱透食　偏印年은　倒食되어　敗家하고 木火傷官　庚辛年은　傷指함을　많이본다. 사주투식　편인년은　도식되어　패가하고 목화상관　경신년은　상지함을　많이본다.

▶ 四柱透食(사주투식)－－－－－사주 天干(천간)에 食神(식신)이 나타나 있는데, 偏印年(편인년)이 오면 倒食(도식)이 되어 敗(패)가 한다고 하였는데,

☞ 편인은 식신을 헨(극)하므로 아주 凶(흉)하게 이어 진다. 더구나 식신이 용신일 경우는 더 이상의 설명이 필요 없어진다.

☞ 木火(목화)상관 庚辛(경신)년은 상지를 한다고 하였는데 상지(傷指)라 함은 손가락을 상한다는 말인데, 金(금)은 쇠붙이요, 木(목)은 나무니 손가락을 다쳐도 잘린다고 볼 수도 있다. 그러니 다치는 것도 운에 따라서 다치는 정도가 달라지는 것이다.

☞ 五行(오행)으로 木(목)은 손가락에 해당되니, 그것이 상하는 것이므로 그리 해석 하는 것이다.

430	巳酉丑生	亥驛馬는	亥卯未年	出國하고
	亥卯未生	巳驛馬는	巳酉丑年	遠行이라
	사유축생	해역마는	해묘미년	출국하고
해역마	해묘미생	사역마는	사유축년	원행이라

431	寅午戌生	申驛馬는	申子辰歲	遠行하고
	申子辰生	인역마는	寅午戌에	萬里간다.
	인오술생	신역마는	신자진세	원행하고
인역마	신자진생	인역마는	인오술에	만리간다.

432	巳酉丑生	地殺重重	巳酉丑亥	遠行있고
	亥卯未生	地殺重重	巳亥卯未	遠行이라
	사유축생	지살중중	사유축해	원행있고
지살중중	해묘미생	지살중중	사해묘미	원행이라

433	寅午戌生	地殺重重	寅午戌申	出國이요
	申子辰生	地殺重重	申子辰寅	鵬程이라
	인오술생	지살중중	인오술신	출국이요
붕정	신자진생	지살중중	신자진인	붕정이라

434	寅年日生	他道他國	寅午戌申	其年이오
	巳年日生	遠年行은	巳酉丑亥	분명하오
	인년일생	타도타국	인오술신	기년이오
원 년 행	사년일생	원년행은	사유축해	분명하오

435	申年日生	鵬程萬里	申子辰寅	많이하고
	亥年日生	遠方出入	亥卯未巳	其해로다
	신년일생	붕정만리	신자진인	많이하고
붕정만리	해년일생	원방출입	해묘미사	기해로다

◉ 430–435의 공통된 부분은 역마에 대한 설명이다 따로 각각 설명 하는 것 보다는 전체적으로 설명하는 것이 이해에 도움이 될 것 같아 전체적으로 설명 해보자. 우선 역마와 지살에 대한 설명을 보완하고 하여보자.

☞ 역마하면 지살이 따라가는데 대, 소로 구분한다면 地殺(지살)은 小(소)에 속하고, 驛馬(역마)는 大(대)에 속한다고 보면 이해가 쉽다.

▶ 지살은 삼합의 첫 글자이고, 역마는 지살과 충(沖)하는 자(字)이다.

☞ 巳酉丑(사유축)------지살은 巳(사)이고------역마는 亥(해)이다.

☞ 亥卯未(해묘미)------지살은 亥(해)이고------역마는 巳(사)이다.

☞ 寅午戌(인오술)------지살은 寅(인)이고------역마는 申(신)이다.

☞ 申子辰(신자진)------지살은 申(신)이고------역마는 寅(인)이다.

▶ 여기서 짚고 넘어갈 것은 년지(年支), 일지(日支)를 기준 한다.

☞ 年支(년지)나, 일지가 三合(삼합)이 되는 해, 또는 역마가 삼합을 이루는 해에는 장거리의 이동이니 해외의 출입이 빈번하거나, 이민, 또는 업무상으로 인한 거주, 여행 등으로 이어지고 요즈음으로 치면 연수 같은 경우로 보면 될 것이다. 이동이 좌절되는 경우는 어떤 경우가 있을까?

☞ 驛馬(역마)가 沖(충)을 당할 경우는 이동의 계획이 좌절이 되고 마는데, 계획의 취소, 연기 또는 갑작스런 일의 발생 등으로 인하여 무산이 되고 만다. 日辰(일진)으로 본다면, 우천으로 인한 비행기의 연착이라던가, 현지 사정으로 인한 기타 여러 사유, 건강상의 이유 등등 기타 사소한 일등으로 인해 며칠 연기가 되는 등의 형태로 나타나게 된다.

▶ 인수가 용신일 경우는 인수는 고향이요, 어머니와 같은 곳이므로 타지에 있다가 다시 돌아오거나, 외국생활을 청산하고 귀국이요, 군대 갔던 자식이 제대하는 것과 같다.

▶ 지살이 중중(重重)하다는 표현을 하는데 지살이 많은 경우도 삼합을 이루면 이도 역시 멀리 나가보게 된다.

☞ 결론적으로 년지와 일지가 삼합을 이루면 멀리나간다로 보면 편할 것이다.

☞ 삼합이라는 자체는 현재 진행형이므로 계속 이루어지고 있는 것으로 보면 될 것이다. 계속하여 움직이고 있으니 이동이요, 자연 변동수다.

436 인처패재	比肩劫多　身旺四柱　逢財自然　財弱인데 流年中에　財年오면　因妻敗財　막을소냐 비견겁다　신왕사주　봉재자연　재약인데 유년중에　재년오면　인처패재　막을소냐

◈ 比肩劫多 身旺四柱(비견겁다 신왕사주)－－－－－比肩(비견)과 比劫(비겁)이 많은 사주는 절로 身旺(신왕) 한 사주가 되는데, 財(재)는 자연 기운이 약할 수밖에 없다. 엎친 데 덮친 격 이라고 여기에 또다시 財運(재운)이 오게 되면 어떨까?

☞ 본문에서는 幼年(유년)이라는 표현을 하였는데 추명시 주의 할 것은 무엇일까? 유년은 初年(초년)을 설명하는 것도 되는데, 사주 본인의 연령을 잘 참작하여야 할 것이다.

☞ 청소년 일 경우－－－－－이성관계로 인한 학업의 부진, 가정의 문제(특히 아버지)로 인한 사유, 어려운 가정형편으로 인해 형제간의 불화, 건강상의 사유 등등으로 추명하고 각각의 연령에 맞추어 추명하는 것이 중요하다.

☞ 주된 것은 남성이 경우는 여자와 금전을 조심하여야하고 여자의 경우는 시댁과 금전 등을 유의하여야 한다.

☞ 財(재)가 사주에서 어떠한 작용을 하는가에 따른 판단에 유의.

⬇ 財(재)가 사주에서 忌神(기신) 작용 할 때,

　◉ 財(재)가 사주에서 病(병)으로 作用(작용)을 할 때,

　◉ 財(재)로 인해 사주가 破格(파격)으로 흐를 때,

　◉ 財(재)로 인해 사주가 막혀 버릴 때,

　◉ 財(재)로 인해 사주가 混濁(혼탁)해 질 때,

　◉ 財(재)로 인해 調喉(조후) 및 기타 惡(악)영향을 끼칠 때,

　◉ 財(재)로 인한 불상사 및 凶(흉)이 따르니 각별 유의해야 한다.

0	辛	0	0
申	未	卯	未

◀ 辛金(신금)일주 사주인데, 木(목)이 강하다.
용신은 자연 申金(신금)이 용신이 되는데,

⬆ 財多身弱(재다신약)이다. 여기서 보면 木(목)의 기운이 매우 강하다.
그런데 寅年(인년)이 오면 어떻게 될까?

☞ 寅年(인년)이 오면 寅木(인목)이 용신인 申金(신금)을 역으로 剋(극)하게
된다. 寅木(인목)은 財(재)인데, 일지의 未土(미토)와 鬼門關(귀문관)이 되
어 제정신이 아니다.

☞ 가뜩이나 財(재)가 旺(왕)하여 난리인데 또 財運(재운)이 들어오니 妻
(처)가 점점 더 억쎄지고 남편의 말에는 콧방귀도 안 꾼다. 남편이 밖에서
뭘 좀 한다고 움직이기는 하는데 맨 날 큰소리나 치고 정작 들고 오는 것
은 별로 볼일 없는지라, 아내에게 원망만 듣는다. 참다못해 아내가 뭐 좀
한다고 남의 돈 융통하여 하다 보니 그마저 박살이라, 여기서 아내의 입장
에서 한 번 살펴보자.

☞ 아내의 입장에서는 자기와 같은 자가 많으니 肩劫(견겁)이 왕한 것이라,
그런데 또다시 견,겁운에 무엇을 시작하니 믿고 시작한 것이 결국은 분탕
질 하는 결과라, 이래저래 奪財(탈재)요, 믿었던 사람에게는 背信(배신)이
라, 하는 일이 잘 될 수 없다.

❖ 財星(재성)의 두 얼굴.
재성은 더러움이다. 청결과는 반대다. 약할수록 청결에 민감하고 많을수록 무
감각하다. 재성은 귀신도 더러운 귀신이다. 간혹 정신없이 집안에 쓰레기들을
모아 주변으로부터 민원을 당하는 경우를 보는데 이에 해당한다. 재물이라 물
론 재화다. 쓸모없기는 하지만 용도가 다 된 버려진 재물이다. 그러니 자연 더
러울 수밖에 없다. 재성에 대한 통변의 요령이다.
재운이라 무조건 좋아 하지마라, 용도 폐기 인가를 확인해야 한다. 선별이 필
수다. 어떻게 구별을 할 것인가? 사람도 마찬가지다.

<table>
<tr><td rowspan="2">437</td><td>身旺官衰</td><td>傷官年은</td><td>官職辭退</td><td>하게되고</td></tr>
<tr><td>印星格이</td><td>逢財年은</td><td>收賄因해</td><td>損名이라</td></tr>
<tr><td rowspan="2">신왕관쇠 상관</td><td>신왕관쇠</td><td>상관년은</td><td>관직사퇴</td><td>하게되고</td></tr>
<tr><td>인성격이</td><td>봉재년은</td><td>수회인해</td><td>손명이라</td></tr>
</table>

◐ 身旺官衰 傷官年(신왕관쇠 상관년)

☞ 身旺(신왕)官(관)衰(쇠)라 함은 日主(일주)가 强(강)하여 官(관)이 衰弱(쇠약)함이라, 그런데 傷官年(상관년)이 와서 또다시 官(관)을 극하니 그나마 갖고 있던 官(직장)도 내놓아야 할 판이니 직장에서 명퇴요, 아랫사람에게 밀려서 나가는 형상이요, 정년퇴직이요, 불미스런 일로 옷을 벗는 경우도 되는구나. 그런데 상관이니 나이 손아래, 또는 수하라 아랫사람 관리 잘못하여 그 대가를 내가 치르는 격이라 믿을 사람이 없다는 이야기다.

◉ 印星格이 逢財(인성격이 봉재)－－－－－인성격이 逢財(봉재)라 함은 財(재)가 강한데, 그나마 印綬(인수)가 명맥을 겨우 유지하는 형국이다.

☞ 인수가 재의 눈치만 살피는데 旺(왕)한 財(재)가 또다시 재운을 만나니 인수는 막다른 길이다. 財運(재운)이라, 야 ! 이거 웬일 ! 하면서 굴러들어온 복이라 생각을 하고 뒷돈을 챙기면서 아무 일 없겠지! 하고 돌아서는데 암행감찰에 걸려 아야 소리 한 번 못하고 옷 벗게 되는구나.

☞ 그저 착한 내 마음만 믿고 주는 대로 받았더니, 그것이 알고 보니 청탁성 뇌물이라 財(재)가 강하니 재에게는 항상 약하다. 그렇다고 진짜 옷 벗는 것은 아니고 혼 좀 나는 거겠지요.

☞ 財物(재물)을 챙겨도 보아가며 챙겨야한다.

☞ 財運(재운)이면 먹은 것 토하고도 곱빼기다. 弱(약)하고 약한 印綬(인수)가 더 약해지니 망신살은 불 보듯 한 것이다.

<table>
<tr><td rowspan="2">438</td><td>年支같은</td><td>그해오고</td><td>日時相冲</td><td>그年도와</td></tr>
<tr><td>日支同一</td><td>其年度는</td><td>自然災殃</td><td>많이겪네</td></tr>
<tr><td rowspan="2">자연재앙</td><td>년지같은</td><td>그해오고</td><td>일시상충</td><td>그년도와</td></tr>
<tr><td>일지동일</td><td>기년도는</td><td>자연재앙</td><td>많이겪네</td></tr>
</table>

◈ 내용을 종합하여 보면 年支(년지), 日支(일지) 같은 그 해와 日(일), 時(시)라 하였는데 여기서는 변화의 사항이라 日支(일지)가 더 어울린다. 결국 일지를 刑冲(형충)하는 해(年)가 더 옳다.

☞ 항상 運(운)에서 들어오는 것은 외부, 즉 나의 의사와는 무관하게 벌어지는 일인 것이다. 밖에서 안으로 들어오는 것이다. 즉 防禦(방어)를 하여야 하는 입장이다. 가만히 있는 사람을 자꾸 건드린다.

➡ 여기서 건드리는 사항이 내가 약한 쪽 즉 약점을 건드리면 자연 동하여 우왕좌왕 할 수밖에는 없는 것이다.

☞ 귀가 얇으면 남의 소리에 더욱더 현혹이 되는 것이요, 입이 가벼우면 더욱더 헛소리를 많이 하고, 실없는 소리를 많이 하게 되는데 과연 결과는 어찌 되겠는가? 건드리기만 하여도 자빠지는 결과가 나오는 것이다.

◈ 큰 의미로 보면 ☞ 冲(충)이면 관재사고요, 刑(형)이면 몸에 칼을 대는 수술로도 볼 수가 있는 것이다. 같다 하는 것은 일단 비겁의 작용으로 보는 것이 타당하다. 그에 해당하는 많은 일이 발생 하는 것이다.

◈ 일주자체와 똑 같은 年(년)이면 天干(천간)地支(지지)가 똑같으니 나와 같은 사람이 또 하나 늘어나 모든 것이 배로 늘어야 감당 할 것 아닌가?

◈ 한 그릇이면 족할 것을 둘로 항상 쪼개야하니 항상 이등을 하는 격이요, 시간도 배로 걸리니 경쟁자가 제대로 생긴 것이요, 남의 입에 올라도 두 번씩 오르니 구설이 그치지 않고, 다쳐도 배로 다치니 금전적 손해를 보면 두 배라 손해도 배로 들고, 이익보면 반이요, 이래저래 안 되는 형국이다.

☞ 천간, 지지가 같은 운은 伏吟局(복음국)이라 하여 비록 둘이지만, 局(국)이라 셋과 같은 연합국으로 표현한다. 그만큼 피해가 만만치 않다.

➡ 伏吟局(복음국)--엎드려서 흐느끼며 매우 슬퍼함을 이른다.(더위에 견디지를 못하여 헉헉 거리며, 신음을 토해내듯 힘들어한다는 뜻이 포함 된다.)

◀ 丁亥(정해)일주가 丁亥(정해)運이 온다면 比劫(비겁)작용이 생긴다.

O	丁	O	O
O	亥	O	O

☞ 지하에 노래방을 운영하고 있는데 2층에 노래무료 유흥주점이 들어오는 것이나 같은 형국이다.

❖ 머저리 삼형제와 누렁각시.

산골 깊숙한 곳에 어느 날 예쁜 우렁각시가 나타났다. 그곳에 살고 있던 착하기만 하고, 순진한 삼형제는 진정한 각시로만 생각을 하고 갈 때까지 보살펴주기로 했다. 각시가 길을 잃은 모양이야! 우리가 도와주자. 하며 열심히 각시가 무엇을 원하는지, 어떻게 하면 도울 수가 있는지 서로 대화도 하고 많은 공감대를 형성하기도 했다. 그런데 각시는 갈 생각을 안 했다. 삼형제는 그저 같이 살 수 있다는 생각에 무엇이든 시키는 대로 다 하였다. 우렁각시는 밤마다 도깨비로 변해 삼형제를 농단하기 시작했다. 순진하고 약간 모자랐던 삼형제는 우렁각시가 시키는대로 부모를 버리면서 까지 극진히 대접을했다. 어느날 눈을 떠보니 우렁각시가 없어졌다. 그 후 정신을 차린 머저리 삼형제는 자기들이 부모까지 버렸다는 사실에 통한의 눈물을 흘리며 후회했다.

439 비혈루루	庚辛日弱　財官旺格　財官年이　들어오면 痔淚症이　아니면은　鼻血屢累　있게된다 경신일약　재관왕격　재관년이　들어오면 치루증이　아니면은　비혈루루　있게된다

◎ 庚辛日弱 財官旺格(경신일약 재관왕격)----庚辛(경신)일이 弱(약)하다 함은 金日主(금일주)가 身弱(신약)하다는 설명이고, 財官(재관)이 旺(왕) 하다 함은 木火(목화)가 旺(왕) 하다는 설명.

☞ 金(금)이 약하고 木火(목화)가 왕한 가운데 또다시 木運(목운)이나 火運 (화운)이 들어온다면 치루 病(치질,맹장)이 아니면 비혈 누누(코에서 피가 나오니 코피를 잘 흘린다, 누누라 함은 누차 거듭되어 반복된다는 것을 설명한다.)

☞ 金(금)은 庚(경)과 辛(신)을 포함한 말인데 庚(경)에 해당하는 부분과 辛 (신)에 해당하는 인체의 부분을 각각 대입을 하면 될 것이다.

庚: 대장　辛: 폐

○	庚	丙	○
酉	午	午	寅

◀ 庚金(경금)일주가 火(화)가 많아 金이 약하다.
木火(목화)가 當權(당권).
여기에 木火(목화)운이 또 온다면 ?

⬆ 金(금)은 견디기 힘들어진다. 寅木(인목)을 예로 들어보자. 인運(운)이 오면 寅午(인오)합이 되어 庚金(경금)일주 본인이 녹아난다.

☞ 寅木(인목)은 庚金(경금)에 偏財(편재)라 남자라면 여자를 밝히면 코피가 나오니 조심하라는 이야기도 되고 시간으로 치면 寅時(인시)는 아침의 이른 시간이고, 木火(목화)는 아침과 낮이므로 직업을 택한다면 낮보다는 밤에 활동을 하는 업종을 택하는 것이 좋다. 기도를 해도 밤 시간을 택하는 것이 기도발이 받는다.

➡ 金日主(금일주)의 四柱(사주)가 地支(지지)에 火局(화국)을 이루고 있으면 蓄膿症(축농증)과 鼻炎(비염)에 각별히 신경을 써야한다.

☑ 오행별로 그 특징을 살펴 응용해 보자.

☞ 木(목)일주가 신약--金(금)왕--金(금)운 만나면---간, 담이 안 좋고

☞ 水(수)일주가 신약--土(토)왕--土(토)운 만나면—신장, 방광 안 좋고

☞ 土(토)일주가 신약--木(목)왕--木(목)운 만나면-허리, 위장병 조심

☞ 金(금)일주가 신약--火(화)왕--火(화)운 만나면-치질, 비염등 조심하고

☞ 火(화)일주가 신약--水(수)왕-水(수)운 만나면---정신이 흐려지고,
시력약화 조심

☑ 육친별로 구분 한다면

☞ 印綬(인수)가 나빠 병이 생길 경우------부모로 인하여 문제가 생기고

☞ 肩劫(견겁)이 나빠 문제가 생기면 --친구, 형제, 동료로 인한 문제 야기

☞ 女子(여자)가 食傷(식상)으로 인해 병이 될 경우-----자식으로 인하여

☞ 男子(남자)가 官(관)이 약해 병이 될 경우---자식으로 인하여 문제발생

이와 같이 각각 대입을 하여 추명을 하면 될 것이다.

❖날 무딘 도끼.

날이 서지 않은 도끼로 장작을 패면 제대로 잘려지지 않는다. 잘려진다 해도 울퉁불퉁 보기도 흉하고 잘려진 부분이 날카로워 자칫 다치기 십상이다.

장작을 다루는 사람들은 대체적으로 아낙이거나 연로한 경우요, 혼자 산다면 남성이 하기도 하고 누구이던 다루기가 어려워진다.

반면 날이 날카롭다면 잘 잘려지고 쌓기도 쉽고 정리도 깨끗이 될 것이다. 쇠 는 녹이 슬면 사용하기가 어려워진다. 부식되는 과정도 문제지만 그로인한 지 저분함과 위생상으로도 문제가 된다. 인체에 들어가면 없어지지도 않는다. 뼈 보다 강하다. 사주가 신강하면 쓰임새새가 많지만 신약으로 이어지면 역작용 즉 부작용이 엄청나진다. 금은 의리다. 강직함이니 지도자가 이를 약하게 한다 면 부식되는 간신배들로 인해 부식 즉 부패로 인해 가정이나 나라가 엉망이 된다. 싸구려 동정심은 더욱 부식을 심하게 하는 것이다. 습한 기운에도 녹이 스는 것은 당연한 일이다.

<table>
<tr><td rowspan="2">440

부동산</td><td>甲乙日生
新築業體
갑을일생
신축업체</td><td>壬癸年과
成功하니
임계년과
성공하니</td><td>丙丁日生
不動産을
병정일생
부동산을</td><td>甲乙年은
장만하오
갑을년은
장만하오</td></tr>
</table>

<table>
<tr><td rowspan="2">441

신축결사</td><td>戊己日生
壬癸日生
무기일생
임계일생</td><td>丙丁年과
庚辛年은
병정년과
경신년은</td><td>庚辛日生
新築結社
경신일생
신축결사</td><td>戊己年과
하게된다.
무기년과
하게된다.</td></tr>
</table>

◎ 440,441의 공통점은 인수 운에 대한 설명이다.

인수 운이 시작이 된다고 하여 무조건 매매 운이나 집을 장만 한다던가 경사가 생기는 것만은 아니다. 실로 인수 운이 좋은 가는 그 해로부터 2년 전을 보아야 인수가 실로 도움이 되는지 알 수 있다.

◈ 왜 2년 전을 보아야 하는가?

그것은 官(관)이라 官(관)이 나를 심하게 剋(극)하였으면, 官印相生(관인상생)이 이루어지지 않는다. 印綬(인수)운이라 나에게 약간의 힘은 되어도 흐름은 이미 官印相生(관인상생)으로 이어지는 것과 무관하다. 그러므로 好運(호운)이라고 말하기 힘든 것이다. 항상 인수 운이라도 그 인수가 어떤 작용을 하는 가 정밀히 살펴야 한다.

◈ 印綬(인수)의 成立(성립)條件(조건)을 살펴보자.
◉ 木일주의 甲乙 일생 ➡인수 年인 壬癸(임계)➡水운을 만나고,
◉ 火일주인 丙丁 일생 ➡인수 年인 甲乙(갑을)➡木운을 만나고,
◉ 土일주인 戊己 일생 ➡인수 年인 丙丁(병정)➡火운을 만나고,
◉ 金일주인 庚辛 일생 ➡인수 年인 戊己(무기)➡土운을 만나고,
◉ 水일주인 壬癸 일생 ➡인수 年인 庚辛(경신)➡金운을 만나면
▶ 그런데 조건이 하나가 붙는다. 印綬(인수)가 吉(길)로 작용 해야 한다.

⬇ 印綬(인수)가 좋게 작용을 할 때

◉ 적은 집이 큰 집으로 바뀌고,

◉ 매매가 없던 집도 갑자기 매매가 이루어지고,

◉ 집이 있는데 또 집을 장만하게 되고, 잠자던 주식이 갑자기 주가가 상승하
   고, 외가가 융숭하여지니 집안이 더욱 화목하여지고,

◉ 문서가 동하여 집값, 땅값이 하늘 무서운 줄 모르고 치솟고,

◉ 여기저기서 도와주겠다는 사람들이 서로 나서고,

◉ 하는 일마다 자신이 생기니 의욕이 더욱 더 충만하여지고,

◉ 편입을 하여도 더 좋은 학교로 편입을 하게 되고,

◉ 직장에서의 승진 운에 남보다 먼저 승진을 하게 되고,
   이외의 여러 가지 인수에 관련된 일들이 전부 좋은 쪽으로 작용을 하게 된다.

⬇ 반대로 인수가 凶(흉)으로 작용을 하게 되면

◉ 인수는 시작이라 시작은 좋은데, 결과가 시원치가 않고,

◉ 집을 매매하여도 꼭 손해를 보고, 급히 팔아야 하고,

◉ 새 집을 짓고 나서부터 집안에 우환이 끊이지가 않고,

◉ 자신을 갖고 추진을 한 일도 이상하게 꼬이고,

◉ 수입은 많은데 오히려 적자와 같고, 소식도 안 좋은 소식만 오고,

◉ 준공검사가 제대로 이루어지지도 않고 ,계속 하자가 발생하고,

◉ 기타 인수와 관련된 사항이 모두가 역으로 진행이 된다.

☞ 다시 한 번 강조를 하는데 꼭 인수와 관련된 사항이 아니더라도 다른 육친
   관계도 마찬가지인데 바라는 육친에 해당하는 사항이 뜻을 이루려면 항상
   그 전 전 년 부터 흐름을 읽어야한다.

☞ 즉 2년 전의 運(운)부터 그 흐름을 보라는 것이다. 이유는 살인상생 원리
   다. 땅을 파더라도 어느 정도의 깊이는 파야 물이 나오듯, 運(운)에서의 흐
   름도 마찬가지다. 갑자기 하늘에서 돈벼락 하는 식은 없다. 좋아도 그렇고,
   나빠도 그렇다. 이미 그 흐름은 나타나고 있는데 그것을 읽지 못하고, 그저
   지금 당장만 생각하기 때문이다.

<table>
<tr><td rowspan="2">442

지지인년</td><td>甲乙日生</td><td>亥子年과</td><td>丙丁寅卯</td><td>戊己巳午</td></tr>
<tr><td>庚辛四庫</td><td>壬癸申酉</td><td>地支印年</td><td>亦是같다.</td></tr>
<tr><td></td><td>갑을일생</td><td>해자년과</td><td>병정인묘</td><td>무기사오</td></tr>
<tr><td></td><td>경신사고</td><td>임계신유</td><td>지지인년</td><td>역시같다</td></tr>
</table>

◐ 전번의 사항은 천간으로 들어오는 인수 운에 대한 사항이고, 이번의 내용은 地支(지지)로 들어오는 印綬(인수)에 대한 사항이다.

☞ 木일주인 甲乙日生(갑을일생)이면 지지의 인수는 亥子(해자) 水가되고,

☞ 火일주인 丙丁日生(병정일생)이면 지지의 인수는 寅卯(인묘) 木이되고,

☞ 土일주인 戊己日生(무기일생)이면 지지의 인수는 巳午(사오) 火가 되고

☞ 金일주인 庚辛日生(경신일생)이면 지지의 인수는 四庫(사고) 土가 되고

☞ 水일주인 壬癸日生(임계일생)이면 지지의 인수는 申酉(신유) 金이 되고

<table>
<tr><td rowspan="2">443

흉악사건</td><td>戊己日生</td><td>金水木多</td><td>四柱天干</td><td>孤立丁字</td></tr>
<tr><td>庚辛이나</td><td>丁年오면</td><td>凶惡事件</td><td>身厄이라</td></tr>
<tr><td></td><td>무기일생</td><td>금수목다</td><td>사주천간</td><td>고립정자</td></tr>
<tr><td></td><td>경신이나</td><td>정년오면</td><td>흉악사건</td><td>신액이라</td></tr>
</table>

➡ 戊己日生 金水木多(무기일생 금수목다)－－－－－－戊己(무기)일생이면 土(토)일주인데 金水木多(금수목다)라 함은 食傷(식상), 財(재), 官(관)이 많다 하는 설명인데, 사주천간에 丁火(정화)가 홀로 있어야 한다.

☞ 다음의 이어지는 내용을 보면 庚辛(경신) 즉 金(금)이요, 丁(정)이라 火(화)인데 金(금)인 食傷(식상)운과 火(화)인 印綬(인수)운이다.

☞ 凶惡(흉악)사건, 신액이라 함은 일신상에 아주 안 좋은 일을 설명하는 것인데 횡사, 익사 등을 설명하기도 한다.

444 과택	女命四柱 女命四柱 여명사주 여명사주	傷官旺에 透官旺에 상관왕에 투관왕에	傷官官年 官年오면 상관관년 관년오면	寡宅되고 別枹로다 과택되고 별포로다.

◈ 女命四柱 傷官旺(여명사주 상관왕)————————여자의 사주에서 傷官(상관)이 旺(왕)하다 함은 官(관)이 힘을 못 쓴다는 이야기인데 官(관)이란 남편인데 또다시 傷官(상관) 운이 도래하여 官(관)을 剋(극)하게 되면 넘어진 사람 또 밟는 형상이라 官(관)이 기진맥진 상태가 되어 이별하던가, 세상을 하직을 하는 경우로 이어진다. 그리되면 여성의 입장에서는 寡宅(과택)소리를 듣게 된다.

丙	乙	丙	丁
戌	巳	午	未

◀ 乙木(을목)일주 사주다. 온통 食傷(식상)으로 왕 하다.

⬆ 乙木(을목)의 正官(정관)은 庚(경)금인데, 火運(화운)인 傷官(상관)운이 오면 더욱 꼼짝 못한다. 지금 상황은 남편이 아내에게 가까이 오려해도 상관들이 호시탐탐 노리고 있어 아예 보이지 않는 것이 더 편안한 형국이다.

☞ 집에서 어쩌다 한 번 아내와 사랑을 한 번 하려고 하여도 자식들이 잠도 안자고 아빠와 놀자며 밤새 투정이다. 집안에 들어와도 내가 편안히 쉴 공간도 없고 자꾸 밖으로 나돌게 된다.

☞ 직장을 다녀도 이상하게 장거리요, 출장도 기본업무인 곳으로 발령 나고, 심하면 이별 아닌 이별도 불사해야 할 정도로 되어버린다. 그러니 자연 아내와 남편은 이산가족이요, 마치 남과도 같은 그런 기분이 드는 것이다. 그런데 官(관)년을 만났다고 하자 어떻게 될 것인가?

☞ 아내는 그리던 남편을 맞이하는 運(운)이라 그동안 이러저러한 갖은 사연 다 접어두고 오직 남편과 같이 있으니 좋은 것이다. 그러나 남편의 입장에서는 간단한 문제가 아니다. 운이 庚午(경오)운이라고 한 번 가정 해보자.

☞ 乙庚(을경)합으로 아내는 좋아서 어쩔 줄 모른다. 그러나 남편은 그것이 아니다. 지지에서 합으로 불바다가 되고 기다렸다는 듯이 사방에서 달려들

어 남편인 金(금)은 불에 녹아 흔적도 없이 사라진다. 결국 세상을 하직하거나 아주 멀리 떠나버리는 경우로 바뀐다. 아니면 크게 다쳐 재기불능의 상태로도 이어진다.

➡ 이번에는 반대로 官(관)이 왕 할 경우를 보도록 하자. 官(관)이 旺(왕) 하다는 것은 남편의 기운이 강하다는 설명인데, 남편이 너무나 근접 하기 어려워 모시기 어렵다는 설명이다. 그 이유에는 여러 가지 원인이 있다.

☞ 중요한 것은 정상적인 부부관계가 이루어지기 힘들어진다는 설명이다. 화목함을 잃어버리는 것이다. 유대관계가 소원해져 결국 헤어지게 된다는 설명인데, 헤어짐에도 이별과 사별이 있으니 판단 또한 중요해진다.

☞ 대체적으로 官(관)이 왕 할 경우 아내가 남편에게 기를 못 펴고 있는 형국이라 서방님의 품에 안겨보는 것도 눈치 보아가며 안겨야 할 형국이니 사는 것은 오죽하겠는가? 官(관) 즉 남편의 주변만 빙빙 돌아야하는 팔자니, 결국 배신당하거나, 누명쓰고 밀려나거나, 억울함을 감수하고 떠나야 한다.

☞ 官(관)이 워낙 강하니 食傷(식상)인 자손도 별로 힘을 못 쓴다. 그래도 男便(남편)에게 抗卞(항변) 할 수 있는 것이라곤 자식인데 자식들도 애비가 무서워 그저 눈치만 보고 있는 형국이다.

O	乙	辛	O
卯	丑	酉	丑

⬅ 乙木(을목)일주 女子(여자)다. 관살이 旺(왕)해 꿈쩍도 못하고 있다.

⬆ 그런데 官運(관운)이 와서 사랑을 좀 받나 싶었더니 아뿔사 남의 남자구나, 바깥에서 남자를 만나도 결국 또 그 짝이다. 계란으로 바위를 치니 그 계란이 온전할 리 있겠는가? 결국 아내가 자기살길을 찾아 멀리 가는 수밖에는,

☞ 여자가 이혼하는 것은 官(관)이 왕한데 官運(관운)이 또 겹치는 것이요,

☞ 官(관)이 刑沖(형충)을 받는 해에는 별수 없어진다.

☞ 比肩(비견), 比劫(비겁) 년에도 刑沖(형충)이 임하면 이혼수다.

445 대 차 계 합	貸借契合 比肩劫年 대차계합 비견겁년	中間役割 傷官流年 중간역할 상관유년	모두모두 그탓인줄 모두모두 그탓인줄	損敗됨은 아십시요 손패됨은 아십시오.

◈ 貸借契合(대차계합)이라 하였는데, 예전에는 契(계)라고 하여 많이들 하였는데 지금은 별로 그것을 하지는 않는다. 여러 사람이 각각의 순번을 정하여 매월 얼마씩 불입을 한 후 목돈으로 그것을 타는 방법인데 없는 집에서 목돈을 모으는 방법으로 예전에는 많이들 하여 가정문제, 사회문제로 까지 번지기도 하였다.

☞ 계를 들어 곗돈을 붓지도, 말고 타지도 말라는 말이다. 늦은 번호로 하여 중간에 계원이 펑크 내면 부은 돈도 못 건지니 손해요, 미리 타도 그 나머지 곗돈을 부으려하여도 힘든 일이니 아예 주지도 받지도 말라.

☞ 대차라 함은 돈거래를 말하는 것인데 비견, 겁 년에는 돈거래를 하지 말라. 물론 중간에서의 돈 심부름도 마찬가지다. 보증은 인수에 해당이 되나 이와 유사한 행위도 마찬가지다.

☞ 比肩(비견)과 比劫(비겁)년은 奪財(탈재)라 그런대로 금방 이해가 가는데 왜 傷官流年(상관유년)이라고 하여 같이 안 좋은 것으로 보는가?
여기에서의 상관유년이라는 것은 상관기운이 흐르는 운이라 상관은 정관을 극하니 관재수가 되는데, 흐르는 작용을 하니 기운이 멈추지 않는다.

☞ 여자가 비견, 겁 년에 올해 운은 어떻겠느냐? 고 물으면 주식이던 부동산이던 당신이름으로는 절대 하지 말고, 정 하고 싶으면 다른 사람의 명의로 하라고 하고, 가능한 안하는 것이 좋다고 하는 것이 옳다.

<table>
<tr><td rowspan="2">446

상신수술</td><td>四柱日支</td><td>刑沖年과</td><td>偏官年이</td><td>당도하면</td></tr>
<tr><td>男女間에</td><td>傷身手術</td><td>많이많이</td><td>보게된다.</td></tr>
<tr><td></td><td>사주일지</td><td>형충년과</td><td>편관년이</td><td>당도하면</td></tr>
<tr><td></td><td>남녀간에</td><td>상신수술</td><td>많이많이</td><td>보게된다.</td></tr>
</table>

◎ 四柱日支 刑沖年(사주일지 형충년)－－－－－사주에서 일지에 刑沖(형충)이나 偏官(편관)에 해당하는 年(해)를 만나면 남녀 불문하고 몸을 크게 다치거나, 수술하게 된다.

☞ 일지에 刑沖(형충)이면 직접 나를 치고 들어오는 것이므로 이해가 금방인데 偏官(편관)도 같다하니 그 이유는 무엇일까?

☞ 편관 역시 나를 억압하고 다스리는 자 이므로, 그 역시 나를 곤혹스럽게 하는 것이다. 이 역시 전체적인 흐름을 판단하고 결론을 내려야 할 것이다.

☞ 그렇다면 상관 년(상관 년)은 어떠할까?

傷官(상관)은 偏官(편관)을 剋(극)하므로 사고를 사전에 방지하는 효과가 있다. 그러므로 잘 다치지 않는다.

447	四柱身弱	傷食旺格	食神傷官	그해孕胎
	아기날때	呻吟많고	人工流産	母厄이라
인공유산	사주신약	상식왕격	식신상관	그해잉태
	아기날때	신음많고	인공유산	모액이라.

◐ 四柱身弱 傷食旺格 (사주신약 상식왕격)－－－－－여자사주에서 食傷(식상)이 旺(왕) 하여 身弱(신약)으로 이어질 경우, 가뜩이나 상식으로 인해 약한데, 食傷(식상) 년에 임신하여 출산 할 경우, 고통이 심해 呻吟(신음) 많이 하고, 자연유산으로 아기 지키기 힘들어지니 각별 유의해야 한다.

☞ 첫아이라면 친정집이 아니라 시댁에서 아이를 출산하는 것이 좋다. 유산이 아닐 경우 말이다. 이유는 시댁은 財(재)이므로 食傷(식상)의 기운을 泄氣(설기)시키니 일단 태아에게는 괜찮다. 부적절한 관계로 인해 임신이 되었을 경우는 임신중절수술로 이어진다..

☞ 여자사주에서 신약일 경우 자연분만이 일단 힘들다고 보면 될 것이다. 그럴 경우 자연분만으로 유도하다 시간낭비 말고 일찌감치 유도 분만해 인공분만 하는 것이 산모나 가족에게도 훨씬 편하다.

O	丁	O	O
O	未	未	未

◀ 丁(정)화 일주 사주, 食傷(식상)이 왕 하다. 출산예정일이 戌(술)월이라 한다면 어떨까?

◪ 未戌刑(미술형)으로 유산하게 된다. 食傷(식상)이 旺(왕)해 걱정인데 거기에 또 食傷(식상)월이요, 刑(형)이니 영락없이 재왕절개 수술이나 유산으로 이어진다.

| **448**

자궁유종 | 印旺格에
子孫之厄
인왕격에
자손지액 | 食傷弱女
있게되고
식상약녀
있게되고 | 印星年을
子宮乳腫
인성년을
자궁유종 | 만나면은
疾厄있네
만나면은
질액있네 |

◈ 印綬(인수)가 旺(왕)하면 자연 食傷(식상)은 弱(약)하거나 맥을 못 추게 되어있는데 여기서 印星(인성)운을 만난다면 식상에 관련된 여러 면에서 곤란을 겪게 되는데, 식상은 여자에게 있어서 子孫(자손)이라 자손에게 凶死(흉사)가 있게 되고, 식상은 여자에게 있어서 生殖器(생식기)와 연관이 있는지라 子宮(자궁)관련 질환이 연결 되는데, 그중 제일 염려되는 것이 자궁암이라 항시 산부인과에 들려 그 부분의 이상 유무를 체크해야 한다.

丙	乙	壬	○
子	亥	子	○

◀ 乙(을)목일주다. 인수 水(수)가 왕하다. 水(수)에 從(종)하는 사주로 보자. 食傷(식상)인 火運(화운)이 오면

⬆ 水剋火(수극화)로 火(화)가 水(수)인 인수에 의하여 剋(극)을 받아 凶死(흉사)가 따르고 만사가 不通(불통)으로 이어지게 된다. 건강상의 문제도 해당된다.

☞ 乙木 日主(을목 일주)인데 지지에 水(수)인 인수가 당권이라 浮木(부목)에 濕木(습목)이라 나무가 물에 퉁퉁 불어있는 상태다.

☞ 겨울의 濕木(습목)이라 몸 자체가 너무 차가워 냉하다. 冷(냉)이 심하다보니 자궁폐쇄증 으로도 연결된다. 정기적으로 산부인과에 가서 항시 진단 받아야 할 사주다.

☞ 자손이 생기더라도 기형아, 부진아의 출산이 우려되는 사주다.

449 생리통	庚辛日生 月經量이 경신일생 월경량이	財官旺相 乾操하여 재관왕상 건조하여	丙丁年을 生理通에 병정년을 생리통에	만난女人 呻吟이요 만난여인 신음이요

➡ 庚辛日生 財官旺相(경신일생 재관왕상)————庚辛(경신)日生이라 함은 金(금)일주라 財官(재관)이 왕 하다 함은 木火(목화)가 왕함이라 陰(음)이 약하고, 陽(양)이 왕한 형상이라 丙丁(병정)년을 만난다 하였는데 火運(화운)이라 金(금)일주 에게는 곤혹인데, 더더욱 뜨거워지니 녹아내리고, 타들어가고, 마르고 하여 피의 색이 검어지고, 양이 부족하게 되어 월경불순으로 이어지고 , 생리통으로 연결된다.

乙	庚	丁	O
酉	午	未	O

⬆ 과연 어떻게 될 것인가?
金水(금수)가 약하니
허리에서 아래쪽으로 약하다.

⬆ 日主(일주) 또한 弱(약)하니 기력이 衰(쇠)하다. 조금만 힘든 일을 해도 기운이 벅차 숨이 가쁘고, 입에서 침이 마르고 몸 안의 수분이 항시 부족하다 그러다보니 혈액 또한 부족한 것은 당연하고 허리 아프고, 다리가 후들거린다.

❖ 가정이 국가다.

현시대는 미디어 시대요, 더 나가서는 인터넷으로 전 세계가 순식간에 정보 및 모든 것을 공유하고 사용하는 시대다. 가정의 안락함이 모여 국가의 번영을 이루지만 반영되는 시간이 순식간이다. 작게는 가정이요, 사회요, 나가서는 국가요, 지구상의 안정과 번영이다. 모든 흐름은 가정의 작은 집합체로 시작해 빠른 시간 안에 파급되는 효과가 엄청나다.

사주는 일개인의 사안에 대한 과거와 미래를 종합적으로 분석하는 토대지만 크게는 국가의 일에도 미비하지만 일부분 작용이 가능한 일로도 연결이 된다. 사회적인 흐름이요, 국운을 판단하는 극히 작은 일 같아도 연관이 있다는 설명이다. 가정의 불화가 많아진다면 사회적으로도 어수선한 것이요, 국가도 어지럽다는 말이다.

450	春冬月에	壬癸日女	金水木年	만나면은
	月經之色	變黑하고	月經不順	이아니냐
	춘동월에	임계일녀	금수목년	만나면은
월경불순	월경지색	변흑하고	월경불순	이아니냐

➡ 春冬月(춘동월)이라 함은 봄, 겨울이요, 壬癸(임계)일주니 水(수)일주이고 金水(금수)운을 만난다고 하였는데 水(수)일주가 봄, 겨울이니 水木凝結(수목응결)로 이어진다. 그런데 다시 金水運(금수운)을 만난다고 하니 또다시 수목응결로 연결되어 신경이 더욱 더 굳어지는 현상이 나온다. 여기에 추가 한다면 급각살, 단교관살이 이에 해당된다.

O	癸	O	O
卯	丑	子	O

⬅ 癸水(계수)일주의 사주인데, 水木凝結(수목응결)로 이어진다. 수생목이 잘 이루어질 것 같으나 濕木(습목).

⬆ 水木凝結(수목응결)로 이어진다. 생리적 형상에 있어서도 건조한 기운이 약하므로 깨끗하지 못하고 항상 습기가 차 있는 듯 축축한 기운이 강해 청결하지 못함으로 인해 여러 가지 질병의 원인이 되기도 한다.

☞ 濕木(습목)이라 생리적 현상을 해결해도 늘 개운하지 못하다. 다른 사람보다 요실금의 현상이 빨리 오는 편이다.

☞ 같은 木(목)이라도 寅(인)목은 예외다.------丙火(병화)가 있으므로

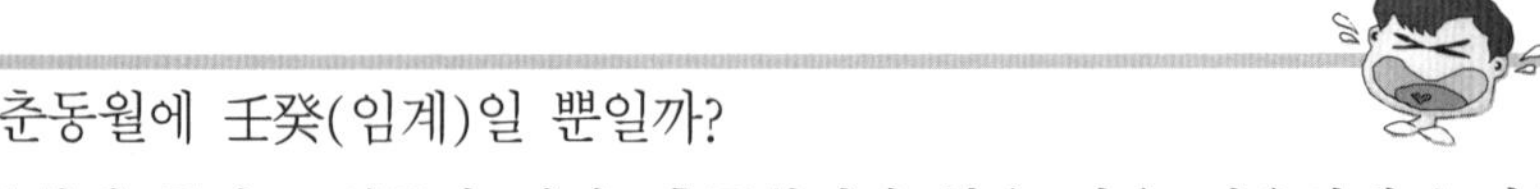

❖ 춘동월에 壬癸(임계)일 뿐일까?

추동월에 무기토 일주라 하자. 추동월이라 함은 가을 겨울인데 늦가을로 넘어간다. 겨울로 접어드는 것이다. 완전한 동월이면 흙이 얼어붙은 형상으로 이어진다. 거기에 수기가 가세하면 金水(금수)冷(냉)에 戊己(무기) 土日主(토일주)로 이어진다. 여기에 목화가 있다한들 얼마나 힘을 쓸 것인가? 운에서 도움이 온다면 평온으로 이어지나 운이 자나고 나면 다시 동토로 이어진다.

가색지공을 이루지 못 할뿐더러 위의 내용으로인해 불감증에 시달리고 木(목)인 관이 설 자리가 없어진다.

451	春冬月에	甲乙日生	壬癸甲乙	其해오면
	水足下元	冷冷하여	帶下症에	經不調라
대하증	춘동월에	갑을일생	임계갑을	기해오면
	수족하원	냉랭하여	대하증에	경불조라

▣ 春冬月에 甲乙日生(춘동월에 갑을일생)------춘동월의 목일주라 함은 甲乙(갑을) 일생이 여름이 오기 전이라, 아직 완전히 건조함을 갖추기 이전의 상태다. 壬癸甲乙(임계갑을)이라 하였으니 水木(수목)인데 항시 습기가 있는 나무인데 또 濕氣(습기)가 올라오니 전체로 찬 기운이 휩싸게 된다.

◆ 자연 손발이 차갑고, 냉증, 대하증 등으로 고생하고, 생리불순 등 각종 부인병으로 고생하게 된다. 이 때 필요한 것은 火運(화운)이다. 젖어있는 나무를 말려주기도 하고, 또 火運(화운)으로 이어지면 木火通明(목화통명)이 이루어져 매사 순탄하게 풀린다.

○	乙	○	○
○	丑	子	○

◆ 乙木(을목) 일주 사주인데 月支(월지)와 日支(일지)가 合(합)을 이루어 水局(수국)을 형성하고 있다.

⬆ 陰木(음목)이라 濕氣(습기)가 심한데 午未火(오미화)가 올 때는 괜찮은데 申酉(신유) 지나면서 부터 또 여러 애로사항이 나타난다.

☞ 손발이 차가와지고, 냉증, 대하증 ,생리불순 등 여러 증상이 나타나는데 앞의 증상들은 아예 한 묶음으로 묶어서 보는 것이 좋다. 세부적인 면에서 약간의 차이는 있으나 일단 보는 것은 묶으라.

❖ 습한 기운이란 건조함이 없으니 축축함이다. 사람의 성격으로 친다면 화통하지 못하고 항상 간직하고 있는 사연이 많음이다. 꽁하는 성격이다. 뒤 끝이 작렬할 가능성이 많다. 부모의 행동은 학습이라 하지 않는가? 자녀들은 항상 그 영향으로 스며드는 성격이 , 표정이 밝지 못함을 어떻게 할 것인가?

<table>
<tr><td rowspan="2">452

시력현운</td><td>神經質이</td><td>大端함은</td><td>庚辛日이</td><td>財官害요</td></tr>
<tr><td>丙丁日弱</td><td>西北年은</td><td>視力眩暈</td><td>發作이라</td></tr>
<tr><td></td><td>신경질이</td><td>대단함은</td><td>경신일이</td><td>재관해요</td></tr>
<tr><td></td><td>병정일약</td><td>서북년은</td><td>시력현운</td><td>발작이라</td></tr>
</table>

➡ 神經質이 大端함(신경질이 대단하다함)은 신경이 무척 예민하다는 이야기인데, 신경은 木(목)이라 작용하게 되면 신경이 예민해진다. 짜증도 생기고, 알레르기가 생기기도 한다.

☞ 庚辛日이 財官 (경신일이 재관)害요라 함은 금일주가 木火(목화)운을 만난다는 설명인데, 金(금)이 木(목)을 만나는 것은 金木相戰(금목상전)이 발생하는 것을 의미하는데 金日主(금일주)가 木火(목화)가 旺(왕)한 상태에서 또 木(목)火(화)운을 만난다면 어떻게 될까?

☞ 근본이 金(금)인 일주가 자기 성격을 그대로 표출 못하니 항상 불만이 많은 편이다. 나름대로의 무쇠같이 단단하고 의리로 똘똘 뭉친 의리의 사나이 돌쇠가 자기 소신을 뜻대로 못 펴고 항상 죽이고 사는데, 또다시 죽으라고 하니 말은 못해도 속이 부글부글 끓는다.

☞ 자기의 성질대로 한 번 해볼라 해도 뒷감당에, 이것저것 가리다 보니 벌려보지도 못하고 그저 속만 태우고 있다. 인정에 끌려, 사랑에 끌려, 좋은 게 좋다고 그러니 애꿎은 술이나 마시는구나.

☞ 丙丁日主(병정일주)는 火(화)일주라, 여러 사항이 있으나 여기서는 시력을 논하였다. 일주가 약하니 자연 시력이 좋을 수 없는 일인데, 재관인 金水(금, 수)운을 만나니 안 좋을 수밖에 없다. 시력이 더욱 악화된다.

☞ 시력이 약하면 더듬기 마련이다. 성격도 더듬거리기 시작하고 매사 일처리가 화끈함이 사라진다. 화려함보다는 어딘지 모르게 수그러들면서 차분해진다. 득과 실이 공존을 한다.

453	戊己日生	弱한女人	財官食傷	그해오면
	神經質이	일어나고	神經衰弱	두렵더라
	무기일생	약한여인	재관식상	그해오면
신경쇠약	신경질이	일어나고	신경쇠약	두렵더라

◉ 戊,己日生 弱한 女人(무기일생 약한 여인)ㅡㅡㅡㅡㅡㅡㅡ土(토)일주가 신약한데 재,관,식상 운이라 하였으니 나한테는 하나도 보탬이 안 되는 사람들이라 土(토)는 평정심이요, 중심인데 자꾸만 흔들거리는구나. 財官(재관)이면 金水(금수)운인데 財(재)를 보자.

◈ 財運(재운)이면 눈앞에 재물이 보이는데 원래가 身弱(신약)이라 계속 헛다리 집게 되고, 매일 눈앞에서 아롱거리기만 하는 형상이다. 그러다보니 자꾸 평정심을 잃고 짜증만 나고 신경질이 날 수밖에, 官(관)인 木(목)運이 오면 어떨까? 가만히 있으면 될 것을 공연히 건드려 나만 손해보는 형국이다. 木尅土(목극토)이니 나만 앉아서 당하는 형상이다.

◉ 食傷(식상) 운이 오면 어떨까?

☞ 金木相戰(금목상전)이라 고래싸움에 새우등 터지는 격이 된다. 이래저래 신경질만 나는 것이다.

❖신경질
만사가 형통이 아니라 불통이다. 사주의 기운이약한데 식재관운이 온다면 문제가 심각해진다. 허탈함이 찾아오니 견디지를 못한다. 살기 위한 발버둥으로 이어지는 것처럼 비쳐진다. 불안감에 폭발하듯 성격이 변한다. 반면에 사주가 강하면 누가 무어라 한들 눈 하나 까딱하지 않는다. 누가 그랬던가? 오천만이 궐기해도 자기의 위치를 고수한다는 사람도 있다는데 물론 약간의 지나가는 이야기인 것 같기도 하지만 그런 형상으로 이어진다.
사주가 강하면서 식재성이 강하면 자신의 위치와, 부를 갖고 있으니 더더욱 그런 성향이 강해진다. 戊土(무토)에 金水(금수)면 食(식)財星(재성)이라 凍土(동토)로 변한다.

<table>
<tr><td rowspan="2">454

구곡간장</td><td>比肩劫年　印旺女人　다시流年　印比劫運
郞君뺏겨　二女同夫　九曲肝腸　애닯으다
비견겁년　인왕여인　다시유년　인비겁운
낭군뺏겨　이녀동부　구곡간장　애닯으다.</td></tr>
</table>

◎ 여자사주에서 인수가 지나치게 왕 하면 官(관)인 남편이 생해주기 바쁘니 기운이 소진된다. 처갓집에 아무리 잘해주어도 남들 다하는 것인데 뭘 하면서 면박주기 십상이다. 수고 했다는 소리 들어보기 힘든 상황이 된다.

☞ 죽기 살기로 다 바쳐도 효과가 없다. 그런데 또 인수 운이 온다면 그것도 부족하다고 더 갖고 오라는 이야기다.

◉ 比肩(비견),劫(겁)년이 오면 어떻게 될까?
나와 똑같은 사람이 또 나타나니 이것 참 환장할 노릇이다. 서방님이 부인인 줄 착각하고 그 쪽으로 가버린다. 에이, 백날 해주어도 모르는 사람, 차라리 나 만 위해주는 여인에게 가지하면서 등보이고 떠난다. 그렇지 않으면 양다리 걸치고 줄타기를 감행한다.

◉ 여자사주에 食傷(식상) 운이 오면 官(관)을 극하므로 바가지 긁는 소리 듣기 싫어서라도 남편이 도망간다. 財,官(재,관)운, 食傷(식상)운에는 남편과 이별 아닌 이별수다. 실제로 이혼을 하는 운이기도 하다.

◉ 九曲斷腸(구곡단장)
九曲肝腸(구곡간장) 굽이굽이 사무친 마음속, 아홉 번 굽은 肝腸(간장)이라 는 뜻

❖ 인수가 지나치게 강하면 대체적으로 신체적으로 약한　　　　형상이 나타난다. 간혹 튼실한 경우도 있지만 드물다. 식상이 약하니 있어도 제 역할을 못하니 주변머리가 없다. 사업하는 남편의 아내로는 적절하지 못하다. 그저 착하기만 할 뿐이다.

455	陽女生人	奇數年에	陰女生人	偶數年에
	華蓋三合	닿는해에	月老之約	있게된다
	양녀생인	기수년에	음녀생인	우수년에
월노지약	화개삼합	닿는해에	월노지약	있게된다.

◉ 月老之約(월로지약)――――――――결혼을 이르는 말이다.

☞ 結婚(결혼)을 하는 해는 언제가 좋을까? 하는 문제다.

결혼은 일단 合(합)이 이루어지는 것이 좋다. 왜냐하면 서로 좋아 만나는 것이므로 合(합) 이상 어디 있겠는가? 그렇다고 무조건 合(합)이 아니다.

☞ 日支(일지)나 年支(년지)가 합이 되는 것이 좋은 해(년도)이다. 日支(일지)는 배우자의 宮(궁)이니 당연한 것이고, 年支(년지) 즉, 太歲(태세)는 나의 氣運(기운)이므로 이 또한 당연히 合(합)되는 것이 좋다.

◈ 간혹 合(합)이 이루어지지 않더라도 결혼이 성립되는 경우가 있는데, 刑沖(형충)일 경우도 결혼이 성립된다 보는데 그 이유는 부딪히고, 깨지고 처녀, 총각의 껍질을 벗는다 하여 그리하는 경우도 있다.

☞ 沖(충), 刑(형)이 이루어지면 살아도 지지고 볶고, 볼 성 사나운 형상이 많이 나타난다. 결혼이 순탄하지 못하고 억지 결혼일 경우도 있고, 성립 되더라도 구설이 많은 경우가 허다하다.

❖ 입술이 뒤집어진다는 표현.
여성의 입술이 뒤집어지면 적극적인 성격으로 인해 많은 피해를 본다. 입술이 뒤집어지는 것도 안 쪽 인가? 바깥쪽인가도 세밀한 관찰이 필요하다.
결혼도 마찬가지다. 본문에 구설이 많다하였는데 화개삼합 하였는데 화개정도만 이루어져도 이런 상을 가진 여성은 혼인과 관련된 사항의 주인공으로 이어진다. 경제적인 어려움은 별로 느끼지를 못하나 구설은 항상 따른다. 만남을 따지는 경우도 나타난다. 정조관념이 약간 느슨하다.

456 세칭삼재	申子辰生 巳酉丑生 신자진생 사유축생	寅卯辰年 亥子丑年 인묘진년 해자축년	寅午戌生 亥卯未生 인오술생 해묘미생	申酉戌年 巳午未年 신유술년 사오미년

457 복건도문	이와같이 人敗財敗 이와같이 인패재패	만난사람 많이나니 만난사람 많이나니	世稱三災 服巾到門 세칭삼재 복건도문	되는해라 울음이라 되는해라 울음이라.

◈ 456,457은 삼재에 대한 설명이므로 같이 합해서 설명 하여보자.

申, 子, 辰(신, 자, 진)-------寅, 卯, 辰(인, 묘, 진)

寅, 午, 戌(인, 오, 술)-------申, 酉, 戌(신, 유, 술)

巳, 酉, 丑(사, 유, 축)-------亥, 子, 丑(해 자, 축)

亥, 卯, 未(해, 묘, 미)-------巳, 午, 未(사, 오, 미)

(태어난 해)   (당해년도)

☞ 걸리는 출생 년(삼합년도)---------해당 삼 년간(방합, 계절로 본다)

☯ 삼재를 쉽게 기억하는 방법.

三合(삼합) 년도를 생각하고, 해당하는 年(년)은 方合(방합)으로 본다.

걸리는 운(삼합년도)---------해당 삼 년간(방 합, 계절로 본다)

☞ 태어난 해 라는 것은 申子辰(신자진)일 경우는 申(신),子(자),辰(진) 즉 申(신)년➡원숭이, 子(자)년➡쥐 辰(진)년➡용 하는 식으로 띠를 생각하면 된다.

◉ 申(신)년, 子(자)년, 辰(진)년에 태어난 사람은 寅(인)년, 卯(묘)년, 辰(진)년이 전부 三災(삼재)에 해당한다는 설명. 三(삼)年(년)을 보는 것이다.

◉ 三災(삼재)란 무엇인가?

◈ 천살(天殺), 지살(地殺), 인살(人殺)➡재살(財殺)을 말 한다 삼재(三災)는 12년마다 한 번씩은 돌아오게 되어 있는데 4계절의 순환 원리를 생각 하면 될 것이다. 그 영향은 三(삼) 年(년)간 해당한다.

◉.천살(天殺) 천재지변, 불가항력적인 사안, 인간이 감당하기 힘든 일이다.

◉.지살(地殺)➡교통사고, 각종노상의 횡액,지각에서의 사고다.

◉.인살(人殺)➡재살(災殺) 각종보증, 사기, 횡령, 인재사고 등으로 인간으로 인하여 발생하는 불미스러운 일.

☞ 삼재는 화재(火災),수재(水災),풍재(風災)를 말하며

☞ 팔난은 손재, 주색, 질병, 부모, 형제, 부부, 관재, 학업 을 말한다. 이것을 합쳐 삼재팔난(三災八難)이라 한다.

◉ 시작되는 해가 들 삼재라, 중간이 눌 삼재, 마지막 년(年)을 날 삼재라 한다. 삼재가 들어와서 누워 가지 않고 있다가, 때가 되어 날아가듯 나간다고 하여 붙어진 듯하다.

⬇ 삼재(三災)종류

◉ 복 삼재(福 三災)

삼재하면 무조건 안 좋은 일들의 연속으로 생각을 하는데, 매사 모든 일이 전화위복이 되어 오히려 길로 작용을 하는 경우인데 이때는 凶(흉)이 아니라 吉(길)이다.

들삼재–들어오는 삼재(삼재가 들어오는 해)

눌삼재–드러눕는다는 표현이다.(삼재의 중간해)

날삼재–나가는 삼재(마지막 삼재 해)

◉ 평삼재(平 三災)

마치 아무 일도 없는 것처럼 무난히 지나는 경우, 길도 흉도 아닌 경우다.

◉ 악삼재(惡 三災),◉ 凶 三災(흉 삼재)

吉(길)도 凶으로 변하고 모든 일이 막힘의 연속이요, 속 타는 세월을 보내게 된다. 그야말로 되는 일이 하나도 없는 것이다. 이때는 하늘이 무심하고 세상이 원망스럽기만 하다. 자빠져도 코가 깨지는 운이다.

제 9 장 壽命(수명)

얼마나 살고, 언제 죽는가?
우리는 흔히 알고 사는가?
살고 아는 가? 라는 말을 종종 한다.
참으로 의미심장한 말이다.

사람의 욕심이란 끝이 없어 천 년 만 년
살고 싶어 하는 것이 인간이다.
어떤 이는 세상이 지겨워 일찍 죽었으면 하지만,
모진 것이 목숨이라 그것이 그리 내 뜻 데로
안 되는 것이 또한 사람의 목숨이다.

그리 살려고 발버둥 쳐도 어떤 이는 일찍 가고,
죽으려 애를 써도 어떤 이는 오래살고,
다 자기의 주어진 운명이라는 것이 있는 것이다.

무난하게 삶을 마감하는 사람이 있는 가하면,
불의의 사고로 이승을 일찍 하직하는 사람도 있고,
그것은 인간의 힘으로 어찌할 수 없는 것이다.

458 정운	假令定運	——이면	—六歲가	닿는해에
	二二定運	되는사람	二七歲가	닿는해에
	가령정운	일일이면	일육세가	닿는해에
	이이정운	되는사람	이칠세가	닿는해에

◉ 대운(大運)에 대한 설명이다.

사람은 누구나 타고난 선천적인 성정이라 던 가 성향 등 본인의 타고난 모든 것이 나타나는데 그것은 각자의 사주를 보면 그것이 나타난다.

☞ 본인의 선천적인 운이요, 모든 것을 내포하고 있다. 반면에 대운은 살아가면서 선천적인 운(運)과의 조화를 이루면서 변화 하는데, ☞ 그것은 후천적(後天的)인 운으로 우리가 大運(대운)이라고 한다.

☞ 사람은 살아가면서 선천적인 운과, 후천적인 운에 의하여 모든 것이 결정이 된다. 이것은 서로 도움도 되기도 하고 때로는 害(해)하기도 하며 서로 연관되어 작용하니 서로의 관계는 싫어도, 좋아도 같이 가는 것이다.

선천적인 것은 나와 있는 것이므로 변화가 없으나, 대운에 의하여 그것이 변화하여 많은 작용을 하므로 둘의 복합관계를 잘 살펴야 정확한 운명을 논하는 것이다.

☞ 대운도 천간과 지지가 있는데 ☞ 天干(천간)을 5년, 地支(지지)를 5년으로 나누어서 보는 것을 설명한 것이다. ☞ 보통 천간과 지지를 같이하여 10년을 본다. 보는 사람에 따라서 다른 의견도 있으나 전체를 다 보는 것이 정확하다.

☞ 정운법이란? 남녀 출생된 해(年)를 살펴 천간이 陽(양)인지, 陰(음)인지를 가려 ☞ 陽(양)남, 陰(음)여 하여 順行(순행) 하고, ☞ 陰(음)남, 陽(양)여라 하여 逆行(역행)하여 계산하는 방법인데 陽(양)남, 陰(음)여 順行(순행)이라 함은 生日(생일)에서부터 앞으로 오는 절기의 총일수를 계산하여 3으로 나누어 계산을 하는 방법이고, 陰(음)남 陽(양)여 逆行(역행)이라 함은 生日(생일)을 기준하여 뒤로 절기의 절입 일 까지 날짜의 수를 계산하여 3으로 나누어 계산하는 방법이다. 이때 나머지 숫자를 그 사람의 운이 변동하는 해로 보는데 이러한 방법을 정운법이라 한다.

<table>
<tr><td rowspan="2">459

주기적의 변동</td><td>職業身上</td><td>一大變革</td><td>週期的의</td><td>變動이니</td></tr>
<tr><td>其命維新</td><td>하게되며</td><td>吉凶禍福</td><td>반기운다.</td></tr>
<tr><td></td><td>직업신상</td><td>일대변혁</td><td>주기적의</td><td>변동이니</td></tr>
<tr><td></td><td>기명유신</td><td>하게되며</td><td>길흉화복</td><td>반기운다.</td></tr>
</table>

❖ 職業身上 一大變革 週期的의 變動(직업신상 일대변혁 주기적의 변동)

　직업신상의 일대 주기적인 변동이라 하였으나 이의 해석을 잘 하여야한다.

☞ 변동이라고 무조건 변화가 있는 것이라고 생각 면 안 된다. 바뀌는 것인지 큰 것이 작은 것이 되고, 작은 것이 큰 것이 되는지 ,비슷하게 변하는 것인지, 완전히 성격이 바뀌는 것인지 그 모든 것을 종합해야 한다.

☞ 상황에 따른 변화의 필요성을 역설한 것이다. 집도 오래되면 리모델링을 해야 하고 상품도 오래되면 새로운 개정된 상태가 되어야 한다.

☞ 변화의 흐름에 잘 맞추어야, 福(복)되고 凶(흉)도 피해 갈수 있다.

❖ 비가 올 것 같은데 빨래를 밖에 널어놓는 사람은 없을 것이다. 겨울에 추운데 여름옷을 입고 나가지는 않을 것이다. 바로 이것이다. 비 올 때는 우산을 갖고 다니고, 추울 때는 옷을 따뜻하게 입고 다니는 것이다. 이처럼 적응을 제대로 해야 된다.

❖ 변동이란?

변동이란? 지극히 당연한 처사다. 견디면 버티는 것이요, 어려우면 피하는 것이다. 그것 그 자체를 놓고 왈가왈부하는 것은 온당치 못하다.

기운이란 변하는 것이다. 특히 사주가 약할 경우는 그 빈도가 많다. 강할수록 버티는 여력이 있어 어지간하면 잘 이동을 하려하지 않는다. 안주하려는 기운이 잠재해 있기 때문이다. 직업이 자주 바뀌는 것도 연관이 있다. 사람의 심성에서 뜻이 자주 바뀌고, 귀가 얇아 혼줄 나는 것도 다 이런 연유다.

<table>
<tr><td rowspan="2">460

길흉화복</td><td>四柱精神</td><td>日主보아</td><td>大運歲運</td><td>대조하니</td></tr>
<tr><td>吉凶禍福</td><td>自然따라</td><td>興亡盛衰</td><td>나타난다.</td></tr>
<tr><td></td><td>사주정신</td><td>일주보아</td><td>대운세운</td><td>대조하니</td></tr>
<tr><td></td><td>길흉화복</td><td>자연따라</td><td>흥망성쇠</td><td>나타난다.</td></tr>
</table>

❖ 사주 추명 할 때 日主(일주)를 기준하여 大運(대운)과, 世運(세운)을 보는데 運(운)이 吉(길)한지, 또는 凶(흉)한지에 따라 吉凶(길흉)이 나타나므로 그에 대한 정확한 판단이 필요하다.

日主(일주)는 본인이요, 我(아), 나 자신이다.

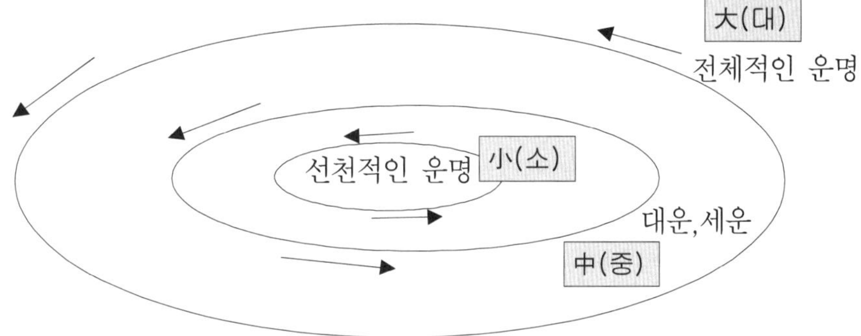

◉ 전체적인 運(운)을 100으로 본다면 대운, 세운이 차지하는 비중도 무시 못한다. 오히려 大運(대운)과 世運(세운)의 비중이 더 크다는 것을 알아야 할 것이다. 이유는 木材(목재)라도 그것을 활용하기에 따라 천 가지, 만 가지의 변화가 이루어지는 이치다. 아무리 좋은 나무라도 관리를 못하면 별 볼일 없는 하찮은 나무로 전락하듯 大運(대운)과 歲運(세운)에서의 變化(변화)에 대처를 잘 해야 한다.

<table>
<tr><td rowspan="2">461

중화실도</td><td>大運歲運　運行하다　中和失道　하게되면
永永回復　못하고서　黃泉行車　타게된다.
대운세운　운행하다　중화실도　하게되면
영영회복　못하고서　황천행차　타게된다.</td></tr>
</table>

◎ 大運歲運 運行하다 中和失道(대운세운 운행하다 중화실도)－－－大運(대운) 과 歲運(세운)에서 그 기운이 中和(중화)를 失道(실도) 한다 함은 均衡(균형) 을 잃고 즉 凶(흉)으로 연결되면, 사주 주인인 日主(일주)는 그것을 감내하지 못하여 세상을 하직하게 된다.

大運(대운)과 歲運(세운)에서 挾攻(협공)이 들어오게 되면 외부로 부터의 압 력이 지나쳐 그것을 막아낼 재간이 없다는 말인데, 결국 이승과의 이별이라는 설명이다. 그렇다고 무조건 나이가 얼마 되지도 않았는데 무조건 죽는다. 라고 볼 수는 없다.

상황과 전체적인 것을 파악하고 판단해야 할 것이다. 개중에는 夭折(요절)이 라는 경우도 있지만 그것은 특별한 경우이다. 원사주의 기운과 전체적인 것을 항상 잊지 말고 확인 하면서 보아야 할 것이다.

<table>
<tr><td rowspan="2">462

재관구몰</td><td>劫財羊刃　歲運幷臨　財官俱沒　하게되니
養命之源　財絶로서　其人隱命　가외로다
겁재양인　세운병임　재관구몰　하게되니
양명지원　재절로서　기인은명　가외로다.</td></tr>
</table>

◎ 劫財羊刃 歲運幷臨 財官俱沒(겁재양인 세운병임 재관구몰)－－－사주에서 財(재)나 官(관)이 用神(용신)일 때, 運(운)에서 또다시 羊刃(양인)이나 比劫(비겁)운을 만나면 財官(재관)이 힘을 못 쓰고 사라지려하니

☞ 養命之源(양명지원)－－－－명줄을 이어주는 양분, 즉 음식을 섭취해야 활동 이 되므로 그리 표현 한 것이다. 그것의 근본인 財(음식)가 끊어지니 수명 을 연장할 수 없으니 그것이 두렵구나.

463	四柱印星	逢財者가	再行財運	印死墓絶
	生我者가	無氣하니	我亦氣絶	黃泉간다.
	사주인성	봉재자가	재행재운	인사묘절
아역기절	생아자가	무기하니	아역기절	황천간다.

◈ 四柱印星 逢財者가 再行財運 印死墓絶(사주인성 봉재자가 재행재운 인사묘절)--사주에서 印受(인수)가 用神(용신)인데 運(운)에서 또 다시 財運(재운)을 만난다면 ,印綬(인수)가 死,墓,絶(사,묘,절)이 되니 정작 도와주어야 할 사람이 쓰러져 나를 도와주지 못하니, 도움을 받아야 할 나 역시 기력이 쇠하여 쓰러진다는 설명. 긴급환자가 응급실에 도착 하였는데 치료를 할 의사가 없구나. 생명은 시각을 다투는데 귀인은 어디 있단 말인가?

☞ 用神(용신)이 印綬(인수)인데 財運(재운)을 만나니 용신이 剋(극)을 받아 日主(일주)를 돕지 못하니 일주가 쓰러진다는 설명.

O	丙	辛	戊
寅	辰	酉	申

◨ 丙火(병화) 일주 사주다. 地支(지지)에 金氣運(금기운)이 강하다.

◉ 天干(천간)으로 正財(정재) 辛金(신금)이 투출 되어있다.

◉ 用神(용신)은 時支(시지)의 寅木(인목)이 되겠는데, 印綬(인수)가 된다.

◉ 자연 財運(재운)이 오면 印綬(인수)가 파괴되면서 日主(일주)에게는 큰 타격이 오게 된다. 財(재)인 申(신)운이 온다고 하여보자. 寅木(인목)이 申金(신금)을 만나니 冲(충)이요, 剋(극)을 받고, 絶地(절지)가 되어 죽어버린다. 用神(용신)이 맥을 못 추는 것이다.

◉ 用神(용신)이 死,墓,絶(사,묘,절) 運(운)이 오면 다 命(명)을 다하는 것일까? 胞胎法(포태법)으로 한 번 살펴보자.

◩ 지금 이 사주에서는 ☞ 陰(음)의 기운이 강하고 陽(양)인 木火(목화)의 기운이 부족하다.◈ 寅木(인목)이 午火(오화)를 만나면 死宮(사궁)이 된다. 나의 기운이 다 빠져나가므로 그 자체로는 死宮(사궁)이다. 이것은 포태법의 설명이다. 그런데 寅木(인목)은 午火(오화)와 合(합)을 이루어 火局(화국)을 형성함으로 인해 일간인 丙火(병화)가 힘을 얻어 살아나게 된다.

☞ 印綬(인수)인 어머니 寅木(인목)의 헌신적인 犧牲(희생)으로 인해 자식인 丙火(병화)가 자립하도록 하여준 것이다.

☞ 寅木(인목) 자체는 死宮(사궁)이지만 정작 본인인 일주에게는 藥(약)이 되는 것이다. 용신이 死宮(사궁)이라 해도 죽거나 쓰러지지는 않는다.

◉ 용신 寅木(인목)이 火(화)로 化(화)하여 나에게 힘이 되고 그 부분을 그대로 차지하므로 없어지는 것은 하나도 없다. 용신 寅木(인목)은 없어졌어도 火(화)로 변하여 그대로 자리를 지키고 있다. 결국 그 역할을 훌륭하게 하고 있다.

464	巳午未月	甲乙日生	寅午戌과	丙丁運은
	木焚飛灰	되는形象	魂飛魄散	藥無効라
	사오미월	갑을일생	인오술과	병정운은
혼비백산	목분비회	되는형상	혼비백산	약무효라.

◪ 甲乙日生(갑을일생) 木일주가 巳午未(사오미) 火월에 출생을 하였는데 地支(지지)에 火局(화국)을 이루고, 天干(천간)으로 火運(화운)이 도래하면 기력이 衰(쇠)하여지고, 정신이 혼미하여 아무리 약을 써도 듣지 않고 결국 세상을 뜬다는 이야기다.

◉ 格局(격국)으로 설명 한다면 ☞ 食傷(식상)이 왕 하니 眞傷官格(진상관격)인데, 運(운)에서 또다시 傷官(상관)기운이 덮쳐오니 가뜩이나 허탈한데, 또 기운을 빼니 그야말로 氣盡脈盡(기진맥진)이라, 상관격은 진상관격과 가상관 격으로 분류 되는데 진상관격은 傷官(상관)의 기운이 旺(왕)하니 또 상관운을 만나면 대책이 없는 것이고, ☞가상관격은 魁(극)하는 印綬(인수)가 旺(왕)한 형상이라 인수운이 또 오면 엎어놓은 밥그릇을 또 엎어버리니 사경을 헤매게 된다.

▶ 木焚飛灰(목분비회) - 나무가 불에 타서 재로 化(화)하여 날아감을 말한다.

<table>
<tr><td rowspan="2">465

가외</td><td>假傷官에</td><td>印星運은</td><td>十中九死</td><td>可畏하고</td></tr>
<tr><td>四柱官殺</td><td>混雜하면</td><td>官殺財運</td><td>危命이라</td></tr>
<tr><td></td><td>가상관에</td><td>인성운은</td><td>십중구사</td><td>가외하고</td></tr>
<tr><td></td><td>사주관살</td><td>혼잡하면</td><td>관살재운</td><td>위명이라.</td></tr>
</table>

◎ 假傷官(가상관)격이라 함은 상관이 약한 사주인데, 극하는 인성 운이 오면 그나마 남은 밥줄마저 끊어버리니 살아남기 힘든 것이고, 사주에 관살이 혼잡하여 신약인데 또다시 재살, 관살이 오면 그 역시 살아가기가 힘드니 노년에 이런 운이 온다면 역시 살아가기 힘들다는 이야기다.

❖ 可(가) :옳다, 가히   畏(외):두려워하다, 억울한 죽음

☞ 官殺(관살)은 鬼神(귀신)이요, 염라대왕인데 저승행 명부에 이름이 올라있으니 데리러 왔다고 데리고 간다는 이야기다.

☞ 財殺(재살)에 命(명)이 다하는 사람도 있는데 어떤 이는 초상집에 가서 음식을 잘못 먹고 저승길로 가는 사람이 있는데 ☞ 財(재)는 음식이라 財殺(재살)로 죽는 것이다. 인절미 잘 먹다 기도가 막혀 죽는 경우가 바로 이것이다. 또는 過飮(과음)으로 인해 토하던 도중 氣道(기도)가 막혀 사망하는 경우도 있는데 이것 또한 마찬가지다.

❖핑계 없는 무덤은 없다.

사람은 늙고 병들면 결국에는 죽고 만다. 나는 왜 죽을까? 죽는 사람마다 죽을 때 그런 생각을 하면서 죽을까? 아니다! 아, 내가 조금 더 잘했으면 아, 내가 이렇게 억울하게 죽어야 하는가? 아, 이제는 갈 때가 된 모양이구나———
이런 저런 생각하기 바쁘다. 죽을 때 까지도 바쁜 것이 인생이다. 엎어진 김에 쉬었다 간다 하지만 누운 김에 세상 하직한다. 갈수록 태산이다 보면 질려 죽고, 지쳐죽고, 자포자기해서 죽는다. 나는 어떻게 죽을 것인가? 한 번 씩은 생각해보자.

466	己土日主	弱한몸에	財官傷官	運을보면
	脾胃弱해	呻吟하다	그만不祿	하게되네
	기토일주	약한몸에	재관상관	운을보면
비위약해 신음	비위약해	신음하다	그만불록	하게되네

◘ 脾胃(비위)라 함은 비장과 위장을 이야기하는 것인데 오행으로 본다면 戊己(무기)土(토) 가 해당하는 사항이라, 일주 자체가 弱(약)하니 기능도 떨어지는데 일주인 己土(기토)를 힘들게 하는 財(재), 官運(관운)이 오니 더욱 곤혹스러운데, 傷官(상관)운 역시 마찬가지고, 여기서 신약사주의 悲哀(비애)가 나오는 것이다. 오행별로 그 증상을 살펴보자.

◉ 金(금)일주가 財官(재관)➠木火(목화)가 많을 경우--폐병 앓다 신음하고
◉ 土(토)일주가 財官(재관)➠水木(수목)이 많을 경우---비위 약해서 신음
◉ 木(목)일주가 財官(재관)➠土金(토금)이 많을 경우--간에 병이 와서 죽고
◉ 火(화)일주가 財官(재관)➠ 金水(금수)가 많을 경우-심장병으로 사망하고
◉ 水(수)일주가 財官(재관)인 火土(화토)가 많을 경우—신장, 방광의 이상으로 신음하고

◘ 사람이 죽을 때도 보면 오행의 특성을 그대로 나타낸다.

◉ 金(금)일주 죽을 때-------피토하며 천장이 가라앉는 듯 개벽하듯 사망
◉ 土(토)일주 죽을 때-------은근히 끈질기게 버티다 조용히 가고,
◉ 木(목)일주 죽을 때-------말라서 비틀리듯 숨지고,
◉ 火(화)일주 죽을 때------붉으락, 푸르락, 하얗게 변화무쌍하여 숨지고,
◉ 水(수)일주 죽을 때-------긴 병으로 길게 끌다 사망한다.

467 필몰	丙臨申位	逢陽水에	行運壬癸	必死하고
	己入亥宮	遇乙木은	財殺運에	必沒한다
	병임신위	봉양수에	행운임계	필사하고
	기입해궁	우을목은	재살운에	필몰한다

➡️ 병임신위(丙臨申位)라 함은 丙辛日主(병신일주)를 가르치고,
逢陽水(봉양수)라 함은 사주에 水氣(수기)가 강함이요,

☞ 行運壬癸(행운 임,계)라 함은 水運(수운)을 만남이니 丙火(병화)일간이 물
에 휩쓸려 흔적도 없이 사라짐이고,

☞ 기입해궁(己入亥宮)이라 함은 己亥日主(기해일주)를 말하는 것이고,

☞ 遇乙木(우을목)이라 함은 木기운이 강함이라, 자연 財殺運(재살운)에 온
몸이 갈라지듯 흩어지면 죽는다는 설명이다.

468 옥경열차	寅巳午月	庚寅午戌	四柱火局	火運오고
	再行財官	殺運오면	玉京列車	타게된다.
	인사오월	경인오술	사주화국	화운오고
	재행재관	살운오면	옥경열차	타게된다.

🔷 庚金(경금)일주가 지지에 火局(화국)인데 또다시 재, 관운인 木火(목화)운
이 오면 玉京列車(옥경열차)라 이승을 등지고 저승을 향하게 된다는 설명.

☞ 金일주가 地支(지지)에 火(화)가 왕 하니 從(종)사주 같으면 괜찮은데,

➡️ 從(종)하지 아니하는 사주라면?

☞ 財官(재관)운인 木火(목화)운이 오면 꼼짝을 못한다는 이야기다. 月支(월
지)에 寅,巳,午(인,사,오)니 木火(목화) 운이면 끝이다.

<table>
<tr><td rowspan="2">469

재 살 운</td><td>寅卯夏月</td><td>庚辛日이</td><td>地支財局</td><td>官殺局은</td></tr>
<tr><td>財殺運에</td><td>財殺年은</td><td>十中九死</td><td>틀림없다.</td></tr>
<tr><td></td><td>인묘하월</td><td>경신일이</td><td>지지재국</td><td>관살국은</td></tr>
<tr><td></td><td>재살운에</td><td>재살년은</td><td>십중구사</td><td>틀림없다</td></tr>
</table>

◎ 寅卯夏月(인묘하월)이라 함은 木火運(목화운)인데 庚辛日(경신일)이라 하였으니 金(금)일주라, 그런데 지지에 財局(재국)이나,官殺局(관살국)을 갖추고 있으니 매우 신약한 사주임에는 틀림없다.

☞ 여기에서 財,殺局(재,살국)이라 하였으니 감당을 할 수 없게 되는 것이다.

☞ 운에서 들이닥친다면 아야 소리도 못하고 세상을 뜬다는 이야기다. 특히 신약일 경우는 ☞ 正官(정관)보다, 偏官(편관) 운에는 더 심하다. 사람은 태어날 때 여러 가지 복을 갖고 태어나는데 이런 경우는 일치감치 죽을 복을 갖고 태어났다고 보아야하니 사람의 팔자라는 것이 무엇이 관대 다 업인가 보다.

<table>
<tr><td rowspan="2">470

황천해</td><td>甲乙日生</td><td>亥子月에</td><td>土薄金多</td><td>更逢水運</td></tr>
<tr><td>其木星이</td><td>漂流하여</td><td>黃泉海에</td><td>도달한다.</td></tr>
<tr><td></td><td>갑을일생</td><td>해자월에</td><td>토박금다</td><td>갱봉수운</td></tr>
<tr><td></td><td>기목성이</td><td>표류하여</td><td>황천해에</td><td>도달한다.</td></tr>
</table>

◎ 甲乙日生(갑을일생)이 亥子月(해자월)에 출생을 하였으니 水氣가 왕한 형국인데 ,그를 억제할 土(토)기운이 약하고 왕한 水(수)기운을 생해주는 金(금)기운이 강하면 甲乙 木日主(목일주)는 매우 신약한 것인데, 여기에 水運(수운)을 만난다 하니 ☞ 겨울의 찬 얼음물에 얼어 붙어있는 나무인데

☞ 물이 갑자기 불어나 옴짝달싹 못하고 물에 휩쓸려 떠내려가는데 가는 곳이 바로 黃泉(황천)으로 가는 黃泉海(황천해)라는 설명이다.

➡ 바다낚시 갔다가 실종사고로 인해시체도 제대로 찾지 못하는 경우도 있었는데 바로 이런 상황이다. 물 조심 해야 할 사주다. 棺(관)도 마련 못하고, 屍身(시신)도 찾지 못하니 영원한 水鬼(수귀)로 되는 것이다.

☞ 예전의 KAL기 사고시 시신들, 얼마 전 제주바다에서의 실종사건은 아직도 제대로 찾지 못하지 아니하였던가? 사주 성향이 이러하다는 것이다.

쓰나미 사건이라든가 다 이런 부류다.

471 대화흉사	四柱身旺 羊刃殺에 偏官七殺 못만나고 羊刃劫에 合結하면 大禍凶死 두렵도다 사주신왕 양인살에 편관칠살 못만나고 양인겁에 합결하면 대화흉사 두렵도다.

➡ 이번에는 반대로 사주가 지나치게 강한 경우를 보자. 사주란 지나치게 강해져도 또 지나치게 신약으로 화해도 안 좋다.

☞ 사주가 신왕한데 거기에 양인이 중중할 경우 더더욱 위험하다. 사주 자체에 양인을 억제하는 기운이 있거나 운에서 양인을 억제하는 운이 도래해야 그 때 좋은 것인데 運(운)에서 오면그 운이 지나고 나면 그 만이니,

☞ 사주원국 자체에 그 기운이 있어야 한다. 그런데 운에서 比肩(비견)이나 比劫 運(비겁 운)이 오면 신왕 한 일주는 더욱 신왕 해져서, 身太旺(신태왕)한 자기 자신의 크나 큰 그 힘을 억제하지 못하고 결국 그것을 터트려 발산하는데, 그것이 잘못된 방향으로 흐른다.

◉ 전선의 두께는 한정되어 있는데, 전류가 지나치게 많이 흐르면 선이 터지듯 과부화로 인해 사고가 난다. ☞ 스스로 자신을 다스리지 못해 불상사가 생긴다. ◉ 이름하여 太强則折(태강즉절)이다.

○	甲	○	○
亥	子	卯	卯

⬅ 甲木日主(갑목일주)의 사주다. 지지에 卯木 羊刃(양인)을 놓고 있는데 양인을

⬆ 억제할 편관이 없다. 그런데 여기에 또다시 羊刃, 劫(양인, 겁)에 合(합)이 되는 運(운)이 온다면 즉 亥,卯,未(해,묘,미)運이 온다면 甲木日主 (갑목일주)는 기운이 너무 강해져서 그 어느 것도 방법이 없어진다.

☞ 身太强(신태강)이 되므로 결국 터지고 만다. 자폭이다. 개구리가 황소 흉내 내다 배가 터지듯, 풍선도 지나치게 가스가 팽창되면 터지듯, 못 말리는 상황으로 치닫는다.

<table>
<tr><td rowspan="2">472

승피백운</td><td>七殺制遇　更制殺運　吉化爲凶　하게되어
盡法無民　처량하다　乘彼白運　別世界라</td></tr>
<tr><td>칠살제우　갱제살운　길화위흉　하게되어
진법무민　처량하다　승피백운　별세계라.</td></tr>
</table>

◪ 制殺太過格(제살태과격)에 대한 설명이다. 食傷(식상)이 많아 七殺(칠살)을 지나치게 억압하고 있다. 그런데 또 다시 制殺運(제살운:관살을 극하는 운)이 온다면 盡法無民(진법무민)으로 즉결처분으로 이어진다.

➡ 왜 食傷(식상)이 많으면 官(관)을 剋(극)할까? 우수개 소리로 생각하여보자. 常識(상식)이 많다 즉 아는 것이 많으므로 내가 생각하는 것이 옳은 것이요, 전부가 꼭 그리 해야만 하는 것이다. 그까짓 법이고 뭐고 다 필요 없어 내가 다 아는 것인데 뭘 만물박사인데, 공연히 시간 낭비 하지 말고 이렇게 하는 것이 옳소 하고 밀어붙이는 것이다.

➡ 남의 이야기고 뭐고 들어볼 필요도 없다. 이사람 에게는 상식이고, 윤리고, 도덕이고, 법이고 다 필요가 없다. 완전히 황야의 무법자다. 위아래가 필요 없다. 하극상의 전형적인 인물이다. 결국 자기 자신이 아랫사람에게 당하고, 스스로 아는 것이 많다고 한 그 자체에 당한다.

☞ 결국 자기 꾀에 자기가 당하는 것이다.

◉ 좋은 것도 결국은, 자기에게 火(화)로 돌아오는 결과다.

◉ 乘彼白運(승피백운)---하얀 구름을 타고 신선이 되어 하늘로 올라간다.

<table>
<tr><td rowspan="2">473</td><td>印星太旺</td><td>更逢印星</td><td>壽星自沒</td><td>危命이요</td></tr>
<tr><td>運命元辰</td><td>하게되면</td><td>須當妖折</td><td>可憐하다.</td></tr>
<tr><td rowspan="2">수당요절</td><td>인성태왕</td><td>갱봉인성</td><td>수성자몰</td><td>위명이요</td></tr>
<tr><td>운명원진</td><td>하게되면</td><td>수당요절</td><td>가련하다.</td></tr>
</table>

◎ 印星太旺 更逢印星 壽星自沒 危命이요(인성태왕 갱봉인성 수성자몰 위명이요)----------사주에서 인성이 태왕하게 되면 식상이 용신이 되게 되는데, 用神(용신)을 剋(극)하는 印星(인성)운이 오게 되면,

☞ 壽星(수성)인 食傷(식상)이 없어 스스로 自滅(자멸)하게 되고, 목숨 또한 위태로워진다.

☞ 사람이 목숨을 연명하려면 財(재)인 음식을 잘 먹고 영양 섭취를 잘해야 하는데, 그 밥을 담는 밥그릇을 엎어버려 밥을 먹을 수 없으니, 몸을 지탱할 수 없어 결국 세상을 등지게 된다.

☞ 사업하는 사람이 이와 같은 운이라면 사업이 부도나는 것으로 연결된다.

❖ 열고 하다 당한다.

고스톱 판에서 어느 정도 먹었으면 그만하는 사람이 있는가 하면 쓰리고까지 이어지고 피박에, 광박 마구잡이로 나가는 사람도 있다. 승기를 잡았을 때 막 가는 거다. 지는 쪽에서는 초전에 패가 안 좋을 때 일치감치 죽는 것이 낫다. 운이 안 좋을 때는 패를 버리라는 말이다. 공연히 끼어들어 나가다 피박을 쓴다는 것이다. 화투판은 피박이지만 인생에서는 나락이다. 심하면 목숨까지도 이어진다. 모름지기 노년에는 더욱 조심을 해야 한다는 것이다.

모든 것은 양면성이다. 좋은 면이 있다면 나쁜 면이 있고, 길이 있고 흉이 있는 것이다. 진심이란 갈 때 되면 나오는 것이다. 노년에 하는 말이 바뀌고 바뀌어도 진실 된 말이 나올 때는, 이제 옥상열차를 탈 때가 되었다는 말이다. 그 때 하는 말이 제일 진실 된 말이요, 가식이 없는 것이다. 남에 대한 평가를 할 때는 남이라는 그 사람의 사주를 보면서 진위를 확인 할 수가 있다.

<table>
<tr><td rowspan="2">474

여라왕에 응소</td><td>棄命從殺</td><td>棄命從財</td><td>一點微弱</td><td>印星있고</td></tr>
<tr><td>大歲大運</td><td>印星結合</td><td>閻羅王에</td><td>應召된다.</td></tr>
<tr><td></td><td>기명종살</td><td>기명종재</td><td>일점미약</td><td>인성있고</td></tr>
<tr><td></td><td>대세대운</td><td>인성결합</td><td>여라왕에</td><td>응소된다.</td></tr>
</table>

◉ 棄命從殺 (기명종살)이라 함은 官殺(관살)에 從한다는 의미고,

◉ 棄命從財 (기명종재)이라 함은 財殺(재살)에 從한다는 의미다.

　합하여 설명하면 결국은 ☞ 종재, 종살이요, 종하는 사주다.

▣ 여기에서 一點微弱 印星(일점미약 인성)이라 하였는데, 인수는 나를 생해주니 힘이 되어주는 것인데 어째서 나쁜가?

☞ 이미 재혼하여 사는데 전남편을 만난들 무엇하고, 전부인 만난들 무엇 하는가? 오히려 가정불화요, 입지만 난처해지는 것이다. 그런데 대운, 세운에서 인수와 결합이라 하였으니 인수에 미련을 두는 것이 아닌가?

▣ 전남편과의 심한 불화와 성격차이 등 여러 문제로 이혼하고 어려운 처지에 있는 아내 데려다가 호강시켜 놓으니 이제 서방 몰래 전남편 운운하니 서방이 눈이 돌아버린다. 에이 천하에 몹쓸 계집 같으니! 하면서 몽둥이 찜질을 한다. 불쌍한 고아 데려다 길렀더니 지 잘났고, 양부모 알기를 우습게 안다. 에이 후레자식 나가라 하고 내 쫒아 버리는 것이다.

◉ 運(운)에서 이러한 형상이면 만사불통이다. 여기서는 수명에 관한 사항이니 명줄이 끊어지는 것이다.

☞ 인수 다음에는 肩, 劫運(견, 겁운)이니 이것은 보나마나 두 말이 필요 없다. 財官(재관)에 복종 안 하는 運(운)은 아예 볼 것이 없다.

<table>
<tr><td rowspan="2">475

간경질병 풍질</td><td>木日主가</td><td>別世할땐</td><td>肝經疾病</td><td>風疾많고</td></tr>
<tr><td>火日主가</td><td>臨終時엔</td><td>心臟麻痺</td><td>血壓이라</td></tr>
<tr><td></td><td>목일주가</td><td>별세할땐</td><td>간경질병</td><td>풍질많고</td></tr>
<tr><td></td><td>화일주가</td><td>임종시엔</td><td>심장임비</td><td>혈압이라.</td></tr>
</table>

◉ 사람마다 다 죽을 때는 그 원인이 있다. 영원히 살지 못하고 죽는 것은 정해진 사실인데 살만큼 살다가 가는 경우는 거의 병으로 인해 가는 것이다.

☞ 물론 그 이전에 자의 던 타의 던 사고사나 기타의 사유로 명을 달리하는 경우도 있지만 늙어죽는 것은 ☞ 세포가 老衰(노쇠)하여 제 기능을 발휘하지 못하고 고장 나서 결국 육신이라는 몸을 지탱하지 못해 운명을 달리 하는 것이다.

☞ 죽는 사람도 똑같은 원인으로 죽는 것이 아니라 가지가지 원인으로 인해 사망이라는 인생의 종지부를 찍는다. 결국은 병사하는 것이다.

◉ 이제 오행별로 그 원인을 분석 하자

◉ 木日主(목일주)일 경우, 사망원인은 무엇일까?

너무 많아도 탈이요, 너무 적어 모자라도 탈인데, 木(목)에 해당하는 관장기관은? 여기서는 간경질환, 풍질(중풍)이라 하였는데 그 외에도 담(쓸개), 머리 쪽에 관련된 질환(두통, 편두통, 신경질환, 목 관련 질환 등 여러 부분이 있다.

◉ 火日主(화 일주)의 경우

火(화)일주의 경우는 주로 심장계통의 疾患(질환)이나 소장, 어깨관련 질환, 가슴이 답답함 등이 연관 된다. 이의 주된 원인은 조화가 원만하게 이루어지지 아니하고 서로 상통함이 막힘으로 인해 일어난다.

476	土日生人	去世時엔	肥胃脬氣	其病이요
	庚辛日主	血壓急病	土血之死	많이보고
토혈지사	토일생인	거세시엔	비위부기	기병이요
	경신일주	혈압급병	토혈지사	많이보고

◉ 土(토)일주일 경우는 주로 내분비계통으로 연관 되는데 肥(비)--지라, 위 계통의 질환, 장계통의 질환 ,갈비뼈 계통이 질환 등으로 이어진다.

◉ 金(금)일주의 경우는 주로 혈압급병, 뇌일혈이나, 폐 관련 질환, 대장, 치질 변비 등이 원인이 되어 발생되는 질환, 關節(관절)로는 다리라든지 기타 골 수염등도 이에 해당되고 골다공증도 해당 된다.

477	壬癸日生	歸幽時는	腎腸炎病	脬氣로서
	久病으로	앓다가니	이것또한	運命일세
신장염병	임계일생	귀유시는	신장염병	포기로서
	구병으로	앓다가니	이것또한	운명일세 .

◉ 水日主(수일주)의 경우는 주로 신장, 방광 등을 주로 보는데 나이 들어 방 광염, 요로협착증, 비뇨기계통질환, 수족냉증, 특히 운명 시 몸이 붓는 경우 가 있는데 이것은 신장염계통의 부기로서 久病(구병)으로 앓다가 가는 경 우도 있다.

☞ 대체적으로 水(수)일주로 水氣(수기)가 태 왕 할 경우는 긴 병을 앓다가 가는 경우가 많다. 그 이유는 水(수)일주라 물이니 희석작용 하니 약을 먹 어도 약효가 잘 안 받는다. 긴 병에는 효자 없다는 말이 곰곰 생각난다.

478	夏月生人	甲乙日生	喘息咳嗽	其病가고
	腦溢血病	가게되니	世上뜰때	지나보소
천식해수	하월생인	갑을일생	천식해수	기병가고
	뇌일혈병	가게되니	세상뜰때	지나보소 .

◉ 木(목)일주가 여름에 태어나니 나무에 간직된 수분이 다 증발 하는구나. 나무가 건조하니 水氣(수기)가 부족해 입안이 건조해 천식, 해소가 심해지니

病(병)에 세상을 뜨는 경우가 생기고, 木火(목화)가 왕하니 金(금)이 맥을 못 추고 빈혈로 쓰러지는 경우가 생기는구나. 火氣(화기)가 왕 하니 피가 모자라 자연 뇌일혈 즉 악성 빈혈로 쓰러진다.

479 폐병객혈	春冬月에 己庚辛日 춘동월에 기경신일	壬癸甲乙 身衰者는 임계갑을 신쇠자는	中風病에 肺病喀血 중풍병에 폐병객혈	많이가고 朝天이라 많이가고 조천이라.

◎ 春冬月(춘동월)봄과 겨울에 출생한 水(수)와 木(목)이라 아직도 寒氣(한기)가 가득해 따듯한 溫氣(온기)가 필요한데, 몸이 항상 冷(냉)하구나,

☞ 水木(수목)이 凝結(응결)이라 中風(중풍)에 가는 경우가 많고, 己土(기토)일주나 庚, 辛(경신)金일주가 신약하면 폐병, 각혈(피를 토하는 질병)로 가는데, 金일주가 신약하다 함은 木火(목화)인 財官(재관)이 왕한 경우라

☞ 金(금)일주에 지지가 火局(화국)을 이룬다면, 몸이 뜨거워져서 피가 자연 밖으로 나와그것이 토혈, 각혈로 이어진이다 실제로 신살을 경험하여 추명하는 것을 노래가사체로 엮어 내어놓으니 명리학을 연구하는 학우들께서 서로 연구하여 좋은 내용을 많은 이들에게 알려주어 이로운 쪽으로 활용을 하여 도움이 되도록 하여주시기 바랍니다.

480 홍익인간	實地神殺 命理學友 실지신살 명리학우	經驗하여 互傳하여 경험하여 호전하여	推命歌를 弘益人間 추명가를 홍익인간	造出하니 하십시오. 조출하니 하십시오.

두원출판미디어 역학도서

시디첨부;

₩ 20,000

정가:15,000

한명호 엮음

❶ 건강과 질병

건강에 관심이 날로 커가는 당연한 이치에 과연 어떻게 판단을 하고 어떻게 통변을 할 것인가? 관상으로 보는 관점등 생로병사에 관한 사항들을 집중으로 분석. 전문가 못지않은 실력을 배양토록 하였다. 약초의 활용도 첨가하였다.

시디첨부;

₩ 32,000

정가 27,000

한명호 엮음

❷ 사주명리에 빠져봅시다.

입문 과정에서 필수적으로 알아야 할 사항들을 집대성한 것으로 초보자들의 입문서이고, 반복적으로 참고해야 할 사항들을 모은 책이다. 커다란 활자로 편집 이해를 한층 쉽게 하는데 주력한 도서이다.

시디첨부;

₩23,000

정가 18,000원

한명호 엮음

❸ 부부클리닉

남녀간의 만남과 이별, 팔자를 다룬 도서. 각자의 심성과 운을 첨가 인생의 반을 성공으로 이끄는 방법을 제시한 도서이다. 과연 팔자로만 치부할 것인가? 만남과 헤어짐의 원인을 분석한다.

시디첨부;

₩ 30,000

정가 25,000원

한명호 엮음

❹ 사주 통변술의 이차방정식.

기본적인 사항을 익힌 후 어떻게 활용을 하고, 어떻게 통변을 할 것인가?
육친의 활용과 통변에 대한 자습서이다.
말문이 막히는 사람들을 위한 해결서이다. 백문이 불여일견(不如一見)이다.

시디첨부;

₩ 30,000

정가 25,000원

한명호 엮음

❺ 사주격국의 원류와 흐름을 찾아서

사주의 틀을 논하는 격국에 대한 안내서이다. 모양을 보면 알면서 들리는 소리는 듣고 아는데 왜? 사주를 보면서 틀을 모양과 규격을 왜 판단하지 못하는 가? 해결책과 비법을 알려주는 방법을 서술한 책이다.

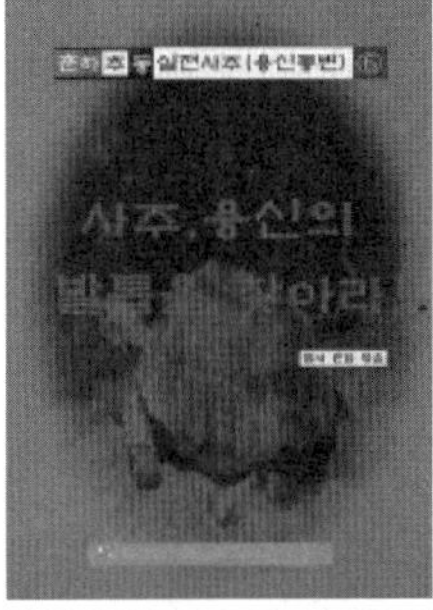

시디첨부;

₩ 33,000

정가 30,000원

한명호 엮음

❻ 사주 용신의 발톱을 찾아라.

배가 고프면 무엇인가 음식물을 섭취해야 한다. 사주의 격을 논하면 무엇이 중요한 요소 인가?를 판단하는 방법과 실전을 통한 자세한 설명이 첨부된다. 어디가 아프고? 무엇이 부족한가? 고쳐주고 채워주는 간결한 방법을 서술한다.

시디첨부;

₩ 30,000

정가 27,000원

한명호 엮음

❼ 사주신살 약인가, 독인가?

신살로 통변하는 방법을 논하는 것이다. 외면시하는 신살 실제로는 그것이 상담의 묘미를 더한다. 간편하면서도 피부에 와닿는 통변이다. 실질적인 상황에 대한 가까우면서도 먼 것 같은 핵심을 제시하는 것이다.

시디첨부;

₩ 38,000

정가 38,000원

❽ 내 팔자가 내 복이다.

실전사주에 대한 사항이다. 남성을 대상으로 전반적으로 종합적인 뷴야를 두루 섭협할 수 있는 내용이다.추명가의 남성편전체를 해부한 책이다. 각 항목별로 다루어 구분을 확실히 하고 실전사주들을 놓고 해부한다.

시디첨부;

₩ 33,000

정가 33,000원

한명호 엮음

❾ 대박은 터트리고 쪽박은 깨야 한다.

여성에 대한 항목을 전체적으로 다루는 경우이다. 남성과 여성의 차이는 무엇인가? 실전사주들을 파헤치면서 분석하고 해석한 내용이다. 추명가의 여명편을 집대성한 것이다. 내용이 광대하여 나누어 설명한다.

시디첨부;

₩ 27,000

정가 27,000원

한명호 엮음

❿ 사주 명리격론

❾편에 이은 정라편이다. 여성의 사주를 다룬 책으로 팔자와 운의 심도를 더욱 가한 내용이다. 사망자들의 사주를 집중으로 다룬 것이 눈에 확 들어온다. 당신의 수명과 팔자의 관계는? 어떤가 묻는 책이다.

정가 16,000원

한명호 엮음

❖ 파워만세력-6

한글, 한자 혼용 종합 만세력.

1901-2050년 수록.

350페이지

정가 15,000원

한명호 엮음

❖ 파워만세력-4--구성, 납음 종합 만세력

2도 구성

1901-2050년 수록

350페이지

정가 18,000원

법사 원담
엮음

❖ 춘하추동만세력2--- 종합 만세력
2도 구성
1921-2050년 수록
304페이지

정가 13,000원

법사 원담
엮음

❖ 개정판)춘하추동만세력1--- 종합 만세력
2도 구성
1921-2050년 수록
288페이지

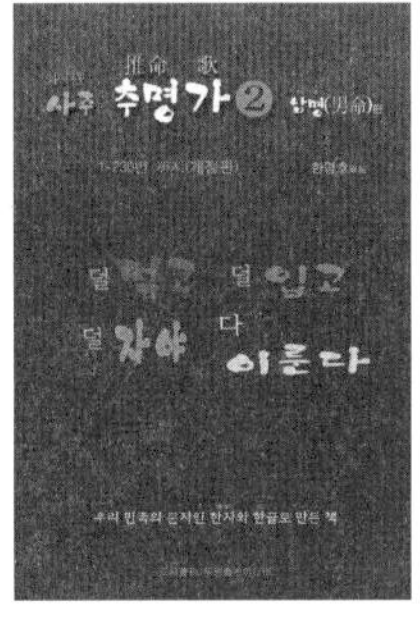

정가 18,000원
신국판 사이즈
153*225
한명호 엮음

❖ 　사주추명가② 남명편
개정판
1-230항목
368페이지

♋ 판권

개정판- 사주추명가 ❸여명편
牝馬(빈마)

펴 낸 이 / 한원석
펴 낸 곳 / 두원출판미디어
강원도 춘천시 효자3동612-2
☎ 033) 242-5612,244-5612 FAX 033) 251-5611
Cpoyright ©2015 , by Dooweon Media Publishing Co.
이 책의 내용은 저작권법에 따라 보호받고 있습니다.

판권은 본사의 소유임을 알려드립니다.
등록 / 2010.02.24. 제333호
♣ 파본, 낙장본은 교환하여 드립니다.
홈페이지: www.dooweonmedia.co.kr
: www.internetsajoo.com
♣ E-mail : doo1616@naver.com

정가 18,000 원

판권
소유 의인

초판 2007.03.05
개정판 2쇄 2024.03.12   ISBN 979-11-85895-16-1